THE BIBLE IN THE LIGHT OF OUR REDEMPTION

: BASIC BIBLE COURSE

by E. W. KENYON

THE BIBLE IN THE LIGHT OF OUR REDEMPTION
: BASIC BIBLE COURSE
by E.W. KENYON

2014 / Korean by Word of Faith Company, Korea.
Translated and published by permission
Printed in Korea.

속량의 관점에서 본 성경: 기초 성경공부

발행일 2014. 4. 25 1판 1쇄 발행
2018. 3. 6 1판 2쇄 발행

지은이 E. W. 케년
옮긴이 서승훈
발행인 최순애
발행처 믿음의 말씀사
2000. 8. 14 등록 제 68호
(우) 16934 경기도 용인시 기흥구 신정로 301번길 59
Tel. 031) 8005-5483/5493 Fax. 031) 8005-5485
http://faithbook.kr

ISBN 89-94901-54-× 03230
값 20,000원

* 성경구절은 개역개정판을 기준으로 삼음.

속량의
관점에서 본 성경

기초 성경공부

E. W. 케년 지음 | 서승훈 옮김

믿음의말씀사

목차

그리스도 안에서 친애하는 친구에게

케년 박사가 쓴 놀라운 책들이 저와 제 아내, 그리고 저희 사역에 얼마나 큰 의미를 지니고 있는지를 당신에게 말하게 되어 매우 기쁩니다. 우리는 1946년, 한 친구를 통해 케년의 책을 접하게 되었습니다. 그것은 『두 가지 의』라는 책이었습니다. 우리가 그 책을 알게 된 것은 하나님의 뜻이었습니다. 왜냐하면 하나님의 말씀 안에서 우리의 기초가 그리 견고하지 못했었기 때문입니다. 지금에서야 우리는 우리의 믿음이 실제로는 감각지식에 근거한 것이었다는 것을 깨달았습니다. 저는 대가족이 사는 농장에서 성장하였는데, 그것으로부터 물려받은 가장 위대한 선물은 저희 부모님이 성경에 대해 깊은 존경심을 가지고 계셨고, 운 좋게도 저도 성경이 절대적이고 완전한 진리라는 거의 맹목적인 믿음과 함께 성장했다는 것입니다.

그러나 하나님의 말씀을 믿는다고 생각하는 수백만 명의 다른 사람들처럼, 소위 우리의 믿음이라는 것은 정말로 감각지식에 의존했던 것이었습니다. 그때 『두 가지 의』라는 작은 책이 우리에게 전해졌고(그것은 소책자로 인쇄된 초기 보급판 중의 하나였습니다), 그 후 『두 가지 종류의 지식』과 여러 다른 책들을 받아보았습니다. 그것은 놀라운 개혁이었습니다!

우리는 선교사로 인도에 갔었지만, 콜레라와 장티푸스와 우리를 실의에 빠뜨리는 상황의 희생물이 되어 결과적으로 사역을 형편없이 실패하고 말았습니다. 집으로 돌아왔을 때, 우리의 사역에 대한 전망은 어두웠습니다. 그때 케년의 책을 알게 되었고, 그와 동시에 치유와 기적을 일으키는 놀라운 사역에서 하나님께 쓰임 받고 있는 한 복음전도자가 우리가 사는 도시를 방문했습니다.

케년의 책들은 우리에게 하나님의 말씀 안에서의 기초를 마련해 주었습니다. 그리고 그 복음전도자는 말씀을 행할 때 가장 놀라운 기적들이 나타나는 것을 입증해 주었습니다. 우리의 삶은 변화되었습니다. 우리는 오레건 주의 포트랜드에서 목회하고 있던 교회를 사임하고 인도로 돌아갔습니다. 앞서 인도에 있었을 때, 우리는 그리스도를 알지 못한 채 고통과 빈곤 속에 살아가는 수백만의 사람들을 보았지만, 그리스도가 오늘도 살아계신 하나님의 아들이라는 사실을 그들에게 납득시킬 수 없었습니다.

그러나 길 위의 성경학교인 케년의 책들을 통해 우리는 전 세계 비그리스도인들에게 복음을 전할 해결책을 갖게 되었습니다.

그날 이후, 그리고 1949년 오스본 재단이 설립된 이래로 우리는 전 세계 60여 개 나라에 있는 대규모 경기장과 야구장, 넓은 벌판, 해변, 그리고 논에서 20명부터 십만 명에 이르는 군중들을 상대로 대규모 복음전도 집회를 가졌습니다. 모든 나라들이 영향을 받았습니다.

우리가 발행하는 잡지 'Faith Digest'는 매달 백만여 가정에 보내지고 있습니다. 우리 재단은 불신자들을 위한 선교로서 매달 2천 명 이상을 후원합니다. 현지 교회가 매일 한 곳 이상 세워집니다. 우리가 출판한 책은 백여 개의 언어로 발간됩니다. (그것은 하루에 1톤이 넘는 분량입니다.) 우리의 위대한 복음전파 사역을 담은 기록 영화와 설교 테이프들이 50개 이상의 주요 언어로 만들어집니다.

이 모든 것은 케년 박사가 쓴 전대미문의 책들에 의해 우리 마음에 심겨진 놀라운 진리의 씨앗들로부터 생겨난 것입니다. 당신의 아버지인 E. W. 케년이 시대를 앞서간 사도라는 사실에는 의심의 여지가 없습니다. 그의 놀라운 글들이 전 세계로 퍼져감에 따라 하나님의 영광을 드러내는 새로운 구름이 나타나 세계를 뒤덮기 시작했습니다. 그것은 케년 박사에 의해 심겨진 좋은 씨앗의 수확물인 믿음의 진리가 새롭게 드러난 것이었습니다.

기존에 수립된 신학과 기독교 전문가들은 케년의 글에 나타난 대담함에 충격을 받았고 그들의 기초가 흔들렸습니다. 예배형식을 중요시하는 교양 있는 사제들은 진정한 예수님의 길, 예수님의 믿음을 결코 이해할 수 없습니다. 그러나 마틴 루터가 인간은 그리스도 안에서만 진정한 믿음에 의해 구원받을 수 있다고 선언하며 그의 신성모독 및 건방진 주장이 종교계를 뒤흔든 이후, 교계는 E. W. 케년 박사가 제시한 개혁적이지만 단순한 진리로 인해 매우 무기력해졌습니다.

그의 놀라운 저서들이 등장한 이후, 표적이 뒤따르는 부흥과 복음주의의 영광스러운 물결이 그 자유의 세계를 완전히 둘러싸고 흠뻑 적셔버렸습니다. 저는 전 세계적으로 대규모 사역을 하며 하나님께 쓰임 받았거나 쓰임 받고 있는 사람들(미국인, 영국인, 유럽인, 아프리카인, 인도인, 한국인, 아시아인, 필리핀인, 남미인들 등)의 대부분을 개인적으로 알고 있습니다. 사람들을 거대한 사역에 동참시키며 세상을 휩쓴 이 새로운 믿음의 씨앗과 뿌리는 분명히 E. W. 케년 박사의 기름부음 받고 재능 있는 문필로부터 나온 글과 획기적인 출판물들의 영향으로부터 시작되었습니다.

케년 박사의 책들은 세상을 완전히 휩쓴 젊은이들의 "예수 운동Jesus Movement[1]"을 자라게 한 온상입니다.

수년 전, 저는 당신으로부터 내가 원할 때마다 언제든지 케년 박사의 글을 인용할 수 있다는 허락을 받았습니다. 그의 책들은 25여 년 동안 우리에게 영감을 주었고, 우리의 글에 힘을 실어주었습니다. 어떤 사실에 대해 설명할 때, 케년 박사가 이미 말했던 것보다 더 좋게 표현하기 난감할 때가 자주 있습니다. 진리를 전달하는데 있어 신선하고 분명하지만, 간결한 방식으로 영어를 사용하는 그의 재능은 하나님이 주신 선물이며, 그에 필적할 사람은 아무도 없다고 생각합니다.

저는 이렇게 기도하고 싶습니다.

"그의 글이 계속 살아있기를!" 왜냐하면 진리는 사라질 수 없기 때문입니다. 저는 E. W. 케년의 마음과 생각과 글에 대해 하나님께 감사드립니다. 그리고 변함없는 비전을 가지고 다른 것들과 비교할 수 없는 이런 글을 풍성히 출판하는데 있어 지치지 않고 헌신해온 그의 딸에 대해서도 하나님께 감사드립니다. 그로 인해 이 세대가 그의 글들을 공유할 수 있게 되었습니다.

---

1) 1960년대와 1970년대 미국의 서해안을 중심으로 시작하여 북아메리카와 유럽으로 퍼져 나갔던 기독교 운동으로서, 히피 문화 속에 복음을 전하여 1980년대에 들어서 약화될 때까지, 갈보리 채플(Calvary Chapel) 교회를 통해 "마라나타" 찬양단의 음악과 함께 많은 영혼을 구원하고 교회를 세웠던 개신교 운동. (역자 주)

비록 수백 명의 사람들이 케년 박사의 책들을 모방하려고 했지만(그러나 유사한 글이 등장하도록 선동한 일례에 대해서는 하나님께 감사드립니다), 설명하기 힘든 어떤 이유 때문에 어느 누구도 하나님으로부터 당신의 아버지 같은 은사를 받지 못했습니다. 그는 분명 문필을 위해 지명받은 사도였습니다. 그리고 그의 업적들은 우리의 왕 되신 주님이 다시 오실 때까지 그 길을 계속 밝혀주고, 사람들로 하여금 행동하게 만들 것입니다. 최근 몇 년 동안, 우리는 털사와 오클라호마에 있는 오스본 재단에 케년 박사의 책들을 비축해왔습니다. 진리를 알기 원하는 사람들을 만나면 언제든지 그들에게 그의 책들을 선물하기 때문입니다. 그들의 기름진 마음 밭에 이보다 더 위대한 씨앗을 심을 수 없다고 생각합니다. 또한 젊은이들에게 수백 권에 달하는 케년 박사의 도서 세트를 주었습니다. (결코 단 한 권도 판매하지 않았습니다.) 그리고 기독교 사역에서 더 많은 열매를 좇아 굶주리고 갈급해 하는 모든 사람들에게 무료로 나누어 주기 위해 케년 박사의 책들을 계속 비축해둘 것입니다.

루스 케년씨, 당신 아버지의 글을 계속 출판해 주셔서 감사합니다. 그리고 언론을 통해 그 풍성한 진리들을 함께 나눔으로써 당신의 세대를 섬겨주셔서 감사합니다. 이 진리는 하나님 아버지의 마음으로부터 나와서 그의 종 E. W. 케년 박사를 통해 오늘날 세상 밖으로 전해졌습니다.

그리스도 안에서 매우 존경하고 감사드리며,

오스본 재단 설립자, **T. L. 오스본**

오스본 재단 부사장, **데이지 오스본**

1과

창조의 이유

THE REASON FOR CREATION

인간은 스스로가 그 일부이면서도, 밝혀지지 않은 창조[2]와 대면합니다. 창조와 창조세계를 지배하는 불변의 법칙은 인간에게 어떤 탁월한 설계자Master Designer의 존재를 계시합니다. 이 말은 창조주가 창조세계를 어떤 목적, 곧 그 존재의 이유를 완수하도록 설계하셨다는 뜻입니다.

창조의 목적은 인간에게 적합한 환경을 마련하는 것이었던 것 같습니다. 사실상 창조세계에서 인간을 빼버리면, 자원과 아름다움을 지닌 창조세계는 존재할 이유가 없습니다. 하나님께서 우주를 인간을 위한 보금자리로 창조하셨다면, 인간을 창조하신 이유 또한 분명히 있으셨을 것입니다. 인간은 역사 시기마다 인간을 창조하신 이유, 즉 인간이 존재하는 이유를 찾았지만 허사였습니다.

---

2) 저자가 사용하는 '창조(creation)' 라는 용어는 그 문맥에 따라 '창조', '창조세계', '창조물', 또는 '피조물' 로 이해할 필요가 있다. (역자 주)

인간이 창조의 이유를 찾을 수 없었기 때문에 회의론이 탄생했습니다. 우주를 기계적으로만 설명하려는 무신론과 유물론이 과학의 초기 경향이었습니다. 하지만 오늘날 과학자들이 창조의 신비와 기적을 더 많이 탐구해가면서, 그들 중 많은 이들이 하나님을 의식하게God-conscious 되었습니다. 그들은 창조의 배후에 지적인 창조주가 존재함을 인식하고 있습니다. 그러나 감각지식sense knowledge, 곧 오감으로부터 연유한 지식만 가지고서는, 과학은 결코 하나님을 발견하거나 또는 창조에 대한 그분의 목적을 발견할 수가 없었습니다.

하나님을 알 수 있는 인간의 능력은 하나님이 영이시라는 사실에 기인합니다. 그러나 인간은 하나님과 접촉하지 못합니다. 인간은 영의 본성상 하나님으로부터 분리되어 있습니다. 인간은 우주 또는 실재를 중추신경계와 오감을 통해 접촉합니다. 그러나 인간은 오감(시각, 청각, 촉각, 미각, 후각)을 통해서는 하나님과 접촉할 수 없었습니다. 인간은 삶에 무정하기도 하고 때로는 잔인하기도 한 물리적 자연에 대해 상당히 많이 배워왔지만, 하나님 또는 그분이 인간을 창조하신 이유는 발견할 수 없었던 것입니다.

이를 통하여 우리는 인간 스스로는 하나님을 찾을 수 없다는 사실을 알 수 있습니다. 하나님께서 그분 자신을 인간에게 계시하셔야 합니다. 그래서 하나님께서는 그렇게 하셨습니다. 하나님께서는 인간에게 그분 자신에 대한 계시를 주셨습니다. 하나님께서는 인간에게 계시를 주실 때, 그들이 그것에 접촉할 수 있도록 그들의 수준에 맞게 주셔야 했습니다. 우리는 이를 "계시지식revelation knowledge"이라 부릅니다. 우리는 재창조된 우리의 영을 통하여 하나님의 말씀으로부터 그 계시지식을 획득합니다.

고린도전서 2장은 이 계시에 대해 다음과 같이 설명합니다. "사람의 일을 사람의 속에 있는 영 외에 누가 알리요 이와 같이 하나님의 일도 하나님의 영 외에는 아무도 알지 못하느니라"(고전 2:11) 인간은 감각지식에만 제한되어 있기에, 다른 사람의 속사정을 알 수는 없습니다. 그것을 알기에는 인간이 시각과 청각과 촉각 등이 육신의 장막에 가로막히고 맙니다. 하지만 인간은 말words이라는 매개를 통해 자신의 속사정을 다른 사람에게 전달할 수 있습니다.

그러므로 하나님께서는 인간에게 자신을 알리시려는 열망으로, 그분의 속사정과 목적을 인간이 시각으로 보고 청각으로 이해할 수 있도록 말씀으로 나타내셨습니다. "우리가 세상의 영을 받지 아니하고 오직 하나님으로부터 온 영을 받았으니 이는 우리로 하여금 하나님께서 우리에게 은혜로 주신 것들을 알게 하려 하심이라 우리가 이것을 말하거니와 사람의 지혜가 가르친 말로 아니하고 오직 성령께서 가르치신 것으로 하니 영적인 일은 영적인 것으로 분별하느니라"(고전 2:12-13)

성경은 하나님께서 인간에게 주신 계시이며, 우리는 하나님을 알거나 접촉할 수 있는 그 외 다른 통로를 가지고 있지 않습니다. 그러므로 우리는 하나님께서 인간을 창조하신 이유에 대한 설명을 찾기 위해 그분의 계시인 성경을 봅니다.

땅은 하늘이 존재하는 이유이다

우리의 땅earth;지구은 천체天體의 엄청난 수와 크기에 비하면 너무나 작습니다. 그러므로 이 지구가 인간이 거주하는 유일한 행성이 아니었다면,

우리는 그것을 연구할 필요도 없었을 것입니다.

창세기 1장은 땅(지구)이 하나님의 놀라운 계획과 목적 안에 한 자리를 차지하고 있음을 계시합니다.

창세기 1:14-19은 땅(지구)이 바로 어둡고 무한한 우주공간 속에서 각자의 궤도를 돌고 있는 천체의 존재 이유라고 선언합니다.

과학은 이 거대한 우주에 있는 행성과 태양과 달과 항성이 우리의 땅(지구)에 영향을 끼친다는 사실을 부인하지 않습니다.

우리의 태양은 지구와 거의 93,000,000 마일(약 150,000,000 킬로미터)이나 떨어져 있습니다. 하지만 태양은 열과 빛과 바람과 비라는 기후조건을 발생시키며, 그 기후조건은 지구라는 행성에 있는 인간과 동물과 식물이 생명을 지탱할 수 있게 해줍니다.

"인간이라는 보배로운 화물을 싣고 있는 지구라는 작은 공은, 대기라는 투명한 상자에 넉넉하게 보호된 채로 태양 주위를 부드럽게 날아다닌다."

성경을 한 번 더 인용해봅시다. "하나님이 이르시되 하늘의 궁창에 광명체들이 있어 낮과 밤을 나뉘게 하고 그것들로 징조와 계절과 날과 해를 이루게 하라"(창 1:14)

우리는 대양과 바다의 조수가 천체에 의해 영향을 받는다는 사실을 알고 있습니다. 우리는 더위와 추위, 가뭄과 폭풍이 행성들의 직접적인 영향의 결과라는 사실을 알고 있습니다. 폭풍이 이 대륙 어디쯤에 있는지도 특정 행성의 위치와 영향력에 의해 예측될 수 있습니다. 우리는 행성들의 위치에 대한 확실한 지식을 통해, 서리와 폭염을 몇 달 전부터 예측할 수 있다는 것을 압니다.

이런 추론으로부터 우리는 행성들이 우리에게 징조와 사계절을 가져다주고, 계속해서 우리의 동료와 종이 되며, 언제나 땅(지구)을 섬기기 위해 하늘에 위치하고 있다는 것을 분명히 깨닫습니다.

하늘은 이 땅을 위한 단 하나의 완벽한 시계입니다. 인간이 만든 어떤 시계도 우리에게 완벽한 시간을 제공할 수 없습니다. 그러나 별의 길을 아시는 하나님께서는 모든 별과 태양과 행성이 거대하고 길이 없는 우주 공간의 어느 한 특정 지점을 정해진 시간에 통과할 것을 아십니다.

별은 수천 년 동안 보이지 않을 수도 있지만, 일초도 빠르거나 늦지 않게 그 정해진 시간에 하늘의 교차로에 나타날 것입니다.

오, 건축자의 경이여, 창조주의 이적이여, 이 거대한 우주의 지탱자의 능력이여! 너무도 작아서 천 번은 태양 속으로 사라질 수 있었을 우리의 이 땅(지구)이 아직도 우주의 중심이요, 우주가 존재하는 이유라는 것은 얼마나 떨리는 사실입니까!

인간은 땅이 존재하는 이유이다

은하계가 존재하는 이유가 땅(지구) 때문이라면, 땅(지구)이 존재하는 이유는 무엇일까요?

창세기 1장은 창조기사를 제공합니다. 창조는 하나님의 일련의 행위로 이루어집니다. 이는 인간을 창조할 때 절정에 도달합니다. 하나님께서는 인간을 창조하시자, 창조 활동을 멈추고 안식으로 들어가셨습니다.

인간이 창조 활동 전체의 목표였습니다. 이 점에서 과학은 창조의 정점에 인간을 놓는 성경의 창조기사에 동의할 수밖에 없습니다. 인간은 하나님의 작품 가운데 최종 작품이자, 최고 작품이었습니다.

땅은 인간을 빼놓고는 존재할 이유가 전혀 없습니다. 자연은 의식이 없기에unconscious 그 자신의 아름다움을 향유할 수도 없고, 그 소산물을 감상하거나 이용할 수도 없습니다.

하나님께서 그분의 형상대로 창조된 인간을 이 땅에 두셨을 때만, 거대한 우주를 창조한 이유가 있게 된 것입니다. 하나님께서는 인간에게 그분의 솜씨의 아름다움을 향유하며, 그 자원을 쓸 수 있는 능력을 부여하셨습니다.

"대저 여호와께서 이같이 말씀하시되 하늘을 창조하신 이 그는 하나님이시니 그가 땅을 지으시고 그것을 만드셨으며 그것을 견고하게 하시되 혼돈하게 창조하지 아니하시고 사람이 거주하게 그것을 지으셨으니…" (사 45:18) 말씀은 하나님께서 이 땅을 인간이 살 수 있도록 창조하셨다고 선언합니다. 하나님께서는 자신의 창조 행위를 통하여 인간이 이 땅에 살면서 겪게 될 모든 필요를 채우셨습니다.

많은 시간에 걸쳐, 하나님께서는 인간을 위해 각종 보화를 쌓아두셨습니다. 하나님께서는 철, 동, 은, 금 등 셀 수 없는 다양한 금속과 화학물질과 자원들을 땅 속에 저장해두셨습니다.

하나님께서는 지표면을 산과 계곡과 협곡과 고원과 대초원과 사랑스러운 개울과 시내와 강, 그리고 인간의 심장을 두근거리게 하는 많은 아름다운 형형색색의 꽃들로 덮으셨습니다. 과일과 채소가 인간을 위한 음식으로 제공되었습니다. 인간의 필요와 기쁨을 설계하신 위대한 건축자는 인간이 아직 태어나지 않았는데도, 인간의 필요를 아셨습니다. 그래서 창조의 놀라운 계획 가운데 그 필요가 채워졌습니다.

인간은 창조의 아름다움을 향유하며 자원을 쓸 수 있는 유일한 피조물입니다.

인간의 존재 이유는 하나님의 아버지로서의 심정이다

우리는 땅이 은하계가 존재하는 이유이며, 그리고 인간이 땅이 존재하는 이유라는 사실을 알았습니다. 하지만 우리의 문제는 아직 해결되지 않았습니다. 인간이 존재하는 이유는 무엇일까요? 하나님께서 인간을 창조하고자 갈망하신 이유를 알지 못한다면, 우리는 창조의 이유를 알지 못하는 것입니다.

창세기 1:1은 이렇게 말씀합니다. "태초에 하나님이 천지를 창조하시니라"

여기에서 "하나님"은 히브리어로는 "엘로힘Elohim"입니다. 이는 복수형 단어로, 창조에 활동하신 삼위일체 하나님Trinity을 계시합니다.

요한복음 1:1-3과 골로새서 1:16은 그리스도께서 위대한 창조 행위에서 주요한 부분을 담당하셨음을 계시합니다.

시편 104:30과 창세기 1:2은 창조 가운데 활동하신 성령님의 역사를 보여줍니다.

삼위일체 하나님은 구약성경 내내 감추어져 있었습니다. 예수 그리스도를 자신의 구원자로 영접한 많은 유대인들은, 자신이 예수님을 메시아로 깨닫게 된 요인 중 하나가, 구약에 감추어져있던 삼위일체 하나님을 어렴풋이 깨달았기 때문이라고 간증합니다.

하지만, 이스라엘 백성들은 삼위일체 하나님이 어떤 분인지 알지 못했습니다. 살아계신 말씀이신 예수 그리스도께서 육체로 나타나실 때까지, 인간은 삼위일체 하나님이 아버지와 아들과 성령으로 이루어져있다는 사실을 알지 못했습니다. 예수 그리스도는 가르치는 사역을 통해 아버지 하나님the Father-God을 계시하셨습니다.

삼위일체 하나님은 때로 예수 그리스도의 삶에서 인간의 감각차원에 나타나셨습니다. 그 한 예가 마태복음 3:13-17에 기록된, 예수님이 침례 받으실 때 일어났던 사건입니다.

예수님께서 침례 받으셨을 때, 성령님께서 비둘기의 형태로 나타나셔서 예수님 위에 내리셨습니다. 그리고 아버지께서는 그때 하늘로부터 들리는 음성으로 "이는 내 사랑하는 아들이요 내 기뻐하는 자라"(마 3:17)라고 말씀하셨습니다.

마태복음 28:19은 삼위일체 하나님이 아버지와 아들과 성령님이심을 계시합니다.

이를 미루어 볼 때 우리는 태초에 아버지와 아들과 성령님이 하늘과 땅을 창조하셨다는 사실을 이해할 수 있습니다.

하나님께서는 태초에 아버지 하나님이셨습니다. 하나님의 아버지로서의 본성a Father-nature은 영원하십니다. 우리는 자녀를 향한 아버지의 사랑과 갈망을 이해할 수 있습니다. 우리의 문명은 이 사실을 중심으로 세워집니다. 가정이 사회의 기본단위이기 때문입니다.

에베소서 3:14-15은 인간의 아버지는 아버지 하나님의 모형일 뿐이라는 사실을 밝혀줍니다. 하나님께서는 본질상 영원한 아버지 하나님이셨기 때문에, 인간적인 아버지의 사랑 역시 존재합니다.

아버지의 심정the Father-heart을 가지신 하나님께서 아들과 딸을 갈망할 수밖에 없는 것은 당연합니다. 이 사모하는 열정이 형태를 이루었고, 그리하여 하나님께서는 자녀로서 그분과 동행할 인간을 창조하기로 계획하셨습니다.

에베소서 1:4-5(로더햄Rotherham역)을 보십시오. "따라서 세상의 기초를 놓기 전에 그분 안에서 우리를 선택하셨는데, 이는 우리가 그분 앞에 거룩하고 흠이 없게 하기 위함이다. 하나님 자신을 위해 사랑 안에서 예수 그리스도를 통하여 우리를 이미 아들 됨으로 구분하셨다. According as He made choice of us in Him before the founding of the world, that we might be holy and blameless in His presence. In love marking us out beforehand unto Sonship through Jesus Christ for Himself."

하나님께서는 세상을 창조하시기도 전에, 그분의 꿈같은 계획 가운데 인간을 아들이 되도록 예정하셨습니다. 인간은 아버지 하나님의 사랑 안에서 아들의 자리를 차지하도록 되어있었습니다. 인간은 자녀를 향한 아버지 하나님의 갈망에 대한 응답이었습니다.

창조의 이유가 인간이라는 사실을 계시해주는 또 다른 성경구절은 로마서 16:25과 고린도전서 2:7입니다. 이 성경구절들은 인간이 먼저 아들의 자리로 선택된 다음, 하나님께서 인간을 위한 보금자리가 되도록 우주를 창조하셨음을 계시합니다.

우리는 성경학교에서 하나님의 속성들the attributes of God – 하나님의 전능하심Omnipotence, 하나님의 전지하심Omniscience – 을 열거하면서 배웠습니다. 그러나 우리는 하나님께서 무엇보다 먼저 아버지 하나님이시라는 사실을 간과했습니다.

하나님께서 가지신 아버지의 심정이 바로 창조의 이유입니다.

자녀를 향한 아버지의 관심을 드러내는 몇몇 성경구절을 언급하자면 다음과 같습니다. 마태복음 7:11, 6:8, 6:25-32; 요한복음 16:27, 17:23; 베드로전서 5:7; 빌립보서 4:6-7, 19; 요한복음 14:23 등입니다.

사탄은 아주 교묘하게 우리 마음mind을 어둡게 하여 하나님의 아버지로서의 본성을 보지 못하게 했습니다. 보통의 그리스도인은 하나님이 자기 아버지라는 진정한 의식이 없습니다. 이 무지는 우리의 마음이 하나님의 말씀으로 새롭게 되지 않았다는 사실에 기인한 것이었습니다. 로마서 12:2과 에베소서 4:23을 보십시오. 여기에서 우리는 하나님의 말씀을 공부해야 하는 중요한 이유를 깨닫습니다.

감각지식이 우리 삶에서 하나님 말씀의 자리를 차지했습니다. 예수 그리스도께서는 인간의 신체감각의 수준으로 나타나셨습니다. 요한일서 1:1-2은 이렇게 말씀합니다. "…생명의 말씀에 관하여는 우리가 들은 바요 눈으로 본 바요 자세히 보고 우리의 손으로 만진 바라…" 예수 그리스도께서는 친히 인간의 몸을 입으셨고, 이를 통해 인간에게 나타나셨습니다.

인간의 마음mind:생각은 신체 감각을 통한 지식을 추구합니다. 그러나 하나님 아버지는 영적 존재이시므로, 감각기관에 결코 나타나지 않으셨습니다. 그러므로 인간의 마음은 하나님에 대한 그림을 그릴 수가 없습니다.

인간이 거듭났을 때조차, 예수 그리스도의 생명에 관한 과거의 감각지식이 그의 삶에서 아버지가 차지해야 하는 자리를 차지해왔습니다. 인간의 정신은 그리스도에 대해서는 그림을 그릴 수 있었기 때문에, 인간은 오직 그리스도만 찬양하고 경배하면서 그리스도께 기도하는 습관을 발달시켜왔습니다. 그러나 인간의 마음이 하나님의 말씀으로 새로워짐으로써, 그들의 삶을 혁명적으로 바꾸는 하나님 "아버지"에 대한 의식을 갖게 되었습니다.

하나님의 속성들

이러한 계시 가운데, 창조에 있어서 하나님의 아버지로서의 본성이 우리에게 드러났습니다. 창조에는 하나님의 아버지로서의 본성에 대한 다른 두 가지 법칙이 계시되어 있습니다. 하나는 하나님 아버지는 믿음의 하나님a Faith God이시라는 것이요, 다른 하나는 하나님 아버지는 사랑이시라는 사실입니다. 사랑이 하나님께서 우주를 창조하시도록 한 원인이었으며, 또 하나님께서는 믿음으로 우주를 창조하셨습니다. 하나님께서는 그분의 말씀에 대한 믿음으로 일하십니다.

창세기 1장에는 창조적 믿음에 대한 여섯 가지 진술이 나와 있습니다. 히브리서 11:3은 하나님께서 그분의 말씀에 대한 믿음을 통해 이 우주를 창조하셨음을 계시합니다. 하나님의 말해진(선포된) 말씀을 통해 창조세계가 존재하게 된 것입니다.

● 1과 내용 확인 문제

1. 두 종류의 지식을 제시하고 설명해보십시오.

2. 하나님께서는 어떻게 인간에게 필요한 계시를 충족시키셨습니까?

3. 땅이 천체가 존재하는 이유라는 사실을 계시하는 성경구절은 무엇입니까?

4. 땅이 존재하는 이유가 왜 인간인지를 가능한 충분히 설명해보십시오.

5. "엘로힘"이라는 단어에는 무엇이 계시되어 있습니까?

6. 하나님의 아버지로서의 본성을 계시하는 성경구절들을 제시하십시오.

7. 인간이 존재하는 이유는 무엇입니까? 설명해보십시오.

8. 많은 그리스도인들이 하나님뿐 아니라, 그분이 하늘 아버지로서 그들에게 하신 약속에 대한 믿음도 갖지 못한 까닭은 무엇입니까?

9. 창조에 계시된 하나님의 본성의 두 가지 속성을 제시해보십시오.

2과

인간의 창조
THE CREATION OF MAN

우리는 1과에서 인간이 창조의 이유라는 사실을 알았습니다. 이 놀라운 사실에 비추어, 우리는 인간을 하나님께서 친교를 향한 갈구를 충족하시기 위해 창조하신 존재로서 공부하게 됩니다.

창세기 1장은 하나님께서 인간을 창조하시기 전에, 인간을 위해 먼저 준비하셨던 것을 우리에게 보여줍니다.

첫째, 하나님께서는 인간을 위해 우주를 계획하셨고, 그 우주의 중심에 인간의 보금자리를 정하셨습니다.

사랑이 이 거대한 우주의 기초를 닦자, 하나님께서는 우주를 인간의 보금자리로 계획하고 정하셨습니다.

창세기 1:25을 보십시오. 우주가 완성되자, 하나님께서는 그 위에 그분의 승인도장을 찍으셨습니다. 이로써 인간의 모든 필요는 채워질 것입니다. 이제 인간을 위한 보금자리도 마련되었습니다.

창세기 1:26을 보십시오. 이제 하나님께서는 그분의 형상대로 인간을 창조하고 싶다고 장엄하게 선언하십니다.

교제fellowship가 인간의 존재 이유임을 아는 우리는, 인간이 하나님의 형상으로 창조되지 않았다면 그 존재 이유를 충족시킬 수 없었다는 사실도 쉽게 이해할 수 있습니다.

하나님의 생명에 참여하기 위해, 인간은 하나님과 같은 부류class가 되어 하나님의 영역에 있어야 합니다. 인간은 자신의 창조주의 형상과 모양대로 창조되어야 합니다.

인간은 하나님의 자녀와 상속자가 되기 위해 가능한 한 신성Deity에 거의 가깝게 창조되어야 합니다.

삼위일체의 존재인 인간

창세기 1:27은 인간이 하나님의 형상으로 창조되었다는 사실을 기록합니다. 아담은 첫 번째 인간이었습니다(창 2:7). 그러나 아담의 죄로 말미암아 인간의 타락이 일어났습니다.

타락 후 인간은 영적 죽음의 상태로 인해, 하나님으로부터 온 계시 없이는 하나님의 형상이 무엇인지 알 수 없게 되었습니다.

요한복음 4:24을 보십시오. 성육신하신 분인 예수 그리스도께서는 아버지가 영적인 존재a Spirit Being이심을 계시하셨습니다.

데살로니가전서 5:23을 보십시오. 바울은 인간이 영 · 혼 · 몸으로 이루어진 삼위일체의 존재라는 사실을 계시로 밝혔습니다.

우리의 영이 바로 하나님의 형상으로 창조된 진짜 사람the real man입니다.

혼은 이성의 기능을 포함하고 있습니다.

아버지 하나님께서는 인간을 그분의 형상, 곧 혼과 몸을 지닌 영적 존재로 창조하셨습니다.

혼과 몸은 인간을 위해 이미 창조되어 있는 물질세계에서 살아갈 수 있도록 만들어진 것입니다.

진짜 사람은 영입니다. 인간은 영의 영역인 하나님의 영역에서 아버지 하나님과 교제하며 살 수 있었습니다.

당신의 몸은 당신이 아닙니다. 당신의 마음mind은 당신이 아닙니다. 당신은 당신의 마음을 가지고 사용합니다. 당신은 당신의 몸을 소유하고 사용합니다. 당신의 마음과 몸은 진짜 당신인 당신의 영이 사용하는 도구일 뿐입니다.

영적으로 죽은 인간은 그가 하나님과 동행하기 위해 하나님의 형상으로 창조되었다는 사실을 깨닫지 못합니다. 이는 자연인natural man이 실재에 대해 알 수 있는 바를 오직 자신의 신체감각(오감)을 통해서만 얻는다는 사실에 기인합니다(고전 2:14).

인간의 신체감각은 물질로부터 오는 자극만을 받아들일 수 있습니다. 그러므로 인간의 신체적인 감각은 오직 물리적이고 물질적인 영역만을 감지할 수 있는 것입니다.

그러나 성경에 따르면, 물리적 영역만이 아니라 영적 영역도 존재합니다.

아버지와 성령님과 천사들과 사탄과 귀신들 모두가 영적인 존재들입니다. 우리의 신체감각은 이 영적 영역과 접촉하지 못합니다.

에베소서 6:1-20은 우리를 둘러싼 영적 전쟁을 계시하는데, 그 싸움은 우리의 감각기관에는 전혀 감지되지 않습니다.

우리는 신체접촉을 통해서는 결코 성령님이나 천사들의 임재를 인지하지 못합니다.

요한복음 16:7-15, 히브리서 1:14, 요한복음 14:23, 고린도전서 3:16, 베드로전서 5:8, 마가복음 16:17, 요한일서 4:1-6, 야고보서 4:7을 읽어보십시오.

의사가 칼끝으로 인간의 영의 위치를 확인할 수 없기 때문에, 유물론자와 무신론자들은 몸이 인간의 전부라고 말했습니다.

로마서 1:18-25, 28을 읽어보십시오. 인간은 하나님을 그의 지식에 포함시키기를 거부했습니다. 왜냐하면 인간은 하나님을 눈으로 볼 수 없고, 또 귀로도 듣지 못하고, 손으로도 만질 수 없었기 때문입니다.

물 밖에는 아무것도 없다고 말하는 물고기처럼, 감각지식에 제한된 인간은 물질 밖에는 아무것도 없다고 말합니다.

우리는 인간이 무엇보다 하나님의 수준에서 아버지 하나님과 동행하도록 창조된 영적인 존재라고 결론내립니다. 우리는 하나님께서 인간을 창조하셨을 때 몸이 없으셨지만, 그분과 인간의 교제는 완전하고 완벽했음을 깨닫습니다.

이는 인간의 몸이 인간의 영에 복종했으며, 인간의 영이 인간의 몸을 지배했음을 계시합니다.

인간의 영이 인간의 마음과 몸을 다스렸습니다.

몸은 영과 혼을 위해서만 존재합니다.

영은 혼 또는 지성intellect을 통해 작용하며, 혼은 신체(몸)를 통해 작용합니다.

인간이 죽을 때 인간(영)과 혼은 몸을 떠납니다. 인간(영)이 그의 몸을 떠나면, 몸은 존재할 이유가 없습니다. 그러므로 순식간에 분해와 해체가 이루어집니다.

인간의 의지

아버지 하나님께서 인간에게 부여하신 또 하나의 탁월한 특징은 인간의 의지will였습니다. 의지에는 선택의 권능, 곧 선택할 수 있는 능력, 다시 말해 어떤 행동을 결정할 수 있는 능력이 있습니다.

하나님께서는 의지를 지닌 존재를 창조하시는 것에 대한 큰 책임을 떠맡으셨습니다. 그렇지만 의지를 가진 존재만이 하나님께서 창조를 하신 이유에 부합하는 것이었습니다.

하나님께서 창조하신 존재에게 의지가 없었다면, 그것은 인간이 아닌 기계이며, 인격이 아닌 꼭두각시나 로봇이 되었을 것입니다.

아버지의 갈망은 교제에 있습니다. 이 교제는 본능에 대한 반응이 아니라, 인간의 깊은 사랑의 결과, 즉 인간 자신의 선택의 결과로서 인간으로부터 나와야 합니다.

꼭두각시와의 교제란 있을 수 없습니다. 누가복음 9:23을 읽어보십시오.

아버지께 순종하는 것은 사랑의 결과입니다(요 14:21-24).

인간의 마음

성경은 창조 당시 모든 동물의 이름을 지을 정도로, 인간이 놀라운 지적 특성을 띈 마음mind을 지녔다고 선언합니다.

창세기 2:19-20은 말씀합니다. "주 하나님께서 땅으로부터 들의 모든 짐승과 공중의 모든 새를 지으시고 아담이 어떻게 그들을 부르는가 보시려고 그들을 아담에게로 데려오시니 아담이 모든 생물을 무엇이라 부르든지 그것이 그 이름이 되더라 아담이 모든 가축과 공중의 새와 들의 모든 짐승에게 이름을 주었으나 아담이 자기를 위해 돕는 자는 찾지 못하더라"

아담이 50만 종의 곤충과 새와 벌레와 동물과 물고기와 파충류에게 이름을 지어주었음을 깨달을 때, 우리는 그가 놀라운 지적 능력의 소유자이며, 창조세계를 능히 지배할 수 있었음을 이해합니다.

우리는 인간이 존재하는 이유가 아버지 하나님께서 인간과의 친교를 갈망하셨기 때문임을 알고 있습니다.

그러므로 인간의 정신적 역량은 곧 그의 마음이 창조주의 마음과 교제할 수 있는 정도가 되었습니다.

인간의 신체조건

창조되었을 때 인간은 무한한 인간의 생명을 지닌 완벽한 인간 존재로 계획되었습니다.

인간의 몸은 죽을 수밖에 없는 것도 아니고, 그렇다고 불멸하는 것도 아니었습니다. "죽을 수밖에 없다mortal"라는 말은 "죽을 운명에 처해져 있다" 또는 "사탄의 지배를 받다"라는 뜻입니다.

인간은 하나님과 같은 부류에 속한 영원한 영적 존재인 동시에, 영원한 인간 몸을 지닌 존재이기도 합니다.

아담의 몸은 완벽했으며, 하나님 다음가는 통치자의 성전the temple of God's under-ruler이 되기에 적합했습니다.

인간의 통치권과 권세와 책임

창세기 1:28을 읽어보십시오. 우리는 감각의 지배를 받은 마음을 통해 성경을 읽었기 때문에, 인간이 하나님의 심정에 차지하는 엄청난 위치를 간과했습니다.

인간은 아버지 하나님의 사랑과 애정의 대상이었습니다. 하나님 아버지의 기쁨은 인간에게 그분의 창조물을 다스릴 통치권을 주시는 것이었습니다. 창조에 의해 인간은 우주를 다스릴 능력을 가졌습니다.

시편 8:3-9 말씀은 아버지 하나님께서 인간이 존재하고 살도록 바라셨던 대로 첫 번째 인간을 창조하셨다는 계시입니다.

시편 8:5(한글킹제임스)은 "주께서 그를 천사들보다 조금 낮게 지으셨으며 영화와 존귀로 그에게 관을 씌우셨나이다."라고 말씀합니다. 킹제임스 성경은 "천사들보다"라고 해석하지만, 정확한 번역은 "하나님보다"입니다.

히브리어로는 "엘로힘Elohim"입니다. 이는 창세기 1:1 "태초에 하나님이 천지를 창조하시니라"에서 쓰인 '하나님'과 똑같은 단어입니다.

히브리인의 사고에 따르면, 인간은 "하나님보다 조금 못한 존재입니다."

인간은 가능한 한 아버지 하나님에 가깝게 창조되었습니다.

인간은 하나님의 동료요, 하나님 다음가는 통치자가 될 수 있었습니다. 인간의 통치권은 가장 멀리 떨어진 별과 행성에까지 이르렀습니다. 인간의 통치권은 그리스도께서 우주의 통치권을 받으실 때 그분의 통치가 미치게 될 정도까지 이르렀던 것입니다.

히브리서 2:5-8은 아담의 통치권에 대한 계시입니다.

히브리서 2:8 후반절은 "인간이 더 이상 그 통치권을 갖고 있지 않다. man no longer holds that dominion(미국표준역American Standard Version)." 라고 계시합니다.

히브리서 2:9은 아담이 잃어버렸던 통치권이 인간을 위한 그리스도의 희생 덕분에 그리스도께 주어졌음을 보여줍니다.

히브리서 1:3은 아담이 하나님의 창조세계를 다스렸던 방식에 대한 어떤 암시를 제공합니다. 예수님께서는 지금 그분의 능력의 말씀으로 모든 것들을 지탱하십니다.

아담은 자신의 말로 창조세계를 다스렸습니다. 아담의 음성은 창조세계를 통치함에 있어 창조주의 음성과 같았습니다.

아담은 창조세계에 대해 완전한 권세를 소유했기 때문에, 다른 존재에게 그 통치권을 넘겨줄 수 있는 합법적인 권리를 손에 쥐고 있었습니다.

우리는 3과에서 아담이 바로 이 일을 했음을 보게 될 것입니다.

인간의 책임

아담의 책임은 아무리 강조해도 결코 지나치지 않습니다.

아담은 아버지 하나님의 심령의 기쁨, 즉 아직 태어나지 않은 인간가족에 대해 책임이 있었습니다.

하나님께서는 인간가족 전체를 단번에 말씀으로 존재시킬 수도 있었지만, 그런 방식을 택하지 않으셨습니다.

창세기 1:28을 읽어보십시오. 하나님께서는 아담과 하와를 인간가족을 세상에 데려오는 그분의 동료사역자fellow-workers로 삼으셨습니다.

하나님께서는 인간에게 자신을 재생할 수 있는 능력, 즉 자녀를 낳을 수 있는 능력을 주셨습니다. 이 자녀들은 먼저 무엇보다 하나님의 기쁨과 영광을 위한 존재였습니다.

아버지 하나님께서는 단 한마디 말씀으로 인류 전체를 창조하지 않고, 한 남자와 한 여자를 창조하셨습니다. 하나님께서는 그들에게 "나는 너희가 나의 자녀를 낳고, 기르며, 교육하고, 돌보고, 그들이 나를 사랑하며, 나의 갈망에 응답하도록 가르치는 것을 허락하노라."라고 말씀하셨습니다.

그래서 인간의 참된 과업은 하나님의 자녀를 낳는 것이었습니다.

이것은 영원으로만 측량될 수 있는 책임을 인간에게 부여합니다. 인간은 하나님께서 살아 계시는 한 그도 계속 살게 될 영원한 인격체인 자녀를 낳습니다.

인간은 하나님의 기쁨의 청지기입니다.

우리는 아담 안에서 이루어진 인류의 창조에 대해 상세히 논의했습니다. 바로 그 때문에 당신의 마음이 새로워져야 합니다.

우리는 거듭나기 전까지는 영적 죽음의 영역에서 살았습니다. 우리는 그 영역의 굴레 밖에 있는 인간의 상태를 전혀 알지 못했습니다. 그곳에 있는 동안, 우리 모두는 창세기 1-2장이 제시한 인간의 창조에 대해서 친숙하기는 했지만, 하나님의 원수인 세상의 마음world mind을 통해서만 그것을 알았을 뿐입니다.

우리는 창조기사에서 인간이 우주가 존재하는 이유라는 사실을 알아채지 못했습니다. 우리에게 인간은 사소한 역할만 담당하는 것으로 보였습니다. 하나님과 분리된 우리의 영은, 자녀를 향한 아버지 하나님의 갈망과, 창조세계에 대한 통치권을 지니도록 인간을 자기 형상대로 창조하시는 하나님의 기쁨을 이해하지 못했습니다. 우리는 하나님을 사랑이나 친근감을 느끼지 못한 하나님, 소위 경찰관 유형의 하나님으로 알았습니다.

우리는 인간의 창조를 불쌍한 실패작 내지 가난하고 나약한 먼지벌레의 창조쯤으로 취급했습니다. 우리는 인간의 창조를 사탄이 보았을 법한 방식으로 보았습니다.

고린도전서 15:45-49(ASV)은 우리에게 두 창조, 즉 아담 안에서의 창조the creation in Adam와 그리스도 안에서의 새로운 영적 창조the new spiritual creation in Christ에 대해 말씀합니다. 아담 안에서in Adam, 우리는 인간을 영적 죽음이 들어옴으로 말미암아 훼손된 존재, 즉 아버지 하나님과의 교제와 창조세계에 대한 권세를 상실한 존재로 보았습니다. 그러나 그리스도 안에서in Christ, 우리는 영적 죽음이 분쇄되어 새로운 피조물이 된 인간, 마치 아담이 한 번도 죄를 지은 적이 없었던 것처럼 영적 죽음의 통치로부터 해방된 존재를 봅니다. 첫 창조가 가지는 위치와 이유를 알 때, 당신은 당신이 하나님의 아버지로서의 심정에 어떤 의미를 차지하는지를 알게 될 것입니다.

아담 안에서의 창조에 대한 저급한 개념은, 그리스도 안에서의 새 창조(새로운 피조물)에 대해서도 저급한 개념을 제공합니다.

● 2과 내용 확인 문제

1. 왜 아버지 하나님께서는 인간을 그분의 형상대로 창조하셨습니까?

2. (a) 하나님은 어떤 종류의 존재이십니까? 또 인간은 어떤 종류의 존재입니까?
   (b) 각각에 대한 성경구절을 제시하십시오.

3. 자연인이 영적 존재를 인식하지 못하는 까닭은 무엇입니까?

4. 인간은 어떤 영역에서 살았습니까?

5. 왜 하나님께서는 인간에게 의지를 주셨습니까?

6. 아담이 어떤 종류의 마음을 가졌는지 계시하는 사건은 무엇입니까?

7. 아담이 소유한 몸은 어떤 종류의 몸입니까?

8. 아담이 타락 전에 가졌던 권세를 계시하는 성경구절은 무엇입니까? 아담의 권세는 무슨 권세였습니까?

9. 아담은 하나님과 얼마나 비슷하게 창조되었습니까?

10. 왜 우리는 하나님의 계획에서 첫 창조가 차지한 위치를 보아야 합니까?

3과

인간의 반역죄와 그 결과

MAN' S TREASON AND RESULTS

이 연구과정의 첫 부분은 창세기에서 인간의 창조로부터 타락에 이르는 시기(창 1-3장)를 다루었습니다.

과거 많은 사람들에게 이 부분은 생기 없고 흥미 없는 과거역사의 한 부분에 지나지 않았습니다. 우리는 단지 필요한 지식을 획득하고자하는 의무감에서 이 부분을 공부했습니다.

그러나 이제 속량의 관점에서 공부하면, 창세기의 이 부분은 우리 앞에 생생하게 살아나게 됩니다.

창세기 1-3장은 기쁨과 사랑과 믿음의 드라마를 묘사한 다음, 아버지 하나님과 인간을 중심으로 하는 불신과 비극을 그리고 있습니다.

우리는 창세기 1-3장에서 인간을 위한 사랑의 준비, 아버지 하나님께서 그분의 형상대로 인간을 창조하시는 기쁨, 그리고 인간에게 권세와 책임을 부여하여 그를 그분 다음가는 통치자로 삼으려는 그분의 열망을 봅니다.

이 위대한 창조의 드라마에서 하나님의 아버지로서의 본성과 사랑이 분명하게 드러납니다.

그러나 인간의 죄로 인해 영적 죽음이 지배하는 동안, 사탄이 인간의 심령을 지배하게 되었으며, 하나님과 그분의 사랑에 대한 지식이 상실되었습니다.

그리스도가 오실 때까지 하나님의 아버지로서의 본성은 인간에게 두 번 다시 알려지지 않았습니다. 이것은 비극에 걸맞은 완벽한 배경입니다.

인간의 죄의 본질

이는 모든 시대의 신학자들이 직면했던 아주 오래 된 문제입니다. 그 문제는 바로 '인간의 원죄의 본질이 무엇인가?' 하는 것입니다.

우리가 이해하듯이, 원죄는 모세의 율법 중 하나를 어긴 죄일 수는 없습니다. 왜냐하면 그 당시에는 아직 율법이 없었기 때문입니다.

성육신과 갈보리의 고난을 초래한 원죄는 어떤 종류의 죄였을까요?

인간이 어마어마한 권세를 받았으며, 하나님의 동료가 될 정도의 지성의 소유자였고, 하나님의 기쁨과 슬픔을 좌지우지했다는 사실을 발견한 우리는, 이제 인간이 저지른 죄의 본질을 이해할 수 있습니다.

대 반역죄

아담의 죄는 대 반역죄였습니다.

하나님께서는 아담에게 우주를 다스리는 권세를 부여하셨습니다.

이 우주적인 통치권은 하나님께서 인간에게 주실 수 있었던 가장 신성한 유산이었습니다. 창세기 1:28과 시편 8:6을 보십시오.

아담은 이 합법적인 통치권을 하나님의 원수인 사탄의 손에 넘겨주었습니다. 이는 용서받을 수 없는 죄입니다! 모든 시대에서 대 반역죄는 그런 식으로 간주되었습니다. 아담의 범죄는 절대 지식이라는 환한 빛 가운데 저질러졌습니다. 아담은 사탄에게 속임 당한 것이 아니었습니다. 아담은 범죄에 이르는 각각의 단계들을 이해했습니다. 아담의 아내 하와는 속임을 당했지만, 아담은 영원한 반역자가 되었습니다.

디모데전서 2:13-14을 보십시오. 아담은 하나님을 알았습니다. 아담은 사탄을 알았습니다. 아담은 자신이 저지른 생각조차 할 수 없는 범죄의 결과를 알았습니다.

창세기 3:1-7을 읽어보십시오. 하와가 사탄에게 속은 것은 하나님의 말씀을 믿지 않은 불신앙 때문이었습니다. 사탄은 먼저 뱀을 통해서 하나님께서 아담과 하와에게 주셨던 말씀에 의문을 품게 만든 다음, 말씀을 대놓고 반대했습니다. 어떤 사람들은 뱀이 원래는 인간처럼 직립보행을 했으며, 보기에 아름다웠고, 아마도 발성기관이 있었을 것이라 생각합니다. 자연과학자들도 어느 정도까지는 이를 인정합니다.

그리스도께서도 인정하신 아담의 반역죄

우리는 속량의 계획 가운데 가장 흥미로운 부분에 이르렀습니다. 창조세계에 대한 사탄의 통치권입니다.

우리는 사탄이 어떻게 해서 이 권세를 획득했는지를 밝혔습니다. 이제 이에 관련한 몇 가지 사실에 주목해봅시다.

성경을 주의 깊게 공부한 사람이라면, 하나님의 완전한 공의the perfect justice of God에 대해 주목할 것입니다. 하나님께서는 사탄에게 그분의 편의대로 하지 않으셨습니다. 아담은 하나님께서 자신에게 부여하신 권세를 사탄에게 합법적으로 넘겨주었습니다. 하나님께서 온전히 의롭지 않으셨다면 사탄에게서 그 권세를 빼앗고, 인간을 처벌했을 것입니다. 그러나 하나님의 은혜는 그렇게 하지 않으면서도, 인간의 속량을 준비하며, 완전한 공의에 기초한 하나님의 사랑을 인간에게 나타냈습니다.

우리는 예수님께서 사역을 시작하셨을 때, 침례를 받은 직후 성령에 이끌리어 광야로 가셔서 마귀의 시험을 받으신 것을 기억합니다.

누가복음 4:6-7을 읽어보십시오. 예수님께서 시험 받는 동안, 마귀는 그분을 높은 곳으로 데리고 가서 거주하는 땅의 모든 왕국을 순식간에 보여주었습니다. 그리고는 예수님께 "이 모든 권위와 그 영광을 내가 네게 주리라 이것은 내게 넘겨 준 것이므로 내가 원하는 자에게 주노라 그러므로 네가 만일 내게 절하면 다 네 것이 되리라."라고 말했습니다.

자, 주목하십시오. 사탄은 예수님께 와서, 거하는 땅의 권세와 영광이 자기에게 넘겨졌다는 것과 그 권세를 자기가 원하는 자에게 줄 수 있음을 선언하고 있습니다.

마귀가 예수님께 거짓말했고, 예수님께서 그 거짓을 알지 못했다면, 예수님께서는 성육신하신 하나님의 아들이 아니었을 것입니다. 또 마귀가 예수님께 거짓말을 했고, 예수님께서 마귀가 거짓말한다는 사실을 아셨다면, 그것은 진짜 시험이 아니었을 것입니다.

우리는 성경이 참이며, 이 시험이 진짜 시험이라고 확신합니다. 그러므로 예수님께서도 사탄이 인류의 왕국에 대한 권세와 통치권을 가졌고, 그가 그 권세와 통치권을 자기 뜻대로 원하는 자에게 넘겨줄 수 있음을 인정하셨습니다.

사탄은 "그것이 나에게 넘겨졌으므로"라고 말했습니다. 우리는 하나님께서 이 권세를 사탄에게 주시지 않았음을 알고 있습니다. 아버지 하나님께서는 그분의 창조세계와 그분의 사랑의 대상인 인간에 대한 통치권을 원수에게 절대로 넘겨주지 않으셨을 것입니다.

사탄은 하나님을 철저히 미워했기 때문에, 에덴동산에서 인간을 유혹했습니다. 인간이 아버지 하나님께 어떤 의미인지를 알았기 때문에, 이 연합을 분리시켜서 인간을 자기에게 속박시키고 멸망시키는 것이 사탄의 목표가 되었습니다. 사탄은 이렇게 하는 것이 아버지 하나님께 가장 큰 고통을 줄 것을 알았습니다. 하지만 사탄은 그 사악한 성격으로 인해, 하나님께서 인간을 그분께 회복시키기 위해 친히 스스로의 의지로 그분께서 인간을 위해 고통을 당하시리라는 사실을 예측할 수 없었습니다.

갈보리의 고난(육체적 고난과 영적 고난)은 사랑으로 말미암아, 원수를 이긴 하나님의 승리를 드러냈습니다.

그리스도께서는 이 유혹(시험)에 굴복하지 않으셨습니다. 사랑이 사탄을 정복하고 승리를 거두었습니다.

인간의 죄의 결과 – 사망이 들어옴

이는 하나님의 계획을 좌절시키는 것이었습니다.

아담의 대 반역죄는 영적 죽음이 인간의 생명 안으로 들어오게 했습니다.

로마서 5:12은 인간의 영으로 들어가기만을 기다리는 영적 죽음의 그림을 우리에게 제시합니다. 인간의 죄는 이 치명적인 본성이 들어오도록 인간의 영을 열어주는 문입니다.

인간의 타락과 관련된 대부분의 가르침은 육체적 죽음이 들어오는 것에 집중해왔습니다.

그러나 우리는 지난 2과에서, 진짜 사람이 영이기 때문에 영적인 존재로서 하나님과의 교제 가운데 살 수 있었음을 보았습니다.

하나님의 형상대로 창조된 인간의 영 안으로 죽음이 들어왔습니다.

우리가 말하는 "영적 죽음"이라는 것은 인간이 더 이상 영적 존재가 아니라는 의미가 아닙니다.

영적 죽음은 존재하지 않는 상태가 아니라, 하나님과 분리되고 소외될 뿐 아니라 사탄과 연합한 존재 상태라는 의미입니다.

성경에는 세 종류의 죽음이 언급되어 있습니다. 바로 육체적 죽음the Physical Death과 영적 죽음the Spiritual Death과 둘째 사망the Second Death입니다.

육체적 죽음은 폭력적이며 부자연스러운 것으로, 인간의 영과 혼이 그의 몸과 분리되는 것입니다.

그러나 영적 죽음은 인간에게 더 폭력적이며 더 부자연스러운 것입니다. 영적 죽음은 인간의 영이 하나님과 분리되는 것입니다(엡 4:18).

요한계시록 20:11-15을 보십시오. 둘째 사망은 하나님의 본성이 더 이상 인간에게 다가올 수 없고 또 절대로 접근할 수도 없는 존재 상태를 말하며, 하나님과 인간의 영원한 분리입니다.

영적 죽음은 본성이다

영적 죽음은 실제로 본성입니다. 오늘날 진정한 능력들은 영적입니다.

하나님은 영이십니다(요 4:24).

사탄도 영입니다(엡 6:12).

인간도 영입니다(살전 5:23).

더 높은 영적 존재인 하나님의 형상대로 창조된 인간은 자신의 영적 생명을 위해 자기보다 높은 능력에 의지하게 됩니다. 인간은 둘 중 하나, 곧 하나님의 본성에 참여하든지 아니면 사탄의 본성에 참여하든지 해야 합니다.

하나님은 영이시며, 하나님의 본성은 생명입니다(요 5:26).

사탄 역시 영이며, 그의 본성은 하나님과 정반대입니다. 그것은 죽음입니다.

에베소서 2:1-5을 읽어보십시오. 인간의 영을 장악했던 것은 영적 죽음, 곧 사탄의 본성이었습니다.

성경을 열어 주는 두 단어가 있습니다. 그것은 "생명"과 "죽음"입니다.

이 두 단어를 이해하지 않고서는 하나님에 대해서나, 또한 인간을 향한 하나님의 계시인 성경에 대해서나 일관된 개념을 가질 수 없습니다.

타락할 때 맨 처음 들어온 죽음은 영적 죽음이었습니다. 아담은 자신이 선택한 것을 받게 되었습니다.

창세기 2:9, 16-17을 보십시오. 생명나무는 하나님과 인간을 연합시켰을 것입니다. 그러나 선악을 알게 하는 나무(선악의 지식의 나무)는 인간을 사탄과 연합시켰습니다.

이중 죽음

인간이 우주를 지배하는 권세를 받았을 때, 하나님께서는 불순종하면 확실히 죽게 될 것이라고 인간에게 경고하셨습니다.

창세기 2:17의 직역은 "너는 죽음 가운데 죽게 될 것이다. In dying thou shalt die."입니다.

이는 이중 죽음을 계시합니다.

아담은 대 반역죄를 저지른 순간, 영적으로 죽었지만 육체적으로는 930년 동안이나 죽지 않았습니다.

영적 죽음이 먼저 지상에 찾아왔습니다. 그 영적 죽음은 육체를 파괴함으로써 자신을 나타냈습니다.

육체적 죽음은 그의 부모인 영적 죽음이 눈에 보이게 나타난 것일 뿐입니다.

인간이 영적으로 죽은 후에, 인간의 몸은 죽을 수밖에 없게 되었습니다.

영적 죽음이 보편적이 되었습니다. 모든 인류는 영적 죽음 안에서 아담과 동일시되었습니다. 인간의 부모이자 하나님의 창조의 머리인 아담이 영적으로 죽었습니다. 아담은 하나님의 기쁨의 청지기로서의 책임에 실패했습니다. 아담이 낳을 인간은 아담과 똑같은 본성을 소유하게 될 것입니다.

그 영적 죽음이 세상에 태어나는 모든 인간의 본성이 됩니다.

로마서 5:12은 죽음이 모든 인류에게 임했다고 선언합니다.

로마서 5:17-19은 "한 사람이 순종하지 아니함으로 많은 사람이 죄인된 것 같이"라고 말씀합니다.

"한 사람의 범죄를 인하여 많은 사람이 죽었은즉"(롬 5:15)

하나님의 꿈이 실현될 수 없었습니다. 인간이 영적으로 죽었던 것입니다.

영적 죽음의 본성

우리는 영적 죽음이 생명만큼이나 실체substance요, 힘force이며, 사실fact임을 보았습니다.

다만 다른 점은 영적 죽음은 마귀에게서 나오지만, 생명은 하나님으로부터 나온다는 것입니다.

사탄은 원래 하늘에서 하나님과 함께 있었던 자로서, 하나님의 보좌 곁에 서 있던 영들 중에 하나였지만, 하나님께 반역하게 되었습니다. 그런 후 사탄의 본성이 변했습니다.

우리는 세상 안에 상호적대적인 영적 세력이 활동하고 있음을 인정합니다. 사랑과 미움, 기쁨과 슬픔, 믿음과 의심, 선과 악이 있습니다. 이 대립적인 힘들은 동일한 원천으로부터 나올 수 없습니다. 거룩하고, 선하며, 아름다운 모든 것은 하나님으로부터 나오는 생명에서 발원합니다. 악하고, 나쁘며, 썩어지는 모든 것은 사탄으로부터 나오는 영적 죽음에서 발원합니다.

우리는 사탄의 본성으로부터 미움과 탐욕과 살인과 세상에 있는 모든 불결하고 악한 힘이 흘러나오는 것을 이해할 수 있습니다.

사탄의 본성인 영적 죽음이 인간의 영을 지배한다는 사실을 알지 않고서는 인간의 상태와 문제를 이해할 길이 없습니다. 영적 죽음이 아담의 생명 속으로 들어왔을 때, 아담의 영이 완전히 변했음은 너무도 자명합니다. 죄를 지었을 때, 인간은 실제로 거듭났던 것입니다. 인간은 사탄으로부터 태어났습니다. 인간은 사탄의 본성에 참여한 자가 되었습니다. 인간은 사탄의 자녀가 되었습니다.

요한일서 3:12, 요한복음 5:24, 요한일서 3:14-15 및 에베소서 2:1-5을 읽어보십시오.

영적 죽음, 곧 이 무시무시한 괴물이 창조에 대한 주도권과 통치권과 주됨lordship을 장악했습니다.

로마서 5:17은 "한 사람의 범죄로 말미암아 사망이 그 한 사람을 통하여 왕 노릇 하였은즉…"이라고 말씀합니다. 죽음은 인격으로 여겨졌습니다. 아담의 대 반역의 행위로 말미암아, 죽음이 지배하기 시작했습니다. 이는 사실상 사탄의 지배입니다.

히브리서 2:14은 사탄이 영적 죽음의 영역에 대한 통치권과 권세를 장악하고 있음을 말씀합니다. 로마서 5:17의 직역은 "이는 한 사람의 범죄로 말미암아 죽음이 그 사람을 사용하여 전권을 장악했기 때문이다. For if by the trespass of one, death made use of the one to seize the sovereignty."라고 해석합니다.

또한 로마서 5:21에 대한 직역은 "죄가 죽음의 영역에서 왕으로 통치했다. Sin reigned as a king in the realm of death."라고 읽습니다. 여기에서 우리는 분명하게 진술된 진리를 발견합니다. 죽음(사탄의 본성)이 통치권을 장악했으며, 하나님의 창조세계는 그 지배 아래 있다는 점입니다.

● 3과 내용 확인 문제

1. 아담의 죄의 본질은 무엇이었습니까?

2. 아담은 속임 당했습니까? 성경구절을 제시하십시오.

3. 창조세계에 대한 사탄의 권세를 계시하는 신약성경의 사건을 말하고 설명해보십시오.

4. 왜 사탄이 영적 죽음을 인간의 생명으로 가져오려고 했습니까?

5. 로마서 5:12을 설명해보십시오.

6. 영적 죽음은 무엇입니까?

7. 아담의 "이중 죽음"은 무엇이었습니까?

8. 중요한 세 부류의 영적 존재는 무엇입니까?

9. 영적 죽음이 모든 인류에 임했다는 것을 계시하는 성경구절을 제시하십시오.

10. 하나님의 본성의 열매와 사탄의 본성의 열매를 대조하여 제시해보십시오.

4과

영적 죽음의 통치

THE REIGN OF SPIRITUAL DEATH

우리는 3과에서 인간의 생명 안으로 영적 죽음이 들어온 것을 보았습니다.

이는 죄가 왕으로 인간을 지배할 때 드러내는 압도성과 집요함을 설명해줍니다.

인간은 사탄의 본성 곧 영적 죽음에 참여하는 자가 되었습니다. 영적 죽음의 지배는 사탄에서 발원합니다.

에베소서 2:1-5은 인간의 영적 죽음의 상태 곧 공중의 권세 잡은 자들의 임금이었던 사탄의 명령을 받는 인간의 생명, 다시 말해 인간이 진노의 자녀임을 계시합니다.

인간의 본성과 의지가 죄와 교제하고 있는 것이 아니라면, 지능적으로 조직된 범죄에 대한 인간의 반응을 설명할 논리적인 근거가 없습니다.

아버지 하나님께서는 그분의 뜻을 인간에게 알리셨습니다. 하나님의 뜻은 인간이 생명나무의 열매를 먹고 하나님의 본성에 참여하는 것이었습니다.

세상에는 세 가지 의지will;뜻가 있습니다. 하나님의 의지와 사탄의 의지와 인간의 의지가 있습니다. 인간이 자신의 영적 생명을 위해 하나님이 아니면 사탄을 의존하듯이, 인간의 의지 역시 하나님의 의지가 아니면 사탄의 의지와 일치할 수밖에 없습니다.

마태복음 6:24은 이에 대한 신약적인 설명을 제공합니다. 인간은 동시에 두 주인을 섬길 수 없습니다. 인간은 이것이 아니면 저것을 사랑할 것입니다. 인간은 하나님을 섬기든지 아니면 사탄을 섬기든지 할 것입니다.

에덴동산에서 인간은 하나님의 의지를 거부했습니다. 인간은 자신의 의지를 추구했습니다. 그러나 하나님의 의지로부터 벗어나서 자신의 의지를 추구한 인간의 의지는 사탄의 의지에 속박되었습니다.

이제 우리는 하나님의 형상대로 창조된 인간의 생명 가운데 일어난 영적 죽음의 통치를 공부하고, 영적으로 죽은 인간의 필요에 대한 유일한 해답을 찾아봅시다.

영적 죽음의 통치가 시작되다

아담이 사탄의 음성에 복종한 순간, 아담의 의지에 대한 사탄의 의지의 지배가 시작되었습니다. 그것을 깨닫는 일이 인간에게 얼마나 끔찍한지요! 사탄의 본성이 인간의 영 안으로 불어넣어졌습니다.

에베소서 2:4을 읽어보십시오. 이제 인간은 본성상 진노의 자녀입니다.

창세기 3:8-13을 보십시오. 인간은 더 이상 하나님의 부름에 반응하지 못합니다. 하나님과 인간 사이의 교제는 깨어졌습니다. 인간은 새 주인이 된 사탄의 호출에 반응합니다.

창세기 3:22-24을 읽어보십시오. 인간은 무법자요, 에덴동산에서 쫓겨난 자이며, 하나님께 다가갈 하등의 합법적 근거가 없는 자입니다.

창세기 3:24은 "이같이 하나님이 그 사람을 쫓아내시고 에덴동산 동쪽에 그룹들과 두루 도는 불 칼을 두어 생명나무의 길을 지키게 하시니라"라고 말씀합니다. 우리는 하나님께서 하신 이 행동의 의미와 중요성을 깨닫지 못했습니다.

한 사람 안에 하나님의 본성과 사탄의 본성이 연합되는 것은 생각조차 할 수 없는 범죄였던 것입니다. 그래서 이제 아담은 생명나무에 접근해서는 안 됩니다. 우리는 이러한 연합이 어떤 종류의 존재를 낳았을지 상상할 수도 없습니다. 다만 그것이 속량을 불가능하게 했으리라는 것만 알면 충분합니다.

창세기 4:8을 읽어보십시오. 영적 죽음은 이제 아담에게 무시무시한 실재가 됩니다. 아담의 첫째 아들 가인이 아담의 둘째 아들 아벨을 살해한 다음, 거짓말을 합니다. 사탄의 두 가지 성격이 인간의 삶에서 표출됩니다. 사탄은 살인자요, 거짓말쟁이입니다.

아담은 자신의 대 반역의 결과를 뼈저리게 느끼게 되었습니다. 아담은 하나님께 죄를 지었을 뿐 아니라, 아직 태어나지 않은 인류에게도 죄를 지었습니다.

창세기 4:26을 읽어보십시오. 아담의 손자가 태어났습니다. 그래서 아담은 그 아이에게 "에노스Enosh"라는 이름 지어주었습니다. "에노스"라는 말은 '죽을 수밖에 없는, 깨어지는, 죽을 운명에 처한, 또는 사탄의 지배를 받는' 이라는 뜻입니다. 아담은 첫 손자의 이름을 자신의 죄에 대한 가슴 아픈 회한의 기억 속에서 지었습니다.

창세기 3:17-19을 읽어보십시오. 매일 태양이 떠오를 때마다 완전한 아름다움이 인간의 눈을 즐겁게 해주었습니다. 그러나 이제 그는 눈을 들어 도처에 나타난 황폐함을 바라봅니다. 벌레들과 찔레와 가시가 우글거립니다.

영적 죽음의 강철 같은 냉혹한 의지는 미움을 동물의 왕국의 본성으로 불어넣었습니다. 아담의 귀에 악의와 고통이 내는 불협화음의 비명이 들립니다. 그의 눈앞에는 동물과 곤충의 시체들이 햇볕에 썩어가는 채로 놓여있습니다.

아담은 스스로 사탄의 강철 같은 냉혹한 의지 아래 굴복합니다. 아담은 자신의 본성이 더 이상 하나님과 교제하지 못한다는 것을 깨닫습니다. 아담은 사랑을 잃어버렸습니다. 아담에게 안식과 기쁨과 평안은 사라졌습니다.

영적 죽음과 이성의 탄생

영적 죽음은 인간을 영의 영역에서 살지 못하게 했습니다. 지금까지 인간은 창조주와 함께 영의 영역에서 살았습니다. 인간의 영은 통치하고 다스렸습니다. 믿음의 영역이자 전능자의 능력의 영역에 있었으며, 그곳은 믿음이 말하여 존재와 실체를 불러내는 곳이었습니다.

로마서 4:17을 읽어보십시오. 그 영역은 없는 것을 있는 것처럼 부르시는 분의 영역이었습니다.

아담은 그분의 말씀에 대한 믿음으로, 없는 것에서 세상을 창조하셨던 하나님(히 11:3) 다음가는 통치자로 살아왔던 것입니다.

하나님과 인간의 연합이 끊어진 지금, 인간의 능력은 하나님의 능력과 단절되어 있습니다. 인간의 말은 하나님의 말씀과 단절되어 있습니다.

인간은 하나님의 능력의 영역에서 인간의 능력의 영역으로 떨어졌습니다. 이 영역에서 인간은 자신의 자원에 의존합니다. 인간의 자원은 자신의 마음mind과 몸에 제한됩니다. 마음은 인간의 신체 감각을 통해서만 지식을 끌어낼 수 있습니다. 보고, 듣고, 느끼고, 맛보고, 냄새 맡는 오감이 인간의 마음의 문과 창이 됩니다.

인간은 이 감각에 의해서 세계와 자신에 대한 개념을 형성합니다. 인간은 보고 듣고 느끼고 맛보며 냄새 맡는 것에 의해서 삶의 질서를 세웁니다. 감각은 질료를 마음으로 가져오고, 이성은 감각 질료로부터 나름의 결론을 끌어냅니다. 믿음은 죽었고, 초자연적인 것은 상실되었으며, 이성Reason이 태어납니다.

로마서 8:1-11은 삶과 생명에서 신체감각의 명령을 받고 있는 자연인에 대해 설명합니다.

로마서 8:7은 "육신의 생각은 하나님과 원수가 되나니…"라고 말씀합니다. 육신의 마음the mind of flesh은 추론으로 구성되는데, 그 추론은 마음mind이 신체감각을 통해 받아들인 감각질료로부터 만들어집니다.

다시 말해, 인간 감각의 산물인 이성은 하나님의 지식과 믿음, 또는 인간 능력의 영역을 초월한 행위에 대해 항상 적대적이었다는 말입니다.

문명은 감각을 즐겁게 하는 기술의 온상이 됩니다. 인간은 자신의 목표가 얼마나 높든지 간에, 자신의 감각수준을 능가할 수 없습니다.

영으로 걷는 법을 상실했습니다. 영의 부르짖음은 응답되지 않은 채로 남아있습니다. 인간의 역사는 처음부터 이성이 우위를 차지합니다.

영적 죽음과 문명

요한일서 5:19(직역)은 인류의 역사에 대한 계시였습니다. "온 세상은 악한 자의 품에 있다. The whole world lieth in embrace of the evil one."

죄가 영적 죽음의 영역에서 왕 노릇했는데, 그곳에서 인간은 잔인한 황제인 사탄 아래 살아갑니다.

인간은 갖은 노력을 다 했지만 죄의 능력을 제거하지 못했습니다. 교육은 실패했습니다. 역사는 문명이 출현할 때마다 도덕적 타락을 동반했음을 자인합니다.

전쟁이 매 시기마다 모든 민족을 지배했으며, 인간의 젊음과 힘을 파괴했습니다. 전쟁은 인간에게 말로 다할 수 없는 고통을 가져다주었습니다. 전쟁의 잔혹함은 인간을 파괴하려는 사탄의 통치활동이 표출된 것에 불과합니다.

인간은 죄와 질병과 죽음의 뿌리와 원인을 격파할 수 없었습니다. 질병의 법칙이 인간의 몸에 달라붙어서, 인간을 황폐화시키고 괴롭혔습니다. 죽음은 모든 시대의 모든 인간이 직면했던 최고의 문제입니다. 죽음은 인간의 감각에서 태어난 모든 행복에 그림자를 드리웁니다.

사탄의 품에 안겨 있는 인간은 소망 없는 죽음과 파멸로 끝나는 이 헛된 분투를 향해 괴롭게 울부짖습니다. 참혹한 저주에도 불구하고 창조세계는 아름다움과 조화의 특징으로 가득합니다. 지적인 창조주의 특징과 설계가 아직까지는 엿보입니다. 그러나 인간은 짧은 인생이 탄생과 소망 없는 죽음 사이에 존재하는 까닭을 알 수 없습니다. 인간은 죽기 위해 태어납니다. 인간은 자신과 창조주에게 기쁨을 가져다주지 못합니다. 인간의 영은 하나님으로 굶주려 있지만, 하나님을 찾을 수 없습니다.

인간의 이성은 창조주가 사랑의 하나님이 아니라고 결론을 내립니다. 그러므로 인간은 아버지 하나님의 계시를 거부합니다.

어떤 과학자는 인간의 삶을 불평하며 시대의 정서를 이렇게 표현했습니다. "그리스도인의 하나님은 사랑의 하나님이 아니다. 수도원의 수녀들이 하나님보다 더 친절하다."

인간의 영적 아비인 사탄에 의해 마음이 어두워진 인간은, 하나님의 원수인 사탄이 인간역사의 시초부터 이 세상의 지배자가 되었다는 것을 모릅니다. 한 사람의 범죄로 말미암아 죽음이 통치권을 장악했다는 것을 모릅니다.

사탄의 본성인 영적 죽음은 죄와 질병과 육체적 죽음, 그리고 심지어는 하나님의 사람의 생명까지도 어둡게 해왔던 모든 슬픔이 자라난 토양입니다.

인간에게는 영원한 생명이 필요하다

에베소서 4:17-18은 아담의 생명 안에 영적 죽음이 들어온 결과로 생긴 인간의 모습을 그리고 있습니다. 로마서 5:12도 보십시오.

인간은 하나님의 생명과 분리되어 있습니다. 인간은 이성의 영역, 즉 허망한 마음mind 가운데 살아가고 있습니다. 그리고 그 마음은 그 안에 있는 영적 죽음에 의해 어두워지고 눈이 가려져있는 상태입니다(고후 4:4).

인간은 스스로의 노력으로 그 상태에서 자신을 속량하기에는 완전히 무기력합니다. 아담이 사탄에게 복종하여 자신과 자신의 권세를 그에게 내어준 이후, 인간에게는 스스로 그 상태에서 벗어날 수 있는 어떤 권세도 없었습니다. 인간이 아무리 노력하더라도, 한 사람이 인류의 운명을 결정지어버렸습니다(고전 15:22).

어떤 인간도 인간을 속량할 수 없었습니다. 왜냐하면 모든 인간이 사탄의 지배 아래 있었기 때문입니다. 인간이 속량 받으려면, 사탄보다 더 강한 누군가가 인간을 대신해서 그렇게 해야 합니다. 하나님께서 몸소 인간을 속량하셔야 합니다.

이 속량은 하나님이 단순히 인간의 죄를 용서하시는 것 이상을 요구합니다. 하나님께서 아담과 모든 사람의 죄를 용서하셨더라도, 인간의 속량은 건드리지 못했을 것입니다. 인간의 생명에 대한 죄의 능력과 권세는 여전히 남아 있었을 것입니다. 인간의 죄에 대한 끊임없는 용서가 인간에게 주어져야만 했던 것입니다.

이스라엘의 상태가 바로 그러했습니다.

히브리서 10:11을 읽어보십시오. 모든 대제사장은 이스라엘의 죄로 인해 똑같은 희생 제사를 반복해서 드리고 매일 같이 섬겼습니다. 하나님의 언약의 백성은 여전히 영적으로 죽은 상태였으며, 그런 상태의 부산물인 죄에 대한 지속적인 용서가 필요했습니다.

히브리서 10:3을 읽어보십시오. 하나님의 마음에는 이스라엘의 영적 죽음의 상태를 계속해서 생각나게 하는 것이 있었습니다.

죄 용서만으로는 인간과 그의 영적 아비인 사탄 사이의 관계를 깨뜨리지 못했던 것입니다. 죄 용서는 하나님과 인간 사이에 교제를 주지 못했을 것이며, 또한 아버지 하나님께서 인간을 자신의 거처로 삼을 수 있게 하지도 못했을 것입니다.

속량은 용서 이상이어야 합니다.

속량은 인간에게 새로운 본성, 곧 새로운 생명을 주는 것이어야 합니다.

속량은 인간의 영 안에 있는 새로운 피조물creation;창조을 의미했습니다. 인간의 필요는 인간이 자신의 영 안으로 하나님의 본성을 받아들일 때에만 충족될 수 있습니다.

첫째, 영적 죽음이 인간의 생명에서 완전히 파괴되어야 합니다. 사탄의 본성이 인간의 본성으로부터 완전히 제거되어야 합니다. 그래야 인간은 한 번도 영적으로 죽은 적이 없던 것처럼 사탄의 권세로부터 자유롭게 설 수 있습니다.

로마서 6:6을 읽어보십시오. 죄의 몸인 영적 죽음이 제거되어야 합니다.

골로새서 1:13을 읽어보십시오. 인간은 사탄의 권세로부터 해방되어야 합니다.

히브리서 2:14을 읽어보십시오. 죽음의 영역에서 통치하는 사단이 인간의 주로서의 지위에서 폐위되어야 합니다.

히브리서 2:15을 읽어보십시오. 인간이 자신을 속박해왔던 옛 주인에 대한 두려움에서 벗어나야 합니다. 그런 다음에야 인간은 하나님의 생명을 자유롭게 받아들일 것입니다.

창세기 3:24을 읽어보십시오. 우리는, 하나님께서 인간을 에덴동산에서 쫓아내시고, 인간이 영적으로 죽은 상태로 생명나무에 접근하지 못하게 하셨음을 기억합니다.

인간에게 필요한 것은 하나님의 본성인 생명입니다. 그러나 하나님께서는 인간이 먼저 사탄의 본성에서 합법적으로 벗어날 수 있게 하시기 전까지는 그분 자신의 본성을 인간에게 나누어줄 수 없으셨습니다.

하나님의 편에서의 용서와 인간의 편에서의 개혁 또는 교육은 죄의 뿌리인 영적 죽음에 타격을 가하지 못했습니다.

아담이 죄를 지었을 때 사탄의 본성으로 거듭났듯이, 본성상 진노의 자녀인 인간은 거듭나야 합니다. 즉 하나님의 생명으로 태어나야 합니다(요 3:7).

이것이 곧 인간을 하나님의 아들이 되게 할 것입니다. 요한복음 1:12과 요한일서 5:1을 읽어보십시오.

인간의 영에 있는 하나님의 이 생명이 인간을 죄의 법으로부터 자유롭게 할 것입니다(롬 8:2).

요한일서 2:6을 읽어보십시오. 그리스도께서 아버지와 동행하셨듯이, 하나님의 본성(생명)은 인간에게 아버지와 동행할 수 있는 능력을 줄 것입니다.

예수 그리스도께서는 사탄의 시험을 받았지만, 전적으로 아버지의 뜻 가운데 행할 수 있었고, 아버지를 기쁘게 할 수 있으셨습니다. 누가복음 3:22과 요한복음 5:30을 읽어보십시오.

이는 예수 그리스도께서 영적 죽음의 영역에 속하지 않고, 하나님의 생명을 소유하셨기 때문입니다. 오늘날 인간의 영에 있는 영원한 생명은 인간을 하나님의 상속자요, 그리스도와 함께 한 공동 상속자가 되게 합니다(롬 8:17). 거듭난 인간은 그리스도께서 지상에서 활동하실 때만큼이나 아버지 앞에 설 수 있으며, 그리스도만큼이나 사탄의 지배로부터 자유로우며, 그분만큼이나 아버지를 기쁘시게 할 수 있는 능력이 있습니다. 요한복음 17:14-18, 17:22-23; 고린도전서 1:30을 읽어보십시오.

영원한 생명은 질병의 법으로부터 인간을 자유롭게 할 것입니다(벧전 2:24).

로마서 8:11은 부활을 말하고 있지 않습니다. "죽을 수밖에 없다"라는 말은 "죽을 운명에 처해 있다"라는 의미입니다. 그러므로 "죽을 수밖에 없다"라는 말은 죽은 후의 우리 몸의 상태를 가리킬 수 없습니다. 왜냐하면 죽은 후 우리의 몸은 더 이상 죽을 운명에 처한 것이 아니라, 죽음에 의해 파괴되어서 그리스도께서 재림하실 때 일어날 불멸을 기다릴 것이기 때문입니다. 몸에 거하고 있는 영원한 생명이 지금 몸에 생명과 치유를 줄 것입니다.

인간이 영원한 생명을 받는 것이야말로 인간으로 하여금 하나님의 영을 받아들일 수 있게 하고, 또한 하나님께서 인간 안에 거하실 수 있게 해줍니다. 고린도후서 6:16과 에베소서 3:14-21을 읽어보십시오.

이것(영원한 생명을 받는 것)이 다시 인간을 하나님의 능력의 영역 곧 모든 것이 가능한 영역으로 데려갑니다(마 17:20).

인간은 하나님의 말씀으로 사는 인산 영의 영역 곧 믿음의 영역에서 다시 걸을 수 있게 될 것입니다(눅 4:4).

영원한 생명이 인간의 필요를 채워줄 것이며, 교제를 향한 아버지의 심령의 부르짖음을 충족시켜줄 것입니다. 그러나 영원한 생명이 인간에게 주어질 수 있기 위해서는, 그전에 먼저 인간이 의롭다고 선언되어야 하며, 하나님께서는 인간을 사탄의 가족으로부터 하나님의 가족으로 데려올 수 있는 합법적인 권리를 가지셔야 합니다.

● 4과 내용 확인 문제

1. 세상에 있는 세 가지 의지를 말해보십시오.

2. 마태복음 6:24을 설명해보십시오.

3. 왜 인간은 영적으로 죽은 후에 에덴동산에서 쫓겨났습니까?

4. 어떤 사건이 아담의 자손들 안에 있는 영적 죽음의 활동을 드러냅니까?

5. 왜 이성이 믿음에 비해 우위를 얻었습니까?

6. 문명은 어떻게 영적 죽음이 인간의 영에 거한다는 사실을 드러냅니까?

7. 죄 용서만으로는 상실된 인간의 필요를 채우지 못하는 이유를 설명해보십시오.

8. 왜 하나님께서 인간의 속량을 대신하셔야 합니까?

9. 영원한 생명이 인간의 필요를 채워주는 이유는 무엇입니까, 그리고 어떻게 채웁니까?

10. 로마서 8:11을 설명해보십시오(여기에서 제시한 모든 성경구절을 찾아보고 자세히 공부하십시오).

5과

의에 대한 인간의 필요

MAN'S NEED OF RIGHTEOUSNESS

인간은 하나님께서 인류를 불공정하게 다루셨다고 계속 고발했습니다. 인간은 하나님께서 인간이 타락할 것을 미리 아셨으면서도 인간을 창조하셨기 때문에, 그분은 사랑의 하나님도 공의Justice의 하나님도 아니라고 선언합니다.

인간은 누구는 지옥에 보내고 누구는 천국에 보낼 수 있는 하나님의 권리에 의문을 제기합니다.

하나님께서는 이 오랜 비난에 맞서서 자신을 정당화하실 수 있을까요?

선한 사람에게는 자녀에게 생명을 줄 수 있는 권리가 있듯이, 아버지 하나님께서도 인간을 창조할 수 있는 권리가 있으셨습니다.

아담은 자기 자신의 주인이었습니다. 아담이 선택하지 않는 한, 그는 사탄에게 복종할 필요가 없었습니다. 아담은 결코 "유인원과 인간을 이어주는 진화의 고리"가 아니었고, 완벽한 지식의 온전한 빛 가운데 서 있는 하나님의 창조의 최고봉이었습니다.

우리는 인간이 기쁨과 평강을 위해 창조되었으며, 하나님의 본래 계획에는 어떤 죄나 질병이나 슬픔이나 죽음이 있을 자리가 없었음을 보았습니다. 현재 상태의 사회와 세상은 정상이 아닙니다.

하나님께서는 인류 앞에 자신을 해명하셨고 무죄결백하게 서 계십니다. 왜냐하면 하나님께서는 이 상태로 인간을 방치하지 않으셨고, 인간이 예수 그리스도에 대한 믿음을 통해 누릴 수 있는 속량을 제공하셨는데, 그 속량이 인간의 모든 필요에 응답할 것이기 때문입니다.

삼중 문제

인간의 필요는 하나님의 본성인 영원한 생명을 받아들여야만 충족될 수 있습니다. 그럼에도, 하나님께서는 합법적인 근거를 마련하시기 전까지는 인간에게 자신의 본성을 나눠줄 수 없으며, 인간에게 아들 됨의 특권을 줄 수 없으십니다.

그러므로 아버지 하나님께서 인간을 그의 행위와 상관없이 속량하려고 하실 때 직면하는 일차적인 문제는 인간에게 의가 필요하다는 것입니다.

그리스도 안에 있는 우리의 속량의 합법적인 측면을 알려주는 로마서 3:26은, 인간에게 의가 필요하다고 소리 내어 말합니다. 로마서 3:26에 대한 미국표준역(ASV) 성경의 주석은 다음과 같습니다. "그분이 의로우시며 예수님을 믿는 자의 의가 되기 위해서이다. That He might be righteous and the righteousness of him that hath faith in Jesus."라는 각주가 달려있습니다.

이것이 문제였습니다. 인간은 의를 받아야 합니다. 하나님께서는 사탄의 자녀 곧 영적으로 죽은 인간을 의롭다고 선언할 합법적인 권리를 가지셔야 합니다.

의에 대한 인간의 필요는 삼중 문제를 수반했습니다.

첫째, 하나님께서는 인간을 공의롭게 다루셔야 합니다. 인간의 불법을 간과해서는 안 됩니다. 죗값은 반드시 지불되어야 합니다.

둘째, 하나님께서는 절대적 공의의 근거 위에서 사탄에게 행하셔야 합니다. 하나님께서는 합법적인 근거 위에서 사탄의 권세로부터 인간을 속량하셔야 합니다.

셋째, 하나님께서는 인간과 사탄에게 공의로워야 할 뿐만 아니라, 그분의 행동 자체도 그분의 의를 따라서 이루어져야 합니다. 의는 하나님의 보좌의 기초이기에(시 89:14), 기준을 낮추어서는 안 됩니다. 하나님께서 정당하게 인류를 판결할 수 있어야 하는데, 만약 그들이 하나님의 죄의 대속을 거절할 경우 그들 자신이 죗값을 지불하게 할 수 있는 합법적 근거가 있어야 합니다.

인간의 죗값

공의가 인간에게 죗값을 치르도록 요구했을 때, 인간은 이자도 치를 수 없었습니다. 인간이 저질렀던 범죄에 대해 경감이란 없었습니다. 그 죄는 대 반역죄요, 용서할 수 없는 죄였습니다.

인간의 죗값은 지옥이었습니다!

인간의 죄의 본질을 아는 우리는 지옥이 있는 이유를 이해할 수 있습니다. 인간은 영원한 존재입니다. 천사도 영원한 존재입니다. 인간과 천사들이 범죄자가 될 때, 그들은 영원한 범죄자가 됩니다.

인간은 영입니다. 그래서 인간을 위한 영원한 영의 처소가 있어야 합니다.

인간이 영적 범죄자가 될 때, 죽음 이후에 구치소에 들어가서 백보좌 심판을 기다려야 했습니다. 그리고 심판에서 선고를 받은 후에 연방교도소에 넘겨지게 되어 있습니다.

지옥은 인간을 위해 마련된 것이 아니었습니다(마 25:41). 지옥은 마귀와 그의 사자들을 가두는 목적으로 마련된 것이었습니다.

하나님의 원래 의도는 인간이 이 땅에서 영원히 사는 것이었습니다. 이 땅은 이 목적을 위해 지어졌고, 인간은 영원한 몸을 소유했습니다. 그러나 인간이 죄를 짓고 죽을 수밖에 없는 존재가 되자, 지옥이 인간을 구금하는 장소가 되어야 했습니다.

영원한 범죄자가 된 인간에게는 영원히 구금할 장소가 있어야 합니다. 감옥이 있어야 합니다. 범죄자는 분리되어야 합니다. 범죄자들이 구분 없이 영원히 어슬렁거리며 돌아다니도록 허락된다면 새 하늘과 새 땅을 타락시키게 될 것입니다.

우리에게는 인간의 법률을 어기는 범죄자들을 위해 구치소, 주 교도소, 연방교도소가 있고, 또한 습관적으로 죄를 짓는 자를 위해서는 평생 감옥에 구금하는 장치가 있습니다.

하늘의 법을 어기는 영원한 범죄자들을 감금하는 감옥이 있다고 그 누가 하나님께 항의할 수 있겠습니까?

인간은 죽음 이후에는 어떤 형태로든지 지옥이나 구금 장소가 있다고 보편적으로 믿고 있습니다. 그리고 이 증거는 쉽게 무시되지 않습니다. 인간의 보편적 의식의 증거만큼 배심원과 판사에게 확고한 증거는 없습니다.

사탄에 대한 하나님의 공의

인간에게 의를 회복시킴에 있어, 하나님께서는 사탄을 이용하셔서는 안 됩니다. 아담의 대 반역죄는 사탄에게 창조세계를 다스릴 합법적인 권리를 주었고, 인간을 사탄의 합법적인 하인과 노예로 만들었습니다. 전능하신 하나님께서는 사탄보다 강하시지만, 공의로운 처리방식으로 사탄에게서 권세를 박탈하셔야 합니다. 계획의 진행 역시 확실한 합법적인 근거 위에서 이루어져야 합니다.

인간에 대한 하나님의 공의

공의의 근거 위에서 인간을 다루실 때, 하나님께서는 인간의 범죄를 인정하고 또 그 죗값이 치러지는 것을 보셔야 합니다. 인간의 속량은 합법적이어야 하며, 따라서 속량된 인간이 자기존중을 유지할 수 있게 하고, 인간이 합법적인 근거에서 의롭게 되었음을 알게 해야 합니다.

인간은 죄를 지었을 때 사탄의 본성에 참여하는 자가 되었습니다. 범죄의 결과, 인간은 지옥에 구금되어야 합니다. 누군가 그곳으로 가서 인간의 죗값을 치러야만, 인간은 영원한 생명을 받고 결코 한 번도 죄를 지은 적이 없었던 것처럼 하나님 앞에 설 자격을 받을 수 있습니다.

이 속량은 지옥으로 갈 수밖에 없는 죗값으로부터 인간을 자유롭게 할 것입니다. 인간이 이를 거절하고, 사탄과의 연합을 고수한다면, 사탄의 운명을 공유해야 합니다.

속량에 반드시 포함되어야 하는 것

아담의 죗값을 적절하게 치러야 합니다. 그래야 인간은 사탄의 지배로부터 구출될 수 있습니다. 인간에게 방어무기와 공격무기도 쥐어주어야 합니다. 인간은 사탄과의 싸움에서 이길 수 있는 권세를 받아야 합니다.

인간 몸의 부활과 불멸이 선사되어야 합니다. 왜냐하면 인간은 태초에 완전한 몸을 가지고 있었기 때문입니다. 인간은 이제 죽음이 아무런 통치권이나 권세를 지닐 수 없는 불멸의 몸을 받아야 합니다.

또한, 이 땅이 에덴의 영광과 아름다움으로 회복되어야 합니다. 다시는 사탄의 지배가 재발될 수 없는 기초 위에서 이루어져야 합니다.

인간의 속량에는 새 창조가 포함되어야 하며, 또한 하나님의 생명 또는 본성, 즉 완전한 의와 완전한 화해의 교제가 포함되어야 합니다. 그래야 인간은 다시 한 번 하나님과 친밀해질 것입니다.

하나님께서는 창조만이 아니라 자신의 심령에서도 인간에게 아들의 위치를 부여해 줄 수 있어야 합니다. 그때, 의와 아들 됨의 특권과 가장 온전한 교제가 인간의 영원한 권리가 될 것입니다. 이상의 위대한 세 가지 축복을 주지 못하는 속량은 결코 인간의 필요를 충족시켜주지 못할 것입니다.

하나님께서 친히 속량자를 준비하셔야 한다

인간을 위해 의를 인간에게 회복시킬 이 속량은 하나님으로부터 와야 합니다. 어떤 인간도 인류를 대신해서 공의의 요구를 만족시킬 수 없었습니다. 자연생식으로 태어난 모든 인간은 파산당한 무기력한 노예이며 또 그를 지배하고 지옥으로 던져버릴 권세를 쥔 원수의 손아귀에 있기 때문입니다. 어떤 인간도 혼자 힘으로 하나님 앞에 설 수 없습니다. 전 인류가 기소상태에 처해 있기 때문입니다. 그러므로 하나님 앞에서 인류를 대변할 수 있는 인간은 한 명도 없습니다.

속량자의 자격 요건

이 속량자는 인간이어야 합니다. 그러나 이 사람은 자연생식으로 태어나서는 안 됩니다. 그는 사탄의 종이 되지 않을 방식으로 잉태되어야 합니다. 그의 영의 본성에는 영적 죽음이 없어야 합니다.

그는 첫 사람 아담과 똑같이 하나님 앞에 의롭게 서야 하고, 똑같은 통치권과 권세를 소유해야 합니다.

그는 인간으로서 이 땅에 살면서 아버지를 완전히 기쁘시게 해드려야 합니다. 그는 첫 사람처럼 시험(유혹) 가운데 사탄을 만나야 하지만, 결코 사탄의 뜻에 굴복해서는 안 됩니다.

이 사람은 인간의 대속물로 행동해야 합니다. 인간의 죄 곧 영적 죽음 자체가 이 사람에게 얹어져야 합니다. 그런 다음 사탄에 대한 심판이 그에게 내려져야 합니다. 그는 공의의 요구를 만족시켜야 합니다. 이를 위해 그는 지옥으로 내려가야 합니다. 그는 인류에 대한 공의의 모든 합법적인 요구사항이 완전히 충족될 때까지 지옥에서 심판 아래 머물러 있어야 합니다. 그를 구원자로 모시며 처음부터 피의 언약을 신뢰했던 모든 인간을 합법적으로 무죄 방면할 수 있을 때까지, 그는 지옥에 머물면서 고통을 당해야 합니다.

이 속량자는 이 땅에서 활동할 때 사탄의 지배로부터 자유로울 뿐만 아니라 사탄보다 더 큰 존재로서, 죗값이 치러진 후에는 사탄을 정복할 수 있으며, 사탄에게서 인간에 대한 주됨과 합법적인 통치권을 찾아올 수 있는 분이어야 합니다. 그는 죽음을 정복함으로, 파산당하고 속박된 인간에게 생명과 불멸을 가져다주어야 합니다.

어떤 천사도 인간의 속량자의 역할을 담당할 수 없었습니다. 천사는 공의의 요구를 만족시킬 수 없었기 때문입니다. 또한 인간은 사탄과 연합하고 사탄에게 굴복한 까닭에 누구도 공의가 요구하는 속량자의 자격 요건을 달성할 수 없었습니다.

오직 하나님만이 사탄보다 더 크십니다. 그러므로 하나님과 인간이 한 개인 안에 연합되어야 합니다. 성육신이야말로 의에 대한 인간의 필요를 충족하는 유일한 해답입니다. 하나님과 인간의 연합만이 인간의 죗값을 지불하고 사탄을 정복할 능력을 가지고 계시면서도, 한 인간으로서 의 가운데 걸으실 속량자를 마련해줄 것입니다.

하나님이 인간을 위해 고난당하셔야 합니다. 하나님께서는 인간이 타락할 것을 아셨음에도 인간을 창조하셨습니다. 그러한 창조의 책임은 아버지 하나님께 있습니다. 아버지 하나님께서 속량을 예비하셔야 합니다. 인간이 의를 받을 수 있는 유일한 길은 하나님의 독생자의 성육신입니다.

하나님의 사랑하는 아들이 아버지의 품으로부터 나와, 아버지와 함께 누렸던 영광과 위엄을 버리셔야 합니다. 그는 이 땅에 오시어, 몸소 인간 육체의 몸을 입어야 합니다.

그는 아들로 살면서 아버지를 기쁘시게 하며, 이 땅에 한 인간으로 살면서 사탄을 이겨야 합니다.

그러면 하나님께서는 그 무시무시하고 끔찍한 것, 곧 인간의 죄의 본성인 영적 죽음을 취하셔서, 그의 거룩한 영원한 아들의 영에다 얹으셔야 합니다. 그 아들은 심판을 받고, 영원한 공의의 진노와 분노가 그에게 쏟아질 수밖에 없습니다.

그가 인간의 죗값을 치르셨을 때, 의가 되실 것이며, 그 의는 인간의 의가 될 것입니다.

심판이 온 것은 한 사람을 통해서였습니다. 그러므로 죄 없는 한 사람이 합법적인 근거에서 그 죗값을 치를 수 있으며, 따라서 인류는 성육하신 분의 주되심을 고백할 때 죄와 불의로부터 자유하다는 선언을 받게 될 것입니다. 이번 5과의 결론은 이것입니다. 즉, 인간이 영원한 생명을 받기 위해서는 첫째로 의를 요구하며, 그리고 인간이 의를 받기 위해서는 성육신을 요구한다는 사실입니다.

이번 과에서 다루어진 성경 공부

인간의 불의를 드러내는 성경구절 :

"하나님의 진노가 불의로 진리를 막는 사람들의 모든 경건하지 않음과 불의에 대하여 하늘로부터 나타나나니"(롬 1:18)

“…다 죄 아래에 있다…의인은 없나니 하나도 없으며”(롬 3:9-10)

“…심판은 한 사람으로 말미암아 정죄에 이르렀으나…”(롬 5:16-18)

“…많은 사람이 죄인 된 것 같이…”(롬 5:19)

인간에 내려진 심판을 드러내는 성경구절 :

“그런즉 한 범죄로 많은 사람이 정죄에 이른 것 같이…”(롬 5:16-18)

“…심판에 대하여…책망하시리라”(요 16:8)

“심판에 대하여라 함은 이 세상 임금이 심판을 받았음이라”(요 16:11) 사탄에 대한 심판이 곧 인간에 대한 심판이 되었습니다.

“…하나님의 진노가 그 위에 머물러 있느니라”(요 3:36)

구금 장소로서 지옥을 나타내는 성경구절 :

“악인들이 스올로 돌아감이여…”(시 9:17)

“…누구든지 생명책에 기록되지 못한 자는 불못에 던져지더라”(계 20:13-15)

“하나님이 범죄한 천사들을 용서하지 아니하시고 지옥에 던져 어두운 구덩이에 두어 심판 때까지 지키게 하셨으며”(벧후 2:4)

자신을 속량할 수 없는 인간의 무능함을 보여주는 성경구절 :

“…세상에서 소망이 없고 하나님도 없는 자이더니”(엡 2:12)

이사야 59:15-16을 읽어보면, 어떤 의도 없고, 인간을 위해 행동할 단 한 사람도 없는 것을 보신 하나님께서 친히 그분의 팔로 구원과 의를 인간에게 가져오셨다고 말씀합니다.

로마서 3:20은 율법의 행위로는 어떤 육체도 의로 간주되지 못할 것이라고 말씀합니다(ASV 성경 주석).

"…마귀의 자녀들이…"(요일 3:10)

"…죄를 범하는 자마다 죄의 종이라"(요 8:34)

에베소서 2:2-3은 사탄을 따라서 행하는 것을 말씀합니다.

골로새서 1:13은 사탄의 권세 안에 있는 인간을 말씀합니다.

히브리서 2:14-15은 사탄이 영적 죽음의 영역의 통치권을 장악하고 있으며, 인간이 사탄에 속박되어 있음을 말씀합니다.

성육신하신 그리스도께서 인간의 속량자로서 공의의 자격 요건을 만족시켰음을 드러내는 성경구절 :

그분의 지상 활동 가운데서: "…나는 항상 그가 기뻐하시는 일을 행하므로…"(요 8:29)

인간의 죄의 대속물로서: 고린도후서 5:21, 이사야 53:4-6, 로마서 4:25를 읽어보십시오.

사탄을 정복하신 분으로서: 골로새서 2:15, 히브리서 2:14-15, 빌립보서 2:9-10, 요한계시록 1:18을 읽어보십시오.

● 5과 내용 확인 문제

1. 하나님께서는 불의하다는 비난에 대해 어떻게 자신을 변호하셨습니까?

2. 왜 인간의 죗값이 지옥이었습니까?

3. 인간에 대한 하나님의 공의의 문제에 무엇이 수반되어 있었습니까?

4. 사탄에 대한 하나님의 공의는 무엇을 요구했습니까?

5. 어떤 사람도 인간을 속량할 수 없었던 이유가 무엇입니까?

6. (a) 속량자가 만족시켜야 하는 자격 요건을 말해보십시오.
   (b) 속량자가 인간을 대신해서 해야 할 일은 무엇입니까?

7. 인간의 속량에는 반드시 무엇이 포함되어야 합니까?

8. 그리스도 안에 있는 인간과 하나님 사이의 교제를 묘사해보십시오.

9. 다음을 보여주는 성경구절을 제시하십시오.
   (a) 인간의 불의
   (b) 인간에게 드리워진 심판
   (c) 자신을 의로 만들지 못하는 인간의 불능

10. 당신은 이상의 성경구절을 공부하셨습니까?

6과

중재자에 대한 인간의 필요

MAN' S NEED OF A MEDIATOR

우리는 4과와 5과에서 하나님께서 인간을 위해 속량을 마련할 때 직면하셨던 문제를 공부했습니다.

인간이 영적으로 죽은 후에, 그에게 필요한 첫 번째는 하나님의 본성인 영원한 생명을 받는 것이었습니다. 그러나 우리는 인간에게 필요한 두 번째 요소인 의에 근거하지 않고는 하나님께서 그분의 본성을 인간에게 전이해주실 수 없다는 것도 보았습니다.

인간에게 필요한 세 번째 요소는 인간을 대신해서 하나님께 다가갈 수 있는 누군가, 곧 중재자입니다.

우리는 아담이 대 반역죄를 지은 후 하나님의 임재로부터 추방되었음을 기억합니다. 아담은 아버지 하나님과의 교제를 상실했습니다. 인간은 사탄의 불의 가운데 서게 되었습니다(요 16:11). 인간은 하나님 앞에 설 자리, 또는 하나님께 다가갈 수 있는 권리가 전혀 없었습니다.

영적 죽음의 상태에 처해있는 모든 인류는 창조주 앞에 설 자리가 없음을 인식했습니다. 모든 민족의 신전과 제단과 제사장은 인간의 죄 의식, 죽음과 심판에 대한 인간의 두려움, 자신의 의로는 하나님께 다가갈 수 없는 인간의 무능함을 여실히 고백합니다.

아무 소망도 없이 고군분투하면서도 굶주린 영혼들을 점점 더 깊은 어둠으로 끌고 가는 수백만의 사제들로 가득한 나라인 인도를 볼 때, 인간에게 중재자가 필요하다는 의식의 적절한 예를 찾을 수 있습니다.

하나님 앞에 있는 인간의 상태

우리는 4과에서 죄가 인간을 사탄과 연합시켰음을 보았습니다.

인간은 이제 정치적으로 사탄의 신하일 뿐 아니라(골 1:13 전반절), 실제로 사탄과 연합한 자로서도(엡 2:2, 요일 3:10) 하나님 앞에 서 있습니다.

인간과 사탄의 이 동일시identification는 사탄에 대한 심판과 사탄의 불의가 인간의 것이 되게 했습니다(요 16:11).

인간은 하나님과 분리되었습니다(엡 4:18). 이 세상의 신(사탄)은 인간의 마음과 이해를 어둡게 했습니다(고후 4:4).

로마서 3:9-18은 영적 죽음의 상태에 처한 인류를 14가지로 고발합니다.

하나님의 보좌로부터 나온 선고는, 의인이란 없으며(롬 3:10), 하나님을 이해하고 찾는 자도 없다(롬 3:11)는 것입니다.

에베소서 2:12는 영적으로 죽은 인간의 상태를 묘사합니다. 영적으로 죽은 인간은 하나님께 주장할 만한 아무런 언약의 자격도 없습니다. 그는 하나님께서 위임하셨던 모든 권리를 몰수당했습니다.

하나님의 손으로 창조된 인간은 하나님께 다가가고 소통할 합법적인 근거를 가지고 의 가운데 서 있었습니다. 그러나 인간은 반역으로 말미암아 이 권리를 몰수당했습니다. 그리하여 인간의 상태는 아무 소망도 없고 하나님도 없는 상태로 묘사됩니다.

아버지 하나님과의 교제 가운데 기뻐했던 아담은 영적 죽음이 들어온 즉시, 자신이 하나님 앞에 설 수 없음을 느꼈습니다. 이것이 창세기 3:8에서 제시되어 있습니다.

이후, 인간은 하나님 앞에 의롭게 설 수 있는 동시에 인간을 대변하고, 또 인간을 대신해서 하나님께 다가갈 수 있는 누군가, 곧 중재자가 필요했습니다.

사탄이 죽음의 권세를 휘두르는 세상에서, 소망도 없고 하나님도 없는 인간의 상태는 확실히 절망적입니다. 인간의 노력으로는 인간의 상태에 전혀 소망이 없습니다. 인간에게는 기도할 만한 어떤 근거도 없습니다. 하나님께서 인간의 기도를 들으신다면, 그것은 오직 은혜의 근거에서입니다.

인간과의 교제를 갈망하시고 사랑하시는 아버지 하나님께서 즉시 인간을 위해 그분께 다가올 수 있는 수단을 만들어주셨습니다.

하나님께서는 아담과 그의 후손에게 그분께 다가갈 수 있는 수단을 주셨습니다(창 3:21, 4:4).

이스라엘이 하나님께 다가가는 것은 성막과 제사장과 제물을 통해서입니다. 하나님께서 인정하신 방법이 아니고서는 인간은 아버지 하나님께 다가갈 수 없었습니다. 그것은 지금도 마찬가지입니다.

인간이 타락하여 하나님과 분리된 순간부터 그리스도께서 아버지의 우편에 앉으실 때까지, 어떤 인간도 하나님께서 인정하신 제사장, 피 흘리는 희생제사, 꿈, 환상, 또는 천사의 방문 외에는 하나님께 다가갈 수 있는 권리가 없었습니다.

하나님께 다가갈 수 없는 인간의 무능함

예수 그리스도를 통해 영원한 생명이 오고 그분이 성취하신 사역의 근거에서 의롭게 됨justification이 이루어지기 전에, 인간이 억지로 하나님의 임재로 나가려고 시도한 예를 이스라엘 민족의 삶을 통해 볼 수 있습니다.

구약성경에는 인간에게 중재자가 필요하다는 관점에서 보지 않으면 이해하기 어려운, 하나님의 공의의 행위가 많이 담겨있습니다.

레위기 10:1-3은 이스라엘이 하나님 앞에서 그들의 영적 상태를 깨닫도록 교훈을 주었던 사건을 기록합니다.

제사장 직무로의 헌신을 기념하는 예식에 이 얼마나 끔찍한 마무리입니까! 아론과 그의 가족은 그날 아침 하나님의 호의의 최고점에 이르기를 염원해왔습니다. 성막이 세워졌습니다. 쉐키나Shekinah;하나님의 현현의 임재가 영광으로 성막을 가득 채웠습니다. 여호와의 위엄이 이스라엘 위에 머물고 있었습니다.

이스라엘 뒤에는 그들을 하나님의 선택된 백성으로 확증해준 일련의 기적이 있었습니다. 자, 그런데 형제들과 함께 제사장의 유업을 잇는 아론의 첫째 아들이 갑자기 회중 앞에서 죽어 넘어집니다. 무슨 일이 일어났을까요?

정오에 회막 가까이 어슬렁거리던 아론의 두 아들이, 만용과 호기심의 영으로 하나님께서 인정하시지 않는 방식으로 불붙은 숯불이 있는 향로를 취하여, 거기에 향을 붓고는 지성소로 들어갔습니다. 그곳은 대제사장 이외에는 누구도 들어갈 수 없었으며, 오직 대제사장만이 일 년에 한 차례 들어갈 수 있었습니다.

갑자기 젊은이들이 비틀거리더니 고꾸라져죽었습니다.

아론이 시체 앞에 충격과 공포로 놀라 서 있을 때, 모세는 아론에게 "아론, 이것이 바로 여호와께서 말씀하시기를 '내게 가까이 오는 자를 통해 거룩해지리라. 모든 백성 앞에 나는 영광을 받으리라' 고 말씀하셨던 거야."라고 소리쳤습니다. 그러자 아론은 평안을 되찾았습니다. 이스라엘은 인간이 주제넘게 자기의 방식으로 하나님께 다가갈 수 없음을 배웠습니다.

우리는 민수기 16장에서, 하나님께서 인정하시지 않는 방식으로 여호와 하나님께 다가가려는 인간의 또 다른 시도를 봅니다. 그것은 고라와 그의 반역자들에 대한 이야기입니다.

고라와 한 무리의 이스라엘 지도자들은 모세와 아론을 시기하여, 지기들도 하나님께서 임명하신 대제사장처럼 그분께 다가갈 수 있는 권리가 있다고 주장합니다.

모세는 그 문제를 온 회중 앞에 시험거리로 내놓습니다.

모세는 고라와 그 추종자들에게, 예배용으로 준비된 향로를 가지고 여호와 앞에 나오라고 했습니다.

그들이 나오자마자 모세는 주제넘게 감히 자기 방식대로 하나님께 다가가려고 하는 이 악한 자들의 장막에서 일어나 떠날 것을 백성들에게 경고했습니다.

모세가 말을 마치자마자 땅이 입을 벌렸고, 그들은 가족과 함께 산채로 스올Sheol;음부로 떨어졌습니다.

이스라엘은 그 광경을 보고 도망쳤고, 그토록 거룩한 하나님에 대한 경외심과 존경심으로 충만하여 전율했습니다.

사무엘상 6:19에 또 다른 예가 있습니다. 언약궤가 엘리의 큰 죄 때문에 적의 수중에 들어가게 되었습니다. 블레셋 족속들이 그 언약궤를 가드로 가져갔습니다. 그러나 언약궤를 모독함으로 이방도시에 내린 심판들에 놀란 블레셋 족속들은 언약궤를 수레에 실어 벧세메스Beth-shamesh로 돌려보냈습니다.

수레를 끌던 소가 길에서 벗어나 밭으로 들어갔습니다. 밭에서 일하던 사람들이 언약궤를 보고 사방에 소문을 퍼뜨렸고, 마침내 인근 각처에서 수천 명이 호기심과 존경심을 가지고 모여들었습니다.

그중 남보다 더 담대한 영을 가진 사람이 수레로 다가가서 언약궤를 덮고 있던 두꺼운 덮개를 벗겼고, 사람들은 처음으로 십계명을 담은 거룩한 보관함을 보았습니다.

그러자 갑자기 전염병이 그들을 쳤고, 오만 명이 죽어서 땅에 쓰러졌습니다. 무시무시한 두려움과 섬뜩함이 사람들에게 임하였습니다. 그들은 가슴을 치고 슬퍼하면서 집으로 돌아갔습니다.

피 흘리는 희생제물이나 대제사장을 통하지 않고서는 누구도 하나님께 다가갈 수 없다는 사실이 다시 드러난 것입니다. 인간은 사탄의 본성으로 인해 하나님의 초대 없이는 그분의 임재로 들어갈 수 없습니다. 인간에게는 중재자가 필요합니다.

중재자를 보내달라는 인간의 부르짖음

욥은 중재자를 보내달라는 인간의 부르짖음을 소리 내어 말했습니다. 욥기의 주제는 모든 시대의 질문이라 할 수 있습니다. 그 질문은 '인간이 어떻게 하나님 앞에 바로 설 수 있는가?' 입니다.

욥기는 성경에서 가장 오래된 책입니다. 욥기는 야곱이 이집트로 내려갔던 시기에, 아브라함의 조카 요바브Jobab가 쓴 것이 분명합니다. 욥기의 상당 부분은 그 당시 인간에게 중재자가 필요하다는 것이 얼마나 실제적으로 중요한 문제였는지를 보여줍니다.

욥기 4:12-17을 읽어보십시오. 우리는 어느 날 밤 장막에서 자고 있는 한 사람의 모습을 봅니다. 환상 중에 그는 "죽을 수밖에 없는 인간이 하나님 앞에 의로울 수 있는가? 인간이 창조주 앞에서 순전할 수 있는가?"라고 말하는 음성을 들었습니다. 이것은 역사에 걸쳐 생각 깊은 사람이라면 누구나 대면했던 오래되고 영원한 문제입니다. 죽을 수밖에 없는 인간이 하나님 앞에 의롭거나 무죄 결백할 수 있을까요? 타락한 인간이 창조주 앞에서 순전할 수 있을까요? "죽을 수밖에 없다"라는 말에 주목해봅시다. "죽을 수밖에 없다"라는 말은 오직 육신의 몸에만 적용됩니다. 그 의미는 "죽을 운명에 처해 있다" 또는 "깨어진다frail"라는 뜻입니다. 바꿔 말하면, '마귀의 지배를 받고 있다' 라는 말입니다.

인간은 마귀의 통치권 밑으로 들어갔을 때 죽을 수밖에 없는 존재가 되었습니다. 문제는 '죽을 수밖에 없는 인간, 또는 죽을 운명에 처한, 사탄의 지배받는 인간이 하나님의 임재 안에 아무런 정죄를 받지 않고 설 수 있는가?' 하는 것입니다. 욥기 9:25-35을 읽어보십시오.

욥기 9장에서 욥은 모든 인간에게 있는 혼의 가장 깊은 고뇌를 소리 내어 말합니다. 그는 사랑하는 자들에 둘러싸여 장막에 누워있습니다. 그는 사투 가운데 자신의 혼을 붙잡고 있는 두려움을 아무 거리낌 없이 허심탄회하게 말합니다. 그는 생명이 신속하게 늙어가는 것을 비유적으로 묘사합니다.

그는 이어서 "가령 내가 말하기를 내 불평을 잊고 얼굴빛을 고쳐 즐거운 모양을 하자 할지라도 내 모든 고통을 두려워하오니 주께서 나를 죄 없다고 여기지 않으실 줄을 아나이다"(욥 9:27-28)라고 말합니다.

모든 거짓된 소망이 달아났습니다. 욥은 죄책감과 절망 가운데 홀로 있습니다.

욥은 말합니다. "나의 슬픈 표정을 밝게 하여, 지운들 무슨 소용이 있는가? 나는 나의 슬픔이 무섭구나!"

이는 절망의 토로입니다. 온 존재로 인식하는 무력함입니다. "나는 정죄받으리라."

욥은 부르짖습니다. "내가 정죄하심을 당할진대 어찌 헛되이 수고하리이까 내가 눈 녹은 물로 몸을 씻고 잿물로 손을 깨끗하게 할지라도 주께서 나를 개천에 빠지게 하시리니 내 옷이라도 나를 싫어하리이다"(욥 9:29-31)

이 진술은 놀라운 그림입니다. "내 옷(또는 자기 의self-righteousness)이라도 나를 싫어하리이다 하나님은 나처럼 사람이 아니신즉 내가 그에게 대답할 수 없으며 함께 들어가 재판을 할 수도 없고"(욥 9:31-32)

욥은 하나님을 대면할 수 없음을 알고 있습니다. 하나님께서는 죽을 수밖에 없는 존재가 아니시기 때문입니다. 하나님께서는 욥과는 달리 속박과 죄책 아래에 있지 않으십니다. 그러자 욥은 인간의 입술에서 나온 것 중 가장 슬픈 말을 토로합니다.

"우리 사이에 손을 얹을 판결자도 없구나!"(욥 9:33)

바꿔 말하면, 하나님 앞에 합법적으로 설 수 있는 동시에, 인간을 공감하고 이해할 뿐 아니라, 대변해줄 수도 있는 중재자가 우리 사이에는 없다는 말입니다. 이것이 중재자를 보내달라는 욥의 부르짖음입니다. 이는 욥 혼자만의 부르짖음이 아닙니다. 욥은 모든 시대의 부르짖음을 모아서 절망적인 흐느낌으로 내쉬었던 것입니다.

욥이 얼마나 처절하게 말합니까! "주께서 그의 막대기를 내게서 떠나게 하시고 그의 위엄이 나를 두렵게 하지 아니하시기를 원하노라 그리하시면 내가 두려움 없이 말하리라 나는 본래 그렇게 할 수 있는 자가 아니니라"(욥 9:34-35)

"그런즉 하나님 앞에서 사람이 어찌 의롭다 하며 여자에게서 난 자가 어찌 깨끗하다 하랴 보라 그의 눈에는 달이라도 빛을 발하지 못하고 별도 빛나지 못하거든 하물며 구더기 같은 사람, 벌레 같은 인생이랴"(욥 25:4-6)

"여자에게서 난 자가 어찌 깨끗하다 하랴"(욥 25:4) 여기서 욥기 기자는 하와를 통해 일어난 인간의 타락을 마음에 떠올리고 있습니다.

욥기 기자가 별이 하나님 보시기에 깨끗하지 않다고 말하는 것은 창조세계를 사탄의 손에 넘겨주었던 아담의 반역을 가리키고 있습니다. 사탄이 창조세계를 왜곡시켜버려서 하나님께서는 창조세계를 기쁨으로 바라볼 수가 없으셨습니다.

인간을 벌레로 말하는 욥기 기자는 인간 타락의 깊이를 보여줍니다. 벌레는 사탄과 옛 뱀을 가리킵니다. 그리고 벌레로 불리는 인간은 마귀의 영적 자식으로서 아무 소망도 없고 도저히 하나님께 다가갈 수 없는 존재입니다.

욥은 인간에게 중재자가 필요하다는 사실을 분명한 목소리로 드러냈습니다.

예레미야도 인간에게 중재자가 필요하다는 사실을 인식했습니다.

"그 영도자는 그들 중에서 나올 것이요 그 통치자도 그들 중에서 나오리라 내가 그를 가까이 오게 하리니 그가 내게 가까이 오리라 참으로 담대한 마음으로 내게 가까이 올 자가 누구냐 여호와의 말씀이니라"(렘 30:21) 이 구절에 대한 주석은 "나에게 다가올 수 있다고 자기의 심령으로 확신한 자가 누구였느냐?"라고 해석합니다.

예레미야는 누구도 하나님의 임재 가운데 설 권리도 없고 또 그럴 수 있는 능력도 없음을 인식했습니다. 그리고 그는 어떤 정죄도 받지 않고 하나님의 임재 가운데 다가가서 설 수 있는 한 존재가 있음을 알려줍니다. 예레미야는 하나님께서 인간을 위해 예비하실 중재자에 대해 예언합니다.

중재자의 자격 요건

우리는 인간에게 필요한 영원한 생명과 의가 하나님의 아들의 성육신에 의해서만 충족될 수 있음을 알았습니다.

다시 말하지만, 성육신이 바로 인간이 필요로 하는 중재자에 대한 유일한 해답입니다.

자연생식으로 태어난 어떤 인간도, 영적 죽음의 보편성으로 인해 인간을 대신하여 하나님께 다가갈 수 없었습니다.

인간을 위한 중재자의 자격 요건은 다음과 같습니다.

1. 중재자는 인간이어야 합니다. 중재자는 인간을 대표해야 하기 때문입니다.
2. 중재자는 인간의 유혹을 이해하고 공감할 수 있는 능력을 소유해야 합니다.
3. 중재자는 하나님 앞에 설 수 있는 의의 위치standing를 소유해야 합니다.
4. 중재자는 사탄에게 굴복해서는 안 됩니다. 중재자는 사탄의 모든 권세로부터 자유로워야 합니다.

중재자의 이런 자격 요건은 오로지 한 사람 안에서 이루어진 하나님과 인간의 연합으로만 충족될 수 있었습니다.

● 6과 내용 확인 문제

1. 인간이라면 누구나 인정하는 바, 인간이 스스로 하나님 앞에 설 자리가 없다는 사실을 인간의 역사에서 드러내는 것은 무엇입니까?

2. 인간이 죄를 지은 후 하나님 앞에 설 자리에 대해 서술해보십시오.

3. 왜 인간에게는 중재자가 필요했습니까?

4. 하나님께 접근하도록 아담과 그의 가족에게 주어진 수단은 무엇이었습니까?

5. 레위기 10:1-3에 나타난 사건은 이스라엘에게 무엇을 계시했습니까?

6. 인간에게 중재자가 필요하다는 사실을 이스라엘의 삶에서 보여준 다른 두 가지 사건을 설명해보십시오.

7. 욥은 인간에게 중재자가 필요하다는 사실을 어떻게 소리 내어 말했습니까?

8. 인간에게 중재자가 필요함을 보여주는 예레미야의 성경구절을 설명하고 제시하십시오.

9. 인간을 위한 중재자의 자격 요건은 무엇이었습니까?

10. 인간에게 필요한 중재자는 어떻게 충족될 수 있었습니까?

7과

약속된 성육신

THE PROMISED INCARNATION

우리는 이전 과에서 영적 죽음이 인간의 생명으로 들어온 것을 보았습니다. 아버지 하나님께서 인간을 위해 영적 죽음으로부터의 속량을 마련하실 때 직면하신 문제를 공부하면서, 인간에게는 속량자가 필요했고 그로 인해 한 사람 안에서 일어나는 신성과 인성의 연합the union of Deity and humanity 있어야 했다는 것을 알았습니다. 인간에게 필요한 의와 영원한 생명과 중재자는 오로지 하나님의 아들의 성육신에 의해서만 충족될 수 있었습니다.

인성을 지닌 신성의 성육신은, 성육신하신 분이 인간의 중재자로 설 수 있는 근거 위에서 신성과 인성이 연합된 대속물을 예비할 것입니다. 한편으로는 하나님과 동등한 존재이며, 다른 한편으로는 인간과 연합한 상태인 그분은, 둘(신성과 인성)을 함께 결합하실 수 있을 것입니다.

다시 말하지만 신성과 인성이 연합된 그분은, 인간이 저지른 반역의 채무를 떠맡아서 공의의 요구를 만족시킬 것이며, 따라서 하나님과 인간 사이에 벌어진 틈을 매우실 수 있을 것입니다.

성육신에 대한 하나님의 첫 약속

인간은 대 반역죄를 저질렀을 때 영적으로 죽었습니다. 영적으로 죽은 인간의 상태는 "세상 가운데 소망도 없고 하나님도 없는 상태"(엡 2:12)로 묘사됩니다.

그러자마자 하나님의 사랑이 인간을 위해 작동하기 시작했습니다. 아버지 하나님께서는 인간의 상태를 분명하게 직시하셨습니다. 아버지 하나님께서는 그분의 아들의 성육신에 의해서만, 인간의 필요가 합법적으로 충족될 수 있음을 아셨습니다. 인간을 다시 그분과의 교제로 데려오기 위해서라면, 아버지 하나님의 사랑은 아무리 큰 희생도 개의치 않으셨습니다.

자비와 진리가 만났습니다(시 85:10). 그리고 사랑의 승리는 인간에게 속량자를 약속했습니다.

하나님께서는 사탄과의 대화 가운데 처음으로 성육신에 대한 약속을 하셨습니다.

"내가 너로 여자와 원수가 되게 하고 네 후손도 여자의 후손과 원수가 되게 하리니 여자의 후손은 네 머리를 상하게 할 것이요 너는 그의 발꿈치를 상하게 할 것이니라 하시고"(창 3:15)

이 약속에서 주목할 만한 네 가지 진술을 살펴봅시다.

첫째, "내가 너로 여자와 원수가 되게 하고"입니다. 즉, 사탄과 여자가 원수가 될 것이라는 말입니다. 이것은 여자의 역사에 의해 입증됩니다. 여자는 보통 소유물처럼 사고 팔렸습니다. 나라의 중심에 기독교가 이른 곳에서만 여자가 짐승보다 나은 대우를 받았습니다.

기독교 국가에서도 여자는 질병의 상속자요, 이혼법정의 희생자입니다. 의사들은 모든 환자의 95퍼센트가 여자라고 말합니다.

둘째, "네 후손(씨)도 여자의 후손(씨)과 원수가 되게 하리니"입니다. 사탄의 씨는 거듭나지 않은 인간이며, 여자의 씨는 그리스도입니다.

그리스도는 아기일 때부터 십자가에 못 박힐 때까지 사탄의 씨에 의해 추적당했습니다. 그리고 예수님께서 부활하신 때부터 오늘에 이르기까지 교회는 세상이 가한 가장 참혹한 박해의 주인공이요 세상의 원수였습니다.

셋째, "여자의 후손(씨)"입니다. 이는 한 여자가 자연생식과는 무관하게 한 아이를 낳을 것이라는 예언입니다. 자식은 항상 "남자의 씨"라고 불립니다.

넷째, "여자의 후손(씨)은 네 머리를 상하게 할 것이요 너는 그의 발꿈치를 상하게 할 것이니라."입니다.

"여자의 후손(씨)은 네 머리를 상하게 할 것이요." 즉, 사탄의 머리를 상하게 할 것입니다. 근동지역의 모든 언어에서 "머리를 상하게 하는 것"은 "통치자의 주됨을 깨뜨리는 것"을 뜻합니다.

인간이 그의 통치권을 사탄에게 넘겨주었습니다. 하나님께서 인간에게 주셨던 그 통치권을 사탄이 갖게 되었습니다. 사탄은 여자의 씨가 올 때까지 그 통치권을 행사할 것입니다. 그리고 단 한 사람이 사탄의 주됨을 파쇄할 것입니다.

"발꿈치"는 이 땅에서 활동하는 교회를 말합니다. 사탄의 씨가 오랜 세월동안 교회에 대해 저지른 박해가 역사의 실상입니다.

이는 놀라운 예언이며, 아주 명백하게 성취되었습니다. 성육신하신 분이 오셔서 죽음의 권세를 지닌 자 곧 마귀를 무장해제하셨고, 죽음의 공포로 평생 속박 받던 모든 이들을 구출하셨습니다(히 2:14).

이 성경구절은 십자가 죽음에서 그 절정에 이른 예수님의 참혹한 박해에서도 성취되었습니다. 그리고 그 이후 그리스도의 몸으로서 이 땅에서 그리스도의 뜻을 수행하는 교회에 대한 박해에서도 성취되었습니다.

"아담이 그의 아내의 이름을 하와라 불렀으니 그는 모든 산 자의 어머니가 됨이더라"(창 3:20)

"이브Eve", 곧 히브리어로 "하와Havvah"의 문자적 의미는 "산 자" 또는 "생명을 주는 자the life-giver"입니다.

여기에서 하나님께서는 인간(아담)에게 그의 아내가 "생명을 주는 자" 곧 우리의 그리스도의 어머니가 될 것이라고 말씀하신 것입니다.

성육신에 대한 인간의 보편적인 갈망

성육신에 대한 가르침은 인간의 갈망이나 전통에 어긋나는 것이 아닙니다. 모든 인류의 족속은 어떤 형태로든 성육신을 믿어왔습니다.

인간은 보편적으로 성육신을 갈망해왔습니다. 인간의 영은 신성과의 연합에 굶주려있습니다. 왜냐하면 인간은 하나님의 생명에 참여할 수 있는 능력을 지닌 하나님의 형상으로 창조되었기 때문입니다.

이는 인간이 인간 제물의 피를 마시고, 숭배하는 신들의 칭호에 따라 왕의 이름을 짓고, 인간 황제 또는 왕을 신성의 성육신으로 삼는 데에서 입증됩니다.

그리스와 로마의 신들은 신이면서 동시에 인간으로 간주되었는데, 이는 신성과의 연합을 갈망하는 인간의 굶주림을 드러내고 있습니다.

성육신이 첫 사람의 창조보다 믿기 어려운 것은 아닙니다. 아담은 하나님의 능력의 행위로 창조되었습니다. 나머지 인류는 자연적인 출산과정으로 태어났습니다. 그러나 여자로부터 태어나게 될 이 중재자는, 하나님의 능력의 특별한 행위에 의해 태어나게 될 것입니다. 그분은 전능하신 하나님이십니다. 따라서 성육신은 하나님의 가능성입니다.

하나님의 계획을 망치려는 사탄의 시도

약속된 속량자 안에 주어진, 인간의 속량을 위한 하나님의 계획을 사단이 어느 정도나 명확히 깨달았는지는 모르겠습니다. 우리는 다만 사탄이 속량의 계획을 완전히 이해하지 못했다는 사실을 알고 있습니나. 그렇지 않았다면 사탄은 그리스도를 십자가에 못 박지 않았을 것입니다(고전 2:8).

사탄은 십자가 처형이 인간 속량의 수단이라는 사실을 알지 못한 채, 그저 그리스도의 생명을 파괴했다고만 생각했습니다.

그럼에도 불구하고, 사탄은 인간에 대한 그의 통치권을 깨트릴 속량자가 인간을 통해 오리라는 사실은 분명히 알았을 것입니다.

그러므로 사탄은 아버지 하나님의 계획을 망치고자 합니다.

하나님의 목적을 훼방하려는 사탄의 활동은 다음 두 가지입니다.

사탄은 (1) 이 땅에서 하나님의 지식을 파괴하려 하며, (2) 인류 가운데서 의인의 계보를 없애려고 합니다.

사탄은 이 두 가지 일을 통해서, 속량자가 인간을 통해 올 수 없게 하려고 합니다. 사탄은 인간을 하나님과의 모든 교제로부터 분리시키기를 원합니다.

사탄이 그의 목적을 추구하기 위해 행했던 첫 번째 시도는 가인이 아벨을 살해하게 만든 것이었습니다(창 4:1–15).

아벨은 하나님께서 주신 계시에 따라 믿음으로 희생 제사를 드려서 의롭다는 증거를 받았습니다.

"아벨은 자기도 양의 첫 새끼와 그 기름으로 드렸더니 여호와께서 아벨과 그의 제물은 받으셨으나"(창 4:4)

"믿음으로 아벨은 가인보다 더 나은 제사를 하나님께 드림으로 의로운 자라 하시는 증거를 얻었으니 하나님이 그 예물에 대하여 증언하심이라 그가 죽었으나 그 믿음으로써 지금도 말하느니라"(히 11:4)

사탄은 아벨이 인간의 속량자일지도 모른다고 생각했고, 그래서 아벨의 생명을 파괴했습니다. 이렇게 함으로써 그 당시 있던 의인의 계보를 파괴했습니다.

창세기 4:25을 보면, 셋이 아담과 하와에게서 태어났습니다. 하와는 의인의 계보가 파괴된 것과, 셋이 주어진 것은 아벨의 자리를 완수하기 위한 것임을 인식했던 것 같습니다. 하와는 그 아이의 이름을 "대속물substitute"이라는 뜻의 셋이라고 짓고, "하나님이 내게 가인이 죽인 아벨 대신에 다른 씨를 주셨다"(창 4:25)라고 말했습니다.

여자의 씨

세월이 흘러감에 따라 영적 죽음이 인간의 생명 안에서 활동하여, 인간으로 하여금 무분별한 마음을 가지고 하나님과 분리된 채 살게 하였습니다(엡 4:17-18).

사탄은 하나님께서 인간을 통해 절대로 속량자를 보내실 수 없도록, 여자의 씨를 하나님으로부터 아주 떼어놓으려고 시도했습니다.

성육신과 관련해서 주어진 유일한 약속은 너무도 일반적이고 보편적인 것이었습니다. 그러므로 여자의 씨에 대한 사탄의 잔혹한 공격 역시 일반적이었습니다.

후에, 하나님께서는 속량자에 대한 약속을 더 구체적이고 분명하게 밝히십니다. 우리는 공부하면서, 하나님께서 지명하신 의인의 계보를 파괴하려는 사탄의 구체적인 활동을 보게 될 것입니다.

창세기 3:15에서는 성육신하신 분을 일반적인 용어로 여자의 씨라고 부릅니다.

창세기 12:3에서는 성육신하신 분을 좀 더 명확하게 말하는데, 즉 "아브라함의 씨"라고 구체화됩니다.

시편 89:3-4에서는 성육신하신 분을 "다윗의 씨"로 명합니다. 그분은 다윗 가문에서 나올 것입니다. 한 가문이 구체적으로 거명됩니다.

그리고 이사야 7:14은 더 구체적으로 말씀합니다. "그러므로 주께서 친히 징조를 너희에게 주실 것이라 보라 처녀가 잉태하여 아들을 낳을 것이요 그의 이름을 임마누엘이라 하리라" 이사야는 마치 그 여자의 범위를 한정시키는 것처럼 "그 처녀the virgin"라고 말합니다. 한 사람이 지목됩니다.

이스라엘 역사를 공부하면, 사탄이 아브라함의 씨에게, 그 다음에는 다윗의 씨에게, 그 다음에는 처녀로부터 태어난 예수 그리스도에게 지독한 미움과 박해를 가하려 했던 것을 보게 됩니다.

창세기 5장

창세기 5장은 우리에게 노아의 족보를 제공합니다. 사탄이 의인의 계보를 없애려고 활동할 때, 하나님께서는 속량자가 그를 통해 오게 될 한 의인의 계보를 보존하십니다. 하나님께서는 성육신을 목표로 일하십니다.

창세기 4-5장을 잘 읽어보면, 두 가지 사실에 주목하게 될 것입니다.

가인이 동생을 살해하여 우리 앞에 부각된 후, 그의 후손은 어느 정도 흔적을 남기더니 결국에는 똑같은 살인자인 라멕으로 끝이 납니다(창 4:18-23).

성령님께서는 우리에게 전적으로 다른 사람, 즉 아담과 하와 사이에 태어난 "셋"이라는 세 번째 아들(창 4:24-26)에 관심을 갖도록 하십니다.

이 계보에서 노아와 셈과 아브라함과 야곱, 그리고 나중에 뱀의 머리를 상하게 하신 여자의 씨인 예수님이 나왔습니다. 신성한 저자the Divine Author이신 성령님께서는, 우리의 관심의 초점을 의인의 계보인 셋에 두게 하시려고 창세기 5장 첫 부분에서 인간의 창조에 대한 본래의 기사를 반복하시면서, 아담의 역사를 짧게 훑은 후, 셋의 계보를 상세하게 제시하십니다.

이는 하나님께서 이제 이 계보를 다루신다는 것을 우리에게 보여줍니다.

창세기 6장

"사람이 땅 위에 번성하기 시작할 때에 그들에게서 딸들이 나니 하나님의 아들들이 사람의 딸들의 아름다움을 보고 자기들이 좋아하는 모든 여자를 아내로 삼는지라 여호와께서 이르시되 나의 영이 영원히 사람과 함께 하지 아니하리니 이는 그들이 육신이 됨이라 그러나 그들의 날은 백이십 년이 되리라 하시니라"(창 6:1-3)

우리는 여기에서 가인의 계보와 의인의 계보 곧 셋의 계보를 뚜렷하게 구별하고 있음에 주목합니다. 가인의 계보는 도시를 건설하고, 예술을 발명하며, 죄의 저주를 완화시키려고 오락물을 고안해냈습니다(창 4:21-22).

셋의 계보는 하나님과 동행했습니다(창 4:26).

창세기 4:25에 나오는 "주LORD"라는 말은 원래 여호와 곧 하나님의 언약의 이름을 가리킵니다. 하나님의 약속을 믿고 소망을 두었던 셋의 계보는 여호와라는 이름을 알고 사랑했습니다. 가인의 계보에는 일부다처가요 살인자이며 힘의 신을 숭배하는 자인 아담의 7대손 라멕이 있는 반면(창 4:16-24), 셋의 계보에는 하나님을 기쁘시게 한 자였던 아담의 7대손 에녹이 있습니다(히 11:5). 그는 이 증거를 얻고 하늘로 옮겨진 사람이었습니다(창 5:21-24).

우리는 창세기 6장에서 하나님의 목적을 망가뜨리려는 사탄의 활동을 다시 봅니다. 사탄은 가인의 계보와 의인의 계보끼리 서로 결혼하게 만듭니다. 이로 인해 속량자가 오실 의인의 계보가 타락해 버렸고, 언약의 하나님을 섬기는 사람은 오직 노아만 남게 되었습니다.

“여호와께서 사람의 죄악이 세상에 가득함과 그의 마음으로 생각하는 모든 계획이 항상 악할 뿐임을 보시고”(창 6:5)

사탄은 인간의 심령에 있는 하나님의 지식을 파괴해버렸습니다. 모든 인간이 심령에서 하는 생각은 항상 악했습니다. 노아만이 참 하나님 the true God을 알고 동행했을 뿐입니다(창 6:8-9).

노아가 죽은 후에 인간이 그런 상태로 남아 있었다면 하나님의 지식은 완전히 상실되었을 것입니다. 의인의 계보는 파괴되었을 것이고, 성육신은 불가능했을 것입니다.

겉보기에는 사탄의 노력이 승리를 거둔 것 같았지만, 전능하신 하나님의 목적은 방해받을 수 없었습니다.

그런 타락한 상태에 있는 인간을 끝장내시는 일은 하나님에게 작은 문제였습니다(창 6:11-13).

하나님께서는 이 땅에서 의인의 계보가 보존되고 하나님의 지식을 유지하기 위해 인류를 멸하시고 속량자가 올 계보인 노아를 존속시키셔야만 했습니다.

과거에는, 우리가 성육신을 향한 아버지 하나님의 활동을 이해하지 못했기 때문에, 홍수로 인간을 파괴한 것을 이해하기 힘들었을지도 모릅니다.

이제 우리는 인간의 필요가 성육신에 의해서만 충족될 수 있었다는 사실에 비추어, 홍수가 필수불가결한 일이었음을 알 수 있습니다.

7과 내용 확인 문제

1. 창세기 3:15에서 이루어진 네 가지 진술을 설명해보십시오.

2. 왜 인간은 신성과의 연합을 보편적으로 갈망합니까?

3. 역사는 어떻게 인간이 보편적으로 성육신을 갈망한다는 사실을 드러냅니까?

4. 하나님의 성육신 계획을 망치기 위해서 사탄이 사용한 두 가지 수단은 무엇입니까?

5. 의인의 계보를 없애려는 사탄의 첫 번째 시도를 제시해보십시오.

6. 가인의 계보와 셋의 계보의 차이점을 말해보십시오.

7. 가인의 계보에 대해 말해보십시오.

8. 창세기 5장에서 셋의 계보에 특별한 관심을 집중한 까닭은 무엇입니까?

9. 창세기 6:1-3에 기록되었듯이 가인의 계보와 셋의 계보끼리 서로 결혼하게 한 사탄의 목적은 무엇이었습니까?

10. 왜 홍수가 필요했습니까?

8과

아브라함의 언약

THE ABRAHAMIC COVENANT

우리는 이전 과에서, 인간이 영적으로 죽은 후 중재자와 의와 영원한 생명에 대한 그들의 필요가 오직 하나님의 아들의 성육신에 의해서만 충족될 수 있었음을 보았습니다.

7과에서는 하나님께서 인간에게 성육신에 대한 약속을 주셨던 때부터, 속량자가 올 의인의 계보를 보존하기 위해 홍수를 일으키실 때까지, 하나님의 은혜의 활동을 추적했습니다.

우리는 성육신을 불가능하게 하려는 사탄의 시도로 인해, 홍수를 일으키지 않을 수 없을 정도로 인간이 타락한 것을 보았습니다.

하나님을 알았던 노아는 그의 가족과 함께 살아남았습니다. 그는 여호와에 대한 참된 믿음을 보존하여 그의 아들들에게 넘겨주었습니다.

우리는 하나님께서 가지셨던 성육신이라는 목적을 망치기 위해 사탄이 사용했던 두 가지 수단을 기억합니다. 그것은 (1) 이 땅에서 하나님의 지식을 파괴하려는 것이고, (2) 의인의 계보를 없애려는 것입니다.

바벨탑

홍수가 일어난 때로부터 바벨탑을 세울 때까지, 하나님에 대한 경배가 있었습니다. 그러나 모든 사람이 이를 받아들인 것은 아니었습니다. 왜냐하면 많은 이들이 사악하게도 하나님을 경배하는 것에 반항했기 때문입니다. 그러나 참 하나님을 아는 지식과 계시가 그들의 마음에는 너무도 참신해서 다른 신들을 세울 수 없었습니다.

우리는 창세기 9장에서 땅을 다시 채우라는 명령이 주어졌음에 주목합니다. 우리는 창세기 11장에서 온 땅이 하나의 언어와 말로 이루어졌음을 봅니다. 인류의 일치는 분명했습니다. 노아와 그의 가족을 보존했던 방주는 아르메니아에 멈췄습니다. 인간이 많아지기 시작했을 때, 이 황폐한 평지는 더 이상 공간이 충분하지 않았습니다. 인간들은 하나님께서 말씀하셨던 것처럼 서로 갈라져서 땅을 채우든지 아니면 함께 하기 위해 더 비옥한 땅을 찾아야만 했습니다. 후자가 채택되어, 그들은 시날 평지에 있는 풍요롭고 비옥한 낮은 땅으로 내려갔습니다(창 11:2).

그들은 땅의 여러 곳으로 흩어지지 않기 위해 도시와 탑을 세우고 그곳에 영원히 정착하기로 했습니다(창 11:4).

그러다 여호와께서 내려오셔서 그들의 언어를 혼잡케 하여 그들을 땅의 사방으로 흩어지게 하셨습니다(창 11:7-9). 거기서부터 인구가 세계 각처로 이동하게 되었습니다. 북서로는 유럽으로, 서로는 소아시아로, 남서로는 이집트와 아프리카로, 남으로는 아라비아로, 남동으로는 페르시아와 인도로, 동으로는 중국에까지 이르렀습니다. 물론, 이것은 하루 사이에 이루어진 일이 아닙니다. 훨씬 더 먼 곳으로 흩어지기 위해서는 오랜 세월이 걸렸습니다.

사람들이 흩어진 후에, 여호와를 경배하고 아는 지식이 자연의 힘을 숭배하는 우상숭배로 바뀌었습니다. 감각지식이 영적으로 죽은 인간에게 주어진 하나님의 계시를 대신했습니다.

모든 민족이 가진 가장 오래된 책과 전통들은, 그들이 본래는 하나님의 계시를 가졌었다는 성경 진술에 대한 증거가 됩니다(롬 1:18-32). 기념비에 새겨진 비문의 도움으로 이러한 고대 문서와 전통을 볼 때, 우리는 그들이 한 분 하나님을 경배하다가 여러 신과 우상을 숭배하게 되었다는 사실에 대한 꽤 분명한 그림을 얻을 수 있습니다.

아브라함의 부르심

홍수 시대로부터 367년이 지난 후, 아브라함이 등장합니다. 노아는 아브라함이 태어난 이후로도 50년이나 더 살았습니다. 세상은 우상숭배로 물들었습니다. 아브라함은 75세가 되기까지 이방인과 우상숭배자 사이에 살았습니다.

아브라함은 하나님의 부르심을 받기 전까지는 고대의 가장 화려한 도시 중 하나인 갈대아의 우르에서 나고 자랐습니다.

우리는 하나님께서 아브라함에게 친히 자신을 계시하신 이유를 이해할 수 있습니다. 사실상 하나님의 계시가 상실되었던 것입니다. 하나님께서는 그분의 성육신한 아들을 보낼 수 있는 의인의 계보를 보존하기 위해 하나님을 아는 한 사람을 선택하셔서, 그로 하여금 이 땅에 하나님을 아는 지식을 보존할 민족으로 삼으셔야 합니다.

아브라함의 고향 사람들과 그의 아버지는 우상숭배자들이었습니다. 아브라함 안에 인간을 향한 하나님의 계시와 인간의 속량자에 대한 지식을 보존할 민족을 세우려면, 아브라함이 이 우상숭배의 영향력으로부터 벗어나야 한다는 사실을 하나님은 인식하셨습니다. 아브라함이 우상숭배를 거부했기 때문에 박해받았다는 많은 전설이 전해집니다. 그리하여 아브라함은 하나님의 부름을 받아, 우상숭배에서 벗어난 민족을 세울 새로운 땅을 찾아 출발합니다(창 12장).

아브라함이 하나님으로부터 부르심을 받은 지 25년 후에, 인간의 역사에서 그리스도께서 탄생하기 전까지 일어난 일 중 가장 위대한 사건이 일어났습니다. 그것은 바로 여호와 하나님과 아브라함이 피의 언약을 맺었다는 것입니다.

하나님께서 아브라함과 맺으신 이 언약의 의미와 중요성을 이해하기 위해서는 먼저 피의 언약the Blood Covenant의 의미를 알아야 합니다.

피의 언약은 아브라함이 있기 전에도 있었습니다. 피의 언약 예식이 지구상 원시종족의 1/4에게서 발견된다는 것이 그 증거입니다. 그리고 그 시기는 아브라함 시대 이전에까지 거슬러 올라갑니다.

피의 언약

애초부터 하나님께서는 아담과 언약을 체결하셔서 언약관계로 들어가신 것이 분명합니다. 하나님에게서 온 피의 언약에 대한 일반계시가 원시인들에게 주어졌던 것이 틀림없습니다. 우리는 바벨탑에서 인간이 흩어졌음을 보았습니다. 노아는 피의 언약의 의미와 그 중요성에 대한 지식을 분명히 가지고 있었을 것입니다. 그리하여 그는 그 지식을 자녀들에게 전했고, 그 후 여러 민족이 형성되고 바벨탑으로부터 사방으로 흩어졌을 때, 각각의 민족은 피의 언약에 대한 지식을 가졌던 것입니다.

우리는 트럼불Trumbull 박사가 쓴 『피의 언약The Blood Covenant』이라는 책에서 밝혀진 다음의 사실을 근거로 이를 믿습니다. "모든 민족에는 처음부터 피가 … 무엇보다 생명을 대표하는 것으로 여겨졌던 것 같다. 사실, 특별한 의미에서 피는 생명 자체이다. 한 유기체에서 다른 유기체로의 피의 이동은 생명 안에 들어있는 모든 것과 함께 생명의 이동으로 간주되어왔다. 피를 함께 섞는다는 것은 본성을 서로 섞는 것과 동일한 의미로 이해되어왔다. 그러므로 피를 서로 섞음으로 인하여 서로 섞여진 두 본성은 마침내 하나의 본성과 하나의 생명과 하나의 영혼을 형성하는 것으로 여겨졌다. 피의 섞음으로 인한 본성의 연합이 인간과 인간 사이에서, 신과 인간 사이에서 가능한 일로 여겨졌다."

피의 언약, 곧 피를 서로 섞음으로 인해 맺어진 언약은, 상상할 수 있는 것 가운데 가장 친밀하고 가장 거룩하며 가장 깨어질 수 없는 계약입니다.

사람들이 서로 언약을 체결하는 이유는 세 가지입니다.

약한 부족 곁에 더 강한 부족이 살고 있어서 약한 쪽이 멸망당할 위험이 있을 경우, 약한 부족은 더 강한 부족과 언약을 맺음으로써 보존되고자 할 것입니다.

또는 두 장사꾼이 함께 사업하는데, 한 사람이 나라를 떠나 낯선 나라로 여행하러 갈 경우, 그는 그의 동료와 언약을 체결할 것입니다.

또는 두 사람이 다윗과 요나단처럼 서로를 헌신적으로 사랑할 경우, 언약을 체결할 것입니다.

피의 언약이 엄숙하게 거행된 순간, 피의 언약을 체결한 사람의 모든 소유를 그 피의 형제가 처분할 수 있습니다. 하지만 피의 형제는 절대적으로 원하는 것이 아니라면 아무것도 요구하지 않을 것입니다.

또 다른 특징은 이 언약이 체결되자마자 그들은 다른 사람들에 의해 "피의 형제the blood brothers"라고 불린다는 것입니다.

그 피의 언약은 세대를 이어서 계승됩니다. 그 언약은 후대가 지우거나 와해시킬 수 없는 언약입니다. 어떤 사람이 그의 친구와 언약을 맺는다면, 두 가족의 자녀들은 반드시 이 언약을 지켜야 합니다.

스탠리Stanley가 우리에게 알려주고, 리빙스톤Livingstone 박사도 증언하듯이, 아프리카에서는 두 사람이 언약을 맺었는데 그 중 한 사람이 언약을 파기한다면, 그의 가장 가까운 친척이 언약을 파기한 당사자를 죽이려 합니다. 언약을 파기한 사람은 누구도 아프리카에서 살 수 없기 때문입니다. 그는 그 땅을 저주하는 존재가 됩니다.

우리에게 절대적으로 신성한 것은 없지만, 아프리카에서는 언약이 신성시됩니다. 스탠리 씨와 리빙스톤 박사는 언약이 파기된 예를 본적이 없었다고 증언합니다.

전 세계에서 언약을 체결하는 방법은 사실상 똑같습니다. 어떤 곳에서는 그 언약이 기괴한 예식으로 변질되었지만, 다 같은 피의 언약입니다. 아프리카인들과 아라비아인들과 시리아인과 발칸인들이 피의 언약을 체결하는 방식은 이렇습니다.

언약을 체결하고 싶은 두 사람이 친구들과 한 명의 사제와 함께 옵니다.

먼저 그들은 선물을 교환합니다. 그런 다음 포도주 한 잔을 가져옵니다. 사제는 두 사람의 팔을 칼로 베고, 피를 술에 떨어뜨립니다. 그런 다음 두 사람은 술을 섞고 그 술을 마십니다. 이제 그들은 피의 형제입니다. (『피의 언약』을 읽어보십시오.)

아브라함의 언약

창세기 17장은 이제 새로운 의미를 띱니다. 하나님께서 아브라함과 언약을 맺기 위해 그에게 나타나셨을 때, 아브라함은 그것이 어떤 의미인지 알았습니다. 하나님께서는 아브라함과 강한 친교의 언약을 맺고 계셨습니다(피의 언약은 강한 친교의 언약이라고 불렸습니다). 그것이 바로 아브라함이 하나님의 친구라고 불렸던 이유입니다(약 2:23, 사 41:8, 대하 20:7).

아브라함은 구약에서 하나님의 친구라고 불린 유일한 사람입니다.

하나님께서 아브라함과 맺으신 언약으로 인해 이스라엘 민족은 언약의 백성이 되었습니다(창 17:7).

그런 다음, 하나님께서는 아브라함에게 언약을 맺는 방법을 제시하셨습니다(창 17:10-14). 언약을 인치는 것이 할례였습니다. 모든 사내아이는 난 지 팔 일만에 할례 받았는데, 그 할례 행위가 언약으로 들어가는 입구였습니다.

창세기 17:26을 보면, 같은 날에 아브라함은 할례를 받았습니다. 그때부터 아브라함은 하나님과의 피의 친교언약으로 들어간 증거를 그의 육체에 가지고 있었습니다. 이 날부터 아브라함은 근동지역에서 "하나님의 친구"로 불리게 된 것입니다.

하나님과 아브라함 사이에 형식적인 피의 언약이 체결된 이후, 그 언약에 대한 아브라함의 신실함을 시험하는 일이 일어났습니다. 이 시험은 할례의식을 통해 아브라함 편에서 이루어진 언약체결이 공허한 의식도 아니며, 또한 아브라함이 여호와께 생명을 걸고 서원했다는 사실을 장차 올 세대에게 증언하는 것이었습니다.

창세기 15:6은 "아브람이 여호와를 믿으니 여호와께서 이를 그의 의로 여기시고"라고 말씀합니다. 여기서 "~를 믿으니"라고 번역된 히브리어 "헤에메엠Heemeem"은 자신을 다른 이에게 무조건적으로 내어준다는 의미를 담고 있습니다. 아브라함은 여호와를 그렇게 신뢰했기 때문에, 피의 언약 예식에서처럼 여호와께 자신을 내어드릴 준비가 되어 있었습니다.

그러므로 하나님께서는 사랑하고 갈망하는 아브라함의 신뢰의 영을 보고 그들 사이에 피의 언약의 친교를 나눌 준비가 된 것으로 여겨주셨습니다.

창세기 22:1-29을 보면, 아브라함은 하나님께서 기적적으로 그에게 주셨던 피의 언약의 자녀인 이삭이 18세 내지 20세가 되었을 무렵 시험을 받았습니다.

아브라함이 받은 시험

"그 일 후에 하나님이 아브라함을 시험하시려고 그를 부르시되 아브라함아 하시니 그가 이르되 내가 여기 있나이다 여호와께서 이르시되 네 아들 네 사랑하는 독자 이삭을 데리고 모리아 땅으로 가서 내가 네게 일러 준 한 산 거기서 그를 번제로 드리라"(창 22:1-2) 그리고 아브라함은 신성한 친구의 부름에 즉각 응하기 위해 일어났습니다.

바로 이점에서, 즉 이와 같은 처리방식에서 근동지방의 사고방식을 잘 이해할 수 있습니다. 근동지방의 아버지들은 자신의 생명보다 아들을 더욱 소중히 여깁니다. 근동지방에서 아버지가 아들 없이 죽는다는 것은 생각만 해도 끔찍한 것이지만, 자기의 자리를 대신할 아들을 둔 아버지는 죽을 준비가 되어 있습니다.

약속의 아들이 태어난 지금에 아브라함이 자신의 생명을 포기하는 것은 하나님의 부름the call of God에서 사소한 문제였을 것입니다. 하지만 아브라함이 그 아들을 포기하고 다시 소망이 없는 자, 즉 자식이 없는 늙은 이가 된다는 것은 다른 문제였습니다. 오직 이유를 묻지도 않고 문제도 제기하지 않는 믿음만이, 오직 실패하거나 흔들림이 없는 사랑만이, 그와 같은 문제를 해결할 수 있었습니다. 전 세계에서 피의 친교언약을 맺은 사람들은 피의 언약의 형제에게 생명보다 귀한 것을 내어줄 준비가 되어 있습니다. 그렇다면 아브라함은 사람이 자기 친구에게 하듯이 그의 신성한 친구에게 하였을까요? 아브라함은 우상을 숭배하는 자들이 그들의 헌신을 입증하려고 모든 것을 기꺼이 내어드렸듯이 하나님께 내어드렸을까요? 이는 세상 앞에서 답해야 할 질문이었습니다.

창세기 22:3-10은 아브라함이 여호와와 맺은 피의 언약에서 이와 같은 친교를 할 수 있음을 보여주었습니다. 그리고 아브라함이 자신의 헌신의 영을 나타내자, 그의 손을 멈추라는 말이 들려왔습니다(히 11:17-19).

창세기 22:15-17을 보면 "여호와의 사자가 하늘에서부터 두 번째 아브라함을 불러 이르시되 여호와께서 이르시기를 내가 나를 가리켜(나의 생명을 두고) 맹세하노니 네가 이같이 행하여 네 아들 네 독자도 아끼지 아니하였은즉…"라고 말씀한 것은 바로 그때였습니다.

여기에 하나님 쪽에서의 언약의 근거가 있습니다. 하나님께는 자신 이외에 맹세할 수 있는 것이 없었습니다. 근동지방 사람들에게 이는 "나는 내 자신을 두고 맹세한다. 이제 내가 그것을 어기면 너의 노예가 된다. 네가 나를 소유한다. 나는 네게 속박당하겠다."라는 뜻이었습니다.

그들은 함께 결속됩니다. 하나님 되시는 모든 것은 아브라함에게 속하며, 아브라함이라는 모든 것은 이 언약관계에서 하나님께 속할 것입니다.

이제 당신은 왜 그렇게 자주 하나님께서 "나는 언약을 지키는 여호와니라."라고 말씀하셨는지를 이해할 수 있습니다. 여호와는 언약을 지키시는 하나님이십니다.

이스라엘의 배후에는 하나님께서 친히 그 언약에 전적이고 절대적으로 결속됨으로 인해 그분의 편에서 인증하신 이 장엄한 언약이 있었습니다.

● 8과 내용 확인 문제

1. 왜 하나님께서는 바벨탑을 쌓을 때 언어를 혼란케 하셨습니까?

2. 왜 하나님으로부터의 부름(창 12:1-2에 기록된)이 아브라함에게 주어졌습니까?

3. 원시인들에게 피의 언약의 의미와 중요성을 말해보십시오.

4. 언약을 맺는 세 가지 이유는 무엇이었습니까?

5. 왜 아브라함은 "하나님의 친구"라고 불렸습니까?

6. 아브라함의 언약의 인침은 무엇이었습니까?

7. 창세기 15:6에서 "~를 믿으니"로 번역된 히브리어는 실제로 무슨 뜻입니까?

8. 언약에 대한 아브라함의 신실함을 입증하기 위해 주어진 시험은 무엇이었습니까?

9. 하나님의 명령에 대한 아브라함의 순종은 무엇을 나타냈습니까?

10. 하나님이 주신 약속에서 "내가 나를 가리켜 맹세하노니"라는 어구는 무슨 뜻입니까?

9과

하나님의 언약백성

GOD' S COVENANT PEOPLE

우리는 8과에서 하나님께서 인간에게 주신 그분 자신에 대한 계시를 이 땅에 보존하기 위해서 아브라함과 언약관계로 들어가신 것을 보았습니다.

아브라함과 그의 후손들은 하나님의 언약의 백성이 되어야 했습니다.

"내가 내 언약을 나와 너 및 네 대대 후손 사이에 세워서 영원한 언약을 삼고 너와 네 후손의 하나님이 되리라"(창 17:7)

이 언약의 백성을 통해서 하나님께서는 속량자를 보내실 예정이셨습니다. "내가 네게 큰 복을 주고 네 씨가 크게 번성하여 하늘의 별과 같고 바닷가의 모래와 같게 하리니 네 씨가 그 대적의 성문을 차지하리라 또 네 씨로 말미암아 천하 만민이 복을 받으리니 이는 네가 나의 말을 준행하였음이니라 하셨다 하니라 하니라"(창 22:17-18)

하나님과 언약관계로 들어간 백성은 이 땅에서 하나님의 증인도 되어야 했습니다.

지정학적 위치에서 보면 팔레스타인 지역은 고대문명이 서로 상거래를 하기 위해 반드시 통과할 수밖에 없는 곳이었습니다.

하나님의 언약의 백성은 살아계신 참 하나님에 대한 계시를 그들에게 증언하는 증인이 되어야 했습니다.

이삭과 야곱과 요셉

창세기는 아브라함의 역사를 제시한 다음, 아브라함의 직계후손 곧 이삭과 야곱과 요셉에 대한 간략한 역사를 제공합니다.

창세기의 모든 기록은 다섯 이름을 중심으로 이루어집니다. 아담(창 1-5장), 노아(창 6-11장), 아브라함(창 12-26장), 야곱(창 27-37장), 요셉(창 38-45장)입니다.

나는 피의 언약에 속한 이들 아브라함의 후손의 특징을 간략하게 제시하고자 합니다.

구약성경의 인물 중 가장 아름다운 인물이요 온유하고 조용한 영의 사람인 이삭은, 조상 중에 그 누구도 주지 못했던 인상을 유대인의 삶에 남겼습니다. 리브가와 이삭의 결혼과 사랑은 이 경이로운 이스라엘 백성의 시조들의 이야기 중 가장 사랑스럽습니다.

야곱은 남다른 인물로, 비뚤어지고 이기적이며 음흉했습니다. 그가 누군가를 행복하게 해주었는지 의심스럽습니다. 그러나 그는 얍복강에서 하나님을 만났고, 하나님께서는 그에게 손을 얹으셨습니다. 야곱은 그 날 이후로 전혀 다른 사람이 되었습니다. 그는 인간과 함께 하는 하나님의 능력을 지녔습니다. 그의 삶은 하나님께서 가장 비뚤어진 삶을 바꾸어

곧게 하실 수 있다는 사실을 입증합니다.

요셉은 우리의 왕자 곧 아름다운 사람입니다. 문학작품 어디에도 젊은 소년이자, 사내이며, 정치가이자, 한 민족의 보존자요 시조인 그와 비교할 만한 인물은 없습니다. 이 사람의 삶의 향기가 이스라엘의 역사 내내 맴돌고 있습니다. 요셉은 당당한 인격의 영향력으로 많은 소년들을 성공하게 하였고 강하게 만들었습니다.

요셉은 17세 때 노예로 이집트에 팔렸습니다(창 37:25-28). 요셉은 30세 때 이집트의 통치자가 되었습니다(창 41:37-45). 그리고 요셉이 40세 때 야곱은 70명을 데리고 이집트로 들어왔습니다(창 46:1-26).

이집트로 들어간 이유

언약을 지키시는 하나님께서는 아브라함에게 큰 민족이 되게 하시겠다던 약속을 기억하셨습니다.

언약의 하나님께서는, 가나안 땅을 휩쓴 기근으로 멸망당할 위기에 빠진 언약의 백성을 구원하시기 위해 그들을 이집트로 데리고 가셨으며, 그곳에서 그들을 번영하고 번성케 하셨습니다. "이 땅에 이 년 동안 흉년이 들었으나 아직 오 년은 밭갈이도 못하고 추수도 못할지라 하나님이 큰 구원으로 당신들의 생명을 보존하고 당신들의 후손을 세상에 두시려고 나를 당신들보다 먼저 보내셨나니"(창 45:6-7)

하나님께서는 요셉을 사용하셔서 그분의 백성을 보존하셨습니다. 하나님께서는 사탄의 일을 파기하셨습니다. 하나님께서는 매 시대마다 악한 가운데서 선을 끌어내셨습니다.

"그런즉 나를 이리로 보낸 이는 당신들이 아니요 하나님이시라 하나님이 나를 바로에게 아버지로 삼으시고 그 온 집의 주로 삼으시며 애굽 온 땅의 통치자로 삼으셨나이다"(창 45:8)

이는 아브라함과 언약관계로 들어가실 때 "내가 나를 가리켜 맹세하노니"라고 말씀하신 하나님의 신실하심과 사랑에 대한 그림을 제공합니다.

이스라엘 자손들은 그 땅(이집트)의 안락함과 풍요로움과 향긋한 밝음 가운데 번성했습니다. 그들은 호의를 입은 정착민들이었습니다. 최고의 땅이 그들에게 선사되었습니다. 그들은 이집트 왕들 아래 존경과 좋은 대우를 받는 자리를 차지했습니다.

무엇보다, 하나님의 호의가 그들에게 임했습니다. 하나님께서는 아브라함의 씨가 하늘의 별처럼, 바닷가의 모래알처럼 많아질 것이라고 하신 말씀과 아브라함과 맺은 언약을 지키고 계셨습니다. 이스라엘 자손의 증가는 놀라왔습니다. 하나님께서는 이스라엘 자손을 이 땅에서 그분의 증인이 될 위대한 민족으로 만들어가고 계셨습니다.

성경은 반복된 진술을 통해, 우리의 관심을 하나님의 언약의 백성의 기적적인 성장으로 향하게 합니다. "이스라엘 자손은 생육하고 불어나 번성하고 매우 강하여 온 땅에 가득하게 되었더라"(출 1:17)

이스라엘 자손은 이집트에 머문 지 210년 만에, 그 숫자가 70명에서 300만 명이 넘도록 증가했습니다.

연대기는 이스라엘 자손들이 이집트에서 210년을 보냈음을 보여줍니다. 이는 언뜻 이스라엘 자손들이 이집트에서 430년 동안 머물렀다고 말하는 출애굽기 12:40 같은 성경구절과 조화되지 않는 듯 보입니다.

하지만 칠십인역은 이 부분을 이렇게 해석합니다. "이스라엘 자손들과 그의 조상들이 가나안 땅과 이집트 땅에서 머물렀던 체류기간 The sojourning of the children and of their fathers which they sojourned in the land of Canaan and in the land of Egypt" 갈라디아서 3:16-17은 그 기간에 대해 단서를 줍니다. 즉 그 기간은 하나님이 아브라함에게 약속하신 때로부터 시작해서 이스라엘 자손들이 구출되기까지로 추정되었습니다. 그러면 그 기간은 정확히 430년입니다. 가나안에 들어간 때와 이삭이 태어난 때 사이에 25년이 흘렀습니다.

이삭이 태어난 때부터 야곱이 태어날 때까지 60년이 지났습니다. 야곱이 이집트로 들어갔을 때가 130세였습니다. 이 기간은 약 220년에 이릅니다. 여기에 210년을 더하면 430년이 됩니다. 아브라함 때로부터 출애굽 할 때까지 이스라엘 자손들이 체류한 기간은 약 430년입니다.

하나님의 언약의 백성에 대한 박해

우리는 지난 과에서, 약속의 속량자가 오셔야 할 통로인 "여자의 씨"를 없애려는 사탄의 일을 보았습니다. 속량자가 "아브라함의 씨"로 구체화된 이제, 사탄은 하나님의 언약백성을 멸망시키려고 합니다.

이집트에서 이스라엘 민족이 강력한 백성으로 성장한 100년의 시기가 지나자, 사탄은 이스라엘 민족을 멸하려고 합니다.

사탄은 수적으로 매우 강해진 이스라엘인들이 전쟁 시에 적과 내통할지도 모른다는 잘못된 두려움을 이집트 정치가들의 심령에 심어주었습니다(출 1:8-10).

그러자 조직적인 억압과 노예화의 책략이 뒤따랐고, 폭압과 학대가 결정되었습니다(출 1:10-14).

하지만 이스라엘 백성의 증가는 하나님의 언약백성을 위한 하나님의 계획의 일부였으며, 이 세상 무엇으로도 그것을 제지할 수 없었습니다. 그들이 이스라엘 백성을 괴롭히면 괴롭힐수록, 이스라엘 백성들의 수는 점점 더 많아지고 성장했습니다(출 1:15-22).

노예들은 때로 이집트인들부터 너무나 가혹한 취급을 받았습니다. 모든 사내아이를 죽이거나 강에 던지라는 명령과 함께 이스라엘 백성들에게 가해진 수족절단과 고문은 사탄의 성품에 속한 것이었습니다.

이스라엘 백성은 박해의 정도가 너무 심해, 마침내 언약의 하나님께 구해달라고 부르짖게 되었습니다. 하나님께서는 그들의 부르짖음을 들으시고, 아브라함과 이삭과 야곱과 맺은 언약을 기억하십니다. 언약을 지키시는 하나님께서는 그분의 백성들을 속박으로 부터 구하려고 내려오십니다(출 2:23-25; 3:5-8).

"하나님이 이르시되 이리로 가까이 오지 말라 네가 선 곳은 거룩한 땅이니 네 발에서 신을 벗으라 또 이르시되 나는 네 조상의 하나님이니 아브라함의 하나님, 이삭의 하나님, 야곱의 하나님이니라 모세가 하나님 뵈옵기를 두려워하여 얼굴을 가리매"(출 3:5-6)

출애굽기 2장은 모세가 탄생하고 부르심을 받기까지의 그의 삶을 보여줍니다. 우리는 여기에서 두 가지 사실에 주목합니다. 모세의 어머니가 강둑에 아기를 감추는 일과 나중에 모세가 이집트를 버리는 것은 성급한 행동이 아니었습니다.

히브리서 11:23-27은 이 두 가지 행동이 언약을 지키시는 하나님에 대한 믿음에 기초한 것이었음을 우리에게 알려줍니다.

"믿음으로 모세가 났을 때에 그 부모가 아름다운 아이임을 보고 석 달 동안 숨겨…믿음으로 모세는 장성하여 바로의 공주의 아들이라 칭함 받기를 거절하고…믿음으로 애굽을 떠나 왕의 노함을 무서워하지 아니하고…"(히 11:23-27)

출애굽기 3-4장은 타는 가시떨기 이야기, 이스라엘 백성을 구출하시려는 계획 가운데 모세에게 나타나시는 하나님, 모세의 주저하는 반응, 아론이 모세와 동행하도록 허락하신 것을 포함한 모세의 소명(부르심)을 우리에게 제공해줍니다. 우리는 모세가 기적을 행할 수 있도록 그의 지팡이에 부여된 능력에 주목합니다. 우리는 하나님께서 자신을 언약을 지키시는 하나님으로서뿐 아니라, 기적을 행하시는 하나님으로도 나타내신 것에 주목합니다.

출애굽기 4:20-26은 피의 언약을 체결한 중요한 자리를 계시합니다. 모세는 첫째 아들의 할례를 무시했었습니다. 모세는 언약에 신실하지 못했습니다. 시내 광야에서 이집트로 가는 도중에, 언약을 맺지 못한 이집트인들의 첫째 아들에 관한 메시지를 하나님께 받은 모세는, 어떤 놀라운 분과 만나게 되었고 죽음에 직면하게 되었습니다. "모세가 길을 가다가 숙소에 있을 때에 여호와께서 그를 만나사 그를 죽이려 하신지라"(출 4:24) 모세와 그의 아내는 아브라함의 언약에 있어 그들의 의무를 이행하지 못한 것, 즉 그들의 아들에게 할례를 하지 못한 것 때문에 아브라함의 자손을 향한 하나님의 언약계획에서 더 큰 몫을 받지 못하고 잘려나가고 있음을 깨달았던 것 같습니다.

우리는 다음 과에서 역사상 가장 심각한 갈등을 지켜보는 관찰자가 될 것입니다. 한 쪽에는 이집트의 모든 권력과 부와 화려함과 학문과 자부심과 그들의 신들에 대한 확고한 신뢰가 배치되어 있습니다. 다른 쪽에는 가난하고, 약하며, 늙고, 깨어지며, 믿을 수 없는 사람이 있습니다. 그에게는 단 한 명의 수행원 곧 그의 형 아론만 있을 뿐입니다. 그들이 왕국 문을 지나서 왕을 배알하기를 요청할 때의 모습은 결코 대단한 행렬이 아니었습니다. 가벼운 마음으로 재잘거리던 이집트인들은 이런 우스꽝스러운 광경을 즐겼을 것입니다. 그러나 모든 비웃음 뒤에는 경악하는 심령이 있었습니다. 어떤 세대가 그와 같은 것을 목격했겠습니까!

자신들 뿐 아니라, 300만 명의 해방을 요구하는 두 노예는 그 당시 가장 강력한 문명의 자칭 신이자 왕인 바로Pharaoh의 거듭된 거절에도 그러한 요구를 계속했습니다.

이들의 단호한 끈질김 앞에 웃음은 사라지고, 경악에서 두려움으로 바뀌었습니다.

그들의 발걸음 소리에 얼굴은 창백해지고 가슴이 뜁니다. 피의 언약에 속한 이 두 사람은 이집트의 운명을 손에 쥐었고, 그 위대함이 사라졌을 때 생생한 이야기를 땅에 기록하여 남겨두었습니다.

우리가 이스라엘 자손들의 출애굽을 공부하기 전에, 이집트 왕들에 관한 몇 가지 사실에 유의하는 것이 도움이 될 것입니다.

이집트에서 왕좌에 등극한 왕자는 신하들의 눈에는, 말하자면 모습이 바뀌었습니다. 이집트인들의 마음에 바로는 사람인 동시에 신이었습니다.

레노만트Lenormant는 "우리는 이집트에서 그러한 높여짐exaltation이 절대 권력에 어떤 특권을 부여했을지 상상해볼 수 있다."라고 쓰고 있습니다. 이집트 왕의 눈에 이집트인들은 왕의 명령을 종교적인 동기에 의해 맹목적으로 수행해야 하는 노예일 뿐이었습니다.

경배는 신인 바로에게 드려졌습니다. 바로와 그의 장관들은 다른 단상을 차지하고 있었습니다.

바로는 홀로 떨어져 앉습니다. 바로가 말하면 사안은 판결됩니다. 오직 그에게만 하나님의 요구가 전달되고, 거절과 계속되는 불의의 책임은 그에게 있습니다.

이제 우리는 바로가 모든 이집트인들 가운데 이스라엘 백성의 구원자와 논쟁했던 단 한 사람이었던 이유를 깨닫습니다. 이런 사실에 비추어 볼 때 다음의 말은 새로운 의미를 띄게 됩니다.

출애굽기 8:10, 22-23 말씀입니다. "그가 이르되 내일이니라 모세가 이르되 왕의 말씀대로 하여 왕(바로)에게 우리 하나님 여호와와 같은 이가 없는 줄을 알게 하리니…그 날에 나는 내 백성이 거주하는 고센 땅을 구별하여 그 곳에는 파리가 없게 하리니 이로 말미암아 이 땅에서 내가(특별히 강조하여 네와 네 신들이 아니라, 내가) 여호와인 줄을 네가 알게 될 것이라 내가 내 백성과 네 백성 사이를 구별하리니 내일 이 표징이 있으리라 하셨다 하라 하시고"

하나님과 그분의 백성들이 한쪽에 있습니다. 반대쪽에는 바로와 그의 백성들이 있습니다. 참되시고 살아계신 하나님과 스스로 신이라 칭하는 자 사이의 대결입니다.

하나님께서는 그분의 백성들을 구하시기 위해서 우상을 산산조각내시고 던져버리셔야 합니다.

● 9과 내용 확인 문제

1. 이스라엘 백성들이 증인으로서 차지하는 위치를 지정학적으로 설명해 보십시오.

2. 이삭과 야곱과 요셉의 인물됨을 간략하게 묘사해보십시오.

3. 하나님께서는 어떻게 요셉을 사용하셔서 하나님의 백성을 보존하셨습니까?

4. 이스라엘 백성들이 이집트에서 박해 받기 전에 살았던 생활을 묘사해 보십시오.

5. 누가, 왜, 이집트의 정치가들로 하여금 이스라엘 자녀들을 억압하게 했습니까?

6. 모세의 부모가 모세를 감추고, 또 모세가 나중에 이집트를 거절한 것은 어떤 근거에서 이루어졌습니까?

7. 하나님께서 이스라엘 백성을 구하러 내려오신 까닭은 무엇입니까?

8. 하나님께서 모세를 죽이려고 하신 이유는 무엇이었습니까?

9. 이집트로부터 이스라엘을 구출하는 데 일어났던 심각한 갈등에 누가 결부되었습니까?

10. 하나님께서 바로를 겸손케 해야 했던 이유는 무엇입니까?

10과

이집트에서 해방

THE DELIVERANCE FROM EGYPT

하나님의 언약백성을 이집트에서 구출하는 장엄한 드라마를 성경에서 공부할 때, 우리는 성경기사의 진정성authenticity을 보여주는 많은 사실에 주목합니다.

우리에게 제시된 이집트인들의 생활에 대한 그림은 당시 이십트인들의 진정한 생활상을 묘사합니다. 이전에 있던 바로의 권세는 출애굽 당시의 바로의 권세를 능가했습니다.

이집트의 마술사가 기적을 행하는 데 맡은 역할은 고대 제사장이 소유했던 능력에 대한 충실한 재현입니다.

이집트의 제사장은 실제로 산 자와 죽은 자를 대신하여 행사된 마법의 힘을 부여받은 집단이었습니다.

성경기사에서 묘사된 모든 이름과 사건과 관습은 이 시기의 이집트를 정확히 드러냅니다. 사실 그대로 고스란히 반영되었다는 말은 성경기사가 사실을 알고 있었던 누군가에 의해 작성된 것이었음을 보여줍니다. 언약의 하나님께서 그분의 백성을 위해 행하시는 기적의 드라마인 출애굽기는 사실을 알고 있었던 누군가에 의해 작성된 것이었습니다. 의심 많은 자들이 주장하듯이, 출애굽기는 B.C. 약 400년경에 바빌론에 있던 어떤 유대인이 쓴 것이 아닙니다. 출애굽기에는 하나님께서 심판하셨던 고대 이집트의 특징이 담겨있습니다.

고고학자들은 출애굽기 5:12에 기록되어 있듯, 지푸라기 대신 그루터기를 써서 만든 벽돌로 지은 건물을 발굴했습니다.

첫 번째 기적

여호와께 순종한 모세는 하나님의 언약백성을 대신하여 바로에게 갑니다(출 7:1-7).

출애굽기 7:8-13은 모세가 바로와 그의 마술사를 처음으로 만나는 장면을 전해줍니다. 첫 번째 표적은 모세가 지팡이를 던지자마자 그 지팡이가 뱀으로 변한 것입니다. "모세와 아론이 바로에게 가서 여호와께서 명령하신 대로 행하여 아론이 바로와 그의 신하 앞에 지팡이를 던지니 뱀이 된지라 바로도 현인들과 마술사들을 부르매 그 애굽 요술사들도 그들의 요술로 그와 같이 행하되 각 사람이 지팡이를 던지매 뱀이 되었으나 아론의 지팡이가 그들의 지팡이를 삼키니라"(출 7:10-12)

어떤 사람들은 이집트 제사장들의 지팡이를 뱀으로 바꾼 능력에 대해서도 궁금해할지 모릅니다. 이집트인들이 그들의 신으로 알고 호소했던 영들은 응답 없이 떠나지 않았습니다. 강신술과 그외 속임수라고 치부해

버릴 수 없는 모든 현상이 우리 시대에 번성하는 것은, 인간이 사탄을 숭배할 경우 사탄이 기적으로 활동한다는 사실을 보여줍니다.

하늘과 땅의 창조주와 이집트 신들 사이의 싸움은 처음부터 시작되었습니다. 이러한 측면에서 볼 때, 바로 앞에서 일어난 기적에는 놀라운 의미가 있습니다. 아론의 지팡이가 마술사의 지팡이들을 삼켜버렸듯이, 하나님께서 일으키시려고 하는 종교가, 세상의 지혜 있는 자들로 하여금 그들을 사탄의 노예로 만든 헛된 지식과 위대함을 좇게 만든 현혹하는 신뢰를 삼켜버린 것입니다.

재앙들

이제 이집트의 강함을 격퇴하고, 그 완고한 심령을 무너뜨린 재앙의 이야기를 공부해봅시다. 지팡이가 뱀으로 변했을 때, 한 표적이 주어졌습니다. 마술사들이 도전했던 표적은 여호와의 능력이 보다 온전하게 나타나게 했습니다. 그러나 그것은 단지 하나의 표적이었고, 쉽게 망각될 수 있었습니다. 따라서 하나님께서는 심판에 호소하십니다. 첫 번째 재앙은 이집트의 물이 피로 바뀐 재앙이었습니다.

하나님의 명령이 모세에게 임하였습니다. "아침에 너는 바로에게로 가라 보라 그가 물 있는 곳으로 나오리니 너는 나일 강가에 서서 그를 맞으며 그 뱀 되었던 지팡이를 손에 잡고"(출 7:15)

이 책의 독자라면, 강가에서 바로를 만나라는 명령에 주목할 것입니다. 즉시 우리는 선별된 시간과 장소의 놀라운 적절함을 봅니다. 나일의 신은 이집트의 주요 신 중 하나요, 이 시기 이집트에서 대단한 숭배의 대상인 누NU의 화신이었습니다. 그러므로 여호와께서는 이 재앙으로써 그 신에 대한 자신의 우월성을 주장하셨던 것입니다. 아마 바로는 아침에 누 신에게 자신의 헌물을 바치려고 나왔을 것입니다.

바로가 누 신의 제단 앞에 섰을 때, 여호와의 메시지가 왕에게 전달되었습니다. 그것은 놀라운 메시지였습니다. 신과 그를 경배하는 자들이 똑같이 심판받았습니다. "여호와께서 또 모세에게 이르시되 아론에게 명령하기를 네 지팡이를 잡고 네 팔을 애굽의 물들과 강들과 운하와 못과 모든 호수 위에 내밀라 하라 그것들이 피가 되리니 애굽 온 땅과 나무 그릇과 돌 그릇 안에 모두 피가 있으리라"(출 7:19)

이스라엘의 사내아이들이 물에 던져졌었습니다. 그리고 이제 하나님께서는 이집트인들의 죄악을 그들에게 상기시키셨던 것입니다. 피의 강은 땅과 하늘에 그들의 행위를 이야기할 것이며, 그 이야기의 끔찍함은 다시 살아나서, 그들에게 달라붙을 것입니다.

두 번째 재앙은 잘 알려진 두려운 재난이었습니다. 그 재앙의 강렬함은 모든 이집트인들이 아론이 했던 하나님의 말씀을 듣고 거리낌과 두려움으로 그들의 가슴을 채우며 집으로 갈 수밖에 없었다는 말로 묘사됩니다.

"네가 만일 보내기를 거절하면 내가 개구리로 너의 온 땅을 치리라 개구리가 나일 강에서 무수히 생기고 올라와서 네 궁과 네 침실과 네 침상 위와 네 신하의 집과 네 백성과 네 화덕과 네 떡 반죽 그릇에 들어갈 것이며 개구리가 너와 네 백성과 네 모든 신하에게 기어오르리라 하셨다 하라"(출 8:2-4)

이 말씀 뒤에 이 짐승이 이집트에서 일으킨 재난을 놓아보십시오. 그러면 그 재앙은 즉시 끔찍한 의미를 띱니다. 우리는 징계가 엄청났기에 징계수단의 세심한 부분을 놓쳤습니다.

개구리 재앙은 이집트인들에 대한 끔찍한 징계일 뿐만 아니라, 그들의 신들에 대한 또 다른 심판이기도 했습니다. 개구리는 항상 이집트에서 대단한 골칫거리였고, 그래서 처음부터 개구리들을 내쫓아버리는 일을 헤키HEKI라는 여신에게 맡겼습니다. 헤키 여신은 개구리의 머리를 한 모습으로 자주 등장합니다. 헤키 여신은 맡은 임무가 너무도 중요했기 때문에 이집트 전역에서 최고의 여신 중 하나라고 여겨졌습니다. 이제 이집트인들의 노예인 이스라엘인들의 언약의 하나님께서, 대단한 이집트인들의 신보다 다시 한 번 더 위대하게 나타나십니다.

바로의 심령이 더 강퍅해지고, 계속해서 재앙이 이집트인에게 내립니다. 출애굽기 8:16-19과 8:20-24은 우박의 재앙, 그 다음에는 파리의 재앙에 대한 기사를 보여줍니다.

이집트의 신에 대해 또 다른 심판이 가해졌습니다. 파리는 이집트에서 숭배의 대상이었기 때문입니다. 제일 먼저 지팡이가 뱀으로 바뀌었을 때는 그저 표적 하나가 주어진 것뿐이었습니다. 그 후, 사람들이 불편하게 된 이 재앙은 하나님의 능력을 보여주고 하나님이 불쾌하시다는 것을 보여주는 것이었습니다. 그러나 이제 파리가 가져온 위험과 함께, 그들의 의복과 가구와 예복들이 손상되었습니다. "…파리로 말미암아 그 땅이 황폐하였더라"(출 8:24)

다섯 번째 재앙에서 하나님께서는 한 걸음 더 나아가십니다. 하나님께서는 이집트인들에게 가장 가치 있는 소유물 중 하나인 가축에 손을 대십니다.

바로가 하나님의 요구를 거절했을 때, 또는 바로가 복종을 약속했다가 그 약속을 이행하지 않았을 때, 문제는 끝날 수가 없었습니다.

모세는 다시금 "내 백성을 보내라 그들이 나를 섬길 것이니라"(출 9:1)라는 메시지를 가지고 파송되었습니다. 그리고 바로에게는 "네가 만일 보내기를 거절하고 억지로 잡아두면 여호와의 손이 들에 있는 네 가축 곧 말과 나귀와 낙타와 소와 양에게 더하리니 심한 돌림병이 있을 것이며"(출 9:2-3)라는 경고가 주어졌습니다.

출애굽기 9:1-5을 보십시오. 우리는 이집트인들과 하나님의 언약백성 사이가 계속해서 구별되어지는 것에 주목합니다. 이스라엘 사람들의 가축은 한 마리도 죽지 않았습니다. 이제 이집트인들의 소유, 즉 이집트의 부 가운데 가장 가치 있는 것이 손상되었습니다. 여섯 번째 재앙에서는 이집트인들의 몸까지 손상되었습니다. 고통스럽고 혐오스러운 전염병이 그들을 강타했습니다. 이집트의 마술사들은 이 질병이 하나님의 손에서 온 것이라 고백하며, 즉시 대결하지 않기로 했습니다. 우리는 여호와께서 자비롭게 다루시는 데 주목합니다.

하나님의 자비는 우선 그들을 불순종에서 돌이켜 끔찍한 최종적 재앙으로부터 구원하시기 위해, 보다 부드러운 징계를 먼저 보내셨습니다. 그러나 가벼운 징계가 구원하지 못할 때, 사랑은 더 무거운 채찍을 허용하여 그가 불순종에서 돌이킬지를 봅니다.

일곱 번째 재앙에서 한층 더 엄한 징계가 내려졌습니다. 이제 곡식의 손실뿐 아니라 생명의 손실도 있습니다.

출애굽기 9:18에서 하나님의 명령이 "내일 이맘때면 내가 무거운 우박을 내리리니 애굽 나라가 세워진 그 날로부터 지금까지 그와 같은 일이 없었더라"라고 통보되었습니다.

출애굽기 10:4-6을 보십시오. 여덟 번째 재앙이 포고될 때, “메뚜기”라는 말은 이집트인들의 귀에는 끔찍한 소리였습니다.

출애굽기 10:7을 보십시오. 처음으로 우리는 궁정에서 간언을 듣습니다. 왕 주변에서 그를 신으로 섬겼던 장관과 대신들은 그들과 왕좌 사이에 있던 경외의 거리감을 잊게 된 것입니다. 그들은 너무도 확연한 공포로 인해, 관습적인 존경을 던져버리고 이집트의 군주에게 충고했습니다.

“바로의 신하들이 그에게 말하되 어느 때까지 이 사람이 우리의 함정이 되리이까 그 사람들을 보내어 그들의 하나님 여호와를 섬기게 하소서 왕은 아직도 애굽이 망한 줄을 알지 못하시나이까 하고”(출 10:7)

우리는 이제 아홉 번째 재앙에까지 이르렀습니다. 아홉 번째 재앙은 하나님께서 오랫동안 지연된 심판을 내리시기 전에 마지막으로 하신 호소였습니다.

각 사람은 그 두려운 삼일 낮과 삼일 밤을 하나님과 더불어 어둠에 갇혔습니다.

모든 사업은 중지되었습니다. 아무것도 할 수 없게 되었습니다. 모든 사람이 각자 혼자 거하게 되었습니다. 왕, 조언자, 귀족, 제사장, 상인, 장인, 농부 각자가 따로 거하게 되었습니다.

각자는 하나님의 손에 붙들린 채, 잇따른 재앙을 떠올리고, 이를 의식하는 가운데 반복된 질문에 직면하게 되었습니다. “너는 전능자의 방패를 향해 네 자신을 내던질 수 있는가?” 우리는 경외에 압도된 이 3일간의 격리를 통해, 이집트의 고집과 교만을 깨뜨린 마지막 일격으로부터 이집트를 구하려는 긍휼의 무한한 깊이를 들여다볼 수 있습니다.

하나님께서는 이집트인의 최고의 신 중 하나인 태양신에 대한 우위를 드러내셨던 것입니다.

피의 언약과 유월절에 나타난 그 언약의 표식

주님께서 아브라함과 맺은 피의 친교언약에 대해 그분의 신실함을 새롭게 증거하실 때가 찾아왔습니다. 속량의 역사에서 다시금 새로운 시작이 이루어져야 했습니다. 아브라함의 씨가 이집트에 있었기에, 주님께서는 그 씨를 그곳으로부터 꺼내어 약속하신 가나안의 유업(땅)으로 데려가시려고 했습니다. 그러나 이집트인들은 이스라엘 백성들이 주님의 부름을 향해 가도록 허락하지 않았습니다.

이제 우리는 이집트인들에게 임한 마지막 재앙을 공부하면서 피의 언약의 의미를 깨닫습니다.

원래 아브라함과 주님 사이에 맺은 피의 친교언약에서 그 언약의 표식으로 피를 제공했던 당사자는 아브라함이었습니다.

이때까지, 이스라엘 백성들이 재앙을 피하기 위해 해야 할 일은 전혀 없었습니다. 그러나 이제 이스라엘 백성들이 열 번째 재앙을 피하려면 피 뿌리는 행위가 필요합니다.

주님께서는 흠 없는 어린 숫양을 택하라고 명하셨습니다. 이 어린 양은 그리스도의 모형이었기 때문에, 완전해야 했습니다.

그리스도의 보혈의 모형인 어린 양의 피가 아브라함 자손들의 집집마다 양쪽 문설주와 인방에 발라졌습니다.

"그 피를 양을 먹을 집 좌우 문설주와 인방에 바르"라고 주 하나님께서 이스라엘 백성에게 말씀하셨습니다(출 12:7). "내가 애굽 땅을 칠 때에 그 피가 너희가 사는 집에 있어서 너희를 위하여 표적이 될지라 내가 피를 볼 때에 너희를 넘어가리니 재앙이 너희에게 내려 멸하지 아니하리라"(출 12:13) 피가 덮여 있으면 첫 태생은 안전했습니다.

선택된 어린 양의 살은, 피의 친교 예식이 보장하는 친교의 표시로서, 또한 도처에서 행해졌던 원시적 피의 언약의 일반관습을 따라, 이스라엘 백성들이 먹어야 했습니다.

마지막 재앙은 이집트의 가슴을 무너뜨렸습니다. 도처에서 일어난 끔찍한 죽음이 쾌락을 좋아하는 이 사람들의 삶을 끔찍하게 멈추게 하였습니다. 이집트에서는 누구든 죽으면 특별히 크게 애통해했습니다.

이 마지막 재앙이 그런 이집트 전체에 끼친 영향이 어땠을지는 상상하고도 남을 것입니다. 죽은 사람이 없는 집은 하나도 없었습니다. 다른 사람들과 함께 애통하였던 자들이 이제는 자신들의 비통에 무릎을 꿇어야 했습니다. "그 밤에 바로와 그 모든 신하와 모든 애굽 사람이 일어나고 애굽에 큰 부르짖음이 있었으니 이는 그 나라에 죽임을 당하지 아니한 집이 하나도 없었음이었더라"(출 12:30)

그러나 우리가 죽은 자들로 인한 바로와 그의 모든 백성의 비통을 살펴보았다고 해서, 이 심판이 성취한 바를 전부 정리한 것은 아닙니다. "내가 그 밤에 애굽 땅에 두루 다니며 사람이나 짐승을 막론하고 애굽 땅에 있는 모든 처음 난 것을 다 치고 애굽의 모든 신을 내가 심판하리라 나는 여호와라"(출 12:12) 우리는 "이집트의 모든 신들에게도 심판을 행하리라"라는 대목에 주목합니다. 그리고 "사람이나 짐승이나"라는 말에도 주목합니다.

우리는 이미, 이집트에서 짐승을 숭배한 것과, 왕을 신이 성육신한 존재로 간주하여 신으로 숭배한 것을 보았습니다. 신으로 숭배되었던 바로는 이제 자신의 땅에서, 또 자신의 백성들이 보는 앞에서 얻어맞고 징계를 받습니다. 그 타격이 언약백성의 하나님의 손에서 나온 것임을 누구도 의심할 수 없었습니다.

이스라엘 백성의 첫 태생은 안전했습니다. 어떤 재앙도 하나님의 언약백성을 건드리지 못했습니다. 엄청난 공포가 이집트인들을 덮쳤습니다. 그들을 쳤던 손이 다시 그들을 쳤습니다. 그리하여 억압당한 백성에게 자유가 주어졌습니다. 이집트인들은 그들을 급히 내몰았습니다. 바로는 동틀 때까지 기다릴 수가 없었습니다.

"밤에 바로가 모세와 아론을 불러서 이르되 너희와 이스라엘 자손은 일어나 내 백성 가운데에서 떠나 너희의 말대로 가서 여호와를 섬기며 너희가 말한 대로 너희 양과 너희 소도 몰아가고 나를 위하여 축복하라 하며 애굽 사람들은 말하기를 우리가 다 죽은 자가 되도다 하고 그 백성을 재촉하여 그 땅에서 속히 내보내려 하므로"(출 12:31-33)

● 10과 내용 확인 문제

1. 성경기사가 고대 이집트인의 생활상에 대한 참된 그림을 어떻게 보여주는지 말해보십시오.

2. 바로 앞에서 행해졌던 첫 번째 기적은 무엇이었습니까?

3. 그 기적의 영적 의미는 무엇입니까?

4. 첫 번째 재앙이 어떤 식으로 이집트의 신에게 심판을 내렸습니까?

5. 두 번째 재앙과 그 의미는 무엇이었습니까?

6. 바로가 거절할 때마다 재앙이 어떻게 더 커지게 되는지를 설명해보십시오.

7. 아홉 번째 재앙은 마지막 재앙이 오기 전에, 하나님의 긍휼을 어떻게 계시했습니까?

8. 하나님께서는 어떤 식으로 언약에 대한 자신의 신실하심을 증거하셨습니까?

9. 열 번째 재앙의 영향(결과)을 묘사해보십시오.

10. 언약의 하나님께서 재앙들을 보내셨다는 사실이 어떻게 밝혀졌습니까?

11과

광야의 언약백성

COVENANT PEOPLE IN THE WILDERNESS

무엇보다 우리는 언약백성을 해방시키는 분이 언약을 지키시는 하나님이라는 사실을 파악했습니다. 유월절에서, 하나님께서는 자신의 언약을 다시 확증하셨습니다. 언약의 백성들은 광야와 그 위험에 직면할 때, 언약을 지키시는 하나님께서 그들과 함께 하심을 압니다. 이제, 이스라엘과 여호와의 피의 친교라는 이 유월절 예식의 제정은, 언약백성으로서 이집트에서 기적적으로 구출된 것을 기념하는 영구적인 예식이 되는 것입니다(출 12:14-20, 43; 13:16).

출애굽기 12:3-8을 보십시오. 유월절 어린 양은 십자가에 달리신 그리스도의 모형입니다. 어린 양은 흠 없는 숫양이어야 합니다. 그 어린 양은 첫 달의 10일(유대력)에 골라서, 14일까지 보관했다가, 밤(3시)에 잡아야 했습니다.

그리스도는 10일에 배신당하여, 14일에 십자가에 달리셨고, 3시에 죽으셨습니다. 그리스도는 분명 하나님의 어린 양이셨습니다.

이 유월절 예식의 표식은 다음과 같이 묘사됩니다. "이것이 네 손의 기호와 네 미간의 표가 되리라 이는 여호와께서 그 손의 권능으로 우리를 애굽에서 인도하여 내셨음이니라 할지니라"(출 13:16)

원시시대에는 두 사람이 언약을 맺을 때, 피로 얼룩진 그 언약의 기록물을, 성스러운 피의 친교예식으로 영원히 친구가 된 자의 팔 또는 목에 묶여 있는 작은 가죽함에 보관했습니다.

이마에 관을 쓰고, 팔에 팔찌를 차고, 여호와와 그분의 친구 아브라함의 씨 사이에 맺은 유월절 언약의 기록을 담은 성스러운 부적으로서 작은 가죽함을 착용하는 것이, 여러 세대를 내려오면서 유대인의 관습이 되었습니다.

엄청난 재산을 가지고 떠나다

바로와 길등이 있기 전, 하나님께서는 모세에게 말씀하셨습니다. "내가 이집트인들의 목전에서 이 백성에게 은총을 베풀리니 너희가 갈 때에 빈손으로 가지 아니하리라. 모든 여인들은 자기 이웃 사람들과 자기 집에 기거하는 사람들에게서 은 패물과 금 패물과 옷들을 빌려서 너희 아들들과 딸들에게 입히라. 너희가 이집트인들에게서 빼앗아가게 될 것이라."(출 3:21-22, 한글킹제임스)

많은 사람들이 이 성경구절과 출애굽기 12:35-36을 잘못 해석해왔습니다. 잘못 번역했기 때문입니다. "빌리다borrow"로 번역된 히브리어는 "요청하다ask"라는 뜻입니다. 출애굽기 12:35-36에서 "빌려주다lend"로 번역된 히브리어는 출애굽기 3:21-22의 히브리어와 같은 형태인데, 그

의미는 "요청하게 하다let ask", 다시 말해 '요구사항을 받아서 기꺼이 주다' 라는 뜻입니다. 즉, 돌려줄 생각 없이 빌리는 그런 도적질이 아니었습니다. 이스라엘 백성들은 이런 물품들을 요청했습니다. 문제는 그 요구가 응답되었는가 아니면 분노에 찬 거절을 받았는가 하는 것입니다.

언약의 하나님께서 개입하셨습니다. 하나님께서는 그분의 백성들이 이집트인들의 눈에 호의를 입게 하셨습니다. 그들은 적들의 눈에 새롭게 보였습니다. 그래서 이집트인들이 이스라엘 백성에게 주었습니다. 이는 여타의 정복민족이 얻었던 것보다 더욱 영광스러운 승리의 전리품이었습니다. 역사적으로, 정복당한 이들은 탈취당하지, 결코 자발적으로 주지는 않습니다. 하지만, 이 대목에서 이집트인들은 자신들을 정복한 자들에게 주는 것에서 기쁨을 발견합니다.

그저 서서 언약의 하나님으로부터 구원을 기다렸던 언약의 백성들은, 자신들을 오랫동안 강탈했던 자들의 호화로운 의상과 보석으로 치장한 채 빠져나왔습니다.

200년 전에, 이스라엘의 언약의 하나님께서는 이 승리를 예언하셨습니다. 창세기 15:13-14에서 하나님께서는 아브라함에게 그의 씨가 자기 땅이 아닌 곳에서 타국인이 되어 괴로움을 당할 것인데, 그들이 섬길 그 민족을 하나님께서 심판할 것이라고 말씀하셨습니다. 이와 아울러서 하나님께서는 이 약속을 주셨습니다. "그 후에 네 자손이 큰 재물을 이끌고 나오리라"(창 15:14)

이 대목에서 하나님께서는 이집트인들에게서 탈취하는 것을 자기 백성의 쓰라린 고통의 끝이자, 속박과 종살이에 대한 보상으로 즐거워하면서 기대하셨습니다.

행로를 바꾸다

이집트를 나온 지 이틀째 되던 날, 이스라엘은 팔레스타인으로 가는 일상적인 행로를 따라 여정을 잡았습니다. 그렇기 때문에 그들은 분명 "광야의 언저리"를 향해 갔음에 틀림없습니다. 모래사막을 건너서 지중해 해안가 위쪽을 따라서 팔레스타인으로 가는 가장 가까운 길이 펼쳐져 있습니다. 얼마간 계속 행진하다보면, 그들은 호전적인 팔레스타인의 영토로 들어가게 됩니다.

그러나 여기에서 갑자기 행로가 바뀌었습니다. 팔레스타인의 길로 통과하면 가깝지만 하나님께서는 이스라엘 백성들이 그곳을 통과하도록 이끌지 않으셨습니다. 왜냐하면 하나님께서는 이스라엘 백성들이 싸움을 본 후 후회하여 이집트로 돌아가는 일이 없게 하겠다고 말씀하셨기 때문입니다.

하나님께서는 이스라엘 백성을 빙 돌려서 홍해의 길을 통과하도록 이끄셨습니다. 우리는 이런 의문을 가질 수 있습니다. '그렇다면 처음에 이스라엘 백성들은 왜 그들의 조상에게 약속하신 땅에 이르는 더 빠른 길로 행로를 정하려고 고군분투했을까? 그런데 왜 결국은 행로가 바뀌어서, 세 번째로 온 길로 되돌아가서 이집트의 남쪽해안으로 행진했을까?'

처음에는 그런 질문에 당황할 수도 있습니다. 하나님의 계획이 갑자기 변경된 것처럼 보이기 때문입니다. 하지만 잠시 생각해보면 하나님의 지혜가 빠르게 드러날 것입니다. 모든 것은 "그들이…광야 끝에…장막을 치니"(출 13:20)라는 말씀에서 설명이 됩니다.

하나님께는 이중 목적이 있으셨습니다. 이스라엘 백성은 하나님의 뜻에 따라야 했습니다. 당연히 그들은 처음에 가장 빠른 행로를 원했습니다. 하나님께서는 종종 우리가 고집을 부릴 때 그렇게 하시듯이 이스라엘 백성이 그렇게 하도록 내버려두셨고, 그들과 함께 상당히 멀리까지 가셨습니다.

이스라엘 백성은 "광야의 언저리"로 가게 됩니다. 그런 다음, 곰곰이 따져보게 됩니다. 그런 황량한 지역에서는 흥미를 가질만한 것이 전혀 없습니다. 그들은 목마르고 배고픈 채로 지친 발걸음을 떼면서, 나무도 없고 물도 없고 사람도 살지 않는 사막을 통과하며 겪을 비참한 기간들을 생각하기 시작합니다. 그런 다음 그들은 사막을 횡단한 후에 뚫고 가야 하는, 흉폭하고 건장한 적으로 포진된 장벽을 생각합니다. 그러나 하나님께서 "이스라엘 자손에게 명령하여 돌이켜…"(출 14:2)라고 말씀하신 직후에는 어떤 불평도 나오지 않았습니다. 하나님께서 그들의 경로를 옮겨주신 것이 그들에게 위안을 주었기 때문입니다.

언약의 하나님에게는 또 하나의 목적이 있었습니다. 바로가 이스라엘 백성의 움직임을 예의주시하고 있었던 것입니다. 하나님께서는 자신의 언약백성이 이집트 땅에서 치욕스럽게 떠나게 하지 않으셨습니다. 이스라엘 백성은 도망치도록 되어 있지 않았습니다.

언약의 하나님께서는 인간의 방법을 통해서 구원하시는 것이 아닙니다. 하나님의 구원은 그 충만과 그 거룩함의 아름다움으로 영광스럽습니다.

이집트 스스로가 이스라엘 백성을 밀어내면서, 자기 나라를 떠나라고 요구할 것입니다. 그리하여 행로가 바뀝니다.

홍해를 건넘

이기적인 탐욕과 잔인함이 남아 있던 이집트인들은 이스라엘 민족의 행로가 변경된 것을 이스라엘 민족의 멸망으로 잘못 해석했습니다. "바로가 이스라엘 자손에 대하여 말하기를 그들이 그 땅에서 멀리 떠나 광야에 갇힌 바 되었다 하리라"(출 14:3)

이집트인들에게 이 이동은 예기치 않은 약점의 노출로 보였습니다. 이스라엘 백성 가운데 더 이상 신이 계시지 않아서, 이제는 이집트가 갈망하던 복수를 한껏 즐길 수 있을 것만 같았습니다.

이집트인들은 "내가 뒤쫓아 따라잡아 탈취물을 나누리라 내가 그들로 말미암아 내 욕망을 채우리라 내가 내 칼을 빼리니 내 손이 그들을 멸하리라"(출 15:9)라고 말했습니다.

바로의 마음속에서 솟아난 생각은, 그의 백성들의 심령에도 응답하는 불길처럼 타올랐습니다. 바로와 그의 신하들의 심령이 이스라엘 백성을 대적하는 것으로 변하여 그들은 "우리가 어찌 이같이 하여 이스라엘을 우리를 섬김에서 놓아 보내었는가"(출 14:5)라고 말했습니다.

가능한 모든 군대를 소집하여 이스라엘 백성을 추격하게 했습니다(출 14:6-9).

이집트의 잘 훈련된 상비군은 고대 근동세계의 경이 중 하나였습니다. 이 무시무시한 무기가 자기들을 향해 달려오고 있다는 사실을 깨닫는 순간, 이스라엘 백성의 심령은 공포로 떨리지 않을 수 없었을 것입니다(출 14:10).

이스라엘 백성은 넋이 나갈 정도로 절망한 나머지 잠시 동안 언약의 하나님을 잊어버린 것 같습니다. 그들은 자기들을 이 사지로 데려왔다고 모세를 향해 맹렬히 소리쳤습니다(출 14:11-12).

그런 후에 우리는 '두려워 말라' 라는 믿음의 말을 모세로부터 듣습니다. 왜냐하면 언약의 하나님께서 그날 그들을 위하여 일하실 것이기 때문입니다(출 14:13-16).

기적을 일으키시는 하나님께서 무엇을 행하셨는지에 주목해봅시다. 모세에게 주신 하나님의 대답은 이것입니다. "여호와께서 모세에게 이르시되 너는 어찌하여 내게 부르짖느냐 이스라엘 자손에게 명령하여 앞으로 나아가게 하고"(출 14:15) 그때 언약의 사람인 모세는 이스라엘 백성을 위해 이상한 길을 준비하라는 명령을 받았습니다.

모세는 이집트에 심판을 가져왔던 지팡이를 들어 올려야 했습니다. 그 지팡이가 자연의 힘에 명령하여, 언약의 백성을 위한 구원을 일으켰습니다.

"모세가 바다 위로 손을 내밀매 여호와께서 큰 동풍이 밤새도록 바닷물을 물러가게 하시니 물이 갈라져 바다가 마른 땅이 된지라 이스라엘 자손이 바다 가운데를 육지로 걸어가고 물은 그들의 좌우에 벽이 되니"(출 14:21-22)

자연의 힘이 그분의 말씀에 순종했습니다. 우리가 이 놀라운 기적의 현장에 서 있었다면, 첫 사람(아담)이 하나님의 손으로 지은 피조물에 대한 통치권을 가지고 하나님의 능력의 영역 안에 걸었던 머나먼 과거 시대를 엿볼 수 있었을 것입니다. 그러나 타락과 함께 이 통치권을 잃어버렸습니다. 이제 두 번째 아담(예수님)이 자연의 힘에 대한 통치권을 가지고 아버지 하나님과 하나가 되어 동행하시는 때가 올 것이며, 그전에 그러한 예를 여기 구약의 장면에서 엿볼 수 있습니다.

구름기둥

우리는 이전 과들에서, 아버지 하나님께서 영적으로 죽은 사람에게 그분의 본성을 전이해주실 수 있는 합법적인 권리를 갖기 전까지는, 누구도 하나님의 영으로 거듭날 수 없었다는 사실을 보았습니다. 하나님께는 언약백성에게 그분의 생명을 전이하실 수 있는 합법적인 권리가 전혀 없었습니다.

우리가 이미 보았듯이, 자연인의 지식은 신체의 오감을 통해 얻는 정보에 제한받습니다. 하나님께서는 자신을 이스라엘 백성에게 나타내셔야 합니다. 당시 이스라엘 백성은 그들의 신체감각을 통해서만 하나님의 임재를 알 수 있었습니다.

하나님께서는 그분의 임재를 둘째 날에 나타났던 구름기둥으로 알리셨습니다(출 13:21-22).

그들은 구름을 볼 수 있었고, 저녁에는 이 불타는 구름의 온기를 듣고 느낄 수 있었습니다.

이 구름기둥은 하나님의 임재가 가시적으로 나타난 것일 뿐 아니라, 하나님께서 이스라엘 백성을 돌보시는 수단이기도 했습니다.

구름기둥은 낮에는 사막의 강렬한 열기를 막아주는 기묘한 보호 장치가 되었고, 저녁에는 거대한 빛과 열기를 뿜어내는 발전소가 되었습니다. 구름기둥은 낮에는 이스라엘 백성을 시원하게 해주었고, 춥고 살을 에는 밤에는 따뜻하게 해주었습니다.

구름기둥이 움직일 때, 이스라엘 백성은 그때가 야영지를 해체하고 이동할 때임을 알았습니다. 구름기둥이 멈추면, 낮이든 밤이든 상관없이 이스라엘 백성은 그때가 야영지를 세우고 하나님의 인도를 기다릴 때임을 알았습니다.

이 구름기둥은 이스라엘 백성이 사막에서 유랑하는 40년 내내 그들과 함께 한, 보호자이자 위로자이자 안내자였습니다.

이집트인들이 이스라엘 백성을 추격했던 그 시점에, 이 이상한 구름기둥이 이스라엘 백성 앞에 있다가 뒤로 이동했습니다. 구름기둥은 이집트인 진영과 이스라엘 진영 사이에 있었습니다. 언약백성에게 그 구름기둥은 빛과 따뜻함이었지만, 이집트인들에게는 두터운 어둠이었습니다.

사막을 통과하는 행진

이스라엘 역사에서 파란만장한 시기가 시작된 지금, 사막을 통과하는 행진이 이루어집니다. 시내(시나이) 반도는 오늘날까지도 누구의 땅도 아닙니다. 다른 지역은 서로 차지하기 위한 분쟁의 각축장이었지만, 옛날이나 지금이나 시내 반도를 차지하려는 세력은 없었습니다.

하지만 이 고립무원의 버림받은 지역에 300만의 노예가 몰려들었습니다. 그들은 훈련되지 않은 채, 노예의 영으로 절어있고, 비판과 신랄함으로 가득합니다. 이곳에서 언약의 하나님께서는 그분 자신과 그분의 영광을 계시하시며, 이 노예민족을 지도자와 교사가 있는 자유인으로 세우실 것입니다.

참 하나님에 대한 계시를 보존해야 하는 이 민족은, 그곳에서 우상숭배로부터 분리된 채 하나님을 의지하며 걷는 법을 배우게 될 것입니다.

우리는 이제 이 중대한 여정을 이스라엘 백성과 함께 시작합니다. 그리고 그 여정을 공부할 때 배워야 할 교훈이 있음을 발견합니다. 여정의 삼일째 되던 날, 이스라엘 백성은 물이 쓴 마라Marah에 도착했습니다. 그들은 동쪽에서 달콤하기로 유명한 나일 강물을 마셔왔습니다. 그러나 이제 그들은 실망으로 가득차서, 절제하지 못하는 어린아이처럼 모세에게 불만을 터뜨렸습니다(출 15:22-24).

지금껏 이스라엘 백성을 돌보신 언약의 하나님께서는 쓴물을 단물로 만드십니다.

그런 다음 하나님께서는 이스라엘 백성을 인도하시고 돌보시고 보호하시는 분일 뿐 아니라, 이집트인의 질병 중 어떤 것도 그들에게 허용하지 않으실 분으로도 자신을 나타내십니다. 하나님께서는 이스라엘 백성을 고치시는 하나님으로 자신을 그들에게 알리십니다(출 15:26-27).

피의 언약의 권리와 특권 안에서, 하나님이신 전부가 곧 이스라엘 백성에게 속했습니다. 하나님의 능력이 이스라엘 백성에게 속했습니다. 하나님의 돌봄, 보호, 치유가 곧 이스라엘 백성의 것이었습니다.

이스라엘 백성이 언약 가운데 걸었던 이 광야시기에 단 한 명의 아기나 어린아이나 젊은 남녀도 죽지 않았다는 사실에 주목하십시오. 누구도 병에 걸려서 일찍 죽지 않았습니다. 언약의 하나님께서 그들을 치유하셨습니다.

학생들에게 드리는 유의사항

이번 과에서 우리는 많은 자료를 어콰르트Urquhar의 『새 성경 가이드New Biblical Guide』와 트럼불 박사의 『피의 언약Blood Covenant』에 빚지고 있음을 알려드리고 싶습니다.

이 과의 내용을 다루는 참고 자료는 출애굽기 12:43에서 15:27까지입니다.

● 11과 내용 확인 문제

1. 이스라엘 백성에게 기념으로 존재해야 했던 유월절 예식에 대해 말해보십시오.

2. 출애굽기 12:35-36을 설명해보십시오.

3. 인간이 잃어버렸던 어떤 권세가 홍해를 건너는 사건에서 드러났습니까?

4. 하나님께서는 이스라엘 백성에게 왜 자신을 구름기둥으로 가시적으로 나타내셔야 했습니까?

5. 구름기둥이 무엇을 충족시켰습니까?

6. 언약의 백성이 출애굽 할 때 하나님께서 그들을 인도하신 땅을 묘사해보십시오.

7. 언약의 백성은 왜 이곳으로 인도를 받았습니까?

8. 마라에서 일어난 사건에 대해 말해보십시오.

9. 출애굽기 15:26-27을 설명해보십시오.

10. 피의 언약에 대한 지식은 당신에게 무엇을 의미했습니까?

12과

율법과 성막 1

THE LAW AND THE TABERNACLE 1

출애굽기 15:26-36장

여호와께서는 여러 차례 특별한 방식으로 이스라엘 백성에게 나타나셨습니다. 이스라엘 백성이 잘못하거나 불평하거나 거역할 때마다, 여호와께서는 구름 가운데 그들에게 나타나시곤 했습니다.

그것은 전염병이나 불뱀으로 보낸 신호이거나, 아니면 그들을 두려움과 놀라움으로 가득하게 했던 음성이기도 했습니다.

출애굽기 15:27을 읽어보십시오. 이스라엘 백성은 엘림의 열두 샘에 진을 쳤습니다. 그리고 하나님의 손이 그들에게 임하셨습니다. 그들은 마라에서 쓴물 때문에 불평했지만, 빵이 부족하다고는 전혀 말하지 않았습니다. 확실히 그들은 이집트를 떠나올 때 풍족하게 공급을 받았습니다. 그러나 그들은 광야에서의 여정을 전혀 예상치 못했던 것이 틀림없습니다.

공급품은 이제 끝이 나고 있었습니다. 300만 명의 상황이 이내 서로 파악되었습니다. 이웃끼리 서로 빌리고 빌려주다가 피차 별로 가진 것이 없다는 사실을 확인했을 것입니다. 이러한 그들의 끔찍한 상태가 그들로 하여금 마침내 얼어붙은 듯 아무것도 못하고 포기하게 했을 것입니다. 죽음은 피할 수 없는 것처럼 보였습니다.

만나를 주심

더 이상의 전진은 절망적인 운명을 확실하게 할 뿐이었습니다. 후퇴 역시 불가능했습니다. 다시 이집트 국경에 도착하기도 전에 멸망했을 것입니다.

"이스라엘 자손 온 회중이 그 광야에서 모세와 아론을 원망하여 이스라엘 자손이 그들에게 이르되 우리가 애굽 땅에서 고기 가마 곁에 앉아 있던 때와 떡을 배불리 먹던 때에 여호와의 손에 죽었더라면 좋았을 것을 너희가 이 광야로 우리를 인도해 내어 이 온 회중이 주려 죽게 하는도다"(출 16:2-3)

이 경우 백성들은 쉽게 하나님께 도움을 구할 수 있었을 것입니다. 하나님께서는 온갖 방식으로 언약에 신실하심을 입증하지 않으셨습니까? 지금의 빵 공급 실패가 놀랍기는 하지만, 하나님께서는 그들을 이집트에서 기적적으로 구출하셨고, 홍해를 통과하게 하셨으며, 구름으로 인도하셨을 뿐만 아니라, 쓴물을 단물로 바꾸셨습니다. 그런 분이라면 빵도 쉽게 공급하실 수 있을 것입니다.

그들이 피의 언약관계를 맺으신 하나님께서 모든 필요를 채우시리라는 확신을 가지고 그분께 나와서 이 필요(빵의 공급)를 구했더라면, 아마도 이 이야기는 전혀 달라졌을 것이고, 언약의 하나님께 놀라운 기쁨을 드렸을 것입니다. 그러나 그들은 하나님에게서 오는 기회를 놓쳐버렸습니다. 그들은 반역적인 불평을 쏟아냈습니다. 그들은 부끄럽게도 속았습니다. 그들은 평화와 풍요의 땅인 이집트로부터 빠져나와서, 이제 젊은이나 늙은이나 모두 죽을지도 모르는 끔찍한 광야에 갇혀버린 것입니다. 그들의 반역에도 불구하고, 여호와께서는 자신을 부인할 수 없으셨습니다. 하나님께서는 그들의 불만과 불신앙을 들으셨습니다.

그러자, 하나님께서는 그들에게 그분이 언약의 하나님이심을 알게 하려고 빵과 고기를 공급하겠다고 약속하셨습니다(출 16:4-12).

출애굽기 16:13-36은 빵과 고기를 보내시는 것과 그것을 모으는 것에 대한 지시를 보여줍니다.

이스라엘의 언약의 하나님이신 그분께서는, 40년 동안 기적적인 방식으로 그들을 먹이셨습니다.

율법을 주신 까닭

우리는 이스라엘 역사를 공부하면서 이스라엘 백성이 하나님의 언약백성이라는 사실을 고려해야 합니다.

출애굽기 19:1-8을 읽어보십시오. 여정을 시작한 지 석 달 만에, 이스라엘 백성은 시내Sinai 광야에 이르렀습니다. 언약의 하나님께서 그들에게 율법을 주실 때가 된 것입니다.

우리는 이스라엘 백성이 아직 하나님의 생명을 받지 않았다는 사실을 고려해야 합니다. 그들은 여전히 영적으로 죽은 상태였기에, 삶의 모든 측면을 다스릴 율법이 주어져야 했습니다.

율법을 받기 전에, 모세는 시내 산으로 호출을 받습니다. 그곳에서 하나님께서는 모세에게 언약에 대한 하나님의 신실하심을 회고하여 주십니다. 이제 이스라엘은 하나님을 그들의 언약의 하나님으로 복종할지 하지 않을지를 그분께 밝혀야 합니다.

3달 동안 그들은 언약에 신실하신 하나님을 배웠습니다(출 19:8). 이스라엘은 순종하기로 약속합니다.

출애굽기 19:9-25은 하나님께서 그분의 백성에게 나타나신 일을 우리에게 전해줍니다. 우리는 하나님께서 자신을 나타내신 것이 신체감각의 수준에서 이루어졌음에 다시 주목합니다. 그들은 연기와 불을 볼 수 있었고, 점점 커지는 나팔소리를 들을 수 있었습니다. 그러나 그들은 영적으로 죽어있었기 때문에 그 산에 접근할 수 없었습니다.

그들에게 주어진 율법은 언약의 율법the Law of the Covenant입니다. 아브라함의 언약이 성취되었을 때, 언약의 율법 또한 성취되었습니다. 이 율법은 다음의 세 부분으로 나누어집니다. 하나님의 의로운 뜻을 나타내는 계명(출 20:1-17), 이스라엘의 사회생활을 지배하는 법규(출 21-23장), 그리고 종교생활을 지배하는 규례(출 24:12-31:18)입니다.

율법은 계명과 규례와 제사라는 세 가지 요소로 이루어져 있습니다. 계명은 정죄와 죽음의 사역이었습니다(고후 3:7-9). 계명은 인간의 심령 가운데 통치하고 있던 영적 죽음을 드러냈습니다.

규례는 대제사장에게 여호와와 함께하는 백성의 대표 자격을 부여했습니다.

제사는 깨어진 율법과 영적으로 죽은 이스라엘 백성을 덮어주었습니다.

율법을 주심

하나님께서는 율법을 삼중으로 주셨습니다. 출애굽기 20:1-17에 기록되었듯이, 먼저는 구두로 주셨습니다. 이는 제사장과 제사가 준비되지 않은 채 주어졌던 것이고, 법규가 뒤따랐습니다(출 21-23장). 그리고 세 가지 절기를 지키라는 지시(출 23:14-19)와 가나안 정복에 대한 지시(출 23:20-33)에, 히브리인들 사이의 관계에 대한 언급이 덧붙여졌습니다.

다음으로, 모세는 돌판을 받기 위해 부름을 받았습니다(출 24:12-18). 산 위에 올라간 모세는 성막과 제사장과 제사에 관한 은혜로운 지시를 받습니다(출 25-31장).

그러는 사이, 아론의 지도를 받던 이스라엘 백성들이 첫 계명을 깨뜨렸습니다(출 32장). 모세는 하나님께서 손가락으로 쓰신 돌판을 깨버립니다(출 31:18; 32:16-19).

셋째로, 모세가 두 번째 돌판을 만들었고, 여호와께서 거기에다 다시 율법을 쓰셨습니다(출 34:1,28,29).

다음 성경구절을 읽어보십시오. 로마서 3:21-27; 6:14-15, 갈라디아서 2:16; 3:10-14, 16-18, 24-26; 4:21-31, 히브리서 10:11-17.

성막을 주신 이유

출애굽기 25:8을 읽어보십시오. 하나님께서는 그분의 언약백성과 함께 살기를 갈망하셨습니다. 그들이 아직 영원한 생명을 받지 않았기 때문에, 하나님께서는 그들의 심령에 거할 수 없으셨습니다. 하나님의 임재가 그들의 신체감각에 나타나야 합니다. 하나님에 대한 그들의 경배 역시 신체감각의 수준에서 이루어져야 합니다. 하나님께서 거하시고, 또한 이스라엘 백성이 육체를 지닌 제사장을 통해 하나님을 만날 물리적인 장소가 있어야 합니다.

하나님께서는 성막을 짓는 일을 이스라엘 백성이 자유의지로 드리는 것에 의하도록 요구하셨습니다(출 25:2). 그들의 심령은 그들 가운데 임하시는 하나님의 임재를 원해야 했습니다(출 25:9).

성막은 하나님께서 모세에게 계시하신 식양대로 정확하게 지어져야 했습니다. 인간이 영적으로 죽었을 때로부터 하나님께서는 인간의 속량을 위해 활동하고 계셨습니다.

이제 이 성막은 그리스도의 모형일 뿐 아니라, 그리스도께서 인간을 위해 가져오신 속량의 모형이기도 해야 합니다. 따라서 모든 세부사항은 하나님이 지시하신 식양pattern을 정확히 따라야 합니다.

먼저 여기에서 시사하는 바를 주목하여 봅시다. 하나님께서는 세상을 창조하신 내용에는 성경의 두 장(창 1,2장) 이하로 할애하신 반면, 성막을 만드는 일에 대한 지시에는 열한 장(출 25장-30장, 36장-40장)을 할애하셨습니다.

우리는 성막을 짓는 것보다 창조의 일이 훨씬 더 중요하다고 생각했을 것입니다. 물론 창조의 일은 대단하지만, 성막을 짓는 일은 그보다 훨씬 더 대단한 일, 곧 그리스도 안에서 우리를 위한 속량 사역을 가져올 무대를 세우는 일이었습니다.

그러나 극장에서 무대보다는 배우가 중요하듯이, 그 대단한 일을 수행하시는 분은 무대보다 무한히 더 영광스럽습니다.

이스라엘 중에 세워진 성막

성막은 뜰의 서쪽으로 적절하게 세워졌습니다. 성막의 길이는 52피트(약 15.6m), 폭은 17과 1/2피트(약 3.25m), 높이는 17과 1/2피트(약 3.25m)였습니다. 그리고 두 구획으로 나누어졌습니다. 둘 중 더 큰 부분은 성소the Holy Place로 불렸고, 더 작은 부분은 지성소the Most Holy Place라 불렸습니다. 더 큰 부분, 즉 성소에는 금 제단, 금 등잔대, 금 진설상이 있었습니다. 더 작은 부분, 즉 지성소에는 언약궤와 자비석the Mercy Seat이 있었습니다.

성막이 세워졌을 때, 눈에 보이는 유일한 덮개는 문 위에 염소 털로 짠 통판휘장과 오소리 가죽[3]으로 만들어진 외부덮개였습니다. 첫 번째 휘장curtain은 정교하게 짠 세마포 천이었는데, 푸른색과 자주색과 흰색과 주홍색으로 짠 것이었습니다. 그 위에 붉게 염색된 염소 가죽이 덮여 있고, 그 모든 것 위에 오소리 가죽 덮개가 있었습니다.

성막이 세워졌을 때, 하나님의 임재의 상징인 구름은 성막의 끝자락에 있었고, 거대한 우산처럼 진영에 드리워졌습니다.

이 구름이 항상 그들과 함께 있었습니다. 그들이 떠나야 할 때, 구름은 성막 꼭대기에서 떠올라 하나님께서 이스라엘 백성을 이끄시기 원하는 방향으로 진행했습니다. 그리고 이스라엘 백성이 야영지에 이르렀을 때, 구름은 멈추었습니다.

이런 식으로 구름은 이스라엘 백성을 인도했고, 얼마나 멀리 가야 하는지, 언제 야영을 해야 하는지 방향을 지시해주었습니다.

---

3) 한글 개역개정에는 해달가죽으로 나옴. (역자 주)

이스라엘 백성이 영적으로 죽은 상태였기 때문에, 하나님께서는 그들의 신체감각에 자신을 나타내셔야 했습니다.

뜰은 세마포 벽을 지지해주는 육십 개의 조각목 기둥으로 조성되었습니다. 성막은 비교적 작은 건물이었습니다. 이는 하나님께서 대제사장이라는 한 인물을 통해 이스라엘 백성과 함께 거하고 만나실 수 있는 장소로 설계되었습니다. 그래서 성막은 오늘날 하나님의 백성이 모이는 장소와 같은 대강당이 아니었습니다.

성막의 휘장과 덮개들

덮개coverings와 휘장curtain을 공부하기 위해서는 성막의 바깥쪽에서부터 출발합니다. 바깥쪽에서 성막을 볼 때, 외관상 흥미를 끌만한 부분은 전혀 없습니다. 성막은 매력적인 요소가 하나도 없는 것을 강조나 하듯이, 우아한 선이나 주름도 없이 긴 상자 모양의 구조물이었습니다.

별로 매력적이지 않은 오소리 가죽이 바깥쪽을 덮었습니다. 그러나 안으로 들어가면, 아주 놀라운 변화가 일어납니다.

금을 입힌 판이 일곱 개의 가지 형태를 한 등잔대의 빛을 반사합니다. 머리 위로는 정교하게 짠 세마포에 그룹cherubim을 청색과 자주색과 주홍색으로 수놓은 아름다운 휘장으로 이루어진 천정이 있습니다. 앞에는 휘장이 있습니다. 뒤에는 무지개 색깔로 채색된 문이 있습니다. 그 다음엔 향기로 성소를 채우고 있는 금 향단이 있고, 향긋한 냄새를 풍기는 열두 진설 빵 덩어리가 있는 금 진설상이 있습니다.

이 덮개에서 우리는 두 가지 다른 측면으로 그리스도에 대한 그림을 봅니다. 성막의 바깥쪽을 보면, 그 아름다움을 덮고 있기 때문에 훌륭한 모양이나 말쑥함은 보이지 않습니다.

이사야 53:2을 읽어보십시오. 자연인이 볼 때 그리스도께서는 훌륭한 모양이나 말쑥함은 없으십니다. 인간이 갈망할 만한 아름다움이 그리스도께는 없었습니다. 사실 그분께는 인간과의 공통 요소가 전혀 없으셨습니다. 오소리 가죽은 인간과 그리스도의 엄격한 구별을 나타냅니다. 자연인의 눈에서 보면, 그분에게는 범접할 수 없는 것이 있었습니다. 그리스도를 깨닫거나 누리는 일은 인간의 범위에 있지 않았습니다. 요한복음 4:44과 마태복음 16:17을 읽어보십시오.

그리스도께서는 마른 땅에서 나온 뿌리였습니다. 그리스도의 아름다움은 감추어져 있었습니다. 오직 소수의 내부자만이 그리스도를 알아보았습니다. 청색과 자주색과 주홍색과 세마포가 그런 의미입니다.

에스겔 16:10은 "수놓은 옷을 입히고 물돼지 가죽신을 신기고 가는 베로 두르고 모시로 덧입히고"라고 적고 있습니다. 그것은 악으로부터의 분리를 암시했습니다. 신은 발을 땅으로부터 보호하며, 계속 구별시킵니다. 그리스도께서는 아버지의 뜻 가운데 그분의 자리를 차지하셨기 때문에, 지상의 인간이나 지옥의 마귀의 모든 힘들은 그리스도께서 아버지의 뜻을 행하시는 것을 패배시키거나 방해할 수 없었습니다.

붉게 염색된 숫염소 가죽은 그리스도의 중재사역 곧 그리스도께서 보혈을 흘리시는 것을 나타냅니다.

안쪽 휘장은 두 벌로 되어있는데, 각각 다섯 장 씩 되어있었습니다. 성경에서 읽듯이, 안쪽 휘장은 오십 개의 청색 밧줄로 고정된 오십 개의 금 고리로 연결되어 성막을 구성했습니다. 청색 밧줄과 오십 개의 금 고리는 하나님과 인간의 요구를 완전히 충족시킬 수 있는 그리스도의 신성한 은혜와 에너지를 나타냈습니다.

이 휘장은 전부 한 폭짜리였습니다. 하늘빛의 청색은 그리스도의 천상의 성품을 나타냅니다. 그리스도께서는 완전한 사람이셨지만, 동시에 완전한 하나님이셨습니다. 그리스도께서는 자신의 신성한 임무의 고귀함을 의식하면서 걸으셨습니다.

그리스도께서는 자신이 누구인지 또는 자신이 어디로 가고 있는지를 한 번도 잊어버린 적이 없으셨습니다. 자주색은 그리스도의 왕권Royalty을 나타냅니다. 그리스도는 유대의 왕이셨습니다. 그리스도는 정복자로서 하늘Heaven에 받아들여졌습니다(시 2, 빌 2:9-11).

주홍색은 그리스도의 죽음을 나타냅니다. 진정한 주홍색은 죽음에 의해서만 만들어질 수 있습니다. 하나님과 인간의 연합인 그리스도의 성육신만으로는 우리를 속량하시기에 충분하지 않았습니다. 그리스도께서 십자가에서 인간의 모든 것이 되셔야 했습니다. 그리스도께서는 죽음으로 말미암아 죽음의 세력을 가진 자를 무기력하게 하시고, 인간을 마귀의 통치로부터 해방하셨습니다(히 2:14).

정교하게 짠 세마포는 인간으로서 그리스도의 흠 없는 순수함을 나타냅니다. 예수 그리스도의 인간성에는 영적 진리의 커다란 깊이가 있습니다. 예수 그리스도께서는 공의의 요구와 인간의 필요를 충족시키기 위해 전적으로 인간이 되어야 하는 동시에, 모든 점에서 우리처럼 인간으로서 유혹을 받으면서도, 완벽한 아들로서 아버지를 계속 기쁘게 해드려야 했습니다.

그리스도께서는 첫 번째 아담처럼 행하셔야 했습니다(성막공부는 13과에서도 계속됩니다).

● 12과의 내용 확인 문제

1. 이스라엘 백성은 음식이 부족한 것을 알았을 때 어떻게 해야 했습니까?

2. 언약의 하나님께서는 어떻게 이스라엘 백성에게 필요한 음식을 공급하셨습니까?

3. 왜 하나님께서는 율법을 주셨습니까?

4. 왜 하나님께서는 연기와 불과 구름을 통해 이스라엘 백성에게 자신을 나타내셨습니까?

5. 성막의 목적은 무엇이었습니까?

6. 성막재료를 어떻게 모았습니까? 그리고 왜 모았습니까?

7. 왜 모세에게 주신 식양대로 정확히 따라야 했습니까?

8. 어떻게 오소리 가죽 덮개가 그리스도를 나타냅니까?

9. 그것은 그리스도의 삶 가운데 무엇을 나타냈습니까?

10. 어떻게 안쪽 휘장이 그리스도를 나타내는지 말해보십시오.

13과

율법과 성막 2

THE LAW AND THE TABERNACLE 2

뜰 문

출애굽기 27:16-19을 읽어보십시오.

우리는 하나님께서 성막을 짓는 일에 관해 모세에게 하신 지시의 마지막 부분인 문에서부터 시작합니다.

하나님께서는 먼저 언약궤와 자비석에서 시작하셔서, 여기에서부터 놋대야와 놋제단, 문까지 지시하십니다. 말하자면, 우리는 하나님께서 멈추신 곳에서 시작합니다. 그리고 이는 시사하는 바가 매우 큽니다.

속량은 완성되었고, 우리는 그 완성된 일과 함께 시작합니다.

우리가 뜰 벽을 바라볼 때, 두드러진 것은 문입니다. 이 문은 하나님께 이르는 유일한 길로서 그리스도의 모형입니다. 영적으로 죽은 인간은 바깥쪽에 있고, 그리스도께서는 인간이 하나님께로 되돌아가는 신성한

길이 되기 위해 오셨습니다. 예수님께서는 말씀하셨습니다. "내가 곧 길이요…"(요 14:6)

우리는 에덴동산에서 하나님께서 인간을 그분의 임재로부터 쫓아내신 것을 기억합니다. 이제 하나님께서는 돌아올 길을 마련하십니다. 뜰에는 오직 한 문만 있었습니다.

우리가 남쪽이나 북쪽이나 서쪽 끝을 쳐다보면, 우리의 시선은 길게 통판으로 된 흰 세마포에 닿게 됩니다. 그것은 세마포에 불과했지만, 억지로 들어가려고 하면 파멸로 뛰어들게 되는 것입니다. 세마포는 거룩한 구역을 나타내려고 그곳에 있었고, 하나님께 나아가는 자는 누구나 적합한 방식으로 나가야 했습니다.

앞서 보았듯이, 동쪽 끝으로 가서 문을 볼 때, 청색과 자주색과 주홍색으로 정교하게 짠 세마포를 봅니다. 그리고 그 모든 것은 문이신 그리스도를 나타냅니다. 요한복음 14:6과 요한복음 10:7-9을 읽어보십시오.

이스라엘 남자면 누구나 문으로 들어가서 자기의 제물을 제단에 가져올 수 있었지만, 문을 통과해서 성막 안으로 들어갈 수 있는 것은 제사장뿐이었습니다.

성막의 기구

이미 언급했듯이, 하나님께서는 모세에게 지시하실 때 먼저 언약궤에서 시작해서 놋제단까지 하셨습니다.

이것은 그리스도께서 걸어가신 길을 나타냅니다. 인간은 하나님께 다가갈 수 없었습니다. 하나님께서 인간에게 오셔야 합니다. 그리스도께서는 영광을 떠나 이 땅에 오셨고, 그런 후에 영적으로 죽은 인간을 만난 십자가로 가신 다음, 아버지께로 돌아가셨습니다. 그러므로 지성소에 있던 언약궤로부터 문가에 서 있는 놋제단에 이르는 길에서, 우리는 영광에서부터 십자가에 이르기까지 그리스도께서 걸으신 길을 봅니다. 그곳에서 그분은 영적으로 죽은 인간과 자신을 동일시하신 후에, 아버지께로 돌아가셨습니다. 이는 그리스도께서 인간을 위해 가져오신 완전한 속량을 보여줍니다.

놋제단

출애굽기 27:1-8을 읽어보십시오.

놋제단에 주목해봅시다. 그것은 문에 위치했습니다. 그곳은 하나님께서 영적으로 죽은 인간을 만난 곳이었습니다. 재료는 놋과 아카시아 나무[4]였습니다. 아카시아 나무는 썩지 않는 나무로 알려져 있습니다. 그것은 아무 죄도 없으신 분 곧 주 예수 그리스도를 가리킵니다. 이 나무를 놋으로 쌌습니다. 등잔대와 분향 제단과 진설병 상과 언약궤는 금으로 만들어졌지만, 제단은 아니었습니다.

놋은 죄를 가리켰습니다. 인간에게 있는 죄가 그리스도께 넘겨진 것은 십자가 제단에서였습니다. 십자가에서 그리스도께서는 하나님께 버림을 받으셨습니다. 놋제단은 십자가에서 이루어진 인간과 그리스도의 동일시를 보여줍니다.

---

4) 한글 개역개정에서는 싯딤 나무로 나옴. (역자 주)

보좌 곧 자비석에 임재하신 하나님께서는 그분의 계명에 순종하기 위해 온전한 제물을 가져온 범죄한 이스라엘 백성을 제단으로 와서 만나셨습니다.

제물을 가져온 자의 행위는 너무도 분명했습니다. "그 숫염소의 머리에 안수하고 여호와 앞 번제물을 잡는 곳에서 잡을지니 이는 속죄제라"(레 4:24) 이는 자신을 제물과 동일시하는 것이기에, 자신은 죽어 마땅하지만, 하나님께서 그 대속물을 마련하셨음을 고백하는 것이었습니다. 불이 제물을 태웠을 때, 죄인에게 내릴 심판은 남아있지 않으며, 제물을 가져온 자는 자기의 죄가 용서되었음을 알고 제단을 떠날 수 있었습니다.

이는 여호와께서 "그 모든 기름은 화목제 제물의 기름 같이 제단 위에서 불사를지니 이같이 제사장이 그 범한 죄에 대하여 그를 위하여 속죄한즉 그가 사함을 얻으리라"(레 4:26)라고 말씀하셨기 때문입니다. 우리는 십자가에서 인간을 대신하시고 인간의 모든 것과 동일시되신 그리스도께 하나님의 심핀이 내려진 것을 봅니다.

놋대야

출애굽기 30:17-21을 읽어보십시오.

놋제단 너머로 놋대야가 놓여있습니다.

이 대야 역시 죄를 가리키는 놋으로 만들어졌습니다.

놋대야에는 제사장들이 지성소로 들어가기 전에 저주받은 땅의 먼지를 손과 발에서 씻어내는 물로 채워져 있었습니다.

이것은 매일 우리가 하나님의 말씀의 물로 씻어야 함을 나타냅니다.

진설병 상

출애굽기 25:23-30을 읽어보십시오.

성소에는 빵 열두 덩어리를 차려놓은 상이 있었습니다. 빵 덩어리는 우리 주 예수 그리스도의 몸을 상징합니다. 고린도전서 10:17은 "떡이 하나요 많은 우리가 한 몸이니 이는 우리가 다 한 떡에 참여함이라"라고 말씀합니다.

우리는 빵에 들어있는 밀처럼 "많습니다." 빵의 밀이 굽는 과정을 통해 한 덩어리로 합쳐지듯이, 그리스도께서는 십자가에서 우리와의 동일시라는 근거에서, 우리의 모든 것이 되시어, 장사되었고, 하나님으로부터 분리되셔서 끔찍한 삼일밤낮 동안 우리의 죗값을 치르셨습니다.

십자가의 죽음에서, 우리는 그분을 과거의 우리로 봅니다.

부활에서, 우리는 우리 자신을 현재의 그분으로 봅니다.

"만일 우리가 그의 죽으심과 같은 모양으로 연합한 자가 되었으면 또한 그의 부활과 같은 모양으로 연합한 자도 되리라 우리가 알거니와 우리의 옛 사람이 예수와 함께 십자가에 못 박힌 것은 죄의 몸이 죽어 다시는 우리가 죄에게 종 노릇 하지 아니하려 함이니"(롬 6:5-6)

그리스도는 생명의 빵입니다. 이제 우리는 그 생명을 세상으로 가져오는 자들이 됩니다.

금 등잔대

출애굽기 25:31-40을 읽어보십시오.

성소에 있는 이 금 등잔대 역시 부활하신 그리스도와 우리의 동일시를 나타냅니다.

우리는 여기에서 그리스도와 그분의 몸의 연합을 봅니다. 우리가 "그분의 가지들His Branches"(31절)이라는 말을 읽을 때, 그것은 마치 중앙에 있는 줄기인 등잔대로부터 뻗어 나오는 가지처럼 보입니다. 그리고 우리는 "나는 포도나무요 너희는 가지라…"라는 요한복음 15:5 말씀을 기억합니다.

그리스도와의 연합은 우리와 그리스도의 죽으심과 장사됨과 부활의 동일시를 통하여 이루어졌습니다.

이 등잔대는 어떻게 만들어졌습니까? 그 일은 그냥 던져주었어도 비교적 쉬었을 것입니다. 하지만 하나님께서는 모세에게 어떻게 만들어야 할지를 분명하게 일러주셨습니다.

그것은 망치로 다듬어져야 합니다. 이른바 "통째로 두드려서 만드는 작업"[5)]입니다. 귀금속을 두드리는bruise 장인을 볼 때, 우리는 그리스도께서 우리의 죄악으로 인해 상하셨다고be bruised 말하는 이사야 53:5을 떠올립니다. 등잔대 가지들은 오직 이러한 상함bruising을 통해서만 존재할 수 있습니다. 그러므로 우리의 영적 죽음과 하나님 아들의 동일시에 의해서만, 즉 하나님의 아들이 우리의 죗값을 치르심으로 말미암아 그리스도와 전적으로 하나가 될 수 있었습니다.

우리가 아버지 앞에 하나님의 아들로 그리스도의 자리를 차지할 수 있

5) 여러 부분을 따로따로 만들어서 붙이는 것이 아니라, 통째로 두드려서 만드는 작업을 일컫는다. (역자 주)

는 것은, 그분께서 우리를 대신해서 우리가 받을 심판을 받고 상하셨기 때문입니다.

부활을 계시하다

부활하신 그리스도와 우리 사이의 동일시를 묘사할 만한 것이 등잔대에 있습니까? 물론 우리는 있다고 믿습니다.

등잔대는 열매 맺는 꽃송이 모양으로 꾸며졌습니다. 이제 하나님께서는 무슨 열매를 고르실까요?

우리는 하나님께서 넓은 들에 있는 여러 나무 가운데 살구(아몬드) 나무를 택하신 것을 발견합니다. 민수기 17장에서 우리는 아론의 지팡이를 봅니다. 아론의 지팡이는 다른 열한 개의 지팡이와 함께 밤새도록 주님 앞에 놓여있었습니다. 아침에 아론의 지팡이에서 싹이 나고, 꽃이 활짝 피더니, 살구(아몬드) 열매를 맺었습니다.

우리는 그리스도와의 연합으로 인해 열매를 맺는 가지입니다. 아론의 지팡이처럼, 살아계신 분인 그리스도께서는 우리의 죗값을 치르기까지 고난을 받고 죽음으로 잘려지셨습니다. 그리스도께서는 잠든 자 가운데 첫 열매가 되기 위해 일어나셨습니다. 그리스도께서 살아 나셨을 때, 우리도 그분과 함께 살아났습니다.

큰 관을 두드려서 아주 높은 가지 모양으로 만드는 작업은 분명히 매우 힘들었을 것입니다.

왜 줄기와 가지를 따로 따로 만들지 않았을까요? 그렇게 했다면 훨씬 더 쉬웠을 텐데요. 가지를 줄기에 땜질하여 붙일 수도 있었지만, 그렇게 하지 않았습니다. 그랬다면, 그것은 그리스도와 그분의 성도들 사이에 존재하는 연합, 곧 인위적인 연결이 아닌 실제적인vital 연합의 참된 모형이 아니었을 것입니다.

그러므로 금 한 덩어리를 가지고 등잔대 전체를 망치로 다듬어 만들었습니다. "순금을 통째로 두드려서 만드는 작업"에서 금은 신성Deity의 상징입니다. 우리는 제단과 대야가 놋으로 만들어졌음을 보았습니다. 놋은 그리스도께서 우리의 죄의 대속물의 역할을 담당하셨을 때 그분에게 임한 심판을 가리킵니다. 하지만 이제 부활하신 그리스도께서는 신성의 충만함으로 일어나십니다. 그리고 우리도 그분과 함께 공동상속자로 살게 됩니다.

놋은 죄가 되신 그리스도를 나타냅니다. 금은 그분 안에서 하나님의 의가 되는 우리를 나타냅니다.

분향 제단

성소의 휘장 앞에는 금 분향 제단이 놓여있었습니다. "제단"이라는 용어는 도살장을 가리켰습니다. 그러나 어떤 제물도 여기에서 드리지 않습니다.

우리는 놋제단과 놋대야가 그리스도와 우리의 영적 죽음의 동일시를 드러냈다는 사실과 금 진설병 상과 금 등잔대가 부활하신 그리스도와 우리의 동일시를 나타낸다는 사실을 보았습니다. 이제, 이 분향 제단은 그리스도께서 아버지께로 승천하신 것을 가리킵니다. 제단은 그리스도의 흘리신 보혈을 암시합니다. 그리스도께서 하늘에 있는 지성소로 들어가셔서, 우리를 위한 영원한 속량을 획득하신 것은 바로 그분 자신의 보혈에 의해서입니다.

제단을 만드는 재료는 다시금 그리스도에 대한 진리를 반복해서 나타냅니다.

금은 그리스도의 신성Deity을 선포합니다. 나무는 그리스도의 인성humanity을 나타냅니다. 이는 우리에게 하나님의 우편에 한 사람이 계시다는 영광스러운 사실을 보여줍니다(딤전 2:5).

이는 그리스도가 인간으로서 하늘에서 우리를 위해 중보하고 주장하고 계신다는 진리를 우리에게 떠올려줍니다.

언약궤

출애굽기 25:10-22을 읽어보십시오.

언약궤의 덮개가 곧 자비석이었습니다. 덮개 양쪽 끝에는 활짝 편 날개로 자비석을 덮고 있는 각각의 그룹이 있었습니다.

우리는 로마서 3:24-25(KJV)에서 "그리스도 예수…하나님께서…그를 화목제물로 세우셨으니…"라는 대목을 읽습니다. 칠십인역에서 "화목제물propitiation"이라고 표현된 단어는 "자비석"입니다. 따라서 우리는 그 부분을 "하나님께서…그를 자비석이 되도록 세우셨으니 Whom God set forth to be a Mercy Seat"라고 읽을 수도 있습니다.

우리는 이렇게 자문할 수 있을 것입니다. "거룩하시고, 죄를 싫어하는 하나님의 보좌가 어떻게 심판의 보좌가 아니라 자비석이 될 수 있단 말인가?"

레위기 16장은 대 속죄일의 기사를 전해줍니다. 그날에는 주님 앞에 염소 두 마리를 데려왔습니다. 그리고 제비뽑기가 이루어졌습니다. 두 마리 중 한 마리는 속죄염소scapegoat였습니다. 아론이 속죄염소에다 회중들의 죄를 고백한 다음, 사람이 살지 않는 곳인 광야로 보내어 절대로 돌아오지 못하게 했습니다.

그러나 지금 우리의 특별한 관심은 다른 염소입니다. 그 염소는 "주를 위한 염소"로 알려졌습니다. 속죄 염소는 그리스도의 대속을 가리킨 반면에, 이 염소는 속죄 제물을 가리켰습니다. 하나님께서는 갈보리 십자가에 달리신 그리스도가 하신 일을 근거로 정죄 받은 인류를 자비롭게 처리할 수 있으십니다.

그리스도께서는 하나님과 영적으로 죽은 인간이 만날 수 있는 자비석이 되도록 세워졌습니다. 우리는 속죄 제물인 주님을 위한 염소로 인해 무엇이 이루어졌는지를 볼 것입니다. 그 염소를 죽인 다음, 대제사장이 염소의 피를 지성소로 가져가서 일곱 번 자비석 위에 뿌렸습니다. 우리는 죽은 염소를 진영 밖에서 태우는 것을 볼 때, 우리를 대신하여 하나님의 심판 아래 죽으신 주 예수님의 모형을 봅니다. 그러나 우리는 예수님이 죽은 자로부터 일어나셔서 자신의 피를 가지고 하늘(하늘의 지성소)로 들어가신 것을 볼 때, 염소의 피를 가지고 지성소로 들어가는 제사장이 무엇을 나타내는 모형인지 그 답을 얻습니다.

두 그룹이 자비석에서 취하고 있는 자세는 매우 암시적입니다. 우리가 하나님의 말씀에서 그룹을 처음으로 만나는 대목은 우리의 첫 조상들이 에덴동산에서 쫓겨났던 것과 관련되어 있습니다. 거기에서 그룹은 불타는 검과 관련되어 등장합니다. 하지만 자비석에 있는 그룹의 모습에는 어떤 검도 없습니다. "가까이 오지 못한다."라고 말하는 부분도 전혀 없습니다.

그런 다음, 우리는 그룹들의 시선이 대제사장들에 의해 그곳에 뿌려진 핏자국의 의미를 캐내고 싶어 하는 듯 자비석을 향해 있는 것을 봅니다. 핏자국은 이스라엘 가운데 있는 하나님의 보좌가 어떻게 심판의 보좌가 아니라 자비석이 되었는지를 우리에게 알려줍니다. 그 보좌에 앉으신 하나님께서는 그 피에서, 그분과의 동등 됨을 반드시 고수해야 할 것으로 여기지 않으신 분이 흘리실 피의 모형, 곧 죽음을 통해 공의의 모든 요구를 만족시킬 분이 흘리실 피의 모형을 보셨습니다.

그 피 때문에 하나님께서는 이스라엘의 대제사장을 통하여 이스라엘 백성을 만나셨고, 심판받아 마땅한 그들에게 자비를 베풀 수 있으셨습니다.

우리에게 가장 큰 도움이 되는 것은 율법을 두는 곳에 주목하는 것입니다. "속죄소를 궤 위에 얹고 내가 네게 줄 증거판을 궤 속에 넣으라" (출 25:21) 영적으로 죽은 인간은 도저히 지킬 수 없고 오히려 정죄만 있을 수 있는 율법 위에는, 하나님께 그분의 아들의 의로운 일을 생각나게 하는 핏자국이 있었습니다.

13과 내용 확인 문제

1. 어떻게 문이 그리스도를 나타냅니까?

2. 성막의 기구에 대한 일반계획은 그리스도 안에 있는 우리의 속량의 어떤 놀라운 특징을 나타냅니까?

3. 놋제단과 놋대야는 무엇을 의미합니까?

4. 어떻게 진설병 상이 그리스도의 몸을 나타냅니까?

5. 어떻게 금 등잔대가 그리스도의 고난을 계시하는지를 말해보십시오.

6. 어떻게 금 등잔대가 부활하신 그리스도와 우리의 동일시를 보여주었습니까?

7. 자비석은 언약궤의 어떤 부분이었습니까?

8. 왜 이스라엘에게 하나님의 보좌가 심판의 보좌가 아닌 자비석이 될 수 있었습니까?

9. 그룹이 취하는 자세가 암시하는 바는 무엇이었습니까?

10. 왜 율법이 언약궤 안에 들어있었습니까?

14과

제사장

THE PRIESTHOOD

성막과 성막 기구와 제사장과 다양한 사역들은 서로 연결되어 있어서, 우리는 편의상 각 부분을 따로따로 살펴보지만, 모두 하나의 주제를 이룹니다. 성막은 기구 없이는 무용지물이 되었을 것입니다. 그리고 성막과 기구들이 있더라도, 성소 안에서 거룩한 기구를 다루는 여러 활동에 계속 참여하는 살아있는 제사장 가문이 없다면, 어떤 예배도 이루어지지 않았을 것입니다. 그들은 중재자로서 활동했습니다.

히브리서 8장은 율법대로 제물을 드렸던 제사장들이 하늘에 있는 것의 모형과 그림자를 섬긴다는 사실을 우리에게 알려줍니다.

출애굽기 28:1은 하나님께서 제사장 가문에 관해 모세에게 하신 지시를 우리에게 전해줍니다. 율법 아래서 모세와 그의 아들들은 그리스도께서 머리가 되신 제사장 직무에 전혀 참여하지 못합니다.

(1) 모세는 중재자 직무뿐 아니라 그의 리더십 또는 왕권으로 인해, 아

론과 그의 아들들에게만 국한된 제사장직과는 구별되었습니다. 이 영예로운 지위들은 여러 다른 사람들에게 나누어 부여되었습니다. 반면 부활하신 주 예수님께서는 그분 안에 주님, 중재자, 사도, 보증surety, 대장, 목자로서 다양한 직무와 지위를 결합하셨다고 히브리서는 지적합니다.

⑵ 다음의 출애굽기 구절은 주목할 만합니다. "너는 이스라엘 자손 중 네 형 아론과 그의 아들들…그와 함께…나를 섬기는 제사장 직분을 행하게 하되"(출 28:1) 아론과 그의 아들들은 제사장 직무에서 각자의 사역만 담당했기에, 아론은 세 아들이 함께 제사장 직분을 수행해야만 했습니다. 여기에 제사장 직무에 있어서 그리스도와 그분의 집의 연합이 암시되어 있지 않습니까? 그리고 그분이 제사장 직무를 수행하는 위대한 목적이 그분의 집을 대표해서 하나님을 섬기는 것이 아닙니까?(히 3:1-7)

⑶ 율법 아래에 있는 대제사장은 자신의 약함을 의식했기 때문에, 무지한 자들과 길에서 벗어난 자들에 대한 긍휼함을 갖고 있었습니다. 자신이 죄인이라는 사실이 제사장직의 유일한 자격 요건이었습니다(히 5:1-5).

주 예수님께서는 그분의 인간생명으로 인해 제사장직을 맡기에 완벽하셨습니다. 그분은 모든 점에서 우리와 똑같이 시험(유혹)을 받으셨기 때문에 우리를 동정하실 수 있었지만, 죄는 없으셨습니다. 그분은 고난과 시험을 받으셨기 때문에, 시험받은 자들을 도우실 수 있습니다. 그분이 참아내야 했던 원수의 끔찍스런 속삭임은 그분의 혼을 거룩한 혐오감으로 채웠고, 사탄의 공격에 굴복한 우리를 동정하도록 그분을 가르쳤습니다(히 4:14-16).

⑷ 레위지파 출신의 제사장들은 맹세 없이 되었습니다. 따라서 그들 중 몇몇은 제사장직에서 잘려나갔습니다. 그 예가 나답과 아비후와 엘리 계열입니다.

주 예수님은 맹세로 제사장이 되셨습니다. "주께서 맹세하시고 뉘우치지 아니하시리니 네가 영원히 제사장이라 하셨도다"(히 7:21) 하나님의 말씀과 맹세의 불변함으로 인해 주 예수님께서는 더 나은 언약의 보증으로 세워졌습니다(히 7:20-25).

히브리서 7:11-17에 의하면, 아론은 육적인 계명의 율법을 따라서 제사장이 되었지만, 그리스도께서는 끝없는 생명의 능력, 곧 부활의 영광스러운 영원한 능력을 따라 대제사장이 되셨습니다. 죽음으로부터 부여되어 죽음에 대한 승리를 나타낸 생명이, 그분을 큰 대제사장the great High Priest으로 세웠습니다(히 4:14).

대제사장의 의복

이제 "그들이 지을 옷은 이러하니 곧 흉패와 에봇과 겉옷과 반포 속옷과 관과 띠라 그들이 네 형 아론과 그 아들들을 위하여 거룩한 옷을 지어 아론이 내게 제사장 직분을 행하게 하라."라는 출애굽기 28:4로부터 시작해봅시다. 이것(흉배와 에봇과 겉옷과 반포 속옷과 관과 띠) 없이 아론은 대제사장이 될 수 없었습니다. 이것은 그 직무와 연결된 다양한 능력과 책임과 속성을 나타냅니다.

제사장 의복은 성막 일의 일부로 간주되었습니다.

대제사장의 겉옷은 대제사장의 기능과 속성을 나타냅니다.

재료를 열거하자면, 금과 정교하게 짠 세마포입니다. 다른 재료로는 정교하게 짠 세마포 위에 문장紋章을 새기는 데 쓰는 청색과 자주색과 주홍색 실인데, 곳곳에 금실과 함께 짰습니다.

이렇게 이루어진 식양은 출애굽기 39:3에 묘사되어 있습니다. "금을 얇게 쳐서 오려서 실을 만들어 청색 자색 홍색 실과 가는 베 실에 섞어 정교하게 짜고"

색깔들은 인간의 다양한 국면을 나타냅니다. 금은 그리스도의 신성을 나타냅니다. 각각의 색깔은 분리할 수 없이 연결되어 있지만, 서로 구별됩니다.

그리스도의 생명은 인성과 신성의 진귀하고 아름다운 연합이었습니다. 하지만 그리스도의 인성과 신성 사이에는 신비로운 구별이 있었습니다. 그리스도께서는 인간적 가능성의 영역에서 신성의 영역으로 완전히 쉽게 건너가셨습니다. 그리스도께서는 두 영역 어디에서도 편안해 하셨습니다. 나사로의 무덤에서 그리스도께서는 완전한 인간이자, 완전한 하나님으로 나타나십니다.

대제사장의 겉옷인 에봇은 어깨 부분과 흉배가 분리할 수 없이 연결되어 있었습니다.

어깨의 힘과 심령의 정서는 그리스도께서 대표하신 사람들의 이익에 바쳐진 것이었습니다. 우리의 큰 대제사장이신 그리스도의 전능한 힘과 무한한 사랑은 지속적이고 의문의 여지없이 우리 것입니다.

우주를 지탱하는 어깨는 그리스도의 몸 가운데 가장 약한 지체를 받쳐줍니다. 제사장직은 이스라엘을 하나님의 임재 안으로 데려와서 그곳에 머물게 하는 하나님의 예비하심이었습니다. 이는 영적으로 죽은 이스라엘 백성이 하나님께 다가갈 수 있도록 하신 하나님의 예비하심이었습니다.

출애굽기 28:15-29과 39:8-21에는 흉배에 박혀있는 보석 위에 열두지파의 이름이 새겨진 것에 대해 나옵니다.

보석이 갖는 두드러진 탁월함이란 빛이 강하면 강할수록 보석이 더 밝게 빛난다는 점입니다.

이 보석들은 하나님의 은혜로 배열된 위치에서 그 광채와 아름다움이 전혀 소멸되거나 변질되지 않은 채로 하나님의 임재 가운데 유지되었습니다.

이스라엘의 실패가 무엇이었든지 간에, 그들의 이름은 하나님 앞에서 빛났습니다. 여호와께서는 누구도 뽑아낼 수 없는 곳에 그 보석들을 배치하셨습니다. 누구도 성소로 들어가서 그 보석의 광채를 흐리게 할 수 없었습니다.

각 지파는 나름의 위치와 보석을 지녔습니다. 각 보석은 나름의 독특한 영광과 아름다움을 지녔습니다. 각각은 비교대상 없이 서로 달랐습니다. 각자는 하나님 앞에서 그 지정된 위치를 차지했습니다.

하나님께서는 우열의 차등이 없이도 다양성을 창출할 수 있으셨습니다.

그리하여 그리스도의 몸을 구성하는 것은 개인들입니다. 그래서 각 지체는 서로를 방해하지 않는 독특한 영광과 아름다움으로 그리스도를 나타냅니다. 각 지체는 그리스도의 몸에서 그리스도를 높이는 자신의 자리, 곧 다른 지체에게는 속하지 않는 각자만의 책임이 있습니다.

아버지께서 보시기에, 그리스도의 몸은 광채 곧 의로 빛납니다. 인간은 볼 수 없지만, 하나님께서는 그리스도 안에 있는 우리, 곧 그분의 의와 아름다움 안에 있는 우리를 보실 수 있으십니다.

양의 큰 목자the Great Shepherd는 마침내 아버지 앞에 양떼 중 가장 약한 자를 흠이나 결점 없이 드릴 때까지 자신의 어깨와 가슴에 품고 가는 일을 멈추지 않으실 것입니다. 부활의 아침이 올 때, 속량 받은 모든 이들이 그리스도처럼 될 것이며, 지금 주님께서 하나님 앞에 계신 큰 대제사장으로 높여진 것과 똑같은 영광과 아름다움으로 나타날 것입니다.

기념

"그 두 보석을 에봇의 두 어깨받이에 붙여 이스라엘 아들들의 기념 보석을 삼되 아론이 여호와 앞에서 그들의 이름을 그 두 어깨에 메워서 기념이 되게 할지며"(출 28:12)

이스라엘 백성에게 특별히 "기념"이라는 말이 붙어있는 절기가 있습니다. 그것은 유월절입니다. "너희는 이 날을 기념하여 여호와의 절기를 삼아 영원한 규례로 대대로 지킬지니라"(출 12:14, 13:9)

그러므로 이스라엘 백성에게는 여호와를 지속적으로 기념하는 이유가 두 가지 있었습니다. 하나는 그들이 유월절 어린 양의 피로 말미암아 이집트의 속박으로부터 해방된 것이요, 다른 하나는 그들이 대제사장의 어깨 위 곧 주님 앞에서 빛나는 보석의 광채와 영광 안으로 받아들여졌다는 사실입니다.

하나님의 자녀인 우리에게는 기념할 것이 두 가지 있습니다. 우리가 어린 양의 피를 통해 어둠의 왕국에서 완전히 속량된 것(골 1:13)과 우리가 하나님의 임재 가운데 모든 영광과 의로 지지 받으며 그분의 자녀로 그분 앞에 서는 것(유 1:24)입니다.

아론이 이스라엘을 하나님 앞에 받아들여진 자로 설 수 있게 한 사랑과 완전하심을 여호와께 상기시켜드리지 않고는 성소에 들어갈 수 없었듯이, 우리도 우리를 하나님 앞으로 데려가시는 분인 우리의 큰 대제사장을 힘입어 하나님 앞에서 계속 기념합니다. 그리스도는 우리의 지혜요, 우리의 의요, 우리의 거룩함이시고, 우리의 속량이십니다.

우림과 둠밈

출애굽기 28:30을 읽으십시오.

흉배는 에봇과 같은 재료로 만들어졌습니다. 그래서 흉배는 우림과 둠밈을 넣는 주머니를 갖추게끔 두 겹으로 되었습니다. 우림과 둠밈은 중요한 이름을 담고 있는 보석들로서, 현재는 누구도 알지 못합니다.

우림은 "빛"을, 둠밈은 "완전함"을 의미합니다. 흉배에 있던 이 신비로운 물건은 우리의 생각이 모든 빛과 완전함, 모든 은혜와 진리, 모든 자비와 의를 담고 있는 주 예수님의 심령heart을 향하라고 지시하는 것 같습니다.

우리는 에베소서 5:13에서 "…모든 것은 빛으로 말미암아 드러나나니"라는 말씀을 듣습니다. 흉배에 우림과 둠밈을 지닌 대제사장은 하나님께서 그분의 상담(조언)을 알리시던 통로가 되었습니다. 주 예수님께서는 하나님의 상담과 목적을 알게 하십니다. 주 예수님은 빛이시기에, 그분 안에는 어둠이 전혀 없으며, 그분을 통하여 하나님의 뜻이 우리에게 알려집니다.

금방울과 석류

출애굽기 28:33-35을 읽어보십시오.

겉옷 가장자리를 돌아가며 세 가지 색 곧 청색 실과 자주색 실과 주홍색 실로 석류를 답니다. 그리고 석류와 순금방울을 서로 번갈아 답니다. 이 하늘의 겉옷을 단장하는 것은 땅에서 거두어들인 열매들뿐입니다. 따라서 대제사장은 지성소에 들어가서 자신이 땅에서 왔음을 선포했으며, 그의 이 땅의 삶을 선포했습니다. 석류는 특별히 거룩한 땅의 열매로 언급됩니다.

석류 사이사이에 금방울이 달려있었습니다. 금방울이 내는 소리는 풍성하고, 즙이 많은 열매와 관련되어 있었습니다. 그래서 대제사장이 지성소로 다가갈 때, 그의 걸음은 하늘의 멜로디를 발하며, 직접적인 영광의 임재에서 진영으로 돌아올 때 그의 물러나오는 걸음은 지상에 속하지 않는 소리를 냈습니다. 그 걸음은 그가 지성소에서 걷는 하늘의 걸음을 선포했습니다.

대제사장이 하나님께 다가갔을 때, 그가 비록 세속과 혼란의 소음 한복판에서 왔을지라도, 하나님께서는 그의 걸음이 내는 하늘의 소리를 들으셔야 합니다. 그의 걸음이 비록 죄에 쌓여있지만, 하나님께서는 풍성한 결실로 존중하시며, 세속적 야망과 영광과 번영과는 상관없는 것으로 여기심에 틀림없습니다. 또한, 하나님의 직접적인 임재에서 물러나는 그의 걸음도 동일한 진리를 말했습니다. 그는 일상으로 복귀하지 않을 수 없지만, 그의 걸음은 여전히 하늘에서 온 것으로 알려집니다.

미트레

출애굽기 28:36-38과 출애굽기 39:28을 읽어보십시오.

"미트레mitre"는 대제사장이 머리에 쓰는 관입니다. 미트레는 "말다roll" 또는 "둥글게 감다wind around"를 의미하는 동사로부터 파생한 용어로, 아마도 대제사장의 머리를 둥글게 감싼 것을 암시한 것 같습니다.

대제사장의 머리를 덮고 있는 미트레는 대제사장이 하나님께 복종하고 있음을 나타내는 모형으로서, 대제사장이 항상 하나님의 임재 가운데 서 있어야 함을 보여줍니다.

대제사장은 자신의 영광스러운 부름에서 절대로 시선을 떼어서는 안 되었고, 오히려 그의 삶은 하나님의 뜻을 성취할 준비를 갖추고 성막에서 보내야 했습니다.

미트레를 만든 재료는 흰 세마포인데, 이는 다른 사람들을 대신하여 하나님의 임재 가운데 서 있는 자에게 나타나야 하는 의와 순수함의 상징입니다.

금패

출애굽기 28:36-38과 출애굽기 39:30-31을 읽어보십시오.

금패는 미트레 앞에 붙였는데, 미트레의 목적 자체가 주님 앞에 대제사장이 이 금패를 착용할 수 있도록 하는 것입니다.

이 금패에 깊이 새겨진 글자는 다음과 같습니다.

"여호와께 성결HOLINESS TO JEHOVAH"

이 금패 없이는 대제사장은 이스라엘을 대신하여 주님의 임재에 나타날 수 없었습니다.

이 작은 문장이 얼마나 풍성한 진리를 담고 있는지요. 홀로 그 칭호를 지니실 분을 얼마나 적절하게 나타내는지요. 그분은 참 대제사장이십니다.

이마는 목적과 의지와 마음mind이 드러나는 얼굴의 한 부분입니다.

'여호와께 성결'은 그리스도께서 지상사역 내내 그분의 마음을 지배한 목적이었습니다.

아론은 이마에 착용한 거룩한 관에 새겨진 '여호와께 성결'만을 나타낼 수 있을 뿐이었습니다. 아론은 이스라엘 백성을 대신하여 섰을 뿐입니다. 그리스도께서는 그분의 백성을 대신하여 서실 뿐 아니라, 그들이 그분의 생명 안에서 그분과 연합하기도 합니다.

● 14과의 내용 확인 문제

1. 왜 제사장이 필요했습니까?

2. 옛 언약의 대제사장과 새 언약의 대제사장이신 예수님 사이에 존재하는 유사점과 차이점을 최소 세 가지씩 제시해보십시오.

3. 제사장의 복장은 무엇의 모형이었습니까?

4. 히브리서 7:11-17을 설명해보십시오.

5. (a) 보석의 이름을 지닌 흉배의 의미를 말해보십시오.

   (b) 여기에서 그리스도의 몸에 대한 어떤 진리가 계시됩니까?

6. 이스라엘이 기념하는 두 가지는 무엇입니까?

7. 이스라엘의 기념과 상응해서 우리가 기념할 두 가지는 무엇입니까?

8. 우림과 둠밈을 설명해보십시오.

9. 금방울과 석류는 무엇을 가리킵니까?

10. 대제사장이 머리에 쓰는 미트레는 무엇을 가리킵니까?

15과

제물

OFFERING

제사장의 의복

출애굽기 39:27과 출애굽기 28:31-34을 읽어보십시오.

"겉옷"이라고 불리는 대제사장의 의복은 더 적절하게 말하면 튜닉tunic[6]이었습니다. 그것은 "덮다" 또는 "감추다"라는 동사로부터 파생하였습니다.

겉옷은 특히 무엇을 대표하는 성격을 띠었는데, 곧 주님 앞에 이스라엘의 이름을 간직하고 있었습니다.

겉옷의 가장자리를 돌아가며 달린 석류는 이스라엘 백성이 하나님께 열매 맺는 부분이라는 사실과 관련이 있었습니다.

---

6) 고대 그리스나 로마인들이 입던, 소매가 없고 무릎까지 내려오는 헐렁한 웃옷. (편집자 주)

겉옷 안에 받쳐 입은 속옷은 이스라엘 백성들과는 아무 연관이 없었습니다. 그것은 대제사장의 개인 옷이었습니다. 이는 대제사장 자신을 위한 속죄atonement였습니다.

정교하게 짠 흰 세마포로 된 겉옷은 대제사장을 덮었던 의의 모형이었습니다.

띠

출애굽기 28:4과 39:5을 읽어보십시오.

띠의 목적은 섬기기 위해 허리를 보강하는 것이었습니다. 그리스도께서는 지상사역 내내 인간과 지옥의 모든 세력들이 흔들어댈 수 없는 아버지의 뜻을 행하려는 열정으로 자신을 붙들어 매셨습니다.

제물들

제물에는 구별된 두 가지 유형이 있습니다. 한 유형은 대 속죄일과 관계된 제물을 포함하고 있습니다(레 16장).

다른 유형은 레위기 1-4장에서 제시된 다섯 가지 제물 중 처음 세 가지를 포함하며, 나머지 두 가지는 깨어진 교제를 위한 것이었고(레 4-7장), 처음 세 가지 제물은 교제를 위한 것이었습니다.

우리는 창조의 이유가 교제를 향한 아버지 하나님의 심령의 부르짖음이었음을 보았습니다. 우리는 하나님과 인간을 분리시킨 영적 죽음이 인간의 영 안에 들어온 것을 보았습니다.

이제 우리는 아버지 하나님께서 이스라엘 백성 가운데 사시기 위해 영적으로 죽은 이스라엘 백성에게 성막을 세우라고 요구하신 장면에서, 교제에 대한 그분의 갈망이 다시 드러난 것을 봅니다. 아버지 하나님께서는 아론의 제사장직과 제물을 통하여 이스라엘 백성이 자신에게 다가올 수 있는 길을 마련하셨습니다.

다섯 가지 제물 가운데 처음 세 가지는 예배 또는 교제의 제물이고, 나머지 두 가지는 깨어진 교제를 위한 제물이었습니다. 우리는 각각 경우에서 그 목적이 교제였음을 보았습니다. (뒤의 도표를 참조하십시오.)

번제물

레위기 1장을 읽어보십시오.

번제물에 관한 율법은 레위기 6:8-13에 나와 있습니다. 번제물은 순전히 교제의 제물이었습니다. 사랑의 제물이었습니다. 개인의 자유의지로 드리는 제물이었습니다.

번제물은 회막문에서 드려야 했습니다. 드리는 당사자가 제물의 머리에 안수했습니다. 이로 인해 드리는 당사자와 그를 속죄해줄 제물의 동일시가 이루어졌습니다(레 1:3-4).

영적으로 죽은 이스라엘 백성은 먼저 자신을 위해 덮지 않고는 하나님과 교제할 수 없었습니다.

레위기 1:5-9을 읽으십시오. 사람이 제물을 가져와서 죽인 다음, 그것의 각을 뜹니다. 제사장들은 놋제단 주위에 피를 뿌렸습니다. 그(제물을 가져온 사람)는 대 속죄일이라는 근거에서 이 일을 할 수 있습니다.

이 일에는 대제사장은 참여하지 않고, 오직 제사장들만이 참여합니다. 제물의 내장과 발을 씻습니다. 발은 저주받은 땅에 닿았으며, 내장은 저주받은 땅의 열매로 채워졌기 때문입니다.

제물에 삼중 판단이 내려졌습니다. 처음에는 지명된 사람이 제물에 흠이 있는지의 여부를 검사했습니다. 그 다음에는 제사장이 검사했고, 마지막으로 하나님께서 검사하셨습니다. 그런 면에서 이 제물은 그리스도의 모형입니다.

그리스도께서는 율법으로 검사받으셨고, 흠이 없다는 판결을 받으셨습니다. 그리스도께서는 자신을 드리신 제사장직에 의해 검사를 받으셨고, 흠이 없다는 판결을 받으셨습니다.

그들은 그리스도에게서 어떤 잘못도 찾을 수 없었습니다.

그들은 허위로 고발해야 했습니다.

또한 하나님께서는 그리스도에게서 어떤 잘못도 찾지 못하셨습니다. 하나님께서는 몇 차례나 하늘로부터 "이는 내가 매우 기뻐하는 나의 사랑하는 아들이다."라고 외치셨습니다.

예수님께서도 그 자신에게서 잘못을 전혀 찾지 못하셨습니다. 예수님께서는 "이후에는 내가 너희와 말을 많이 하지 아니하리니 이 세상의 임금이 오겠음이라 그러나 그는 내게 관계할 것이 없으니"(요 14:30)라고 말씀하셨습니다. 예수님께서는 "너희 중에 누가 나를 죄로 책잡겠느냐?"(요 8:46)라고 말씀하기도 하셨습니다.

이상의 성경구절들은 하나님과 사람들의 눈만이 아니라 예수님의 눈에도 그분이 죄가 없으셨음을 보여줍니다.

레위기 1:9을 읽어보십시오. 여호와께 향기로운 냄새를 올려드리기 위해 제물을 제단에서 태웠습니다. 이는 하나님과 인간 사이의 향기로운 냄새의 교제였습니다.

에베소서 5:2은 그리스도의 희생이 하나님 앞에 향기로운 냄새였다고 우리에게 말씀합니다. 그리스도의 희생이 인간에게 의를 회복하여, 그를 하나님께로 다시 데려갔기 때문입니다. 이로 인해 하나님과 인간 사이의 교제가 가능해졌습니다.

이사야 53:10은 "여호와께서 그에게 상함을 받게 하시기를 원하사"라고 말씀합니다. 하나님께서 보시기에 인간은 아주 보배로운 존재이므로, 인간들이 아들 됨의 권리를 다시 얻게 하기 위하여 하나님의 아들이신 예수님께서 고난받으시는 일을 하나님께서는 기뻐하셨습니다.

소제물(음식제물)

레위기 2장을 읽어보십시오.

이 제물은 자유의지로 드리는 제물로, 언약의 하나님을 향한 사랑의 표현이기도 했습니다. 예배드리는 자는 한 통의 고운 곡식가루를 가져와야 합니다. 거칠고 보기 흉한 모든 것은 제거됩니다. 고운 가루는 그리스도와 그분의 몸인 교회의 완전한 인성에 대한 아름다운 모형입니다.

기름이 그 위에 부어졌습니다. 이는 성령께서 그리스도와 교회에 기름 부으시는 것의 모형입니다. 가루는 기름에 푹 젖었습니다. 하나님께서는 성령을 한량없이 주십니다.

유향이 그 위에 부어졌습니다. 그러면 예배하는 자가 소제물을 제사장에게 가져갔습니다(여기에는 대제사장이 보이지 않습니다). 제사장은 모든 유향과 더불어 곡식가루 한 움큼을 취하여서 제단에서 태웠습니다. 이는 불로 소제물을 태워서 여호와께 향기로운 냄새로 드리는 것이었습니다. 유향은 예배를 나타냅니다. 따라서 전체가 여호와께 드리는 몫으로 태워졌습니다. 하나님께서는 전부, 즉 예배와 사랑과 경배를 받으셨습니다.

소제물은 누가복음에 나온 그리스도의 모형입니다. 우리는 누가복음에서 예수님의 아름다운 인성을 봅니다. 성육신이란 기름과 섞인 고운 곡식가루입니다. 그리스도의 삶에는 많은 소금이 있습니다. 이는 그리스도의 모든 행적 속에 나타난 놀라운 지혜를 뜻합니다. 인간 안에 있는 자기방종의 모형인 꿀이 전혀 들어있지 않습니다. 조금의 누룩 곧 단 하나의 거짓된 말도 하신 적이 없으셨습니다. 그리스도께서는 사람들의 무지에 호응한 적이 없으셨습니다. 그리스도께서는 항상 하나님의 참된 대변인이십니다.

그리스도께서는 모든 유향을 아버지께 드리셨습니다. 아버지께서는 모든 영광을 받으셨습니다. 유향에서 향기를 끌어내기 위해서는 불이 필요했습니다.

예수님께서는 향기와 아름다움을 드러내기 위해 십자가가 필요했습니다.

남은 것은 성소에서 제사장이 먹어야 했습니다.

이 식사는 우리가 말씀을 먹는 것의 모형입니다.

화목제물에 관한 율법

레위기 3장 및 7:11-36을 읽어보십시오.

화목제물에서 우리는 하나님께서 인간과 교제하기 위해 마련하신 은혜로운 예비하심을 봅니다. 화목제물은 교제의 다른 모형입니다.

소제물에서 하나님께서는 그분의 몫을 가지셨고, 제사장과 그의 가족도 그들의 몫을 가졌습니다. 화목제물에서 예배하는 자 역시 자신의 몫이 있습니다. 제물로 드려지는 짐승 가운데 여호와의 몫은 기름 전부입니다.

제사장과 그의 가족과 예배하는 자와 그의 가족 역시 그들의 몫이 있었습니다.

우리는 여기에서 교제의 모형을 얻습니다. 여호와께서 그분의 몫을 받으시는 동안, 바깥뜰에서는 제사장과 그의 가족과 예배하는 자와 그의 가족이 먹습니다. 먹는 것은 더 높은 질서에 속한 교제의 모형입니다.

우리는 원수 앞에서 음식을 먹고 즐길 수 없습니다.

요한계시록 3:20은 "볼지어다 내가 문 밖에 서서 두드리노니 누구든지 내 음성을 듣고 문을 열면 내가 그에게로 들어가 그와 더불어 먹고 그는 나와 더불어 먹으리라"라고 말씀합니다. 이 구절에서 "먹는다"라는 말은 아버지와 그리스도께서 인간을 처소로 삼으시듯이, 인간과 함께 한 그리스도와 아버지 사이의 교제를 보여주는 모형으로서 쓰입니다.

이스라엘의 예배는 신체감각의 수준에서 이루어져야 했습니다. 그들의 교제 역시 똑같은 수준에서 이루어져야 했습니다. 이스라엘은 자신의 언약의 하나님께 감사를 표현하고자 했을 때만 교제를 누릴 수 있었습니다.

감사하지 않는 자들은 아마 자유의지로 드리는 제물을 가져오지 않았을 것입니다.

우리는 언약의 하나님께서 폭군이 아니신 것을 압니다. 하나님께서는 이스라엘에게 언약의 율법을 주시기 전에, 먼저 이스라엘을 이집트에서 해방시키고 3개월간의 여정 가운데 그들을 돌보셔서 언약에 대해 신실하셨음을 모세 앞에서 회고하십니다. 하나님께서는 이스라엘이 언약백성으로서 그분과 동행할지 안 할지를 선택하게 하셨습니다(출 19:3-9).

출애굽기 24:1-8을 읽어보십시오. 언약의 율법이 실제로 효력이 발생되기 전에, 먼저 이스라엘 백성들이 그것을 승인하고 받아들였습니다. 하나님께서는 모세에게 구두로 율법을 주셨고, 모세가 그 율법을 이스라엘 백성에게 전달하자, 이스라엘 백성들은 "여호와의 모든 말씀을 우리가 준행하리이다"(출 24:7)라고 말했습니다.

성막을 짓는 데 그러했습니다. 자원하는 심령으로 제물을 드리는 데 그러했습니다.

교제의 제물처럼 화목제물도 하나님께 자원하여 예배하는 자들에게서 나와야 했습니다.

화목제물에서 교제는 하나님과 제사장과 인간 사이의 삼중 교제였습니다. 이는 오늘날 우리 교제의 모형입니다.

우리는 아버지와 그분의 아들 예수님과 교제합니다(요일 1:3).

우리는 우리끼리도 서로 교제합니다.

속죄제물과 속건제물

레위기 4-5장을 읽어보십시오.

속죄제물과 속건제물의 목적은 교제를 유지시키는 것이었습니다.

속죄제물은 기름부음을 받은 제사장, 부족장 또는 일반 백성 중 누구든지 여호와께 죄를 지었을 때, 드리는 제물이었습니다.

레위기 6:1-2은 맡긴 물건이나 저당이나 장물에 대해 이웃을 속이거나 잃어버린 재산이나 거짓된 맹세와 관련해서 자신의 이웃을 이용하는 것에 대해 말씀합니다.

속건제는 자신의 이웃에 대해 죄를 지었을 때 드리는 제물이었습니다.

우리가 이미 언급했듯이, 일 년에 한 번씩 행해진 속죄Atonement 안에 놓인 기초로 인해 이 다섯 가지 교제의 제물이 받아들여질 수 있었습니다.

레위기 5-6장을 읽어보십시오.

나답과 아비후의 죄

레위기 10장을 읽어보십시오.

이스라엘이 영적으로 죽었으므로 속죄가 필요했다는 사실이 레위기 10:1에서 드러납니다. "아론의 아들들인 나답과 아비후가 각자 자기의 향로를 가져다가 그 안에 불을 담고, 그 위에 향을 담아 주께서 그들에게 명령하지 않으신 다른 불을 주 앞에 드렸더니"

언약의 하나님께서는 그분의 백성과의 교제를 갈망하셨지만, 그분의 백성은 영적으로 죽은 상태로 인해 그분께서 지정하신 방식을 통해서만 그분께 다가갈 수 있었습니다. 영적으로 죽은 인간은 중재자가 필요했습니다.

하나님의 축복이 이스라엘 백성 위에 강력하게 임하였습니다. 제사장이 봉헌된 뒤, 주의 영광이 이스라엘 백성에게 나타났습니다(레 8-9장).

이제 아론의 가문에 비극이 닥칩니다. 아론의 두 아들이 주제넘게 감히 자기 방식대로 하나님께 다가가려다가(레 10:1), 그들을 삼키는 불에 죽게 됩니다(레 10:2).

이스라엘은 그들의 방식으로는 하나님께 다가갈 수 없음을 배웁니다.

● 15과의 내용 확인 문제

1. 겉옷은 대제사장이 속죄가 필요하다는 사실을 어떻게 드러냈습니까?

2. 어떤 면에서 허리띠가 그리스도의 모형이었습니까?

3. 제물에 대한 두 가지 구별된 유형은 무엇이었습니까?

4. 다섯 가지 교제의 제물들을 열거해보십시오.

5. 어떻게 해서 번제물에 대한 삼중 판단이 그리스도의 모형이었습니까?

6. 소제물은 그리스도를 어떻게 나타냈습니까?

7. 화목제물은 교제의 수단을 어떻게 제공했습니까?

8. 속죄제물의 목적은 무엇이었습니까?

9. 속건제물의 목적은 무엇이었습니까?

10. 나답과 아비후의 죄는 무엇이었습니까?

레위기에 나타난 다섯 가지 제사의 도표

명칭	번제	소제	화목제	속죄제	속건제
의미	가장 높은 질서에 속한 교제	여호와 하나님과 인간 사이의 교제	그리스도의 모형인 희생 위에서 잔치를 벌이는 여호와와 제사장과 인간	깨어진 교제를 회복하기 위해서	깨어진 교제를 회복하기 위해서
드리는 제물	수송아지, 숫양, 숫염소, 호도애, 어린 비둘기	고운 곡식 가루, 기름, 향유, 소금, 누룩은 없음	암수 양	제사장들에게는 수송아지; 부족장에게는 숫염소; 백성에게는 어린양, 새 또는 고운 곡식가루	흠 없는 숫양
드려지는 곳	회막문	아론의 아들들에게	회막문	회막문	여호와께 제사장에게
누가 드리는가?	누구든지	누구든지	누구든지	여호와께 죄를 지은 자	사람에게 죄를 지은 자
구체적으로 가리키는 모형	아버지를 기쁘시게 하는 아들이신 그리스도의 모형	누가복음에서 묘사된 그리스도의 모형	특권을 누리는 믿는 자의 모형	우리의 변호자이신 예수님의 모형	우리의 변호자이신 예수님의 모형
성경에서 제시된 곳	노아 – 창세기 8:20	야곱과 에서– 창세기 32:13	야곱 – 창세기 31:54	히스기야 – 역대기하 29:21–24	팔레스타인– 사무엘상 6:4

16과

대 속죄일

THE GREAT DAY OF ATONEMENT

레위기 16장은 대 속죄일에 대한 지침을 우리에게 알려줍니다.

대 속죄일은 대속Substitution하신 그리스도에 대한 모형입니다. 레위기 16장을 아주 신중하게 읽어보십시오.

대 속죄일의 가장 중요한 행동 중 하나는 대제사장이 지성소로 들어가는 일이었습니다.

속죄 제물로 수송아지를 죽였습니다. 대제사장은 대야에 한 통의 피를 담아갑니다. 대제사장은 자기 몸을 씻고, 흰 세마포를 입습니다. 대제사장은 피를 한 번 더 취한 다음 성소로 가져갑니다. 그곳에서 그는 살아 있는 숯불이 담긴 향로를 취해서, 거기에다 한 움큼의 달콤한 향을 넣습니다. 타는 향에서 나는 연기가 성소를 가득 채웁니다. 이제 그는 지성소를 감추고 있는 무거운 휘장을 밀고, 향 연기로 감싼 채 들어가 자비석 위에 피를 뿌립니다.

속죄라는 말은 "덮다"라는 뜻입니다. 대제사장은 자신이 가져온 피로 속죄할 수 있을 때까지 향 연기의 덮개 아래 있었습니다. 이 제사는 영적으로 죽은 이스라엘을 덮어주기 위해 일 년에 한 번 이루어졌습니다.

대제사장은 지성소를 떠난 다음, 한 젊은이가 준비하고 있는 속죄염소에게로 갑니다. 아론(대제사장)은 살아있는 염소의 머리에 양손을 얹고 이스라엘 자손의 모든 죄를 고백합니다.

대제사장은 들짐승에 의해 죽임을 당하도록 광야로 보내질 살아있는 염소의 머리 위에 모든 죄와 불법을 얹습니다. 이 대목에서 하나님께서 이스라엘이 어떤 존재이냐[7]와 이스라엘이 무엇을 하느냐[8]를 구분하신다는 사실에 주목하십시오.

속죄염소의 머리 위에 죄가 얹어졌습니다. 우리가 거듭날 때, 예수님께서는 우리에게서 죄의 본성을 제거하셨고, 우리의 죄들을 제거할 준비를 갖추셨습니다.

성소로 들어가서 해마다 속죄를 행하는 대제사장은 하늘의 지성소로 들어가셔서 영원한 속량을 이루신 그리스도의 모형입니다. 예수님께서는 영원히 죄를 위해 단 한 번 희생하셨지만, 대제사장은 일 년에 한 번씩 속죄했습니다(히 10:1-21).

7) 즉, 영적으로 죽은 자 - 영의 본성이 죄라는 의미, 흔히 원죄. (역자 주)
8) 즉, 영적 죽음의 결과인 죄들 - 본성이 드러나는 결과로서 죄들, 즉 잘못된 행동. (역자 주)

학생들에게 주는 유의사항

이 연구과정에서 우리가 다루는 주제는 속량입니다. 우리는 그리스도 안에서 우리가 받은 속량의 관점에서 성경을 공부하고 있습니다.

우리는 속량이 성육신을 요구한다는 사실을 보았습니다. 그러므로 하나님께서는 속량이 그분의 아들의 성육신을 통해서 가능하게 될 시간을 향해 일하고 계셨습니다. 인간은 하나님의 자녀가 되려면 사탄의 속박으로부터 속량되어야 했습니다.

하나님께서 언약의 백성을 택하신 이유는 그들을 통해 인간의 속량자가 오실 의인의 계보를 보존하기 위해서였습니다.

우리는 아브라함이 하나님과 언약을 자름으로 인해 그의 후손이 하나님의 언약백성이 된다는 사실을 공부했습니다. 우리는 언약의 하나님께서 아브라함의 후손을 이집트에서 해방하시는 것을 보았습니다.

우리는 그 언약 안에 담긴 그들의 권리를 제대로 음미하는 법을 배웠습니다. 그래서 하나님께서 "내가 내 스스로 맹세하였노라."라고 말씀하시는 의미가 무엇인지를 제대로 이해했습니다. 그들이 언약을 지켰다면 하나님의 모든 자원은 그들의 것이었습니다.

우리는 하나님께서 거하신 성막, 중재자로서 활동한 제사장, 하나님께서 그들과 교제하기 위해서 마련하신 것 즉 그리스도와 그분의 속량사역의 모형인 제물을 공부했습니다. 이제 계속해서 우리는 이스라엘 백성의 역사를 그리스도께서 성육신할 때까지만 간략하게 살펴볼 것입니다.

그러나 우리는 말씀의 어느 부분도 간과하고 싶지 않습니다. 따라서 우리는 이번 과(16과)에서 우리에게 주어진 자료를 여섯 부분으로 구분하여, 창세기 1장으로부터 그리스도의 탄생까지의 간략한 연대기를 제시하고자 합니다. 우리가 참고용으로 사용하려 하는 이 연대기는 당신에게도 가치가 있으리라 믿습니다.

시기 I

창조에서 홍수까지(1,656년간)

년도(B.C.)

4004 세상의 창조 ······ 창 1:2

4004 우리의 첫 조상인 아담과 하와가 하나님께 불순종함으로써 거룩함과 행복으로부터 떨어짐(타락). 한 구원자에 대한 약속 ······ 창 3장

4002 가인이 태어남 ······ 창 4:1

4001 아벨이 태어남 ······ 창 4:2

3875 아벨이 그의 형 가인에 의해 살해됨 ······ 창 4:8

3874 아담의 나이 130세에 셋이 태어남 ······ 창 5:3

3382 에녹이 태어남 ······ 창 5:18-19

3317 므두셀라가 태어남 ······ 창 5:21

3074 아담이 930세 나이로 죽음 ······ 창 5:5

3017 에녹이 365세에 옮겨짐 ······ 창 5:24

2962 셋이 912세 나이로 죽음 ······ 창 5:8

2948 노아가 태어남 ······ 창 5:28-29

2468 홍수의 경고, 120년간 회개를 전파하도록 임명된 노아 ······ 벧후 2:5

2348 므두셀라가 969세 나이로 죽음 ······ 창 5:27

2348 같은 해 노아가 600세에 방주로 들어감 ······ 창 7:6-7

시기 II

홍수에서 아브라함의 부름까지(427년간)

년도(B.C.)

2347 홍수 이후, 노아가 자기 가족과 함께 방주를 떠남. 희생제물을 드림. 무지개가 그 표인 안전보장의 언약을 받음 …… 창 9:8–18

2234 바벨탑을 세움 …… 창 11장

2234 언어의 혼잡과 인류가 흩어짐 …… 창 11장

2233 니므롯이 바빌론 또는 아시리아 왕조의 첫 기초를 닦음 …… 창 10:8–11

2188 미스라임이 이집트 왕조의 기초를 닦음 …… 창 10:13

1996 아브람(또는 아브라함)이 태어남 …… 창 11:26

시기 III

아브라함의 부름에서 이스라엘의 출애굽까지(430년간)

년도(B.C.)

1936 갈대아의 우상숭배로부터 60세의 아브람을 부르심 …… 창11:31(행7:2)

1921 가나안으로 아브람을 두 번째로 부르심 …… 창 12:1–4

1913 왕들에 대한 아브람의 승리와 롯의 구출 …… 창 14:1–24

1910 아브람이 86세 때, 이스마엘이 태어남 …… 창 16장

1897 하나님께서 아브람과 언약을 맺으심. 이름이 아브람에서 아브라함으로 바뀜. 할례의식이 제정됨. 롯이 구출됨. 소돔과 고모라가 혐오스러운 행위로 인해 불로 멸망당함 …… 창 17–19장

1896 아브라함이 100세 때 이삭이 태어남 …… 창 21장

1871 아브라함이 이삭을 번제물로 하나님께 드리고자 함 ······ 창 22장(히 11:17-19) 약 2:21

1859 아브라함의 아내 사라가 127세 나이로 죽음 ······ 창 23:1

1856 이삭이 리브가와 결혼함 ······ 창 24장

1836 이삭의 나이 60세에 야곱과 에서가 태어남 ······ 창 25:26

1821 아브라함이 175세 나이로 죽음 ······ 창 25:7-8

1759 야곱이 시리아의 외삼촌 라반 집으로 감. 그곳에서 라반의 딸들인 레아와 라헬과 결혼함 ······ 창 28장

1746 야곱이 90세에 요셉이 태어남 ······ 창 30:23-24

1739 야곱이 가나안으로 돌아감 ······ 창 31-32장

1729 요셉이 자기 형들에 의해 노예로 팔림 ······ 창 37장

1716 요셉이 바로의 꿈을 해몽하고, 이집트의 총리가 됨 ······ 창 41장

1706 이집트에서 요셉의 형제들이 정착함 ······ 창 43:44

1689 야곱이 메시아의 도래를 예언함. 147세 나이로 이집트에서 죽음 ······ 창 49장

1636 요셉이 110세 나이로 죽음 ······ 창 50:26

1574 아론이 태어남 ······ 출 6:20

1571 모세가 태어남 ······ 출 2:1-10

1531 모세가 미디안으로 도망침 ······ 출 2:11-15

1491 모세가 하나님으로부터 이스라엘을 해방시키라는 명령을 받음 ······ 출 3:2

시기 IV

이스라엘의 출애굽에서 솔로몬의 성전건축까지(487년간)

년도(B.C.)

1491 이스라엘 백성이 기적적으로 홍해를 건넘 ········ 출 14:22

1491 시내 산에서 율법이 주어짐 ········ 출 19-40장

1452 모세의 누나인 미리암이 130세 나이로 죽음 ········ 민 20:1

1452 아론이 123세 나이로 죽음 ········ 민 20:28

1451 모세가 120세 나이로 죽음. 여호수아가 모세의 후계자로 임명됨 ··· 신 34장

1451 이스라엘 백성이 요단강을 건넘. 만나가 그침. 여리고를 점령 ······ 수 1:6

1443 여호수아가 110세 나이로 죽음 ········ 수 24:29

1155 사무엘이 태어남 ········ 삼상 1:19

1116 대제사장 엘리가 죽음, 블레셋 족속에게 하나님의 궤를 빼김 ···· 삼상 4장

1095 사울이 이스라엘의 왕으로 기름부음을 받음 ········ 삼상 10:1

1085 다윗이 태어남 ········ 삼상 16:13

1063 다윗이 왕이 되도록 기름부음을 받음. 골리앗을 죽임 ···· 삼상 17:49

1055 사울이 싸움에 패배당하고, 절망 가운데 자살함. 다윗이 유다의 왕으로 인정되고 승인됨 ········ 삼상 31장

1048 이스라엘 왕 이스보셋이 암살당함. 다윗 아래 왕국이 통일됨 ···· 삼하 4장

1047 다윗이 여부스족에게서 예루살렘을 빼앗아 왕의 도성으로 삼음 ···· 삼하 5장

1035 다윗이 밧세바와 간통함. 그녀의 남편 우리아의 죽음을 도모함 ··· 삼하 11장

1034 다윗이 주께서 보낸 나단 선지자에 의해 자기 죄를 회개함 ····· 삼하 12장

1033 솔로몬이 태어남 ········ 삼하 12:24

1023 압살롬이 그의 아버지에게 반역한 후 요압이 그를 죽임 ····· 삼하 16-18장

1015 다윗이 솔로몬을 왕으로 선포함. 아도니야의 반역을 격퇴함 …… 왕상 1장

1014 다윗이 70세 나이로 죽음 …… 왕상 2장

1004 건축을 시작한 지 7년 만에 솔로몬 성전이 완성됨 …… 왕상 6-7장

시기 V

솔로몬의 성전건축에서 예루살렘의 파괴와 바빌론으로 유대인의 포로까지(412년간)

년도 (B.C.)	유다 왕국의 왕들의 통치시작	이스라엘 왕국의 왕들의 통치시작	활동한 선지자
975	르호보암	여로보암 I	아히야, 스마야
958	아비야 또는 아비얌		
955	아사	나답(954)	아사랴
953	〃	바아사	하나니
930	〃	엘라	예후
929	〃	시므리	
929	〃	오므리	
918	〃	아합	엘리야(910-896)
914	여호사밧	〃	미가야
897	〃	아하시아	엘리사(896-838)
896	〃	여호람 또는 요람	야하시엘
892	여호람	〃	
885	아하시아	〃	

884	아달랴	예후	여호야다
878	요아스 또는 여호아하스	〃	
857	〃	여호아하스	요나(856-784)
839	아마샤	여호아스	
825	〃	여로보암 II	
810	웃시아 또는 아사랴		아모스(810-785)
784	〃	무정부상태(11년간)	호세아(810-725)
773	〃	사가랴	요엘(810-660)
772	〃	살룸, 므나헴	
761	〃	프카히야	이사야(810-698)
759	〃	페카	
758	요담	〃	미가(758-699)
742	아하스	〃	오뎃
730	〃	호세아	
726	히스키야	포로가 됨(721)	나훔(720-698)
698	므낫세	〃	
643	아몬	〃	스바냐(640-609)
641	요시야	〃	예레미야(628-586)
610	여호아하스 또는 살룸	〃	하박국(612-598)
610	여호야김	〃	다니엘(606-534)
599	여호야긴 또는 세니아	〃	
599	시드기야	〃	
588	바빌론의 포로가 됨		오바댜(588-583)

시기 VI

느부갓네살에 의한 예루살렘의 파괴에서 그리스도의 탄생까지(588년간)

년도 (B.C.)	역사적 사건들	활동한 선지자
588	갈대아인에 의한 예루살렘의 파괴, 유대인의 포로 됨	
538	고레스가 바빌론을 점령함	에스겔(595-536)
536	고레스의 칙령: 스룹바벨과 예수아	
534	성전의 기초공사	
529	아닥사스다(캄비세스)가 작업을 금함	
520	아하수에로(다리우스 히스타스피아)의 호의적 칙령	학개(520-518)
518	에스더가 왕비가 됨	스가랴(520-518)
515	두 번째 성전이 완성됨	
510	하만의 계획이 좌절됨	
484	페르시아의 크세르크스	
464	아닥사스다 롱기마누스	
457	예루살렘을 통치하러 에스라가 보냄 받음	
445	총독으로 보냄 받은 느헤미야	
423	다리우스 노투스	말라기(436-420)
335	알렉산더 대왕이 페르시아를 침공하여 마케도니아 또는 그리스 제국을 세움	

63	폼페이우스가 예루살렘을 점령함. 유대를 로마의 속주로 만듦
40	헤롯이 왕이 됨
28	아구스투스 케사르가 로마의 황제가 됨
19	시인 버질이 죽음
18	헤롯이 성전을 재건축하기 시작함
4	침례 요한이 태어남
4	A.D.(주후) 로 알려진 시기 4년 전에 그리스도가 탄생함.

● 16과의 내용 확인 문제

1. 대 속죄일에 이스라엘 백성을 위해 무엇이 수행되었습니까?

2. 구약시대에 하나님께서는 무엇을 행하고 계셨습니까? 그리고 그 이유는 무엇입니까?

3. 언약에 대해 알 수 있는 것, 즉 언약이 존재하는 이유와 그 의의에 대해 말해보십시오.

4. 성막과 제사장과 제물이 인간과의 교제에 대한 하나님의 갈망을 어떻게 보여주는지를 말해보십시오.

17과

구약성경의 개관과 이스라엘 역사의 핵심

SYNOPSIS OF OLD TESTAMENT BOOKS AND HIGHLIGHTS OF ISRAEL'S HISTORY

민수기

민수기란 책 이름은 이스라엘의 인명부를 작성한 데서 연유한 것입니다. 역사적으로 민수기는 언약의 백성이 출애굽을 한 다음, 가데스바네아에서 약속의 땅으로 들어가는 데 실패한 결과로 광야를 떠도는 이야기를 기록한 책입니다.

어떤 사람들은 구약의 책들을 특정의 유형으로 파악합니다. 즉, 창세기를 창조와 타락에 관한 책으로, 출애굽기를 속량에 관한 책으로, 레위기를 예배와 교제에 관한 책으로, 그리고 민수기를 마땅히 따라야 하는 것, 곧 섬김과 삶에 관한 책으로 여깁니다.

그러나 우리는 구약의 책들을 이런 유형론에 집어넣지 않습니다. 이스라엘은 영적으로 죽은 자였기 때문에, 광야체험이라는 테스트를 받았으나 완전히 실패했습니다. 이를 그리스도 예수 안에서 새로운 피조물이 된 인간, 곧 사탄의 영역과 권세로부터 생명과 그리스도 예수의 영역으로 완전히 넘어온 인간의 승리의 행보와 삶의 모형으로 사용할 수는 없습니다.

민수기는 다섯 개의 주요 부분으로 이루어져 있습니다.

(1) 만군 주님의 명령 — 민 1:1-10:10

(2) 시내 산에서 가데스바네아까지 — 민 10:11-12:16

(3) 가데스바네아에서의 이스라엘 — 민 13:1-19:22

(4) 광야 유랑 — 민 20:1-33:49

(5) 가르침을 끝맺음 — 민 33:50-36:13

민수기에 기록된 사건은 39년간을 다루고 있습니다.

신명기

신명기는 일곱 부분으로 되어 있습니다.

(1) 광야에 있는 이스라엘의 역사에 대한 요약 — 신 1:1-3:29

(2) 경고와 권면을 통한 율법의 복권 — 신 4:1-11:32

(3) 지시, 경고, 예언 — 신 12:1-27:26

(4) 그리스도의 재림과 이스라엘의 팔레스타인 소유에 대한 약속에 이르기까지 이스라엘 역사를 요약하는 대단원의 예언 — 신 28:1-30:20

(5) 제사장들과 레위인들과 여호수아에게 주는 마지막 충고 — 신 31장

(6) 모세의 노래와 각 지파에게 내려주는 모세의 축복 — 신 32-33장

(7) 모세의 죽음 — 신 34장(신 34:7, 모세가 죽었을 때 나이가 120세였습니다. 그는 눈도 흐리지 않았고 육신의 힘도 줄어들지 않았습니다. 왜냐하면 그는 언약의 사람이었기 때문입니다.)

여호수아

여호수아가 하나님의 지시를 받아 모세의 뒤를 이어 통치자가 되었습니다. 통치는 여전히 신정통치였습니다. 여호수아에 기록된 사건들은 26년간을 다루고 있습니다.

여호수아는 네 부분으로 되어있습니다.

(1) 정복 — 수 1-12장

(2) 유업(땅)의 분배 — 수 13-21장

(3) 싹트는 불화 — 수 22장

(4) 여호수아의 마지막 충고와 죽음 — 수 23-24장

사사기

사사기라는 이름은 여호수아가 죽은 이후에 일탈과 분열에 처한 이스라엘을 구하려고 일어난 13명에게서 비롯되었습니다. 이들을 통해서 여호와께서는 이스라엘에 대한 그분의 직접적인 통치를 지속하셨습니다.

이스라엘의 상태에 대한 열쇠가 되는 구절은 사사기 17:6입니다. “그 때에는 이스라엘에 왕이 없었으므로 사람마다 자기 소견에 옳은 대로 행하였더라”

두 가지 두드러진 사실이 있는데, 곧 영적으로 죽은 언약백성의 전적인 실패와 언약의 하나님의 은혜입니다.

사사기는 일곱 번의 배신과 일곱 이방 민족에 대한 일곱 번의 노역, 그리고 일곱 번의 구출을 기록합니다. 사사기에 기록된 사건은 305년간을 다룹니다.

룻기

룻기는 사사기 전반부와의 관련 속에서 읽혀져야 합니다. 왜냐하면 룻기는 사사 시대의 이스라엘 삶의 모습을 그리고 있기 때문입니다. 룻기에 기록된 사건은 10년간을 다루고 있습니다.

사무엘상

사무엘상은 마지막 사사인 사무엘의 개인사를 알려줍니다. 사무엘상은 엘리 대제사장 아래서 제사장직무가 도덕적으로 실패한 것과, 사사직무를 세습하려 했던 사무엘의 시도가 실패한 것을 기록합니다. 사무엘은 선지자적 직무에 신실하였고, 그로부터 문서 선지자writing prophets의 계보가 시작됩니다. 그때로부터 제사장이 아닌 선지자가 이스라엘에서 부각됩니다.

이때 이스라엘은 하나님을 자신의 왕으로 인정하기를 거부하고 주변 국가가 가진 것과 같은 왕을 원했습니다. 하나님께서는 이스라엘에게 사울을 왕으로 주십니다.

사무엘상은 네 부분으로 되어있습니다.

⑴ 엘리가 죽을 때까지 사무엘의 이야기 — 삼상 1:1-4:22

⑵ 언약궤를 빼앗긴 때부터 왕을 요구하는 시점까지 — 삼상 5:1-8:22

⑶ 사울이 통치할 때부터 다윗을 부를 때까지 — 삼상 9:1-15:35

⑷ 다윗을 부를 때부터 사울이 죽을 때까지 — 삼상 16:1-31:13

사무엘상에 기록된 사건은 115년간을 다룹니다.

사무엘하

사무엘하는 하나님이 세우신 왕인 다윗의 등극을 통하여 질서의 회복을 말합니다. 또한 사무엘하는 예루살렘이 이스라엘 정치의 중심지가 된 사실을 알려주기도 합니다.

사무엘하는 네 부분으로 되어 있습니다.

⑴ 사울이 죽은 때로부터 헤브론에서 유다를 통치하도록 다윗에게 기름 부은 때까지 — 삼하 1:1-27

⑵ 헤브론에서 다윗에게 기름부은 때부터 통일 이스라엘을 통치하도록 다윗을 세울 때까지 — 삼하 2:1-5:25

⑶ 예루살렘을 정복한 때부터 압살롬이 반역할 때까지 — 삼하 6:1-14:33

⑷ 압살롬이 반역할 때부터 성전대지를 구입할 때까지 — 삼하 15:1-24:25

사무엘하에 기록된 사건은 38년간을 다룹니다.

열왕기상

열왕기상은 다윗의 죽음과 솔로몬의 통치, 성전건축과 솔로몬의 죽음, 르호보암과 여로보암 아래 왕국의 분열, 유다에 대한 여호람의 통치와 사마리아에 대한 아하시아의 통치까지 두 왕국(남 유다와 북 이스라엘)의 역사를 기록합니다.

열왕기상에는 엘리야의 강력한 사역에 대한 이야기도 포함되어 있습니다. 열왕기상 17장은 하나님의 말씀을 따라 두려움 없이 행동하는 이 언약의 사람을 보여줍니다.

열왕기상에 기록된 사건들은 118년간을 다룹니다.

열왕기하

열왕기하는 일곱 부분으로 되어있습니다.

(1) 엘리야의 마지막 사역과 하늘로 옮겨짐 — 왕하 1:1-2:11

(2) 엘리야가 하늘로 옮겨진 때로부터 예후를 기름부을 때까지 엘리사의 사역 — 왕하 2:12-9:10

(3) 이스라엘에 대한 예후의 통치 — 왕하 9:11-10:36

(4) 유다에 대한 아달랴와 요아스의 통치 — 왕하 11:1-12:21

(5) 이스라엘 대한 여호아하스와 요아스의 통치와 엘리사의 마지막 사역 — 왕하 13:1-25

(6) 엘리사가 죽은 때로부터 이스라엘이 포로가 되기까지 — 왕하 14:1-17:41(북 이스라엘 왕국은 언약을 깨뜨렸기 때문에 아시리아에 포로로

끌려가게 되었습니다. 이 포로 때로부터 열 개의 지파는 팔레스타인에서 회복되지 못했습니다.)

(7) 히스기야가 등극할 때부터 유다 왕국이 포로가 될 때까지 — 왕하 18:1-25:30

열왕기하에 기록된 사건은 308년간을 다룹니다. 이 시기동안 아모스 선지자와 호세아 선지자가 북 이스라엘 왕국에서 예언활동을 하였습니다. 오바댜, 요엘, 이사야, 나훔, 하박국, 스바냐, 예레미야는 남 유다 왕국에서 예언활동을 하였습니다.

역대상하

역대상하는 사울이 죽은 때로부터 포로가 될 때까지의 기간을 다룹니다. 역대상하는 아마도 바벨론 포로기 동안에 기록되었을 것이고, 유다 왕국에 대한 기사와 많은 세부 사항이 빠져 있어 열왕기상하와 구별됩니다.

역대상하에 기록된 사건들은 468년간을 다룹니다.

유대인들은 70년간 바벨론에서 포로로 지냈습니다.

에스라

에스라는 고레스Cyrus 칙령에 의해 스룹바벨의 지도 아래 유대인들이 팔레스타인으로 돌아간 것을 기록합니다. 스룹바벨은 B.C. 536년에 성전의 기초를 닦았습니다. 그 후 B.C. 458년에 에스라가 뒤를 이어 율법과 제의를 회복하였습니다. 그러나 많은 유대인과 대부분의 고관들은 번영을 구가하는 바벨론과 아시리아를 더 좋아하여 그곳에 남았습니다. 포로기 이후 책들은 언약의 하나님을 회상한 남은 자들을 다루고 있습니다.

에스라는 두 부분으로 이루어져 있습니다.

(1) 고레스 칙령 때로부터 회복된 성전의 봉헌식까지 — 스 1:1-6:22

(2) 에스라의 사역 — 스 7:1-10:44

에스라에 기록된 사건들은 80년간을 다룹니다.

느헤미야

느헤미야는 구약의 위대한 인물 중 한 명입니다. 그러나 그는 마땅히 받아야 할 인정을 제대로 받지 못했습니다. 그는 당시에 세상에서 가장 큰 제국을 통치하던 황제의 개인 비서였습니다. 그는 기도의 사람이었습니다. 그는 담대했습니다. 그는 지도자였습니다. 그는 두려움이 없는 자였습니다. 그는 수산궁을 떠나 예루살렘으로 가서, 가장 순수한 용기와 담대함으로 성벽을 재건하였으며, 참된 예배를 회복하였고, 일반 백성들에게 율법을 주었고, 주변 민족과 이스라엘 백성을 구별시켰습니다.

느헤미야에 기록된 내용들은 약 10년간을 다룹니다.

에스더

에스더는 구약의 가장 아름다운 문헌 중 하나입니다.

에스더에는 하나님의 이름이 한 번도 나타나지 않지만, 어떤 책도 보여주지 못하는 방식으로 하나님의 손길을 보여주는 책입니다.

에스더는 아하수에로의 사랑받는 아내가 됩니다. 에스더는 삼촌에 대한 절대적 순종으로 인해 선택된 민족의 구원자가 됩니다. 구약의 연대기에서 이보다 아름다운 인물이나 여주인공을 찾을 수 없습니다. 에스더에 기록된 내용은 약 11년간을 다룹니다.

시가서

지금까지 구약의 역사서들을 공부했고, 이제는 시가서입니다. 시가서는 하나님을 노래하는 책들God's song books입니다. 시가서에서 우리는 하나님의 백성의 심령의 부르짖음, 즉 그들의 두려움과 믿음과 갈망의 부르짖음을 발견합니다. 욥기는 처음으로 기록된 책입니다. 욥기는 창세기 이전에 기록되었습니다. 전통적인 해석에 따르면 욥기가 기록된 것이 B.C. 1700년경이었다고 합니다. 욥은 아브라함의 친척이었습니다. 욥은 인류의 보편적인 갈망을 한데 모아서 거대한 고뇌의 시로 표현합니다. 욥이 직면하는 문제 중 하나가 "여자에게서 태어난 사람이 어떻게 하나님 앞에 바로 설 수 있는가?"입니다. 욥은 우리에게 타락을 암시합니다. 인간의 반역이 미치는 범위를 제시하면서 욥은 "별도 빛나지 못하거든"이라고 말합니다(욥 25:5). 욥은 인간에게 중재자가 필요하다는 사실을 인식하며 "우리 사이에 손을 얹을 판결자(중재인)도 없구나"라고 울부짖습니다(욥 9:33).

욥은 의의 회복을 갈망하며 부르짖습니다. 욥의 갈망에서 우리는 모든 인류가 가지고 있고 또 인간의모든 종교가 표현하는 갈망을 봅니다. 욥은 사탄의 시험에 맞섰습니다. 욥은 하나님의 호의를 절대로 잃어버리지 않았습니다. 우리는 욥기에서 속량의 전체 계획이 묘사된 것을 볼 수 있습니다. 욥은 에덴동산에서 시작하여 인간이 오랫동안 겪어온 고군분투의 고뇌를 통과합니다. 욥은 에덴의 회복에서 끝나는 속량을 우리에게 암시합니다.

시편

시편은 이스라엘의 노래책입니다. 시편은 첫 언약백성의 표현과 열망이자, 비탄과 눈물과 갈망입니다. 시편은 어떤 면에서는 그들의 일상경험을 표현하는 것이고, 다른 면에서는 그런 경험을 훨씬 뛰어넘는 무언가에 대한 예언, 곧 오직 새로운 피조물에게서만 발견되는 것에 대한 예언입니다.

시편은 일반적으로, 1-41편, 42-72편, 73-89편, 90-106편, 107-150편의 다섯 부분으로 나뉩니다.

저주하는 시편은 원수를 향한 복수를 부르짖는 이스라엘의 시가詩歌입니다. 이 시편들은 많은 경건한 사람을 괴롭혔습니다. 하지만 우리가 이스라엘은 그리스도인이 아니며 거듭난 적도 없었고, 단지 짐승의 피 아래에 있던 유대인에 지나지 않았다는 사실을 깨닫는다면, 이 시편들이 어떻게 기록될 수 있었는지를 이해하게 됩니다. 기적은 23편, 27편, 37편, 91편 같은 시편들이 자연인들에 의해 작성될 수 있었다는 사실입니다. 이는 성령님의 영감을 입증합니다.

잠언

잠언은 구약의 지혜입니다. 이는 율법을 일상 삶에서 해석한 것입니다. 잠언은 신약의 야고보서에 해당됩니다.

야고보서는 신약의 백성을 위해 작성된 것으로, 그들의 일상 삶에 지혜를 주고 있습니다.

우리는 잠언을 아주 신중하게 읽어야 합니다. 학교에 있는 모든 청소년과 젊은이들이 잠언을 읽고 공부해야 합니다.

잠언의 지혜를 흡수한 사람은 현대 삶의 함정에 빠질 일이 없을 것입니다.

전도서

전도서는 구약에서 가장 독특한 책입니다. 전도서는 세상에서 즐거움을 발견하려고 하는 영적으로 죽은 사람에 대한 그림입니다.

영적으로 죽은 사람(솔로몬)은 자신의 야망을 건축적으로 드러낸 건물에서 즐거움을 찾으려고 합니다. 그는 큰 건물을 지었습니다. 그는 원예에서 즐거움을 찾으려 했습니다. 그는 아마 세상이 그 당시까지 볼 수 있었던 가장 아름다운 정원을 가졌을 것입니다.

그는 거대한 공공사업에서 즐거움을 찾으려 했습니다. 그는 술에서 찾으려 했습니다. 그는 여자와 노래에서 찾으려 했습니다. 하지만 결론적으로 그는 "헛되고, 헛되니, 모든 것이 헛되도다."라고 말했습니다.

전도서 12장에서 그는 인간의 영의 갈망을 획득하지 못한 자연인의 실패를 노래합니다.

아가서(솔로몬의 노래)

아가서는 그리스도와 교회에 대한 전원시와 소네트(짧은 시)입니다. 아가서는 아름다운 이미지로 가득합니다.

그것은 사랑의 꿈을 시적으로 표현한 것입니다. 그것은 깨어진 교제와, 사랑을 잃어버린 심령의 외로움을 그립니다.

이는 또한 심령이 그 특권의 충만함 가운데 걸을 때 일어나는 교제의 승리를 보여줍니다.

● 17과의 내용 확인 문제

1. 민수기와 신명기는 이스라엘 역사의 어떤 부분을 다룹니까?

2. 사사기에 드러난 두 가지 두드러진 사실은 무엇입니까?

3. 마지막 사사는 누구였고, 첫 번째 왕은 누구였습니까?

4. 열왕기상 17장을 읽어보십시오. 하나님이 함께 하는 엘리야의 능력의 비밀은 무엇이었습니까?

5. 왜 북이스라엘은 아시리아에 포로로 끌려갔습니까?

6. 느헤미야가 한 일은 무엇이었습니까?

7. 욥이 인식한 인류의 문제는 무엇입니까?

8. 시편에 있는 메시지는 무엇입니까?

9. 잠언의 목적은 무엇입니까?

10. 전도서는 우리에게 무엇을 그려줍니까? 아가서는 우리에게 무엇을 그려줍니까?

18과

성육신

THE INCARNATION

우리는 이제 창조의 기적 중 가장 인상 깊은 기적인 성육신을 공부하게 되었습니다. 우리는 인간이 속량 받으려면 성육신이 불가피했음을 보았습니다.

인간의 필요는 하나님의 아들의 성육신을 요구했습니다. 인간은 영적으로 죽었고, 사탄의 자식이었으며, 하나님께 전혀 다가갈 수 없었습니다.

신성과 인성의 성육신은 성육신하신 분이 인간의 중재자로 설 수 있는 방식으로 신성과 인성이 연합한 대속물을 마련했던 것입니다(딤전 2:6).

한편으로 하나님과 동등하면서, 다른 한편으로는 인간과 연합한 성육신하신 분은 둘(신성과 인성)을 결합할 수 있고, 그로 말미암아 하나님과 인간 사이의 간격에 다리를 놓으실 수 있었습니다(요 14:6).

뿐만 아니라, 신성과 인성이 연합한 존재인 성육신하신 분이 인간으로서 인간의 반역의 책무를 떠맡아서 죗값을 지불하여 공의의 요구를 충족시킴으로써, 인류는 사탄의 권세로부터 풀려나서(히 2:14, 골 1:13-14), 하나님의 본성을 받을 수 있는 권리를 얻게 되었던 것입니다(요 1:12).

성육신이라는 사실

성육신하신 분은 자연생식에 의해 태어날 수 없었습니다. 하나님께서 자연생식으로 태어난 아이 속으로 들어가서 그를 성육신이 되게 하는 것은 불가능했습니다.

우리는 한 사람으로 말미암아 죽음(사탄의 본성)이 세상에 들어왔고 모든 사람에게 전달되었음을 보았습니다. 우리는 한 사람으로 말미암아 전 인류가 영적으로 죽었고 이 영적 죽음에 지배받은 것을 보았습니다.

로마서 5:12은 "그러므로 한 사람으로 말미암아 죄가 세상에 들어오고…사망이 모든 사람에게 이르렀느니라"라고 말씀합니다. 로마서 5:18은 "그런즉 한 범죄로 많은 사람이 정죄에 이른 것 같이…"라고 말씀합니다.

예수님께서 자연생식으로 태어났고 하나님께서 그분 안에 들어오셨다면, 예수님은 자신 안에 거하시는 하나님을 지닌 사탄의 자식이 되었을 것입니다. 그것은 성육신이 아니었을 것입니다. 이는 하나님의 완벽한 성육신이라는 생각을 완전히 파괴합니다.

다른 한편으로 하나님께서 한 사람의 영에서 영적 죽음을 근절하고, 그 사람 안에 거하시며, 그 사람을 성육신으로 만들 수 있었다면 똑같은 방식으로 전 인류의 본성을 바꾸실 수 있었을 것입니다.

이렇게 하는 것은 사탄뿐 아니라 하나님 자신에게도 불공정한 것이었을 것입니다. 왜냐하면 죄의 문제가 해결되지 않았고, 인간의 죗값이 아직 치러지지 않았기 때문입니다.

속량자는 사탄이 어떤 법적인 주장이나 권세도 행사하지 못하는 자여야 합니다. 이는 베들레헴의 아기로 잉태되어 태어나신 속량자가 오심으로써만 이루어질 수 있었습니다.

처녀에게서 태어남

성육신에 대한 하나님의 첫 번째 약속은 인간이 대 반역죄를 저지르고 난 후에 사탄과의 대화 속에서 주어집니다.

"내가 너로 여자와 원수가 되게 하고 네 후손도 여자의 후손(씨)과 원수가 되게 하리니 여자의 후손은 네 머리를 상하게 할 것이요 너는 그의 발꿈치를 상하게 할 것이니라"(창 3:15)

아버지 하나님께서는 인간의 필요가 오직 그분의 아들의 성육신에 의해서만 충족될 수 있음을 깨달으셨습니다. 또한 아버지 하나님께서는 성육신하신 분이 자연생식으로 태어날 수 없음을 깨달으셨습니다. 그래서 하나님께서는 한 여자가 자연생식과는 상관없이 한 아이를 낳을 것이며, 그 아이는 "여자의 씨"라고 불릴 것이라 예언하십니다.

"이사야가 이르되 다윗의 집이여 원하건대 들을지어다 너희가 사람을 괴롭히고서 그것을 작은 일로 여겨 또 나의 하나님을 괴롭히려 하느냐 그러므로 주께서 친히 징조를 너희에게 주실 것이라 보라 처녀가 잉태하여 아들을 낳을 것이요 그의 이름을 임마누엘이라 하리라"(사 7:13-14)

그 아이는 다윗의 집(가문)에서 태어날 것이고 "주께서 친히 당신에게 표적을 주실 것입니다."

여기에서 이사야는 아도나이Adonai라는 이름을 사용합니다. 기적의 하나님께서 친히 당신에게 기적, 곧 경이를 보여주실 것입니다. 평범함에서 벗어난 일이 일어날 것이며, 그러면 우리는 "이게 뭐지?"라고 말합니다.

이사야는 "한 처녀(마치 그녀를 꼭 집어내듯이)가 임신하여 아들을 낳으리니 그의 이름을 임마누엘이라 하리라"라고 말합니다.

처녀가 초자연적인 방법으로 한 아들을 낳아서, 그 아이의 이름을 임마누엘, 곧 우리와 함께 하시는 하나님 또는 성육신이라 부를 것입니다.

이를 누가복음 1:31-35과 관련지어봅시다. "보라 네가 잉태하여 아들을 낳으리니 그 이름을 예수라 하라 그가 큰 자가 되고 지극히 높으신 이의 아들이라 일컬어질 것이요 주 하나님께서 그 조상 다윗의 왕위를 그에게 주시리니 영원히 야곱의 집을 왕으로 다스리실 것이며 그 나라가 무궁하리라 마리아가 천사에게 말하되 나는 남자를 알지 못하니 어찌 이 일이 있으리이까 천사가 대답하여 이르되 성령이 네게 임하시고 지극히 높으신 이의 능력이 너를 덮으시리니 이러므로 나실 바 거룩한 이는 하나님의 아들이라 일컬어지리라"

당신도 주목하듯이, 그 아이는 성령님에 의해 잉태됩니다. 이는 초자연적인 탄생입니다. 그녀는 요셉의 사촌으로, 그녀 자신도 다윗 가문 출신이었습니다. 그러므로 이사야 선지자는 "다윗의 집이여…너희가…그것을 작은 일로 여겨 또 나의 하나님을 괴롭히려 하느냐 그러므로 주께서 친히 징조를 너희에게 주실 것이라"라고 탄성을 질렀습니다(사 7:13).

그는 750년 후에 베들레헴의 구유에 경이로운 존재를 낳게 될 다윗가문의 이 딸을 가리키고 있었습니다.

예레미야 31:22에서 하나님께서는 "…여자가 남자를 둘러싸리라"라고 선언하십니다. 문자적으로는 "한 여인이 사내아이를 품을encompass 것이다."라는 뜻입니다.

이 성육신하신 분은 자연생식으로 태어날 수 없었습니다. 왜냐하면 인간은 타락한 존재이고, 인간의 씨는 사탄에게 종속되어 있기 때문입니다.

이 씨는 사탄에 종속되지 않는 자여야 합니다. 그러므로 이 경이로운 존재는 성령에 의해 잉태되어야 합니다. 그래서 처녀의 자궁은 그 거룩한 분이 태어날 때까지 단순히 그분을 담아두는 그릇일 뿐입니다.

"나 여호와가 의로 너를 불렀은즉 내가 네 손을 잡아 너를 보호하며 너를 세워 백성의 언약과 이방의 빛이 되게 하리니"(사 42:6)

아담이 창조되었습니다. 나머지 인류는 자연적인 번식과정에 의해서 태어났습니다. 하지만 장차 태어날 이 아이는 신성한 능력의 특별한 행위로 "조성"될 것입니다.

바울은 그분의 탄생을 이렇게 말합니다. "그는 하나님의 형체로 존재하셨지만 하나님과 동등 됨을 붙잡아야 할 것으로 여기지 않고, 자신을 비워서, 종의 형체를 취하여, 인간의 모양으로 지어졌기에, 사람과 같은 형상으로 나타났다. 그분은 자신을 낮추셔서, 죽음에까지, 그렇다! 십자가의 죽음에까지 순종하셨다. Who, existing in the form of God, counted not the being on an equality with God a thing to be grasped, but emptied Himself, taking the form of a servant, being made in the likeness of man; and being found in fashion as a man, He humbled Himself, becoming obedient unto death, Yea, the death of the cross."(빌 2:6-8, 저자 재해석)

다음의 이탤릭체 단어들에 주목하십시오. 그분은 항상 ***하나님의 형체***로 존재하셨습니다. 하지만 이제 그분은 자신을 비우셔서, ***종의 형체***를 취하시고, 사람들의 모습으로 지어졌기에 ***사람과 같은 형상***으로 나타나셨습니다.

이 모든 것은 자연생식과는 구별된 하나님의 독특한 역사를 암시합니다.

이분은 하나님께서 하늘에 있는 신성으로부터 취한 다음, 독특한 임신을 통해 살과 연합하도록 처녀의 자궁에 착상시킨 기적을 통하여 태어나시는 존재입니다.

또한 바울은 말합니다. "그러므로 주께서 세상에 임하실 때에 이르시되 하나님이 제사와 예물을 원하지 아니하시고 오직 나를 위하여 한 몸을 예비하셨도다"(히 10:5)

하나님께서는 하나님의 아들이라 불리는 이 존재를 위해 한 몸, 곧 특별한 한 몸을 예비하셨습니다.

그리스도의 선재하심

성육신은 성육신하신 분이 이 땅에 오시기 전에 이미 별도로 존재하셨다는 사실을 전제합니다.

요한복음은 예수님께서 아버지로부터 나와서 이 땅으로 오셨다가 다시 이 땅을 떠나 아버지께로 가셨다고 17번이나 선언합니다.

요한복음 전체는 예수님이 아버지와 함께 이미 존재하셨고, 이 땅에서 행하시는 동안 다른 세계에서 하신 경험을 기억하셔서, 그 경험을 아버지께 말씀드렸으며 다시 돌아가서 아버지와 함께 다시 살게 될 때에 대해 말씀하셨다는 사실에 기초하고 있습니다.

요한복음 17:3-5은 "…아버지여 창세 전에 내가 아버지와 함께 가졌던 영화로써 지금도 아버지와 함께 나를 영화롭게 하옵소서"라고 말씀합니다.

그리스도께서는 십자가처형을 앞두고 창세 전에 아버지와 함께 가지셨던 영광을 떠올리십니다. 요한복음 3:16, 8:42, 13:3, 16:28-30을 읽어보십시오.

미가 5:2은 그리스도의 선재하심과 이 땅으로 오심에 대한 주목할 만한 예언적 발언입니다. "베들레헴 에브라다야 너는 유다 족속 중에 작을지라도 이스라엘을 다스릴 자가 네게서 내게로 나올 것이라 그의 근본은 상고에 영원에 있느니라"

이분은 유다가분에서 태어나실 분으로, 이스라엘을 다스릴 자이시고, 그의 나오심은 옛날로부터, 영원부터였습니다.

그분은 영원을 통해 오셨다 가셨으며, 여러 시대에 자신의 발자취를 남기셨습니다.

요한복음 1:1은 "태초에 말씀이 계시니라 이 말씀이 하나님과 함께 계셨으니 이 말씀은 곧 하나님이시니라"라고 말씀합니다.

"태초에" 이 존재는 태초에, 즉 영원 안에 존재하셨습니다.

"이 말씀이 하나님과 함께 계셨으니" 이 영원한 분은 하나님과 함께 계셨고, 즉 교제와 목적 가운데, 다시 말해 하나님과 함께 일하면서 계셨습니다.

히브리서 1:2은 "…그로 말미암아 모든 세계를 지으셨느니라"라고 말씀합니다.

요한복음 1:3은 "만물이 그로 말미암아 지은 바 되었으니 지은 것이 하나도 그가 없이는 된 것이 없느니라"라고 말씀합니다.

우리는 1과에서 창세기 1:1에 나온 "하나님"이라는 말이 히브리어 "엘로힘Elohim"으로, 창조에서 역사하시는 삼위일체 하나님을 계시하는 복수형 단어라는 사실을 보았습니다.

창세기 1:26에서 우리는 "우리의 형상을 따라 우리의 모양대로 사람을 만들자"라는 하나님의 말씀을 듣습니다.

인간의 속량자가 되시려고 성육신하신 분이 되신 이분을 우리는 창조에서 봅니다.

"이 말씀은 곧 하나님이시니라" 하나님과 교제하시고 사귀셨던 이 영원한 존재는 하나님이셨습니다. 그분은 하나님과 똑같은 본성을 소유하셨습니다. 그분은 하나님과 동등 됨에서 똑같은 형체로 계셨습니다(빌 2:6).

요한복음 1:14은 "말씀이 육신이 되어 우리 가운데 거하시매 우리가 그의 영광을 보니 아버지의 독생자의 영광이요 은혜와 진리가 충만하더라"라고 말씀합니다.

이 존재가 육신이 되셨습니다. 그분은 인간이 되어 우리 가운데 거하셨습니다. 그분은 마치 이전에는 다른 존재가 아니셨던 것처럼 인간이 되셨습니다. 그렇다고 더 이상 예전의 그분이기를 그만둔 것은 아니었습니다. 그분이 우리 가운데 처소를 만드셨기에, 우리는 하나님의 영광을 보았습니다. 그분은 볼 수 없는 하나님의 형상이셨습니다(골 1:15).

"그분은 하나님의 존재의 정확한 표현이셨다. He was the exact representation of God' s being."(히 1:3, 로더햄역)

영적 죽음이 세상에 들어온 때로부터 그분(그리스도)이 탄생할 때까지, 하나님께서는 성육신을 위해 일하고 계셨고, 그리스도의 오심과 사역과 죽음과 부활을 거듭 약속하셨습니다.

그분(그리스도)의 고난에 대해서는 다음을 찾아 읽어보십시오. 창 3:15, 시 22:1-8, 31:13, 89:38-45, 사 53:1-12, 단 9:26, 슥 13:1, 6:7.

그분의 죽음과 장사됨에 대해서는 다음을 찾아 읽어보십시오. 민 21:9, 시 16:10, 22:16, 31:22, 49:15, 사 53:8-9, 단 9:26.

그분의 부활에 대해서는 다음을 찾아 읽어보십시오. 시 17:15, 49:15, 73:24, 욘 2:1-10.

그분의 승천에 대해서는 다음을 찾아 읽어보십시오. 시 8:5-6, 24:7, 47:5, 68:18, 110:1.

그분의 미래의 승리에 대해서는 다음을 찾아 읽어보십시오. 사 40:10, 단 2:44, 7:13-14,27, 호 3:5, 미 4:1-7.

속량자에 대해서는 다음을 찾아 읽어보십시오. 욥 19:25-27, 창 48:16, 시 19:14, 사 41:14, 43:1, 44:22, 59:20-21, 62:11, 63:1-9, 렘 50:34, 창 22:8, 사 53:7.

영원한 연합

우리는 여기에서 그리스도께서 성육신하여 인간이 되셨을 때 영원히 인간이 되셨다는 사실에 주목합니다. 그분은 인성humanity을 겉옷처럼

33년간 입다가 벗어버리지 않으셨고, 영원히 인간이 되기 위해 인간이 되셨습니다. 성육신의 결과, 오늘날 하늘에 계신 아버지의 우편에는 한 인간이 있습니다.

디모데전서 2:5은 "곧 사람이신 그리스도 예수라"라고 말씀합니다.

하나님의 형상으로 지음 받은 인간

신성과 인성이 한 사람 안에서 영원히 연합되는 것이 가능했다는 사실은 첫 사람이 아버지 하나님의 계획에 차지했던 위치를 계시합니다. 아버지 하나님께서는 인간을 자신의 형상으로 창조하셨습니다. 즉 그분 자신보다 약간 덜한 존재로 창조하셨습니다(창 1:26, 시 8:5).

하나님과 인간이 한 사람 안에서 영원히 연합될 수 있을 정도로, 인간은 하나님과 거의 비슷하게 창조되었습니다. 하나님과 인간이 연합하는 것이 가능했습니다.

하나님께서는 우리 인간의 몸에 거하실 수 있습니다. 하나님께서는 자신의 생명과 본성을 우리의 영에 전이하시며, 우리 인간의 몸에 거하실 수 있습니다.

예수님께서 성육신이시라면, 불멸은 사실입니다. 우리는 우리가 영으로 영원한 생명을 받으면, 주 예수님께서 재림하실 때 우리의 몸이 불멸하게 될 것이라는 실증적인 확신을 가지고 있습니다.

성육신이 사실이라면, 기독교는 초자연적인 것입니다. 거듭난 모든 사람은 일종의 성육신an Incarnation입니다. 믿는 자는 나사렛 예수님만큼이나 성육신입니다. 하나님께서는 이제 인간의 영에서 영적 죽음을 근절하여 그분의 생명을 인간에게 주실 수 있습니다. 왜냐하면 공의의 요구가 그리스도 안에서 충족되었기 때문입니다.

누구도 성육신을 의심하고 싶어 하지 않을 것입니다. 성육신은 하나님을 향한 인간의 심령의 울부짖음에 대한 유일한 해답입니다. 성육신은 죄와 고난과 질병과 죽음이라는 인간 문제에 대한 유일한 해결책입니다.

성육신은 그리스도의 선재하심을 입증하며 신성한 능력이 기적적으로 나타날 수 있게 하는 기초이자 이유입니다. 성육신은 기독교의 기초가 되는 기적입니다.

● 18과 내용 확인 문제

1. 왜 성육신하신 분은 자연생식으로 태어날 수 없었습니까?

2. 이사야 7:14을 설명해보십시오.

3. 빌립보서 2:6-8은 그리스도의 탄생에 관해 무엇을 계시합니까?

4. 요한복음 1:14을 설명해보십시오.

5. 그리스도의 선재하심을 보여주는 성결구절 몇 가지를 제시하십시오.

6. 그리스도께서는 성육신하기 전에 어떤 형체로 존재하셨습니까?

7. 다음에 해당하는 예언적인 성경구절들을 제시해보십시오.
   그리스도의 탄생, 그분의 죽음, 그분의 부활, 그분께서 인간의 속량자가 되심.

8. 그리스도께서 인간이 되셨을 때 예전의 존재이기를 그만두셨습니까?

9. 우리에게 아버지의 우편에 계신 한 인간이 있다는 사실을 계시하는 성경구절을 제시해보십시오.

10. 하나님께서 인간이 되는 것이 가능했다는 사실은 인간의 창조에 관하여 무엇을 계시합니까?

19과

성육신하신 분의 삶

THE LIFE OF THE INCARNATED ONE

때가 차다

우리는 18과에서 인간에게 성육신이 필요하다는 것과, 또한 성육신하신 분의 오심에 대해 아버지 하나님께서 하신 약속을 공부했습니다.

갈라디아서 4:4을 읽어보십시오. 때가 찼을 때, 하나님께서는 그분의 아들을 성육신 가운데 보내셨습니다. 그리스도께서 2000년 전에 태어나신 바로 그때가 그분이 오시도록 무르익었던 때였습니다.

그리스(헬라) 문명은 세상이 알고 있는 언어 가운데 가장 아름답고, 가장 유연하고, 가장 표현력이 풍부한 범세계적 언어를 갖춤으로써 기독교를 위한 길을 닦는 데 큰 공헌을 했습니다.

그리스도께서 나타나셨을 때 세계의 정치권력은 로마의 손에 있었습니다. 로마는 지중해의 모든 세계를 정복하여 단일 정부 아래 통합시켰습니다. 그때만큼 평화가 일반적으로 편만하고, 생명과 재산이 보호받고, 아주 쉽게 여행할 수 있던 때가 없었습니다.

로마인들은 위대한 도로건설자였습니다. 그들은 세계를 정복하여 문명화하기 위해, 군대를 보낼 길을 열심히 건설했습니다. 배의 항로는 동으로 설정되었습니다. 육로와 항로는 복음을 전 세계로 실어 나르는 수단이 되었습니다.

성육신을 향한 보편적인 울부짖음

이 점에서 우리는 하나님의 섭리로, 속량의 좋은 소식을 신속하게 온 세계에 전달할 수 있는 상황이 이루어진 것을 깨닫습니다.

다른 한편, 역사상 가장 탄식할 만한 타락한 도덕성을 보여주었던 때가 그리스도께서 태어났던 당시의 로마세계였습니다.

온 세상에는 어두워진 인류에 소망이나 구원을 줄만한 것이 전혀 없었습니다. 낙담과 실패의 한복판에는 구원에 대한 갈망이 있었습니다.

그 시대의 분위기에는 속량자에 대한 소망이 깔려있었습니다. 4세기 동안 침묵해왔던 유대인의 예언이 그들 안에 메시아에 대한 기대를 일깨웠습니다. 이방인들도 마음 가운데 구원자를 갈망하고 있었습니다.

별을 따라 온 동방박사들은 속량자에 대한 동방 사람들의 보편적인 갈망을 나타냈습니다. 세상은 기대하는 눈빛으로 팔레스타인 지역을 바라보았습니다. 때가 차서, 그리스도이신 예수님께서 유대지방 베들레헴에서 태어났습니다. 이는 영적 죽음의 속박 아래 있는 인류의 심령이 오랫동안 부르짖던 보편적인 울부짖음에 대한 응답이었습니다.

오직 하나님만이 인간의 필요가 무엇을 요구하는지 아셨고, 따라서 오직 하나님만이 그 요구를 충족시켜줄 수 있었습니다. 그것은 성육신이었습니다.

모든 시대의 인간은 성육신에 본능적으로 굶주려했습니다.

자연인이 갈망해온 세 가지가 있습니다. 1) 자연인은 하나님과의 교제를 갈망해왔습니다. 2) 자연인은 하나님의 생명을 소유하기를 갈망해왔습니다. 3) 그리고 자연인은 하나님의 힘을 갈망해왔습니다.

원시인은 성육신에 굶주려했습니다. 모든 고대 종교는 그 울부짖음에 대답하려고 시도했습니다.

트럼불 박사는 『피의 언약The Blood Covenant』이라는 책에서 성육신에 대한 원시인의 굶주림을 다음과 같이 표현하고 있습니다.

"원시인의 마음에는 하나님을 상징하는 피의 상호교류inter-flow라는 영감어린 생각을 뛰어넘어서 피에 의해 하나님과의 상호교통inter-communion이 이루어질 수 있다는 생각이 존재해왔다. 하나님은 생명이시다. 모든 생명은 하나님으로부터 온 것이며, 또 하나님께 속한 것이다. 따라서 생명으로서 피는 인간이 하나님과 상호연합inter-union하는 수단이 될 수 있다.

인간과 인간 사이의 언약 가운데 가장 친밀하고 거룩한 언약, 다시 말해 두 인간의 본성이 절대적인 하나로 통합되는 것이 공통의 피의 상호교류를 통해 이루어질 수 있듯이, 인간과 하나님 사이의 언약 가운데 가장 친밀하고 거룩한 언약, 즉 인성과 신성의 상호연합 역시 공통의 피가 흐르는 것처럼 공통의 생명의 주고받음을 통해 이루어질 수 있는 것으로 간주되었다.

인간은 피, 곧 자신의 피를 실제적인 의미만이 아니라 상징적인 의미에서도 하나님 또는 신들과의 상호연합의 수단으로 여겼다. 인간은 피를 하나님께 흘리는 것이 감사 또는 애정의 행위요, 사랑의 확신의 증거이며, 하나님과 상호연합하기 위한 수단이라고 간주했다.

이는 인류가 보편적으로 가지고 있던 원초적인 개념이었던 것 같다. 그리고 피에 의해 하나님(또는 신들)과 인간 사이의 상호연합이 성취된다고 인간이 확신했다는 증거는, 희생제물을 함께 먹음으로써 하나님(또는 신들)과 인간 사이의 상호교통을 누구나 다 실천했다는 점이다. 또한 그 희생제물이 흘린 피는 하나님과 인간 사이의 상호연합의 수단이었다."

모든 원시인들은 하나님과 하나 됨을 추구하면서 희생제물의 피를 마셨습니다.

그리스와 로마의 신들은 성육신한 존재incarnations였습니다. 그들의 신들은 불멸의 존재이자 인간보다 우월한 존재였습니다.

고대 문명의 왕들은 많은 경우 신들의 후예로 여겨졌으며, 성육신한 존재로 숭배받았습니다.

성육신에 대한 현재의 굶주림

오늘날 인간은 아직도 성육신에 굶주려합니다. 교육은 인간의 영에서 이 굶주림을 제거하지 못했습니다. 모든 현대의 종교는 이 굶주림에 대답하려고 애씁니다.

오늘날 성육신한 존재라고 주장하는 사람들에게는 많은 사람이 따릅니다. 성육신을 추구하는 것은 무식한 자뿐만이 아니라 교양인도 마찬가지입니다.

지적이고 교양을 갖춘 많은 사람들이 인간이 신이요, 신이 본성상 인간 안에 거하며, 그리고 그 사실을 인정하고 인식하는 사람을 기다리고 있다고 가르치는 현대의 어떤 사교cult를 추종합니다.

우리는 인간이 영적으로 죽었던 때로부터 현재에 이르기까지, 신성과의 연합, 즉 하나님인 동시에 인간인 존재God-human에 굶주려왔다는 사실을 봅니다.

육신으로 나타나신 하나님

인간에게 성육신이 아주 절실하게 필요했습니다. 하나님과 인간이 분리되었던 세월은 아주 길고 쓰라렸습니다. 사탄이 지배하는 세상에 태어난 인간은 본성상 자신의 창조주를 알지 못했습니다.

철학자들은 헛되이 하나님의 본성을 알려고 노력해왔습니다. 예수 그리스도의 성육신은 하나님의 본성에 대한 참된 지식을 세상에 주었습니다.

인간이 영적으로 죽은 때로부터 하나님과 인간은 분리되었습니다. 영적으로 죽은 인간은 하나님에게서 온 계시가 없이는 창조주의 본성을 알 수 없었습니다.

인간이 계시를 거부했기에, 그의 마음은 어두워져서 하나님에 대한 그의 개념이 너무나 잘못되어버렸습니다. 한 민족(나라)이 하나님에 대해 갖는 개념은 그들의 예배와 삶을 결정합니다.

이방민족의 무지와 말할 수 없는 비참함을 볼 때, 우리는 그것이 하나님에 대한 그들의 어두워진 개념에서 비롯되었음을 깨닫습니다.

그들은 하나님을 기묘한 분, 잔혹한 분, 기괴한 분, 비도덕적인 분, 초연

한 분, 비인격적 에너지로 여겨왔습니다. 그들은 하나님을 사랑의 하나님, 아버지 하나님으로 생각한 적이 없었습니다.

하나님께서 영적으로 죽은 사람에게 그분 자신에 대해 주실 수 있는 가장 명확한 계시를 가졌던 이스라엘마저도, 그리스도께서 세상에 오실 당시 하나님에 관한 참된 개념을 가지고 있지 못했습니다.

이스라엘의 필요

이스라엘이 가지고 있던 하나님에 대한 개념이 낳은 결과는, 교만하고 신랄하고 불친절하고 오만하며 자기본위적인 바리새인이었습니다. 이스라엘은 하나님에 대한 잘못된 개념을 지니고 있었기 때문에, 하나님(예수 그리스도)께서 그들 한복판에 계셨음에도 그분을 알아보지 못했습니다.

"그리고 말씀이 육신이 되었고 우리 가운데 그분의 장막을 쳤다. 그래서 우리가 그분의 영광을 주목했는데, 그분의 아버지로부터 나신 독생자의 영광이었다. And the Word became flesh, and pitched His tent among us. And we gazed upon His glory, a glory as an Only-Begotten from his Father."(요 1:14, 로더햄역)

그리스도께서 영광을 버리시고 이 땅에 인간으로 오심을 생각할 때, 우리는 그분의 자기부인과 고난에만 머무르려는 경향이 있습니다. 그러나 그분을 더 잘 알게 되면, 소외된 인간 즉 창조주를 결코 알지 못한 인간에게 하나님에 대한 참된 개념을 주시려고 이 땅의 인간 가운데 거하는 것이, 그분에게는 기쁨이었음을 알 수 있습니다. 그분께서는 인간을 너무나 사랑하고 인간과의 교제를 너무도 갈망하셨기 때문입니다.

그리스도께서는 그분의 임무 가운데 이 측면을 아주 분명히 깨닫고, 정확히 인식하셨습니다. 요한은 그분을 "본래 하나님을 본 사람이 없으되 아버지 품 속에 있는 독생하신 하나님이 나타내셨느니라"(요 1:18)라고 말했습니다.

그분의 삶은 그분 이전에 있던 가장 위대한 철학자들과 종교 교사들의 삶과는 너무도 달랐습니다.

그들은 진리를 추구하고 찾는 자로 왔습니다. 그러나 그분은 진리의 계시 자체로 오셨습니다(요 14:6).

그분은 창조주를 사랑의 하나님, 다가갈 수 있는 거룩하신 하나님이라고 계시하셨습니다.

다른 사람들에게는 매우 엄격했던 침례 요한이 이분의 임재 앞에서는 주춤거리며 "내가 당신에게서 세례를 받아야 할 터인데"(마 3:14)라고 말했습니다.

인간 중 최고라 할 이 사람(침례 요한)은 성육신하신 분 앞에서 자신의 깊은 필요를 느꼈고, 또한 인간 중 가장 심한 죄인은 그분께 끌림을 느꼈습니다. 세리와 죄인들은 그분께 가까이 다가와서 그분과 함께 앉아 먹기를 기뻐했습니다(마 9:10, 막 2:15, 눅 5:30, 15:1). 그들은 그분의 거룩함을 두려워하지 않았고, 오히려 그분의 사랑에 끌렸습니다.

아이들이 그분의 무릎에 앉았습니다(막 10:13). 이 성육신하신 분은 아이들에게 관심을 보이셨습니다. 그리스도께서는 아이들의 진가를 처음으로 알아주신 분이셨습니다. 이방민족 중 어디에도 아이들이 있을 자리는 없었습니다. 아이에게 가치가 부여되는 것은 그 아이가 성인이 되어 국가를 지키는 군인이 된 이후에나 가능한 일이었습니다.

아이들에게 쏟는 강렬하고 순수한 사랑이 존재한 적이 없습니다. 그리스도만이 아이들을 높여주셨습니다. 오늘날 우리가 아이들의 진가를 알아주는 이유는, "말씀"이 육신이 되어 우리 가운데 거하셨다는 사실 때문입니다.

그리스도께서는 마찬가지로 여성도 높여주셨습니다. 여성들이 누리는 특권과 자유와 축복은 그리스도의 삶과 가르침에 따른 것입니다.

사랑의 하나님

여기에 우주 배후에 있는 하나님의 심령이 어떠한지를 자신의 삶과 말로 보여준 분이 계셨습니다. 창조 자체는 전능하신 하나님이 계시다는 사실만을 깨닫게 해줄 수 있을 뿐입니다. 창조는 우리에게 하나님의 본성을 밝혀줄 수 없습니다. 우리는 창조주의 전능하심을 알기를 구하지 않습니다. 그것은 우리를 두렵게 했을 것입니다. 우리는 창조주의 전지하심을 알기를 갈망하지 않습니다. 우리는 그것을 이해할 수 없을 것입니다. 우리는 창조주의 무소부재하심을 이해하기를 구하지 않습니다. 우리의 상상력은 이를 파악할 수 없을 것입니다.

우리는 창조주의 본성, 곧 그분이 인간에게 관심이 없으신지 있으신지 우리를 향한 그분의 태도를 알기 원합니다.

우리는 이제 하나님께서 어떤 분이신지 압니다. 그분이 사람으로 우리 가운데 거하셨기 때문에, 우리는 이제 우리를 향한 그분의 태도를 압니다. 하나님은 그리스도와 같습니다. 창조주의 심령은 십자가에서 파열된 심장과 같습니다.

어떤 예일 대학교 교수가 이렇게 말했습니다. "내 마음에 떠오른 의문은 예수님의 신성이 아니라, 하나님께서 예수님과 같으신가 하는 것이다."

우리가 하나님에 대해 생각할 때 우리 중에 살았던 한 분의 방식을 통해 하나님을 알 수 있다는 것은 얼마나 놀라운 일입니까? 우리는 예수님의 모든 도덕적 속성을 하나님께 전가할 수 있습니다. 그렇다고 그것이 하나님에 대한 우리의 개념의 수준을 낮추지는 않습니다. 오히려 반대로, 우리가 하나님에 대해 가질 수 있는 최고 수준의 개념은 하나님이 그리스도와 같으시다는 사실입니다. 우리가 그리스도의 관점과는 다르게 하나님을 생각하려고 한다면 하나님에 대한 우리의 개념의 수준을 낮추는 것입니다.

그리스도의 삶(생명)은 인간의 영역을 가로질러서 "하나님은 사랑이시다"라고 우리 안에 쓰셨으며, 어떤 것도 그것을 지울 수 없습니다. 성육신을 향한 인간의 심령의 부르짖음은 예수님 안에서 응답되었습니다. 하나님께서 육신으로 나타나셨습니다. 하나님께서 우리 가운데 사람으로 사셨으므로, 우리는 그분의 본성을 압니다. 우리는 하나님이 이런 분이셨으면 좋겠다는 모든 희망 사항을 그리스도 안에서 발견합니다.

그리스도는 하나님을 사랑의 하나님으로뿐만 아니라, 아버지로도 계시하셨습니다. 다른 종교에는 아버지 하나님이 없습니다.

그리스도께서 하나님을 "아버지"라고 부르시자, 유대인 사이에 커다란 소동이 일어났습니다.

요한복음 5:18을 읽어보십시오. 유대인들은 그리스도를 죽이려고 했습니다. 왜냐하면 그리스도께서 하나님을 자신의 아버지로 부르셨기 때문입니다. 다음의 성경구절, 즉 요한복음 14:20, 6:46, 7:29, 8:18, 10:15을 통해 우리는, 그리스도께서 인간에게 아버지 하나님을 계시하는 일을 중심으로 움직이셨음을 압니다.

성육신하신 이분의 삶을 살펴봅시다. 그분은 가장 온전한 의미에서 인간이 되셨습니다. 그렇다면 그분은 어떤 점에서 다른 사람들과 달랐을까요?

그분의 삶과 주위에 있는 사람들의 삶의 차이는 그분이 그들보다 덜 인간적이었다는 사실에 있지 않습니다. 그 차이는 그분이 영적 죽음의 영역에 속하지 않았다는 사실에 있습니다.

"아버지께서 자기 속에 생명이 있음 같이 아들에게도 생명을 주어 그 속에 있게 하셨고"(요 5:26) 그리스도께서는 인간이 반역한 이래로, 이와 같은 진술을 하실 수 있는 첫 번째 사람이셨습니다. 그리스도께서는 하나님의 생명을 소유하고 있다고 진술하셨습니다.

사탄은 그리스도를 지배하지 못했습니다. 그리스도께서는 영적으로 죽지 않으셨기 때문입니다. 그리스도께서는 아버지 하나님과의 하나 됨 가운데 걸으셨습니다. 그리스도는 하나님의 전능하심의 영역에서 사셨습니다.

질병은 그리스도의 몸을 지배하지 못했습니다. 질병은 영적 죽음의 자녀이기 때문입니다.

똑같은 이유로, 그리스도의 몸은 죽을 수밖에 없는 몸이 아니었습니다. "죽을 수밖에 없다"라는 말은 "죽을 운명에 처해 있다"라는 뜻입니다. 인간이 영적으로 죽었을 때, 인간의 몸은 죽을 운명에 처하게 되었습니다. 영적 죽음은 그리스도의 영에 들어온 적이 없습니다. 그러므로 그리스도께서 이 땅에서 걸으셨을 때 그분의 몸은 죽음의 지배를 받지 않으셨습니다. 성육신하신 이분의 몸은 죽을 수밖에 없는 몸도 아니요, 또 불멸의 몸도 아니었습니다. 그리스도께서는 완전히 영원한 인간의 몸, 즉 아담이 영적으로 죽기 전에 지니고 있던 종류의 몸을 소유하셨습니다. 그리스도의 때가 도래하기 전에 인간이 그리스도의 생명을 취하는 것은 불가능했습니다.

그리스도께서는 먼저 영적으로 죽으셨기 때문에 십자가에서 육체로 죽으셨습니다.

그리스도께서 우리를 위해 죄가 되셨을 때(고후 5:21), 그분의 영은 변화를 겪으셨습니다. 영적 죽음이 그분의 영에 놓였습니다. 그리고 그분의 몸은 아담이 영적으로 죽었을 때처럼 죽을 수밖에 없게 되었습니다.

이사야 53:9에 나온 죽음에 해당되는 히브리어는 복수형태의 단어로서, 십자가에서 그리스도께서는 이중 죽음을 죽으셨습니다. 즉, 그리스도께서 인간의 대속물로 죽으신 첫 번째 죽음은 영적 죽음이요, 그 다음의 죽음은 육체적인 죽음이었습니다.

이분의 삶에서 우리는 아버지 하나님께서 인간을 위해 계획하신 삶을 봅니다. 성육신하신 이분의 삶은 전적으로 자유하고 풍요로우며 충만한 삶이었습니다. 그분은 인간으로서 사탄의 지배로부터 자유롭게 이 땅을 걸어 다니셨습니다.

그분은 성육신이기 때문에 인간과 더불어 살 수 있고, 인간으로서 그들에게 그들의 창조주를 계시하며, 사탄의 속박에서 그들을 해방시킬 수 있는 능력을 소유하셨습니다.

● 19과의 내용 확인 문제

1. 갈라디아서 4:4을 설명해보십시오.

2. 역사는 어떻게 고대인이 성육신에 굶주려왔음을 밝히고 있습니까?

3. 오늘날 인간은 아직도 성육신을 찾고 있습니까?

4. 왜 인간이 하나님에 대한 참된 개념을 갖지 못했습니까?

5. 요한복음 1:18을 설명해보십시오.

6. 그리스도의 삶은 이 땅의 여성과 아이들에게 어떤 영향을 끼쳤습니까?

7. 어떻게 우리는 하나님이 사랑이심을 압니까?

8. 어떻게 그리스도께서는 하나님을 아버지 하나님으로 계시하셨습니까?

9. 왜 질병과 죽음이 예수님의 몸에는 아무 권능도 없었습니까?

10. 왜 인간으로서 그리스도께서는 사탄과 아무 상관이 없으셨습니까?

20과

속량

REDEMPTION

성육신의 목적

성육신의 목직은 인간에게 하나님의 자녀가 되는 권리를 주기 위한 것이었습니다(요 1:12). 인간은 하나님의 본성을 받아야만 하나님의 자녀가 될 수 있습니다. 그러므로 인간이 영원한 생명(영생)을 받을 수 있도록 그리스도께서 오셨습니다(요 10:10).

인간은 사탄의 권세로부터 합법적으로 속량 받은 이후에만 영원한 생명을 받을 수 있었습니다(골 1:13-14).

그러므로 우리가 성육신 다음으로 공부해야 하는 단계는 속량입니다. 속량이 성육신의 진정한 목적이었습니다. 우리는 인간의 속량자의 자격 요건으로서, 성육신하신 분이 요구되었다는 사실을 보았습니다. 이제 우리는 성육신하신 분이 어떻게 사탄의 권세로부터 인간을 합법적으로 속량하셨으며,

인간이 하나님의 본성을 받을 수 있게 하셨는지를 공부할 것입니다.

인간의 속량은 합법적입니다. 인간의 속량은 동일시 법칙law of identification을 중심으로 돌아갑니다. 동일시는 이중적입니다. 즉, 아담과 인간의 동일시와 그리스도와 인간의 동일시를 포함하고 있습니다.

속량의 계획 전체가 아담과 인간의 동일시와 그리스도와 인간의 동일시라는 이중 동일시를 중심으로 돌아갑니다.

바울의 계시

하나님께서는 바울에게 완성된 속량의 일과 그리스도의 현재 사역에 대한 계시를 주셨습니다. 바울은 다음의 성경구절에서 이 계시가 자신에게 주어졌다는 사실을 말했습니다.

로마서 16:25-26을 읽어보십시오. 바울은 그것을 "나의 복음"이라 부릅니다. 그것은 인간이 아닌 하나님에게서 온 예수 그리스도의 계시입니다. 갈라디아서 1:16-17을 읽어보십시오. 이 구절은 바울이 어디에서 그 계시를 받았는지를 알려줍니다. 그동안은 침묵해왔지만, 이제는 알려진 계시입니다.

에베소서 3:1-12을 읽어보십시오. 바울은 다른 세대에 알려지지 않았던 그리스도의 비밀(신비)에 대한 자신의 이해가 계시로 말미암은 것이었음을 밝히고 있습니다.

바울이 받은 이 계시에는 그 기초인 아담과 인간의 동일시와 그리스도와 인간의 동일시라는 계시가 들어있었습니다. 하나님의 자녀가 이중 동일시를 분명히 파악할 때, 그의 마음을 새롭게 하는 기초가 놓입니다.

우리는 이 동일시의 계시를 공부하기에 전에, 먼저 그리스도께서 일어나서 아버지께로 올라가신 후에야 속량의 계시가 주어졌던 이유를 공부할 것입니다.

바울의 계시의 필요성

우리는 이 연구과정의 제1과에서 두 종류의 지식이 있음을 보았습니다. 하나는 자연인의 지식입니다. 이는 육체의 오감에 의해 획득된 지식입니다. 또 하나는 성령님께서 인간에게 주시는 지식입니다. 그 지식은 계시 지식이라고 합니다. 하나님의 말씀이 이 계시입니다.

성육신에서 인간에게 주어진 그리스도의 계시는 인간의 신체감각의 수준으로 주어졌던 것입니다.

요한은 요한일서 1:1-2에서 "태초부터 있는 생명의 말씀에 관하여는 우리가 들은 바요 눈으로 본 바요 자세히 보고 우리의 손으로 만진 바라 이 생명이 나타내신 바 된지라 이 영원한 생명을 우리가 보았고 증언하여 너희에게 전하노니 이는 아버지와 함께 계시다가 우리에게 나타내신 바 된 이시니라"라고 말했습니다.

인간은 그리스도와 그분의 행위를 육신의 눈으로 보았습니다.

인간은 자기의 눈앞에 사셨던 하나님의 아들의 생명을 보았습니다. 인간은 귀로 그분이 했던 말씀을 들었고, 손으로 그분을 만질 수 있었습니다. 인간이 이 땅에 사셨던 그리스도에 대해 소유한 지식은 순전히 신체감각으로 획득한 것이었습니다. 그러나 하나님의 아들이신 그리스도에 대한 인간의 믿음이나 그분 안에 있는 속량에 대한 인간의 이해는 이러한 물리적 계시만으로는 충분하지 않았습니다.

마태복음 16:15-17을 읽어보십시오. 베드로는 그리스도가 하나님의 아들이라고 선언했습니다. 그런데 그리스도께서는 이상한 진술을 하셨습니다. 그분은 "이를 너에게 나타낸 것은 혈과 육이 아니라 하늘에 계신 나의 아버지시니라"(마 16:17)라고 말씀하셨습니다. 그리스도의 생명에 관하여 베드로가 보았고, 들었고, 만졌던 바로 이 지식을 (그의 육체 안에 장착된) 신경계의 오감은 주지 못했습니다.

그 지식은 특별한 계시로 아버지에게서 왔습니다. 하지만 이는 일시적인 계시에 지나지 않았습니다. 베드로가 그리스도의 죽음을 직접 눈으로 보고, 생명 없는 그분의 몸을 만졌을 때, 그의 심령으로부터 모든 소망이 빠져나갔기 때문입니다.

제자들이 보았던 그리스도의 죽으심과 부활

제자들은 그리스도의 십자가의 죽으심과 장사됨과 부활의 의미를 신체 감각을 통해서만 알았습니다.

그들은 그리스도께서 채찍에 맞으신 것을 보았습니다. 그들은 그리스도의 손과 발에 못이 박힌 것을 보았습니다. 그들은 그리스도께서 "나의 하나님, 나의 하나님, 어찌하여 나를 버리셨나이까?"라고 부르짖는 소리를 들었습니다. 그들은 장사지내려고 방부 처리하는 과정에서 그리스도의 몸을 보고 만졌습니다.

그들은 무덤에서 돌이 굴려진 것과 빈 무덤에 있던 옷가지를 보았습니다. 그들은 그리스도의 부활하신 몸을 보고 만졌습니다. 그들은 하늘로 올라가시는 그리스도를 보았습니다.

그럼에도 이 물리적인 지식은, 그리스도의 죽으심과 장사됨과 부활에 대한 중요한 영적 의미를 그들로 깨닫게 해주지는 못했습니다. 그리스도의 십자가처형에서 그들은 오직 그분의 신체적 고통만 보았을 뿐입니다. 그들은 그리스도의 영이 죄가 되셨을 때 겪는 영적 고통에 대해서는 아무것도 알지 못했습니다. 그들은 그리스도의 영이 어디 있었는지, 또는 그리스도의 몸이 무덤에 누워있는 동안 그리스도께서 무엇을 하고 계셨는지 알지 못했습니다. 그들은 그리스도께서 부활하심으로 말미암아 사탄을 정복하신 것을 알지 못했습니다. 그들은 그리스도께서 자신의 피를 가지고 하늘의 지성소로 들어가시려고 승천하신 것을 알지 못했습니다. 그들은 그리스도께서 그들을 떠나신 후 아버지의 우편에서 현재 하고 계시는 그분의 사역을 알지 못했습니다.

계시가 필요했다

그리스도의 죽으심과 장사됨과 부활로 인해 그리스도의 영에 이루어졌던 완전한 속량을, 성령님께서 계시하셔야 했습니다.

고린도전서 2:6-16은 이 계시, 성경대로 말하면 이 지혜에 대해 말씀합니다. "…모든 것은 눈으로 보지 못하고 귀로 듣지 못하고…오직 하나님이 성령으로 이것을 우리에게 보이셨으니…"(고전 2:9-10)

이 계시가 필요했지만, 성령님께서 오순절 날에 그(제자)들을 모든 진리로 인도하기 위해 오시기 전까지는 그 계시를 받을 수 없었습니다.

속량의 계시가 필요하다는 사실을 안 지금, 우리는 속량의 계시의 핵심인 동일시를 공부할 것입니다.

아담과의 동일시

로마서 5:12-21은 우리에게 동일시에 대한 분명한 그림을 제공합니다.

창세기 3장은 우리에게 아담의 대 반역죄를 계시하지만, 4000년 동안 계시는 이 주제에 대해 침묵을 지켰습니다. 이제 바울은 아담의 범죄함에 있어 인류가 그와 동일시되었음을 밝힙니다.

"그러므로 한 사람으로 말미암아 죄가 세상에 들어오고 죄로 말미암아 사망이 들어왔나니 이와 같이 모든 사람이 죄를 지었으므로 사망이 모든 사람에게 이르렀느니라"(롬 5:12) 아담 안으로 들어온 죽음(사망)이 모든 사람들에게 이르렀습니다.

우리는 그 죽음이 육체의 죽음만이 아니라 영적 죽음 곧 사탄의 본성이기도 하다는 사실에 주목합니다.

로마서 5:14-19을 읽어보십시오. 바로 이 죽음이 대 반역죄를 저지르지 않았던 사람들도 지배했습니다. 이는 한 사람으로 말미암아 많은 사람들이 죽었기 때문입니다. 또는 그 사람과의 동일시를 통하여 많은 사람들이 죽었기 때문입니다.

로마서 5:18을 읽어보십시오. 아담과의 동일시를 통하여 심판이 모든 사람에게 임하였습니다.

아담의 심판은 모든 사람의 심판이 되었습니다. 로마서 5:19을 읽어보십시오. 아담을 통해 또는 아담과의 동일시로 인해 모든 사람들이 죄인이 되었습니다. 따라서 바울은 인류가 첫 사람 아담과 동일시되었다는 사실로 인해 과거로부터 현재에 이르기까지 사탄이 주lord인 죽음의 영역에서 죄가 군림했음을 밝힙니다.

속량에는 두 측면이 있습니다. 하나는 합법적인 측면이고, 다른 하나는 실제적인 측면입니다. 합법적인 측면은 하나님께서 그리스도 안에서 우리를 위해 행하신did 일입니다. 실제적인 측면은 하나님께서 그리스도 안에 있는 우리 안에서 행하시는does 일입니다. 그러므로 인간의 타락에도 합법적인 측면과 실제적인 측면이 있습니다. 합법적인 측면은 사탄이 아담 안에서 우리에게 행했던 일이고, 실제적인 측면은 본성상 우리가 진노의 자녀일 때 사탄이 우리 안에서 행하는 일입니다.

실제적으로 우리는 아담과 함께 에덴동산에 있지 않았습니다. 하지만 합법적으로 아담의 죽음, 아담의 묶임, 아담에 대한 심판, 그리고 영적 죽음이 아담에게 만들어냈던 모든 것이 우리 것이 되었습니다.

이제 하나님께서는 그분의 아들과 인간을 동일시함으로써 아담의 반역으로 인한 모든 결과로부터 인간을 완전히 속량하셨습니다. 로마서 5:12-21의 계시가 우리에게 가져다주는 메시지가 바로 이것입니다.

인간에 대한 사탄의 주됨lordship이 아담의 대 반역죄에서 아담과 인간의 동일시에 기인한 것이라면, 둘째 아담인 하나님의 아들과 인간의 동일시에 의해서 사탄의 일을 무너뜨리는 일도 합법적으로 가능합니다.

인간의 인성과 그리스도와의 동일시

이제 우리는 인간의 속량의 합법적인 측면에서 하나님의 아들이 인성humanity과 동일시되는 단계들을 공부할 것입니다.

첫째 단계는 우리의 인성과 그리스도의 동일시였습니다. 이는 그리스도의 성육신(요 1:14)에서 일어났습니다. "자녀들은 혈과 육에 속하였으매 그도 또한 같은 모양으로 혈과 육을 함께 지니심은 죽음을 통하여 죽음의 세력을 잡은 자 곧 마귀를 멸하시며”(히 2:14)

우리가 19과에서 보았듯이, 그리스도께서는 첫 번째 사람이 걸어야 했던 길을 걸으셨고 아버지 하나님의 뜻을 행하셨습니다.

그러나 이것이 인간과의 완전한 동일시는 아니었습니다. 그분은 인간의 본성(죄의 본성)과는 동일시되지 않으셨습니다. 그리스도께서 성육신에서 인간의 영을 지배하던 본성에 참여하셨다면, 그분은 이 땅의 사역 동안 영적으로 죽어있었을 것이고, 인간에게 하나님을 계시할 수 없었을 것입니다. 따라서 인간의 영과 그리스도의 동일시는 그리스도가 세상에 들어오신 목적을 성취한 때인 십자가에서 이루어졌습니다.

이사야 53:4-6을 읽어보십시오. 히브리어를 직역해서 읽어보면 다음과 같습니다. “분명히 그가 우리의 질병을 지고 우리의 고통을 담당했지만, 우리는 그를 하나님께 맞고 고통당한 줄로 생각했다. 그러나 그는 우리의 잘못 때문에 상처를 입었고, 우리의 불법 때문에 상하였다. 우리의 복락을 위한 징계가 그에게 내려졌고, 그가 채찍에 맞음으로 우리가 치유되었다. 우리 모두는 양처럼 길을 벗어났고, 주께서는 그에게 우리 모두의 죄악을 얹으셨다. Surely our diseases he did bear and our pains he carried; whereas we did esteem him stricken, smitten of God, and afflicted. But he was wounded for our transgressions; he was crushed because of our iniquities. The chastisement of our welfare was upon him and with his stripes we were healed. All we like sheep have gone astray and the Lord hath laid on him the iniquity of us all.”

이것은 유대인이 구약성경을 번역한 것을 빌려온 것입니다.

인간의 죄의 본성과 그리스도의 동일시

바울이 고린도후서 5:21에서 받았던 계시는 하나님께서 실제로 그리스도를 우리를 위해 죄가 되게 하셨다는 것입니다.

그리스도께서는 우리의 죄만 담당하신 것이 아니었습니다. 그리스도께서 영적 죽음으로 인해 인간에게 생긴 그 모든 것(저주)이 되기까지 죄의 본성 자체가 그분에게 얹어졌습니다.

하나님의 마음에는 십자가에 달리신 이는 그리스도가 아니라 인류입니다. 그래서 우리는 각자 바울과 함께 "나는 그리스도와 함께 십자가에 못 박혔다"(갈 2:20)라고 말할 수 있을 것입니다.

실제로 우리는 에덴동산에 아담과 함께 있지 않았지만, 법적으로는 함께 있었습니다. 마찬가지로 우리는 실제로 그리스도와 함께 십자가에 달리지 않았지만, 법적으로는 그곳에 있었습니다. 그리스도와 인류의 동일시는 아담과 인류의 동일시만큼이나 완전했습니다.

인성과 그리스도와의 동일시가 완료된 지금, 속량의 단계가 시작되었습니다.

첫 단계는 인간의 죗값을 치르는 것이었습니다. 인간이 받아야 했던 심판이 그리스도께 내려졌고, 그리스도는 하나님으로부터 버림받으셨습니다.

"억압받고 심판받아 그가 끌려갔도다. 그리고 그의 세대를 위한 것이라고 누군들 추측이나 했겠는가? 이는 그가 산 자들의 땅에서 끊어졌음이라. 이는 나의 백성의 허물로 인해 일격을 당하였던 것이라. By oppression and judgment He was taken away: And as for His generation, who did reason? For He was cut off out of the land of the living. For the transgression of my people to whom the stroke was due."(사 53:8)

심판의 일격은 인간 때문이었습니다. 그러나 그리스도와 인간이 하나가 되었기 때문에 심판이 그리스도에게 내려졌습니다.

그리스도께서 우리에 대한 심판 아래 죽으셨고, 우리는 그분과 함께 죽었습니다. 그리고 그분이 지옥에서 우리의 죗값을 치르셨을 때 우리는 그분과 동일시되었습니다. 시편 88편은 동일시 가운데 우리와 하나가 되심으로 말미암아, 하나님의 참기 어려운 모든 진노가 임한 지옥에 있는 한 의인에 대한 그림을 보여줍니다.

사도행전 2:24-28은 지옥에 있는 그리스도의 고통을 우리에게 알려줍니다. 사도행전 2:24-28은 그분의 혼을 지옥에 내버려두지 않았고 (행 2:27), 하나님께서 그분을 일으키셔서 죽음의 격통pang에서 풀어주셨다고 우리에게 말씀합니다. "격통"이라는 헬라어는 "강렬한 고통"을 의미하며, 따라서 그리스도께서 일어나셨을 때 우리의 죄의 대속물로서 담당하신 강렬한 고통으로부터 그분의 영이 풀려나셨음을 보여줍니다.

그리스도께서는 하나님께서 인류를 의롭게 하실 수 있기까지 고통당하셨습니다.

디모데전서 3:16은 그리스도께서 영Spirit으로 의롭게 되셨음을 밝히고 있습니다. 그리스도께서는 동일시에서 우리와 전적으로 하나가 되셨고, 인간의 죗값이 치러졌을 때 그리스도 자신도 의롭게 됨justification이 필요했습니다. (로더햄은 "그리스도께서 영으로는 의롭다고 선언되었다. Christ was declared righteous in spirit."라고 말합니다).

속량의 다음 단계는 죄가 되셨던 분이 하나님으로부터 태어나는 것이었습니다.

히브리서 1:5은 그리스도의 부활을 가리키면서 아버지 하나님께서 그리스도에게 "너는 내 아들이라 오늘 내가 너를 낳았다"라고 말씀하셨다고 기록합니다.

"곧 하나님이 예수를 일으키사 우리 자녀들에게 이 약속을 이루게 하셨다 함이라 시편 둘째 편에 기록한 바와 같이 너는 내 아들이라 오늘 너를 낳았다 하셨고"(행 13:33)

인간의 죗값이 치러졌을 때, 예수 그리스도께서는 하나님으로부터 태어났고, 인간처럼 죽음에서 생명으로 옮겨졌습니다. 왜냐하면 예수 그리스도께서는 우리의 영적 죽음과 동일시되셨기 때문입니다. 그리스도께서는 영으로 의롭게 되시고 하나님으로부터 태어나신 후에, 인간으로서 사탄을 정복하셨습니다. 사탄은 그리스도를 자기 권세 안에 붙들어놓으려고 애썼음에 분명합니다. 사탄은 하나님께서 인간을 의롭다고 선언하실 때까지 그리스도를 붙잡아두었습니다.

"그는 우리의 범죄로 인해 드려지셨고, 우리를 의롭다고 선언하기 위해서 일으켜지셨다. Who was delivered up for our offenses and raised on account of the declaring us righteous."(롬 4:25, 로더햄역) 우리가 의롭다고 선언되었을 때, 디모데전서 3:16은 그리스도께서 의롭게 되셨음을 계시합니다. 그런 다음 그리스도께서는 하나님으로부터 태어나셨고, 그분의 신성의 능력 가운데 사탄을 만나서, 인간으로서 사탄을 무찌르고 이기셨습니다.

"통치자들과 권세들을 무력화하여 드러내어 구경거리로 삼으시고 십자가로 그들을 이기셨느니라"(골 2:15) 그리스도께서는 정사들과 권세들을 그분의 전리품으로서 공개적으로 드러내셨습니다. 그리스도께서는 사탄의 손아귀로부터 스스로 벗어나서 사탄을 무찔러 이기신 첫 번째 사람이셨습니다. 그리스도께서 인간으로 일어나시자 사탄의 세력들은 그분의 발아래에 놓이게 되었습니다(엡 2:20-23).

● 20과의 내용 확인 문제

1. 성육신의 목적은 무엇이었습니까?

2. 바울의 계시에 대해 말하고 있는 세 개의 성경구절을 제시하십시오.

3. 왜 계시가 주어져야 했습니까?

4. 속량에서 동일시가 차지한 위치는 무엇입니까?

5. 아담과 인간의 동일시로 말미암아 인간의 것이 된 것은 무엇입니까?

6. 아담과 인간의 동일시를 보여주는 다섯 개의 성경구절을 제시하십시오.

7. 왜 그리스도께서는 성육신 가운데 자신과 인간의 인성만을 동일시하셨습니까?

8. 그리스도께서는 언제 우리의 영의 본성과 동일시되셨습니까?

9. 왜 그리스도께서 영으로 살아나셔야 했습니까?

10. 언제 그리스도께서 인간으로서 사탄을 정복하셨을까요?

21과

그리스도와 우리의 동일시

OUR IDENTIFICATION WITH CHRIST

우리는 20과에서 십자가처형에서 부활에 이르기까지 그리스도 안에서 우리에게 이루어진 속량의 단계들을 공부했습니다.

그리스도께서는 하늘로 올라가셨을 때, 우리를 대신한 그분의 대속적인 죽으심과 부활의 기초 위에서 우리를 위한 영원한 속량을 자신의 피로 획득하셨습니다.

"염소와 송아지의 피로 하지 아니하고 오직 자기의 피로 영원한 속죄를 이루사 단번에 성소에 들어가셨느니라"(히 9:12)

"오직 그리스도는 죄를 위하여 한 영원한 제사를 드리시고 하나님 우편에 앉으사 그 후에 자기 원수들을 자기 발등상이 되게 하실 때까지 기다리시나니 그가 거룩하게 된 자들을 한 번의 제사로 영원히 온전하게 하셨느니라"(히 10:12-14)

그리스도께서 아버지 우편에 앉으셨을 때, 인간은 합법적으로 그리스도의 속량의 일에서 그리스도와 동일시됨으로 말미암아 완전히 속량되었습니다.

지난 20과에서 우리는 인간의 영적 죽음이 타락한 아담과 인간의 합법적인 동일시에 기인한 것임을 보았습니다.

이제 우리는 영적 죽음에서 인간을 합법적으로 속량시켜준 그리스도와 인간의 동일시 단계를 공부할 것입니다.

그리스도와 인간의 동일시는 여섯 단계가 있습니다.

나는 그리스도와 함께 십자가에 못 박혔다

"나는 그리스도와 함께 십자가에 못 박혔다. I have been crucified with Christ."(갈 2:20) 킹제임스 영어성경은 이 구절을 "내가 그리스도와 함께 십자가에 못 박히나니I am crucified"라고 잘못 번역했습니다.

"우리가 알거니와 우리의 옛 사람이 예수와 함께 십자가에 못 박힌 것은 죄의 몸이 죽어 다시는 우리가 죄에게 종 노릇 하지 아니하려 함이니" (롬 6:6)

로마서 4:25은 이를 다음과 같이 제시합니다. "예수는 우리가 범죄한 것 때문에 내줌이 되고 또한 우리를 의롭다 하시기 위하여 살아나셨느니라" 예수 그리스도께서는 우리의 범죄함 때문에 드려지셨습니다. 하나님께서는 우리를 위해 십자가에서 그리스도를 죄가 되게 하셨습니다. 그리스도가 지신 것은 우리의 영적 죽음과 우리의 범죄함이었습니다. 그분은 십자가에서 우리와 동일시되셨습니다. 그분은 우리의 대속물이 되셨습니다.

나는 그리스도와 함께 죽었다

"만일 우리가 그의 죽으심과 같은 모양으로 연합한 자가 되었으면" (롬 6:5) 그리고 로마서 6:8은 "만일 우리가 그리스도와 함께 죽었으면" 이라고 말씀합니다. 그리스도께서 죽으셨을 때, 우리도 그분과 함께 죽었습니다. 그리스도께서는 그분의 영에 먼저 우리의 영적 죽음을 놓지 않았더라면 육체적으로 죽지 않으셨을 것입니다.

그러므로 아담이 영적으로 죽자 나중에 그의 몸이 죽었듯이, 십자가에서 그리스도께서 우리와 동일시된 결과로 죽을 수밖에 없게 된 몸의 죽음, 즉 "죽음에 굴복당하는" 몸의 죽음이 뒤따랐습니다. 우리는 그분과 함께 죽었습니다. 그분의 영이 그분의 육신의 몸을 떠나 지옥으로 내려갔을 때도, 우리는 그분과 동일시되었습니다.

누군가는 그리스도께서 십자가에 달려있을 때 강도에게 하신 말씀이 무슨 의미인지 궁금할 수도 있습니다.

"그리스도께서 십자가에 달린 강도에게 '내가 진실로 네게 이르노니, 오늘 네가 나와 함께 낙원에 있으리라 Verily I say unto thee, Today shalt thou be with me in?' (눅 23:43)라고 하신 말씀의 의미가 무엇이었는가?" 하고 물을 수도 있습니다. 누가복음 23:43에 대한 더 나은 번역은 쉼표를 다음과 같이 찍습니다. "내가 오늘 너에게 말하노니, 너는 낙원에 나와 함께 있게 될 것이다. I say unto thee today, thou shalt be with me in Paradise."

예수님께서는 "내가 오늘 너와 함께 낙원에 있을 것이다."라고 말씀하신 것이 아니라, "내가 오늘 너에게 말해주는데, 나는 낙원에서 너를 만날 것이다."라고 말씀하신 것입니다. 예수님께서는 피로 덮여있는 옛 언약의 죗값을 치르실 때까지는 낙원으로 가실 수 없었습니다.

나는 그리스도와 함께 장사되었다

"그러므로 우리가 그의 죽으심과 합하여 세례(침례)를 받음으로 그와 함께 장사되었나니"(롬 6:4) 그리고 골로새서 2:12은 "너희가 세례(침례)로 그리스도와 함께 장사되고"라고 말씀합니다.

침례는 우리가 그리스도와 함께 장사된 것의 모형입니다. 그리스도께서 인간의 죗값을 치르셨을 때, 그분의 몸은 무덤에 안치되었던 반면, 그분의 영은 지옥에서 고통당하셨습니다. 그리스도께서는 인간의 죗값을 합당하게 치르셨고 공의의 요구를 만족시켰습니다. 그리스도께서 인간과 동일시되었기 때문입니다. 그리스도께서는 자신의 죗값을 치르신 것이 아니라, 자신과 하나가 된 인간의 죗값을 치르신 것이었습니다. 하나님의 마음에는 우리가 초래한 심판을 받고 고통의 자리에 있던 사람이 바로 당신과 나였습니다. 이 동일시의 기초 위에서 그리스도의 속량의 일을 받아들이는 사람은 지옥에 가지 않고 자유롭게 풀려나며, 반면 그를 위한 그리스도의 속량을 거부한 사람은 지옥에 가야 합니다.

인간의 대 반역에 대한 죗값이 치러졌을 때, 인간은 사탄의 속박으로부터 풀려났습니다.

십자가와 죽으심과 장사됨에서 그리스도와 우리의 동일시를 말씀한 로마서 6:1-11로부터 우리는 다음의 계시된 사실을 얻습니다.

죄의 몸 곧 영적 죽음의 몸이 파괴되었습니다(롬 6:6).

인간은 영적 죽음에서 풀려나게 되었습니다(롬 6:7, RSV의 각주). 인간이 그리스도 안에서 죽고 자신의 합당한 죗값을 치렀기 때문입니다.

죗값이 치러졌을 때, 인간은 하나님 앞에서 의롭게 된 자로 서거나 또는 의롭다고 선언되었습니다. 우리는 "의"라는 말의 의미를 알게 되어 기쁩니다.

철학의 아버지라고 하는 소크라테스는 누구든지 어떤 주제에 대해 지적으로 말할 수 있기 전에, 먼저 자신이 사용하는 용어를 정의할 수 있어야 한다고 가르쳤습니다. "의"는 "인간이 그의 영에 어떤 영적 죽음도 있었던 적이 없는 것처럼, 죄와 정죄로부터 자유롭게 하나님의 임재 가운데 설 수 있는 능력"을 의미합니다.

하나님께서는 인간을 의롭다고 선언하시고 영적 죽음으로부터 합법적으로 자유롭게 하실 수 있었을 때에야 비로소 그분 자신의 본성인 생명을 인간의 영에 전이할 수 있는 권리를 가지셨습니다.

따라서 우리의 죗값이 치러졌기 때문에 그리스도께서는 그분의 영으로 의롭다고 선언되신 후에, 살아나셨습니다. 십자가에서 완성된 인간과 그리스도의 동일시는 계속됩니다. 그리고 그 다음 단계는 이것입니다.

나는 그리스도와 함께 살아났다

"또 범죄와 육체의 무할례로 죽었던 너희를 하나님이 그와 함께 살리시고 우리의 모든 죄를 사하시고"(골 2:13) 그리고 에베소서 2:5은 "허물로 죽은 우리를 그리스도와 함께 살리셨고 (너희는 은혜로 구원을 받은 것이라)"라고 말씀합니다.

하나님께서는 그리스도를 죽은 자들로부터 일으키셨을 때 "너는 내 아들이라 오늘 내가 너를 낳았노라"(히 1:5, 행 13:33)라고 말씀하셨습니다.

그리스도는 죽은 자들로부터 첫 번째로 태어나신 분the firstborn이셨습니다. 그리스도는 영적 죽음에서 영원한 생명으로 태어난 첫 번째 사람이셨습니다. 그리스도는 죽음의 지배를 깨뜨린 첫 번째 사람이셨습니다.

"…사망이 다시 그를 주장하지 못할 줄을 앎이로라 그가 죽으심은 죄에 대하여 단번에 죽으심이요…"(롬 6:9-10) 그리스도께서 십자가에서 우리와 동일시되었을 때 죽음이 그분을 주관했지만, 그리스도께서 우리의 죗값을 치르셨을 때 죽음의 지배는 깨졌습니다. 그리스도는 풀려났습니다.

그리스도께서는 죄에 대해 죽으셨고, 생명의 영역 안에서 하나님으로부터 태어나셨습니다.

"하나님이 미리 아신 자들을 또한 그 아들의 형상을 본받게 하기 위하여 미리 정하셨으니 이는 그로 많은 형제 중에서 맏아들이 되게 하려 하심이니라"(롬 8:29)

"많은 형제들"이 죽음에서 생명으로 탄생하신 그리스도와 합법적으로 동일시되었지만, 그리스도께서는 그것을 실제로 경험하신 첫 번째 사람 곧 첫 번째로 태어나신 분이셨습니다. 합법적으로 그리스도와 함께 살아난 우리는 그분의 형상에 일치하게 되었습니다.

"일치하다conform"라는 말은 정확히 닮게 된다는 뜻입니다. 곧 특정의 패턴에 맞추어 이루어진다는 말입니다.

십자가에서 죄가 되신 그리스도께서는 영적 죽음인 우리의 형상에 일치하게 되셨습니다. 그리스도께서 살아나셨을 때, 우리는 그분과 함께 살아나게 되었습니다. 그분과 함께 우리는 이 첫 번째로 나신 분의 형상에 일치합니다. 우리는 곧 그리스도이신 모든 것이 됩니다. 그렇기 때문에 우리는 그리스도와 공동 상속자joint-heir입니다. 우리는 합법적으로 그리스도와 함께 죽음에서 생명으로 태어났습니다.

로마서 6:11을 보면 그리스도께서는 그분이 죄에게는 죽은 자요, 하나님께는 산 자이시듯이, 실제로 우리도 우리 자신을 정녕 죄에게는 죽은 자요, 예수 그리스도 우리 주로 말미암아 하나님께는 산 자로 여기라고 말씀하십니다. 그 이유는 우리가 그분과 함께 합법적으로 거듭나서 살아났기 때문입니다.

사람이 개인적으로 예수 그리스도를 자신의 구원자로 영접한 순간, 그는 실제로 하나님의 생명을 받고, 죽음에서 생명으로 태어납니다.

이것이 바로 그리스도의 죽으심과 부활에서 그분과 우리가 동일시되었다는 실제적인 의미입니다. 이는 마치 아담이 지옥으로 가서, 심판을 받은 후, 풀려나서 영적 죽음의 속박으로부터 벗어나고, 대 반역죄에서 합법적으로 무죄 방면되며, 영원한 생명을 받고 하나님과의 교제 가운데 걸을 수 있는 권리를 받은 것과 같습니다.

아담이 이렇게 할 수 있었다면, 영적 죽음 안에서 아담과 동일시되었던 인류는 결코 죽음의 지배 아래 있지 않았을 것입니다. 하지만 아담은 이렇게 할 수 없었습니다. 하나님께서는 우리를 사랑하시는 그 크신 사랑으로 그분의 아들을 보내셔서 이를 행하게 하셨습니다.

아담 안에서 모든 인간은 영적으로 죽었지만, 그리스도의 죽으심과 장사됨과 부활에서 그분과의 동일시라는 기초로 인해 모든 인류가 합법적으로 살아나게 되었습니다.

"아담 안에서 모든 사람이 죽은 것 같이 그리스도 안에서 모든 사람이 삶을 얻으리라"(고전 15:22)

그리스도를 구원자와 주님으로 영접한 사람은 주님처럼 아버지와의 교제 가운데 걷고, 아담이 죄를 짓지 않거나 영적으로 죽은 적이 없었을 때처럼 사탄의 지배로부터 자유롭습니다.

새로운 탄생을 통해 인간은 사탄의 권세로부터 그리스도의 주되심 the Lordship of Christ으로 옮겨집니다. "그가 우리를 흑암의 권세에서 건져내사 그의 사랑의 아들의 나라로 옮기셨으니"(골 1:13)

이는 그리스도께서 죽음에서 생명으로 풀려났을 때 인간이 실제로 그리스도와 함께 풀려났기 때문입니다. 그리스도께서 행하신 모든 것은 그분 자신을 위한 것이 아니라 인간을 위한 것이었습니다.

그리스도께서 사탄의 권세로부터 벗어난 후, 다음 단계는 그분에게서 사탄의 세력들을 떼어버리는 것이었습니다.

에베소서 1:20-23은 하나님께서 그리스도를 죽은 자들로부터 일으키셨을 때, "모든 통치와 권세와 능력과 주권과 이 세상뿐 아니라 오는 세상에 일컫는 모든 이름 위에 뛰어나게" 높이셨다고 우리에게 말씀합니다.

나는 그리스도와 함께 일어났다

"또 (그분과)함께 일으키사"(엡 2:6)

우리가 이 세상에서 하는 싸움은 정사와 권력들과 이 세상 어두움의 주관자들과 높은 곳에 있는 영적인 악한 무리들에 대항 하는 싸움입니다.

"이는 우리의 싸움이 그저 육과 혈과의 싸움이 아니요, 독재정치, 황제들, 이 어두운 세상을 통치하고 지배하는 세력들, 하늘의 전쟁에서 우리를 대항하여 포진된 영적인 악의 무리와의 싸움이기 때문이다. For ours is not a conflict with mere flesh and blood, but with the despotisms, empires, the forces that control and govern this dark world, and the spiritual hosts of evil arrayed against us in the heavenly warfare."(엡 6:12, 웨이머스Weymouth역)

이들이 바로 그리스도께서 사탄의 권좌가 있는 방에서 무장 해제시킨 후 그분의 전리품으로 공개적인 구경거리가 되게 하신 통치자들입니다.

"그리고 그리스도께서 적대적인 군주들과 통치자들을 무찌르고 승리하셨을 때 그분 자신에게서 그들을 떨쳐내신 후, 그들을 담대하게 그분의 전리품으로서 공개적인 구경거리가 되게 하셨다. And the hostile princes and rulers He shook off from Himself and boldly displayed as His conquests when He triumphed over them."(골 2:15, 웨이머스역)

"자녀들은 혈과 육에 속하였으매 그도 또한 같은 모양으로 혈과 육을 함께 지니심은 죽음을 통하여 죽음의 세력을 잡은 자 곧 마귀를 멸하시며"(히 2:14)

헬라어 원문을 번역한 다른 역본은 히브리서 2:14을 "그분은 죽음의 통치권을 잡은 자, 곧 마귀를 무기력하게 하셨다. He rendered powerless him that held the dominion of death, that is, the devil."라고 해석합니다.

우리는 사탄에게 승리를 거두신 그리스도와 동일시되었습니다. 그리스도께서 사탄을 무찌르고 승리하신 것은 오직 그분과 우리의 동일시 때문이었습니다. 그분은 항상 사탄보다 크셨습니다.

그리스도께서 인간으로서, 사탄을 그의 통치 영역인 지옥에서 만나 정복하신 까닭은, 그분과 우리를 동일시하기 위해서였습니다. 그리스도께서는 우리를 대표하는 대속물로서 그곳에 가셨습니다. 그분의 승리는 우리의 승리였습니다. 그리스도께서 사탄에게서 권세를 벗겨내셨을 때, 그것은 마치 우리가 그 일을 한 것과 같았습니다.

예수님께서 의롭게 되신 후, 사탄은 더 이상 그분을 지배하지 못했습니다.

그리스도와 우리의 동일시는 우리를 예수님만큼이나 자유롭게 합니다.

나는 그리스도와 함께 앉았다

그리스도께서는 그분의 영이 지옥에서 풀려난 후, 자신의 몸 안으로 들어가셨고, 그 몸을 불멸로 일으키셨습니다.

"미리 본 고로 그리스도의 부활을 말하되 그가 음부에 버림이 되지 않고 그의 육신이 썩음을 당하지 아니하시리라"(행 2:31) 승천하여 아버지의 우편에 앉기 전에 그리스도께서는 제자들에게 나타나셔서, 하늘과 땅에 있는 모든 권세가 그에게 주어졌다고 말씀하셨습니다. "하늘과 땅의 모든 권세를 내게 주셨으니"(마 28:18)

인간으로서 그분은 이 영적 어둠의 세상 통치자들을 다스리는 권세를 소유하셨습니다. 그분은 그 권세를 가지고 아버지 우편에 앉으셨습니다. 그 권세는 우리를 위한 것이었습니다.

"다윗은 하늘에 올라가지 못하였으나 친히 말하여 이르되 주께서 내 주에게 말씀하시기를 내가 네 원수로 네 발등상이 되게 하기까지 너는 내 우편에 앉아 있으라 하셨도다 하였으니"(행 2:34-35) 히브리서 1:13에서 우리는 아버지께서 그분의 아들에게 하신 칭찬의 노래를 듣습니다. "내가 네 원수로 네 발등상이 되게 하기까지 너는 내 우편에 앉아 있으라"

히브리서 10:13은 그분께서 원수들이 그분의 발판이 되기를 기다리고 계신다고 우리에게 말씀합니다. 이를 에베소서 1:20-23과의 연관 속에서 공부해봅시다. "그의 능력이 그리스도 안에서 역사하사 죽은 자들 가운데서 다시 살리시고 하늘에서 자기의 오른편에 앉히사 모든 통치와 권세와 능력과 주권과 이 세상뿐 아니라 오는 세상에 일컫는 모든 이름 위에 뛰어나게 하시고 또 만물을 그의 발 아래에 복종하게 하시고 그를 만물 위에 교회의 머리로 삼으셨느니라 교회는 그의 몸이니 만물 안에서 만물을 충만하게 하시는 이의 충만함이니라"(엡 1:20-23)

그리스도께서는 부활에서 만물을 합법적으로 그분의 발아래에(말하자면, 그분의 몸인 교회 아래에) 두셨으며, 그분의 원수들(인간의 원수들인 사탄과 죄와 질병)이 오늘날 실제로 그분의 발아래에 놓이게 되는 것을 기다리고 계십니다.

우리는 그분과 함께 앉아있습니다. (에베소서 2:6은 "그리스도 예수 안에서 함께 하늘에 앉히시니"라고 말씀합니다.) 그분께서는 우리가 그분과 함께 왕으로 다스리기 위해서 합법적으로 우리에게 속한 것을 실제로 그분의 이름으로 취하고, 그분의 이름으로 우리의 모든 원수를 우리 발아래 두기를 기다리고 계십니다.

로마서 5:17을 매우 신중하게 읽고 공부하십시오.

그리스도와 인간의 동일시는 아담과 인간의 동일시를 통해서 인간 안에서 활동하는 사탄의 일을 파괴해버렸습니다.

동일시

십자가에 못 박히신
예수 그리스도와 동일시되었나니,
인간의 영원한 상실로 인해 죽으신
예수 그리스도와 동일시되었나니

저주받은 땅 아래 장사되신
예수 그리스도와 동일시되었나니,
지옥의 깊은 감옥에 갇히신
예수 그리스도와 동일시되었나니

부활의 능력과 권능으로 계신
예수 그리스도와 동일시되었나니,
지금 이 시간 하나님의 우편에 계신
예수 그리스도와 동일시되었나니

– E. W. 케년

● 21과의 내용 확인 문제

1. 그리스도와 우리의 동일시의 6단계를 각 단계의 해당하는 성경구절을 제시하며 자세히 설명하십시오.

22과

하나님의 두 창조

GOD' S TWO CREATIONS

그리스도와 우리의 동일시에 대해 다루었던 21과에서 우리는 하나님께서 그리스도 안에서 새로운 피조물을 일으키신 단계들을 공부했습니다.

그리스도께서는 영적 죽음으로부터 살아나신 후, 많은 형제 가운데 첫째로 태어나신 분으로 일어나셨습니다.

"하나님이 미리 아신 자들을 또한 그 아들의 형상을 본받게 하기 위하여 미리 정하셨으니 이는 그로 많은 형제 중에서 맏아들이 되게 하려 하심이니라"(롬 8:29) 그분은 하나님의 많은 아들들 가운데 첫째로 나신 분이셨습니다.

그분은 죽은 자들로부터 일으켜지신 첫 번째로 태어나신 분이셨습니다.

"하나님께서 어느 때에 천사 중 누구에게 너는 내 아들이라 오늘 내가 너를 낳았다 하셨으며 또 다시 나는 그에게 아버지가 되고 그는 내게 아들이 되리라 하셨느냐 또 그가 맏아들을 이끌어 세상에 다시 들어오게 하실 때에 하나님의 모든 천사들은 그에게 경배할지어다 말씀하시며"(히 1:5-6) 그분은 인류역사상 영적 죽음에서 생명의 영역으로 태어나신 첫 번째 사람이셨습니다.

"그는 몸인 교회의 머리시라 그가 근본이시요 죽은 자들 가운데서 먼저 나신 이시니 이는 친히 만물의 으뜸이 되려 하심이요"(골 1:18) 그분은 새로운 피조물의 머리이십니다. 그분은 새로운 종족, 곧 새로운 유형의 인간의 머리이십니다.

그분은 사탄의 지배로부터 자유롭게 된 인간의 창조의 머리이십니다.

인간이 이 하나님의 아들을 구원자와 주님으로 영접할 때마다 죽음에서 생명으로 넘어갑니다(요 5:24).

"그런즉 누구든지 그리스도 안에 있으면 새로운 피조물이라 이전 것은 지나갔으니 보라 새 것이 되었도다"(고후 5:17)

그리스도 안에 있는 이 새로운 창조(피조물), 곧 영적인 창조a Spiritual Creation는 아담 안에 있는 창조만큼이나 실재적입니다. 이번 공부를 통해 우리는 그리스도 안에 있는 창조와 아담 안에 있는 창조를 비교할 것입니다.

아담 안에 있는 창조

우주의 창조와 그 창조의 최고봉인 인간의 창조는, 우리로 하여금 지성이 있는 전능한 창조주가 계시다는 결론에 이르게 합니다. 하나님을 믿지 않기로 결정하여 마음mind의 눈이 어두워진 사람만이 다른 식으로 믿을 것입니다.

어떤 사람이 지적인 창조주가 계심을 믿지 않으려한다면, 우리는 간략한 개요를 제시하여 그가 무엇을 믿어야 하는지를 알려줄 뿐입니다.

인간이 대면하는 첫 번째 사실은 이것입니다. 즉, 그가 존재한다는 사실입니다. 이 점에서 최소한 그의 지식은 확실합니다. 그는 존재합니다. 하지만 어떻게 그가 존재하게 되었습니까? 그는 생명으로 충만한 세상에 살지만, 어떻게 생명이 시작되었습니까? 인간이 수없는 세대를 통해 내려왔다고 말하는 것은 어려움을 가중시킬 뿐입니다.

첫 사람은 어디에서 왔을까요? 어떻게 생명이 시작되었을까요? 현시점까지 과학은 어떤 대답도 해줄 수 없었습니다. 짐작조차도 할 수 없었습니다. 과학이 할 수 있는 유일한 대답은 생명이 죽음으로부터, 무無로부터 발생했다는 것입니다. 하나님을 부인하는 과학자는 그 주제에 대해 증명이 부족할 뿐만 아니라, 우리가 현시점에서 소유하는 모든 지식에 모순된 이론을 자신의 신념의 기초로 받아들여야 합니다. 모든 과학실험은 생명이 이전 세대와 무관하게 발생할 수 없고, 무생물은 기존의 생명체의 영향을 받지 않고는 생명체가 될 수 없으며, 생명만이 생명을 생산할 수 있음을 입증합니다.

창조주를 부인하는 사람은 자연발생spontaneous generation이 과거에 일어났다는 것을 입증할 수 없는데도, 그 일이 수십억 년 전에 일어났을 수도 있다고 대답합니다. 그런 사람은 단 하나의 세포만이 필요했을 것이라 말하기도 합니다. 그는 확실히 이 원시 생명 세포를 당연한 것으로 여기고 있습니다. 그러나 그것을 믿기 위해서는, 모든 영역에서의 생명체 발달을 위한 모든 가능성이 그 원시 생명 세포 안에 본래 갖추어져 있었다는 것을 믿어야 합니다.

어느 쪽을 믿는 것이 더 쉬울까요? 정직한 사람이라면, 지적인 창조주를 믿는 것보다, 고도로 복잡하고 지적으로 조직화된 형태의 생명체로의 발전 가능성을 지닌 생명 세포가 우주 가운데 우연히 생겨났다고 믿는 것이 더 쉽겠습니까? 그는 인간과 같이 불멸에 대한 갈망으로 전율하는 지적이고 의식이 있는 존재가, 지성도 없고 의식도 없는 물질로부터 발전될 수 있다고 믿을 수 있을까요?

아닙니다! 인간의 창조는 곧 지적인 창조주가 계시다는 증거입니다. 아담 안에서 인간의 창조는 인간을 향해 가장 부드럽게 사랑하고 돌보시는 어떤 지적인 창조주를 가리키고 있습니다.

우리는 창조를 공부할 때 –행성과 별과 혜성이 질서와 법칙의 정해진 순서에 따라 작동한다는 사실을 밝혀주는 가장 강력한 망원경을 통해서든지, 아니면 똑같은 법칙과 질서가 가장 미세한 형태의 생명체에서 작동한다는 사실을 밝혀주는 가장 강력한 현미경을 통해서든지 간에– 심혈을 기울이는 관심과 생각이 모든 형태의 생명체에 쏟아 부어진 것을 발견합니다.

놀라운 기술로 일몰과 무지개를 그리셨던 창조주께서 파리 날개도 가장 화려한 색깔로 칠하셨습니다. 창조주께서는 인간이 호기심이 많아서 가장 강력한 인공렌즈를 통해 주도면밀하게 생명체를 연구하리라는 사실을 아셨기 때문에, 모든 미세한 생명체를 섬세하고 아름답게 지으셨습니다. 어떤 형태의 생명체는 너무 작아서 이슬 한 방울에서 스무 개의 개체가 발견될 수 있습니다. 그러나 모든 생명체는 정묘하고 아름답게 설계되었습니다.

인간이 차지한 위치

우리는 어떤 목적으로 모든 창조에서 이 배려와 세심함이 드러나는지 궁금해합니다. 그 대답은 인간입니다.

창조의 모든 단계는 인간을 그 목표로 가리키고 있습니다. 밭과 열매와 채소와 숲과 가축이 있는 아름다운 땅(지구)은 인간을 위한 것입니다. 우리는 창조주께서 인간에게 이 보금자리를 준비하기 위해, 모든 별만이 아니라 모든 먼지 입자에까지 그분의 개인적인 관심을 기울이신 것을 발견합니다.

하나님께서 함께 다스리기 위해 그분의 형상대로 창조하신 인간에게 창조세계를 마련하실 때 어떤 배려와 세심함과 사랑이 드러나고 있습니까?

아담 안에서 인간의 창조인 첫 번째 창조는 인간을 향한 창조주의 무한한 사랑만이 아니라 인간이 그분의 계획에서 차지하는 위치를 계시합니다. 그러나 이제 그것이 우리의 심령에 창조주에 대해 무엇을 계시하는지 알아보기 위해서 그리스도 안에 있는 이 새로운 창조(피조물)로 돌아 가봅시다.

황폐화된 창조

우리는 이전 과들을 통해 재앙이 창조세계만이 아니라 하나님의 형상대로 창조된 자의 생명도 황폐화하였음을 보았습니다.

사탄의 본성인 영적 죽음이 인간의 영 안으로 들어와서, 인간을 하나님과 분리시켰습니다(창 3장).

영적 죽음의 상태에 처한 인간은 사탄의 저주를 받은 이 창조세계를 바라보면서 설령 하나님께서 계시다 하더라도 그분은 무기력하고, 그저 세상일에 대해 방관하시는 분일 뿐이라고 생각했습니다. 자연의 힘은 인간에게 매우 호의적인 동시에 매우 파괴적이고, 인간의 생명에 대해 아주 냉정합니다. 모든 점에서 축복과 저주가 존재하는 것처럼 보입니다. 태양과 바람과 물과 불이 종종 고통과 죽음을 가져옵니다.

그러나 영적 죽음이 지배하는 동안, 창조주께서는 활동을 멈추신 것이 아니었습니다. 그분은 이 세상에 인간이 출현하도록 준비하셨을 때만큼이나 인간을 위해 활동하시고 심사숙고하셨습니다.

인류 역사 내내 하나님께서 인간을 대하시던 매 단계가 하나의 목표, 즉 인간을 영적 죽음과 사탄의 지배로부터 완전히 자유롭게 할 인간의 영적인 창조 곧 새로운 피조물에 맞추어져 있었습니다.

창조주께서는 새로운 피조물을 예비하시는 데 있어, 예전에 인간을 창조하고자 준비하실 때 못지않은 생각과 관심과 사랑을 부으셨습니다.

첫 번째 창조가 인간을 향한 창조주의 사랑을 계시한다면, 하물며 새로운 피조물은 어떠하겠습니까!

첫 번째 창조가 인간을 향한 하나님의 계획에서 인간이 차지한 위치에 대한 일면을 보여준다면, 하물며 새로운 피조물은 어떠하겠습니까!

창조의 능력만으로는 새로운 피조물을 낳을 수 없었습니다. 새로운 피조물은 낙원에서 창조될 수 없었습니다.

그리스도 안에 있는 새로운 창조

우리는 21과에서 새로운 피조물을 일으킨 단계들을 공부했습니다. 오직 하나님의 아들만이 영적 죽음에 처한 우리를 대신함으로, 즉 우리의 죗값을 몸소 치르심으로 새로운 피조물을 가능하게 하셨습니다. 창조의 하나님께서는 인간이 고통과 비참에 처한 동안 아무것도 하지 않으셨습니까? 아닙니다. 창조주 하나님께서는 인간의 죄의 채무liabilities를 떠맡으셨습니다. 하나님과 동등하게 존재하셨던 분이신 하나님의 아들이 영적 죽음의 고통을 받았을 뿐 아니라, 그 고통을 떠맡아서, 죗값을 담당하시고 인간이 더 이상 고통당할 필요가 없도록 그를 대신하여 고통당하기도 하셨습니다.

첫 번째 피조물은 창조주의 손으로 낙원에서 처음 태어났습니다. 그리스도 안에 있는 새로운 피조물은 지옥에서 태어났습니다. 지옥은 사탄과 그의 무리를 위해 마련된 것이었지만, 이 두려운 장소에서 하나님의 아들이 공의의 요구가 충족되기까지 고통당하셨습니다. 그런 다음, 그분은 죽음으로부터 살아나셨고, 우리도 합법적으로 그분과 함께 살아났습니다.

"허물로 죽은 우리를 그리스도와 함께 살리셨고…"(엡 2:5)

이곳(지옥)이 새로운 피조물이 합법적으로 태어난 장소였습니다. 영적으로 죽은 인간이 의롭게 되었을 때 하나님의 아들의 형상과 합법적으로 일치하게 되었던 것은 바로 이곳에서였습니다.

"하나님이 미리 아신 자들을 또한 그 아들의 형상을 본받게 하기 위하여 미리 정하셨으니 이는 그로 많은 형제 중에서 맏아들이 되게 하려 하심이니라"(롬 8:29)

그리고 그리스도께서는 우리가 의로 선언되었기 때문에 많은 형제들 가운데 첫 번째 태어나신 분으로 일어나셨습니다.

"예수는 우리가 범죄한 것 때문에 내줌이 되고 또한 우리를 의롭다 하시기 위하여 살아나셨느니라"(롬 4:25)

그분의 혼은 지옥에 버림받지 않았습니다.

“이는 내 영혼을 음부에 버리지 아니하시며…”(행 2:27)

“미리 본 고로 그리스도의 부활을 말하되 그가 음부에 버림이 되지 않고 그의 육신이 썩음을 당하지 아니하시리라 하더니”(행 2:31)

“하나님께서 그를 사망의 고통에서 풀어 살리셨으니 이는 그가 사망에 매여 있을 수 없었음이라”(행 2:24) 하나님께서 그리스도를 살리셨을 때, 그리스도께서는 영적 죽음의 상태에서 겪는 심한 고통에서 벗어나게 되었습니다.

이것이 바로 그리스도 안에서 일어난 새로운 피조물의 탄생이었습니다.

첫 번째 피조물(창조)은 모든 창조의 왕관과 절정으로서 하나님의 형상에 따라 창조되었습니다.

새로운 피조물은 지옥에서 태어났고, 하나님의 아들의 형상과 일치하여, 그분과 공동 상속자가 되었습니다.

이것이 아버지 하나님께서 새로운 피조물을 위해 치르신 값입니다. 어떤 말로도 새로운 피조물이 아버지 하나님께 갖는 의미를 제대로 표현해 줄 수 없습니다.

여기에서 우리는 속량의 합법적인 측면 곧 하나님께서 그리스도 안에서 인간을 위해 행하신 일을 다루고 있습니다. 인간은 개인적으로 그리스도를 구원자와 주님으로 받아들일 때 실제적이고 현실적으로 그 안으로 들어갑니다(롬 10:9-10).

고린도후서 5:17을 읽어보십시오. 그는 그리스도 안에서 새로운 피조물이 됩니다.

이제, 오늘날 새로운 피조물에 대한 아버지의 태도를 공부해봅시다.

창조주께서는 오늘날 그리스도 안에 있는 새로운 피조물에 대해 무관심하실까요? 그분의 유업은 새로운 피조물입니다. 인간을 향한 그분의 모든 꿈과 계획은 새로운 피조물에서만 성취됩니다.

이제 하나님께서 새로운 피조물에 대해서 무어라 말씀하셨는지 공부해 봅시다. 하나님께서는 새로운 피조물이 의가 되었다고 선언하십니다.

"그러므로 믿음으로 말미암아 의롭다고 선언되었으니. Being therefore declared righteous by faith."(롬 5:1, 헬라어 직역)

하나님께서는 그분의 아들 곧 예수님이야말로 그 안에서 새로운 피조물이 된 사람의 의라고도 진술하십니다.

"너희는 하나님으로부터 나서 그리스도 예수 안에 있고(이것이 그리스도 안에서 하나님으로부터 태어난 새로운 피조물에 대한 묘사입니다.) 예수는 하나님으로부터 나와서 우리에게 지혜와 의로움과 거룩함과 구원함[속량]이 되셨으니"(고전 1:30)

그러나 이 진술은 하나님께서 낳으신 새 사람의 의를 묘사할 수 없습니다. 하나님께서 새로운 피조물이 그리스도 안에서 하나님의 의가 되었다고 하신 것은 말씀 그대로입니다.

"하나님이 죄를 알지도 못하신 이를 우리를 대신하여 죄로 삼으신 것은 우리로 하여금 그 안에서 하나님의 의가 되게 하려 하심이라"(고후 5:21)

그리스도께서 사탄의 지배로부터 자유로우시듯이 새로운 피조물도 그러합니다. 새 사람은 사탄의 권세로부터 완전히 구출되었습니다.

"그가 우리를 흑암의 권세에서 건져내사 그의 사랑의 아들의 나라로 옮기셨으니"(골 1:13) 새로운 피조물에게는 사탄이 있을 자리가 전혀 없습니다.

"…죽음을 통하여 죽음의 세력을 잡은 자 곧 마귀를 멸하시며"(히 1:14)

사탄은 자연인의 아비요 주이며 죽음의 통치권을 쥔 통치자이지만, 새로운 피조물에게는 법적으로 아무것도 아닌 존재입니다.

로마서 6:1-13은 새로운 피조물이 그리스도만큼이나 영적 죽음의 지배로부터 자유하다는 사실을 보여줍니다.

첫 번째 사람은 하나님 다음가는 통치자였지만, 새 사람은 예수 그리스도와 공동상속자입니다.

"성령이 친히 우리의 영과 더불어 우리가 하나님의 자녀인 것을 증언하시나니 자녀이면 또한 상속자 곧 하나님의 상속자요 그리스도와 함께 한 상속자니…"(롬 8:14-17)

아버지 하나님께서는 그리스도를 보시듯이 새로운 피조물을 보십니다. 새 사람은 세상에 속한 자가 아니며, 그리스도처럼 사탄과 상관할 부분이 전혀 없습니다.

"내가 세상에 속하지 아니함 같이 그들도 세상에 속하지 아니하였사옵나이다"(요 17:16)

아버지 하나님께서는 그리스도를 사랑하시듯이 새 사람을 사랑하십니다.

"…아버지께서 나를 보내신 것과 또 나를 사랑하심 같이 그들도 사랑하신 것을 세상으로 알게 하려 함이로소이다"(요 17:23)

아버지께서는 마치 그리스도의 기도를 들으시는 것과 같이, 새로운 피조물의 요청을 들으십니다. 왜냐하면 그것이 예수 이름으로 드려진 기도이기 때문입니다. 이 새 사람은 예수 이름의 권세를 사용하여, 전능하신 창조주를 자신을 위해 활동하시게 할 수 있습니다.

"…내가 진실로 진실로 너희에게 이르노니 너희가 무엇이든지 아버지께 구하는 것을 내 이름으로 주시리라…"(요 16:23-24) 그리스도 안에서 새로운 피조물이 된 사람의 생명은 그 능력과 권세에서 한계가 없습니다!

● 22과의 내용 확인 문제

1. "이는 그로 많은 형제 중에서 맏아들이 되게 하려 하심이니라"라는 로마서 8:29을 설명해보십시오.

2. 하나님을 부인하는 사람은 인간의 창조에 대해 무엇을 받아들여야 합니까?

3. 인간의 창조가 지적인 창조주가 계시다는 증거가 되는 이유를 제시해보십시오.

4. 어떻게 창조가 인간에 대한 하나님의 관심을 드러냅니까?

5. 어떻게 해서 창조세계가 타락할 때 황폐화되었는지 말해보십시오.

6. 하나님께서 새로운 피조물을 위해 치르신 값이 무엇이었습니까?

7. 왜 새로운 피조물이 일어나야 했습니까?

8. 그리스도 안에서 새로운 피조물이 된 자의 생명이 그 능력과 권세에서 얼마나 한계가 없는지 말해보십시오.

9. 그리스도 안에 있는 새 사람은 얼마나 의롭습니까?

10. 그리스도 안에 있는 새 사람에 대한 하나님의 태도는 무엇입니까?

23과

예수의 이름

THE NAME OF JESUS

우리는 22과에서 하나님께서 그리스도 안에서 새로운 피조물을 일으키셨음을 공부했습니다. 우리는 그리스도 안에 있는 이 속량의 근거에서, 인간이 그리스도를 자신의 삶에 받아들이는 순간 새로운 피조물 곧 새 사람이 되는 것을 보았습니다.

우리는 인간이 예수 그리스도를 자신의 구원자와 주님으로 받아들이는 순간, 새로운 창조가 그의 영 안에서 실제로 일어난다는 사실을 보았습니다. 영적 죽음이 그의 영에서 뿌리 뽑히며, 그는 사탄이 장악한 죽음의 통치에서 벗어납니다.

"그가 우리를 흑암의 권세에서 건져내사 그의 사랑의 아들의 나라로 옮기셨으니"(골 1:13)

그런 다음, 하나님의 본성인 영원한 생명이 그의 영에 전이됩니다. 이것이 바로 새로운 창조(피조물)가 일어나는 것입니다. 그의 영이 하나님으로부터 태어납니다.

"예수께서 그리스도이심을 믿는 자마다 하나님께로부터 난 자니…" (요일 5:1)

"아들이 있는 자에게는 생명이 있고 하나님의 아들이 없는 자에게는 생명이 없느니라"(요일 5:12)

그리스도 안에서 새로운 피조물이 된 자(고후 5:17)는, 하나님의 자녀이자 그리스도와 함께 공동 상속자가 되었습니다.

"성령이 친히 우리의 영과 더불어 우리가 하나님의 자녀인 것을 증언하시나니 자녀이면 또한 상속자 곧 하나님의 상속자요 그리스도와 함께 한 상속자니…"(롬 8:16-17)

"그런즉 누구든지 그리스도 안에 있으면 새로운 피조물이라 이전 것은 지나갔으니 보라 새 것이 되었도다"(고후 5:17)

그 이름이 필요한 까닭

그리스도 안에서 새로운 피조물이 된 사람은 사탄의 권세에서 벗어나더라도 여전히 사탄이 지배하는 세상에 살고 있습니다.

고린도후서 4:4은 사탄을 이 세상의 신이라 부릅니다. "그 중에 이 세상의 신이 믿지 아니하는 자들의 마음을 혼미하게 하여…"

에베소서 2:2은 사탄을 공중의 권세 잡은 자라고 부릅니다. "그 때에 너희는 그 가운데서 행하여 이 세상 풍조를 따르고 공중의 권세 잡은 자를 따랐으니 곧 지금 불순종의 아들들 가운데서 역사하는 영이라"

그리스도께서는 사탄을 이 세상의 임금이라고 하셨습니다.

사탄과 그의 세력들에게는 유혹과 시련을 통해 하나님의 자녀들을 공격할 기회가 아직도 있습니다. 우리 주위의 분위기는 아버지와 우리의 교제를 망치고 우리가 주님을 섬길 수 없게 하려는 적대세력으로 가득합니다.

우리 아버지께서는 우리에게, 우리뿐 아니라 주변의 사탄의 지배를 받는 사람들을 위해서도 사탄과의 싸움에서 사용할 수 있는 무기를 주셨습니다.

그 무기는 예수의 이름입니다.

우리는 예수의 이름에 부여된 권세를 공부하기 전에 먼저 예수님께서 어떻게 그 이름을 획득하셨는지를 공부할 것입니다.

삼중으로 위대한 그 이름

예수님은 그분의 이름을 유업으로 받으셨고, 정복하심으로 그분의 이름의 권세를 획득하셨으며, 그분의 이름이 그분에게 선사되었기 때문에 예수의 이름 안에는 권세가 있습니다.

예수님께서 창조주 하나님으로부터 그분의 이름을 유업으로 받으셨음을 안다면, 예수의 이름에 속한 능력이 측량할 수 없이 광대하다는 것을 알 것입니다.

"이 모든 날 마지막에는 아들을 통하여 우리에게 말씀하셨으니 이 아들을 만유의 상속자로 세우시고 또 그로 말미암아 모든 세계를 지으셨느니라 이는 하나님의 영광의 광채시요 그 본체의 형상이시라…그가 천사보다 훨씬 뛰어남은 그들보다 더욱 아름다운 이름을 기업으로 얻으심이니"(히 1:2-4)

아버지의 실체에 대한 정확한 형상이자 빛나는 광채이며 만물의 상속자이신 예수님은, 아버지로부터 그 이름, 즉 위대한 예수의 이름을 유업으로 받으셨습니다. 그분의 이름의 능력은 오직 하나님의 능력으로만 측량될 수 있습니다.

둘째, 예수님은 정복하셔서 그 이름의 권세를 획득하셨습니다.

"통치자들과 권세들을 무력화하여 드러내어 구경거리로 삼으시고 십자가로 그들을 이기셨느니라"(골 2:15) 여기에서 우리는 어둠의 무리들과 섬뜩한 전투를 벌이신 그리스도에 대한 그림을 얻습니다. 그 그림은 그리스도께서 죽은 자들로부터 일어나시기 전에 거두신 놀라운 승리를 우리에게 흘끗 보여줍니다. 주석에는 "정사들과 권세들을 자신에게서 벗겨내셨으니"라고 나와 있습니다.

분명한 것은 귀신무리 전체가 그들의 세력 안으로 들어온 예수님을 보았을 때 그분에게 달려들어서 간단히 제압하고자 했고, 그래서 그분이 공의의 요구를 충족하시어 죄의 문제가 해결되고 인간의 속량이 사실이 되었다는 외침이 하나님의 보좌로부터 나올 때까지, 무시무시한 속박 가운데 그분을 붙잡아두었다는 사실입니다.

이 외침이 어둠의 영역에까지 이르렀을 때, 예수님께서는 일어나셔서 귀신의 무리들을 뒤로 집어던지시며, 히브리서 2:14에서 묘사되었듯이 무시무시한 전투 가운데 사탄을 만나셨습니다.

"죽음을 통해서 그분이 죽음의 통치권을 장악한 자 곧 마귀를 마비시키려고 In order that through death He might paralyze him that held the dominion of death, that is the devil"(히 2:14, 로더햄역)

다른 말로 하면, 예수님께서는 자신에게서 귀신의 세력뿐 아니라, 그분이 짊어지고 내려가셨던 죄책과 죄와 질병의 끔찍한 짐도 벗어버리신 후,

사탄과 맞붙어 정복하신 다음, 그를 마비되고 얻어맞고 패배당한 상태로 남겨두셨다는 말입니다.

예수님께서 누가복음 11:21-22에서 하신 말씀이 성취되었습니다. "강한 자가 무장을 하고 자기 집을 지킬 때에는 그 소유가 안전하되 더 강한 자가 와서 그를 굴복시킬 때에는 그가 믿던 무장을 빼앗고 그의 재물을 나누느니라"

그러므로 그리스도께서 죽은 자로부터 일어나셨을 때 사망과 음부(지옥)의 열쇠만이 아니라 사탄이 신뢰하던 무기도 빼앗으셨습니다. 그리스도께서는 마귀를 패배시켰습니다. 그분은 모든 지옥을 패배시켰으며, 논쟁의 여지없이 인간의 옛 멸망자를 이긴 승리자로서 세 세계, 곧 하늘과 땅과 지옥 앞에 섰습니다.

그리스도께서는 사탄을 저주받은 어둠의 영토에 있는 무리와 부하들이 보는 앞에서 정복하셨고, 그곳에서 절대적인 승리자와 지배자로 서셨습니다.

그리스도께서 승리를 거둔 다음 곧장 제자들에게 나타나셔서 "하늘과 땅의 모든 권세를 내게 주셨으니"(마 28:18)라고 말씀하시는 것은 놀라운 일입니까? 그리스도는 우주의 지배자와 통치자로 서 계십니다.

사탄을 지배하는 이 모든 권세가 그 이름 안에 부여되어 있습니다. 죄나 질병이나 사탄의 다른 어떤 영향력과 능력으로부터 인간을 구원하는 것이 그 이름 안에 부여되어 있습니다.

셋째, 그분은 위대한 그 이름을 선사받았습니다.

우리는 이 사실을 빌립보서 2:9-11에서 발견합니다. "이러므로 하나님이 그를 지극히 높여 모든 이름 위에 뛰어난 이름을 주사 하늘에 있는 자들과 땅에 있는 자들과 땅 아래에 있는 자들로 모든 무릎을 예수의 이름에 꿇게 하시고 모든 입으로 예수 그리스도를 주라 시인하여 하나님 아버지께 영광을 돌리게 하셨느니라"

추측하자면, 다른 어떤 곳에는 알려지지 않았지만, 하늘에 알려진 한 이름이 있었고, 이 이름이 받을만한 자에게 수여되어야 했으며, 우리가 알듯이 예수님 곧 아버지의 품에서 알려지신 영원한 아들이 이 이름을 받으셔서, 세 세계 곧 하늘과 땅과 지옥에 있는 모든 존재가 이 이름 앞에 무릎을 꿇으며 모든 혀가 그리스도께서 세 세계의 주님이시라고 고백하여 하나님 아버지께 영광을 돌리게 할 것이라는 말입니다.

왜 그 이름이 주어졌는가?

우리는 이제 왜 이 이름이 주어졌는지 묻습니다.

우리는 그리스도께서 유업으로 받았고 또 획득했고 수여받았던 그 이름을 언급할 때마다, 그분이 죽은 자로부터 부활하신 후에 그 위대한 이름을 받았음을 보여주는 이 놀라운 사실에 주목합니다.

히브리서 1:3-7은 그리스도께서 영적 죽음으로부터 살아나셨을 때(히 1:5) 그분의 이름을 유업으로 받으신 것을 우리에게 알려줍니다. 그때가 바로 하나님께서 그리스도께 "너는 내 아들이라 오늘 내가 너를 낳았다"(히 1:5)라고 말씀하셨을 때였습니다.

사도행전 13:33은 이 일이 그리스도께서 부활하실 때 일어났음을 밝히고 있습니다. "곧 하나님이 예수를 일으키사 우리 자녀들에게 이 약속을 이루게 하셨다 함이라 시편 둘째 편에 기록한 바와 같이 너는 내 아들이라 오늘 너를 낳았다 하셨고"

예수님께서 하늘과 땅에 있는 모든 권세가 자기에게 주어졌다고 밝히신 것은 부활하신 후였습니다.

에베소서 1:19-23을 읽어보십시오. 그리스도께서는 모든 능력과 통치 위로 일으켜지셨습니다.

빌립보서 2:8-10은 아버지 하나님께서 그리스도를 높이시고 다른 모든 이름 위에 뛰어난 이름을 그분에게 수여하신 것은, 그리스도가 부활하신 후였음을 밝힙니다.

우리는 왜 이 이름이 그분에게 수여되었는지, 다시 말해 왜 그 이름에 그런 광대한 권세와 통치권이 부여되었는지 묻습니다. 그 이름은 그분을 위한 것이었습니까?

그리스도께서 아버지의 우편에 계신 약 2000년 동안 그 이름을 사용하셨습니까? 또는 그 이름이 필요하셨습니까? 성경에는 예수님 자신이 그 이름을 사용하셨다거나, 그 이름을 필요로 하셨다는 그 어떤 암시도 없습니다. 예수님은 자신의 말씀으로 창조세계를 다스리십니다. 예수님은 하나님과 동등한 분으로 계십니다.

성경은 예수의 이름을 사용하는 것에 대해 언급할 때마다 그리스도의 몸을 가리키고 있습니다. 그 이름은 교회가 사용하도록 예수님께 주어진 이름이었습니다. 예수의 이름을 사용할 필요가 있는 사람들은 바로, 그리스도와 함께 공동 상속자들이 되어서, 이 땅의 사탄에게서 구출되어야 할 사람들과 만나는 이들입니다.

예수께서 유업으로 받으신 모든 것이 그 이름 안에 있으며, 또 그분이 행하신 전부도 그 이름 안에 있는데, 그 이름은 인간을 위한 것입니다.

하나님께서는 교회에 그 이름을 수여하셨습니다. 하나님께서는 그 이름을 예치하셨는데, 교회는 필요할 때마다 그 예치금을 빼서 쓸 수 있는 권리가 있습니다. 하늘과 땅과 지옥에 알려진 다른 모든 능력과 권세를 압도하는 권세와 영원함과 신성의 충만함을 지닌 그 이름이 우리에게 주어졌습니다.

우리가 모든 능력과 무한함을 가지고 하늘을 살펴보고, 인류를 지배하던 지옥의 어두운 영역을 찾아보며, 또 온 세상을 샅샅이 훑어본다 할지라도, 예수의 이름보다 더 큰 통치권과 권세와 능력을 찾을 수는 없을 것입니다.

우리는 원수에 맞서 그 이름을 사용할 권리가 있습니다.

우리는 간구할 때 그 이름을 사용할 권리가 있습니다. 우리는 찬양과 경배할 때 그 이름을 사용할 권리가 있습니다.

그 이름은 우리를 위해서 그분에게 주어진 이름이기 때문에, 오늘 우리의 것입니다. 그 이름은 능력을 잃어버린 적이 없습니다.

그 이름의 사용

이제 이 이름이 우리에게 어떤 의미가 있는지를 공부해봅시다.

우리는 먼저 예수님이 그분의 이름에 관해 하신 기도의 약속을 살펴볼 것입니다.

우리는 우리에게 주신 특권의 약속이 있습니다.

요한복음 16:24에서 예수님께서는 "지금까지는 너희가 내 이름으로 아무것도 구하지 아니하였으나 구하라 그리하면 받으리니 너희 기쁨이 충만하리라"라고 말씀하십니다.

예수님께서는 "지금까지는(또는 이때까지는) 너희가 내 이름으로 기도

한 적이 없었다. 하지만 이제는 너희가 내 이름으로 아버지께 구하는 것은 무엇이든지 아버지께서 그것을 너희에게 주시리라. Hitherto(or up to this time) you have never prayed in my Name, but now whatsoever ye shall ask the Father in my Name, He will give it you."(요 16:23, 저자 번역)라고 말씀하십니다.

이 약속은 갈릴리 사람의 입술에서 나온 것 중 가장 충격적인 진술입니다. 즉 우리가 그 이름 곧 전능한 이름을 사용해야 한다는 말입니다.

예수님은 "너희가 믿는다면"이나 "너희에게 믿음이 있다면"이라고 말씀하지 않으셨습니다.

예수님께서 우리에게 그분의 이름을 주셨습니다. 그분의 이름이 우리의 것이기 때문에, 우리는 우리의 것을 사용하기 위해 믿음을 가질 필요가 없습니다.

우리가 하나님의 가족 안으로 태어났을 때, 예수의 이름을 사용할 수 있는 권리와 특권이 우리 것이 되었습니다.

예수의 이름은 기적을 행하는 일에 예수님의 자리를 차지하고, 사탄의 권세로부터 벗어나게 하며, 그 자리로 하나님을 데려옵니다.

그리스도께서 제자들과 함께 계시는 동안에는, 제자들은 예수의 이름을 사용할 필요가 없었습니다. 그리스도께서 모든 필요를 채우셨습니다. 그러나 그리스도께서 그들을 떠나신 지금, 그리스도께서는 그들이 예수의 이름으로 아버지께 구하는 것은 무엇이든지 아버지께서 그들에게 주실 것이라 말씀하셨습니다.

예수님께서는 요한복음 14:12-14에서 예수의 이름에 관한 또 다른 놀라운 약속을 하셨습니다.

예수님께서는 이 세상을 떠날 것이라고 제자들에게 알려주셨습니다. 제자들의 심령은 예수님께서 그들을 떠나실 것이라는 생각으로 슬프고 괴로워했습니다.

제자들에게 그것은 모든 것이 중단될 것이라는 의미였습니다. 이 땅에서 예수님이 하시던 사역은 끝이 나고, 많은 사람들을 치유하시고 마귀를 쫓아내던 그분의 경이로운 모든 일도 중지될 것입니다.

이제 그리스도께서는 그들에게 이렇게 말씀하십니다. "내가 진실로 진실로 너희에게 이르노니 나를 믿는 자는 내가 하는 일을 그도 할 것이요 또한 그보다 큰 일도 하리니 이는 내가 아버지께로 감이라 너희가 내 이름으로 무엇을 구하든지 내가 행하리니 이는 아버지로 하여금 아들로 말미암아 영광을 받으시게 하려 함이라"(요 14:12-13)

예수님이 제자들에게 말씀하시듯, 그분의 일은 중단되지 않습니다. 다른 한편으로 그 일은 더 커집니다.

그리스도께서는 육신으로 이 땅에 계시는 동안에는 인간 몸에 의해 제약을 받고, 한순간에 한 장소에만 존재할 수 있었습니다. 그러나 속량이 완성되어서 인간이 하나님의 자녀가 될 수 있는 지금, 하나님의 자녀들은 예수님께서 각 지역을 다니면서 하셨던 일을 각자의 지역에서 할 수 있을 것입니다.

그렇게 할 수 있는 근거가 그 이름의 권세입니다. 예수님께서는 "너희는 그보다 큰 일도 하리니 이는 내가 아버지께로 감이라 너희가 내 이름으로 무엇을 구하든지 내가 행하리니"(요 14:12-13)라고 말씀하셨습니다. 예수님이 말씀하신 실제의 의미는 이것입니다. "너희가 이 땅에서 내 자리를 차지 할 것이다. 나는 하늘에서 너희의 대표자가 될 것이고, 그래서 너희가 내 이름으로 구하는 것은 무엇이든지 내가 이루겠노라. 이는 마치 내가 이 땅에서 아버지께 구하였던 것과 같을 것이다."

예수님께서는 우리의 갈등의 핵심이 사탄의 세력과의 갈등이 될 것임을 알고는, 마가복음 16:17에서 "너희가 내 이름으로 귀신들을 쫓아낼 것이다."라고 말씀하신 것입니다. 예수님은 우리에게 모든 사탄의 세력과 영향력을 다스리는 권세를 주심으로써 그분의 대표자로서 우리의 위치에 걸맞게 우리를 구비시키셨습니다. 마가복음 16:18에서 예수님은 우리가 그분의 이름으로 병든 자에게 손을 얹으면 그들이 회복될 것이라고 말씀하십니다. 귀신과 질병은 예수님의 말씀에 순종했던 것처럼 그분의 이름에 순종해야 합니다.

오, 우리의 눈이 열리고, 아버지께서 부여하신 모든 것을 그 이름이 의미하게 될 전능의 영역으로 우리의 혼이 담대히 일어나게 하소서.

여기가 실제로 그리스도인의 체험에서 미지의 땅입니다.

이곳저곳에서 우리 중 몇몇은 예수의 이름 안에 부여된 권세를 경험했지만, 우리 중 누구도 이 강력한 능력의 충만함을 누릴 수도 있던 곳에 계속 머물러 있을 수 없었습니다.

● 23과의 내용 확인 문제

1. 왜 새로운 피조물이 사탄의 세력에 맞서서 사용할 무기가 필요합니까?

2. 그분(예수)의 이름이 삼중으로 위대한 까닭은 무엇입니까?

3. 예수님이 정복하신 결과로 그분의 이름에 어떤 권세가 부여되었습니까?

4. 누가복음 11:21-22에 나온 그리스도의 말씀이 그리스도에 대한 그림을 어떻게 보여주는지 제시하십시오.

5. 언제 위대한 예수의 이름이 예수님께 선사되었습니까?

6. 예수님 스스로가 그분의 이름을 사용할 필요가 있습니까?

7. 예수의 이름은 누구를 위해 주어졌습니까? 그리고 그 이유는 무엇입니까?

8. 그 이름 안에 무엇이 예치되어 있습니까?

9. 어떻게 우리가 예수의 이름을 사용할 수 있습니까?

10. 이 과에서 당신은 당신 자신의 성장에 대해 어떤 가능성을 보십니까?

24과

인간을 향한 하나님의 계시인 말씀

THE WORD, GOD' S REVELATION TO MAN

우리는 최근의 내용에서 그리스도 안에 있는 우리의 속량의 몇 가지 단계를 다루고 있습니다. 우리는 하나님께서 우리의 속량을 우리에게 알리시는 수단, 즉 인간이 그리스도 안에서 새로운 피조물이 되게 한 수단을 공부하게 될 것입니다. 우리 아버지께서는 우리에게 그분 자신에 대한 계시를 주셨습니다. 이 계시에서 아버지께서는 우리에게 그리스도 안에 있는 우리의 속량에 대한 계시를 주셨습니다. 아버지께서는 그리스도 안에 있는 새로운 피조물에 대한 계시도 주셨습니다. 이 계시는 그분 자신에 대한 증언일 뿐 아니라 새로운 피조물에 대한 증언이자 새로운 피조물의 특권, 권세, 책임에 대한 증언이기도 합니다.

그 계시는 하나님의 말씀인 성경입니다. 속량과 하나님의 자녀의 생명에서 하나님의 말씀이 차지하는 위치를 말로는 제대로 나타낼 수 없습니다. 24과의 목표는 말씀의 절대적 신성함을 아버지께 보여주고, 오늘날 성취된 것으로서 말씀이 모든 그리스도인의 삶에 차지하는 실제적인 위치the vital place를 드러내는 것입니다. 하나님의 백성은 그분의 말씀에 대한 지식이 없이는 망하며, 그들의 삶 또한 무기력해집니다.

하나님은 말씀을 통해 일하신다

사탄은 항상 하나님의 말씀을 맹렬하고도 교묘하게 대적해왔습니다. 하나님께서 그분의 말씀을 통해 일하시기 때문입니다. 하나님께서는 우주를 창조하고자 하셨을 때, 그분의 선포된 말씀의 능력으로 우주를 존재하게 했습니다.

히브리서 11:3을 읽어보십시오. 세상들worlds은 하나님의 말씀으로 창조되었습니다.

하나님의 모든 자녀가 말씀으로 태어났습니다. "…자기(하나님)의 뜻을 따라 진리의 말씀으로 우리를 낳으셨느니라"(약 1:18)

"너희가 거듭난 것은 썩어질 씨로 된 것이 아니요 썩지 아니할 씨로 된 것이니 살아 있고 항상 있는 하나님의 말씀으로 되었느니라"(벧전 1:23)

그렇다면 인간이 하나님의 자녀가 된 이후로 그의 영적인 생명의 음식이요 자양분이자 생필품은 하나님의 말씀입니다.

"사람이 떡으로만 살 것이 아니요 하나님의 입으로부터 나오는 모든 말씀으로 살 것이라 하였느니라"(마 4:4) 우리를 세우는 것은 말씀입니다.

"너희 안에서 행하시는 이는 하나님이시니 자기의 기쁘신 뜻을 위하여 너희에게 소원을 두고 행하게 하시나니"(빌 2:13) 하나님께서는 그분의 말씀을 통해 우리 안에서 역사하십니다.

"너희를 위하여 하늘에 쌓아 둔 소망으로 말미암음이니 곧 너희가 전에 복음 진리의 말씀을 들은 것이라 이 복음이 이미 너희에게 이르매 너희가 듣고 참으로 하나님의 은혜를 깨달은 날부터 너희 중에서와 같이 또한 온 천하에서도 열매를 맺어 자라는도다"(골 1:5-6)

사탄이 말씀에 대적하여 싸우는 전투

영적 쇠락이 일어나던 시기의 특징은 항상 하나님의 말씀에 대한 저급한 개념이었습니다. 사탄은 그리스도인들을 고문하고 죽이고 또 성경책을 파괴하거나 불태우는 짓이 교회 성장을 멈추게 하지 못한다는 사실을 발견하고, 마침내 더 성공적인 방법을 채택했습니다. 그 방법은 말씀을 교묘하게 공격해서, 말씀이 인간의 삶에서 무기력하고 효력이 없게 만드는 것이었습니다.

종교개혁이 일어나기 전 1000년 동안 말씀은 기독교 세계에서 제 자리를 차지하지 못했습니다. 제임스 로드James Lord가 『역사를 밝힌 등대불빛Beacon Lights of History』이라는 책에서 밝히고 있는 사실은 중세 천 년 동안 말씀의 권위를 찬탈하고, 기독교세계를 지배하고 통제했던 것은 동방철학[9]이었다는 것입니다.

말씀이 제자리를 상실했을 때, 속량도 제자리를 잃고, 믿음은 미지의 것이 되었습니다. 천 년 동안 성경은 수도원에 갇혀 있었고, 보통 사람들이 이해할 수 없는 언어 안에 갇히게 되었습니다. 성경은 오로지 라틴어로만 기록되

9) 고대 그리스철학이 이슬람에 유입되었다가, 다시 중세기독교 세계에 전해졌다는 의미에서 동방철학이라고 했다. (역자 주)

어 있었기에, 성직자만 성경에 접근할 수 있었습니다. 이것이 중세시대를 영적 암흑기라고 부르는 이유입니다. 이 때문에 하나님께서는 그 어둠의 시기에 아무런 활동도 하지 않으신 것처럼 보입니다. 하나님의 말씀이 제자리를 잃었을 때, 하나님께서는 인간의 삶에서 그분의 자리를 잃어버리셨습니다. 고백성사, 연옥, 수도원, 십자군은 동방철학으로부터 자라났던 것입니다.

말씀이 종교개혁에서 차지한 위치

종교개혁이 일어났던 시점이 바로 말씀이 몇몇 사람의 삶에 역사하기 시작한 때였습니다. 그들은 말씀이 갖는 위치를 흘끗 보았고, 보통 사람들에게 그것을 전했습니다. 인간에게 빛과 생명을 가져다준 것은 사람들의 삶에서 역사하는 말씀이었습니다. 일반 가정으로의 성경 보급과 종교개혁은 떼려야 뗄 수 없는 관계입니다.

그러나 사탄은 말씀이 역사하지 못하게 하려는 시도를 멈추지 않았습니다. 사탄은 말씀을 보통 사람들이 이해할 수 없는 언어와 수도원 안에 더 이상 가둘 수 없게 되자, 이번에는 신조와 교리 속에 가두었습니다.

종교개혁과 값싼 인쇄수단은 모든 가정마다 성경책을 소유할 수 있게 했습니다.

말씀에 대적하는 사탄의 싸움

그런 다음, 사탄은 사람들에게 종교개혁의 지도자들의 삶과 가르침에 대해 신조와 교리를 세우게 하여, 성장도 발전도 하지 못하게 했습니다.

단 한 명의 종교개혁 지도자도 모든 빛을 소유하지는 못했습니다. 하나님께서는 이들을 일으키시어, 각자에게 일정 분량의 빛을 주셨습니다. 하지만 이들 대부분은 중세시대가 낳은 자식이었습니다. 사람이 자신을 한 부류의 신조creed에 가둘 때마다, 말씀에 대한 더 큰 빛을 차단하여 자신의 성장을 방해합니다. 이는 교회 안에 분열을 일으켰고, 교회를 세상의 치욕으로 만들었습니다.

이것이 기독교의 진면목을 세상에 나타내지 못하도록 방해하였기 때문에, 속량은 인간의 삶에 역사할 공정한 기회를 가져보지 못했습니다.

많은 교회가 말씀 대신에 보다 실제적이고 현대문명과 조화를 이룬다고 여기는 다른 주제를 설교하고 있습니다.

반면 오늘날 진리를 전하고 있고 가장 영적이라고 여겨지는 이들에게는, 하나님의 말씀의 신성함에 대한 개념과 하나님의 말씀이 그들의 삶에서 차지해야 하는 자리에 대한 참된 개념이 없습니다.

정신적 동의와 그 기원

사탄은 무지와 속박으로부터 우리를 해방시킬 도구가 되어야 하는 말씀의 편만함을 교묘하게 이용하여 말씀이 우리 가운데 역사하지 못하게 했습니다.

오늘날 사탄이 말씀을 효력이 없게 하려고 사용하고 있는 가장 큰 무기는 정신적 동의mental assent라는 무기입니다. 이 무기는 너무나 교묘하기 때문에 아주 위험합니다. 정신적 동의는 "믿음"이라는 옷을 입고 등장하기 때문에 알아차리기가 어렵습니다.

우리가 정신적 동의와 믿음의 차이를 알 수 있으려면, 먼저 각각의 의미를 알아야 합니다.

정신적 동의 대 믿음

믿음Faith은 말씀에 따른 행동action upon the Word입니다. 믿는 것Believing은 두려움 없이 말씀대로 행동하는 것입니다. 정신적 동의란 성경이 참이라는 사실에는 동의하지만, 행동하지 않는 것입니다.

아마도 몇 가지 실례를 들면, 그 차이점이 더 분명해질 것입니다.

그리스도인이 되고자 하는 어떤 사람이 진정으로 믿고는, 다음과 같이 말합니다. "나는 그리스도께서 죽은 자들로부터 일으켜지심을 믿습니다. 나는 그리스도를 나의 구원자로 영접하며, 나의 주님으로 고백합니다. 그러므로 나는 구원받습니다. 왜냐하면 로마서 10:9-10에 있는 하나님의 말씀이 그렇다고 선언하기 때문입니다." 그는 자신 안에 증거를 받기 전에 구원받았다고 고백합니다. 그는 말씀이 하나님의 말씀이라고 믿습니다. 따라서 그는 자신의 느낌과 상관없이 아무런 두려움 없이 그 말씀대로 행동합니다. 그는 그 말씀이 파기될 수 없음을 알기 때문입니다. 그는 하나님의 말씀을 담대하게 자신의 고백으로 만듭니다. 믿는 것은 고백으로 귀결될 수밖에 없습니다.

그리스도인이 되고자 하는 정신적 동의자 역시 비슷하게 말할 것입니다. "나는 성경이 하나님의 말씀임을 믿습니다. 나는 예수 그리스도께서 하나님의 아들이심을 믿습니다. 나는 오랫동안 구원받고자 애써왔습니다. 나는 하나님께 구했지만, 구원받지 못했습니다." 이 사람은 자기가 믿지 않는 자라는 소리를 듣는다면 불쾌하게 여길 것입니다. 하지만 이 사람의 태도가 바로 정신적 동의입니다.

그는 믿는다고 고백하지만, 하나님의 말씀대로 행동한다는 개념이 없습니다. 그가 믿었다면, "하나님의 말씀은 참됩니다. 나는 믿습니다. 그러므로 나에겐 영원한 생명이 있습니다(요 5:24)."라고 말했을 것입니다.

정신적 동의는 어떤 행동도 낳지 못합니다. 정신적 동의에는 고백이 없습니다. 정신적 동의로 인해 많은 사람들이 치유를 받지 못했습니다.

믿는 자는 이렇게 말합니다. "그분이 채찍에 맞으심으로 나는 나았다." 질병(증상)이 그 사람의 몸에 나타날 수 있지만, 그는 예수님이 채찍에 맞으심으로 나았다고 선언하는 말씀 위에 행동하고 있습니다. 기도한 후에 치유의 증거가 전혀 없을 수도 있습니다. 하지만 그는 "나는 나았다. 말씀은 예수 그리스도의 이름으로 그들이 병든 자에게 손을 얹으면 회복될 것이라고 선언하기 때문이다."라고 말합니다.

정신적 동의만 하는 그리스도인은 다음의 태도를 지닙니다. "나는 성경이 참이라고 믿습니다. 나는 평생 성경을 믿어왔습니다. 나는 아주 많은 기도를 했습니다. 나는 내가 왜 치유를 받지 못하는지 이해할 수 없습니다." 하나님의 많은 자녀들이 자신의 완고함을 깨닫지 못한 채, 정신적 동의가 믿음인 것처럼 착각하면서 오랜 세월 동안 질병에 시달려왔습니다.

오늘날 정신적 동의의 영역에 살고 있는 많은 그리스도인들은, 메마르고 열매 없는 영적 생활을 하고 있습니다. 그들은 평생 삶과 기도에서 하나님의 능력을 추구해왔습니다. 그들은 말씀으로 사는 법을 배운 적이 없습니다. 그들은 하나님 말씀을 믿는 것의 진정한 의미, 곧 말씀대로 행동한다는 개념이 없기 때문에 나약함과 실패와 결핍 가운데 삽니다. 말씀은 그들이 그리스도 안에서 새로운 피조물이 되었다고 선언합니다(고후 5:17). 말씀은 그들이 하나님의 의가 되었다고 선언합니다(고후 5:21). 말씀은 그들이 그리스도와 공동 상속자라고 선언합니다(롬 8:17). 말씀은 예수 이름의 권세가 기도하는 그들의 것이라고 선언합니다(요 16:23-24). 말씀은 하나님께서 그들에게 필요한 모든 것을 공급하시리라고 선언합니다(빌 4:19).

그러나 그들은 의 의식이나 예수 이름에 있는 권세와 힘에 대한 의식이 없습니다. 왜냐하면 그들의 태도가 정신적 동의였고, 사탄은 그들에게서 그리스도 안에 있는 그들의 유업을 훔쳐갔기 때문입니다.

정신적 동의의 원인

정신적 동의의 원인은 우리가 하나님의 말씀에 별로 친숙하지 않았기 때문입니다. 아마도 우리 모두는 어린 시절부터 집에 성경책 한 권쯤은 가지고 있었을 것입니다. 우리는 항상 성경의 가르침에 익숙했습니다.

우리 중 많은 이들은 그리스도를 구원자와 주님으로 영접하기 훨씬 전부터 성경이 참되다고 개인적으로 믿었습니다. 그러나 그 기간 내내 성경에 대한 우리의 태도는 정신적인 동의였습니다. 우리는 성경대로 행동하기 오래 전부터 성경이 하나님의 말씀임을 믿는다고 공언했습니다.

거듭난 후에도, 이와 똑같은 정신적 동의가 내내 우리를 따라다녔습니다. 우리는 이 부분을 좀 더 자세하게 설명할 것입니다.

어린 시절, 성경에 대한 우리의 태도는 정신적 동의였습니다. 이런 정신적 동의의 태도가 평생 우리를 따라다녔습니다. 아마도 성경책은 오랫동안 책장이나 책상에 꽂혀있었을 것입니다. 그러나 우리는 다른 분야에 집중했던 만큼 성경을 공부해본 적이 없었습니다.

그럼에도, 누군가 성경이 하나님의 말씀이라는 사실을 부인한다면, 우리는 그 점에 대해 진지하게 우리의 입장을 고수했을 것입니다. 아마도 우리는 성경이 하나님의 말씀이라는 우리의 믿음을 여러 번 공언했을 것입니다. 그러나 이 태도가 정신적 동의 이상이었다면, 우리는 성경을 열심히 공부했을 것이고, 우리에게 주신 그 말씀과 메시지 안에서 하나님께서 우리를 위해 진정으로 가지고 계신 것을 계속 발견하려고 했을 것입니다.

우리는 말씀을 믿는다고 말했지만, 우리의 행동은 반대였습니다. 우리는 말씀을 공부하지 않았고, 때로는 말씀에 대해 말하지 않았습니다.

나중에, 우리가 참으로 거듭났던 때가 찾아왔습니다. 성경은 우리에게 새로운 책으로 다가왔습니다. 우리는 성경을 이해할 수 있었습니다. 우리는 성경이 우리의 도움이요, 우리의 양식임을 발견했습니다. 그러나 성경에 대한 우리의 태도 중 아주 많은 부분이 아직도 정신적 동의였습니다. 우리는 사실 성경(말씀)대로 담대하게 행동하지 않습니다.

우리는 약함 가운데 살았습니다. 우리는 우리의 기도생활이 무기력하다고 느꼈습니다. 우리는 병자에게 간증하고, 병자를 위해 기도해줄 수 있는 능력을 소유하지 못했습니다. 우리는 우리의 삶을 능력으로 채워줄 더 깊은 체험이 필요하다고 느꼈습니다. 우리는 체험을 추구했으며, 그래서 여러 번 축복을 받았지만, 승리의 삶이 아직도 미래에 있음을 깨달았습니다. 우리는 우리가 겪는 어려움의 핵심이, 정신적 동의로 인해 말씀대로 행동하지 않았기 때문임을 깨닫지 못했습니다. 우리는 하나님께서 우리를 우리가 되고자 한 존재로 이미 만드신 것을 깨닫지 못했습니다. 우리는 우리가 추구해온 권세가 이미 우리의 것임을 깨닫지 못했습니다.

우리는 성경말씀 위에 실제로 행동하지 않으면서도 성경구절을 기억하고, 때로는 인용했습니다. 우리는 하나님께서 그리스도를 우리의 의로 만드셨고(고전 1:30), 우리가 실제로 하나님의 의가 되었다고(고후 5:21) 선언했던 하나님의 말씀에 마주하고도 우리의 죄스럽고 나약한 상태에 대해 말했습니다. 우리는 무가치한 먼지벌레로서 하나님께 다가가는 것을 겸손한 모습이라고 여겼기에, 끊임없이 우리의 죄의 본성을 자백하고 회개했습니다. 우리는 우리를 전적으로 의롭게 만든 속량보다 죄와 죄의 권능을 더 의식했습니다. 의는 죄가 세상에 들어온 적이 없었던 것처럼 죄와 정죄로부터 자유롭게 하나님의 임재 안에 설 수 있는 능력입니다.

기도는 우리의 말을 듣고 응답하도록 하나님께 울며 부르짖는 것이었습니다.

우리는 기도할 때 그리스도와 공동 상속자로서 우리의 위치만이 아니라 예수 이름의 권세도 우리에게 합법적인 권리를 준다는 것을 깨닫지 못했습니다. 그럼에도 우리는 모든 기도의 약속을 알았습니다.

야고보서 2:26에 대한 어떤 번역은 다음과 같습니다. “상응하는 행동이 없는 믿음은 죽은 것이다. Faith without corresponding actions is dead.” 이것이 바로 정신적 동의에 대한 정의입니다. 상응하는 행동 없는 믿음은 정신적 동의입니다. 그런 믿음은 아버지께 아무 의미가 없습니다. 그런 믿음은 우리에게서 그리스도 안에 있는 우리의 유업을 빼앗아갑니다. 내가 말씀을 믿는다고 고백하지만, 그 말씀대로 행동하지 않는다면, 나의 행동은 상응하는 것이 아닙니다.

모든 사람이 소유할 수 있게 하신 그리스도 안에서 승리한 삶의 비결은 요한계시록 12:11에서 발견됩니다.

요한계시록 12:11은 우리가 그리스도 안에 있는 우리의 속량의 완성을 가리키는 어린 양의 피로 말미암아, 그리고 말씀대로 두려움 없이 행동하는 것을 뜻하는 우리가 증언하는 말씀으로 이겼다고 선언합니다. 우리는 모든 환경 가운데서 하나님의 말씀을 우리의 고백으로 삼습니다.

우리는 이렇게 말합니다. "나는 하나님의 의이다. 왜냐하면 하나님의 말씀이 그렇다고 선언하기 때문이다. 죄가 나를 지배하지 못할 것이다. 나에게는 사탄을 다스릴 권세가 있다. 나는 그리스도께서 채찍에 맞으심으로 나은 자다. 모든 일에서 나는 정복자 이상이다. 나의 하나님이 모든 필요를 채우실 것이다. 나는 염려하지 않겠다."

우리를 대적하는 모든 환경에 마주해서, 우리는 이 고백을 붙잡습니다. 우리는 하나님의 말씀을 우리의 말로 만듭니다. 우리는 하나님의 말씀이 선언하는 것을 두려움 없이 선언합니다. 왜냐하면 우리는 정신적 동의에서 벗어나 하나님의 말씀대로 행동하는 법을 배웠기 때문입니다.

우리는 25과에서 무엇이 우리를 하나님의 말씀대로 행동하는 자리로 데려가는지를 살펴볼 것입니다.

● 24과의 내용 확인 문제

1. 하나님께서는 이미 주신 이 계시에서 우리에게 무엇을 알게 하셨습니까?

2. 하나님의 자녀의 새로운 탄생과 삶에서 말씀이 차지하는 위치는 무엇입니까?

3. 사탄이 그리스도인들을 죽이는 것이 교회의 성장을 막지 못한다는 사실을 발견했을 때 채택했던 다른 수단은 무엇이었습니까?

4. 하나님께서 중세시대에 겉보기에는 아무 행동도 하지 않은 것처럼 보인 까닭은 무엇입니까?

5. 무엇이 종교개혁을 가져왔습니까?

6. 왜 교회는 종교개혁 이후에 성장하지 못하도록 방해를 받았습니까?

7. 오늘날 사탄은 우리 삶에서 말씀이 세력을 얻지 못하도록 무슨 방법을 사용하고 있습니까?

8. 정신적 동의의 기원은 무엇입니까?

9. 정신적 동의와 믿음의 차이를 말해보십시오.

10. 정신적 동의가 우리에게서 우리의 유업을 빼앗아가는 방법을 말해보십시오.

25과

그리스도의 현재 사역

THE PRESENT MINISTRY OF CHRIST

우리는 하나님께서 4000년간 그리스도의 초림을 준비하신 일을 공부했습니다(갈 4:4). 우리는 우리 주 예수 그리스도께서 이 땅에서 보낸 삶과 우리를 위한 그분의 죽으심과 부활을 공부했습니다. 예수 그리스도께서는 그분의 죽으심과 부활을 통해서 사탄의 권세로부터 우리를 속량하셨습니다(히 2:14).

이제 우리는 그리스도의 현재 사역, 다시 말해 그리스도께서 지금도 우리를 위해 하시는 일과 거의 2000년 동안 해오고 계시는 일을 공부할 것입니다. 대부분의 그리스도인은 그리스도의 현재 사역을 간과했습니다. 많은 그리스도인들은 그리스도께서 그분의 생명을 우리를 위해 주셨던 것을 생각할 때 오직 그분의 죽으심과 부활만 생각합니다. 그들은 그리스도께서 아버지 우편에 앉으셨을 때 우리를 위해 죽으셨던 것만큼이나 실로 우리를 위해 살기 시작하셨음을 알지 못합니다. 아주 소수의 그리스도인들만이 그리스도의 현재 사역에 대한 분명한 개념을 가지고 있습니다.

우리를 위한 그리스도의 사역에 관해서는 세 가지 관점이 있습니다. 1) 비천한 "슬픔의 인간"으로 십자가 저편에 계신 예수님. 2) "죄가 되신 아들"로서 십자가에 달리신 예수님(고후 5:21). 3) "모든 다른 이름 위에 뛰어난 이름을 가지고 높여지신 분"(빌 2:9-10)으로서 지극히 높으신 분의 우편에 계신 예수님.

우리가 찬송가를 살펴보면, 소수의 교사와 작사가만이 그리스도의 현재 사역을 이해했음을 알 수 있습니다. 많은 이들이 십자가 저편에 계신 예수님, 즉 비천한 예수님을 봅니다. 또 다른 이들은 십자가에 달리신 예수님만을 봅니다. 아주 극소수의 사람들만이 십자가와 무덤을 넘어서 하나님 우편에 앉아 계신 그리스도를 보았습니다.

그리스도께서는 더 이상 갈릴리의 온유하시고 비천한 사람이 아니십니다. 그리스도께서는 더 이상 죄가 되어 하나님에게서 버림받은 아들이 아니십니다. 그리스도께서는 사탄과 죄와 질병과 죽음을 정복하신 만물의 주님이십니다.

그리스도께서는 하늘과 땅에 있는 모든 권세를 소유하신 분이십니다(마 28:18).

우리는 오늘 하나님의 말씀대로 두려움 없이 행동할 수 있습니다. 그리스도께서 하나님의 말씀의 보증이시기 때문입니다. 그리스도께서는 새 언약의 보증이십니다.

"이와 같이 예수는 더 좋은 언약의 보증이 되셨느니라"(히 7:22)

언약의 보증은 말씀입니다.

"그러나 이제 그는 더 아름다운 직분을 얻으셨으니 그는 더 좋은 약속으로 세우신 더 좋은 언약의 중보자시라"(히 8:6) 새 언약이 체결되었는데, 말씀이 그 근거이며 그리스도께서 그 보증이십니다. 오늘 아버지 우편에 계신 이분이 이 말씀의 보증이십니다.

하늘과 땅에 있는 모든 권세를 소유하시는 분 곧 그리스도께서 이 약속 안에 있는 모든 말씀이 이루어지게 하십니다. 이제 그분이 이 새 언약 안에서 오늘 우리에게 어떤 분이신지를 공부해봅시다.

하나님께서는 바울이 받은 계시를 통해 베일을 벗기시고 그리스도의 현재 사역을 우리에게 보여주셨습니다. 그리스도께서는 우리의 "대제사장High Priest", 우리의 "중재자Mediator", 우리의 "중보자Intercessor", 우리의 "변호자Advocate", 그리고 새 언약에 대한 우리의 "보증Surety"으로 앉으셨습니다.

우리의 대제사장이신 예수님

우리는 구약의 대제사장의 직무를 공부했습니다. 옛 언약의 대제사장은 새 언약의 대제사장이신 예수님의 모형이었습니다.

옛 언약의 대제사장은 일 년에 한 번씩 황소와 염소의 피를 가지고 이 땅의 성소로 들어가서 해마다 이스라엘의 죄를 위해 속죄했습니다. 히브리서 9:25, 10:1-4을 읽어보십시오.

제사장들은 이스라엘의 죄들을 위해 똑같은 제사를 드리며 섬기기 위해 매일 서 있었습니다(히 10:11).

그리스도께서는 그분의 피를 가지고 하늘로 들어가셔서, 우리를 위해 영원한 속량을 획득하셨습니다(히 9:12, 23-27).

하나님께서 예수 그리스도의 피를 받으시자, 공의의 요구가 충족되었으며, 인간이 사탄의 권세로부터 합법적으로 벗어나서 그분과의 교제로 회복될 수 있음을 알리셨습니다.

그리스도께서 자신을 희생 제물로 드려서 죄를 없애셨습니다(히 9:26).

아담의 대 반역죄는 그리스도께서 단 한 번의 속죄 제사를 드림으로 해결되었습니다(히 10:12).

그리스도께서는 자신을 희생 제물로 드림으로 인간을 거룩하게 하셨습니다(히 10:10-14).

"거룩하게 하다to sanctify"라는 말은 "따로 떼어놓다to set apart", "구별하다to separate"라는 뜻입니다. 그리스도께서는 인간을 사탄의 왕국과 가족으로부터 구별시키셨습니다. 우리는 그리스도만큼이나 사탄의 지배로부터 구별되었습니다(요 17:14).

그리스도께서는 부활하신 후 마리아를 만나셨을 때 그녀에게 "나를 붙들지 말라 내가 아직 아버지께로 올라가지 아니하였노라."(요 20:17)라고 말씀하셨습니다. 그때, 그리스도께서는 죗값을 치르셨다는 표시인 자신의 피를 가지고 아버지께로 가는 중이어서, 사람이 그분을 만질 수 없었습니다.

대제사장으로서 예수님의 성소사역은 자신의 피를 가지고 성소로 들어가는 것으로 끝난 것이 아니라, 여전히 그분은 성소의 사역자이십니다(히 8:2).

히브리서 8:2에서 "성소"라는 말은 헬라어로 "거룩한 것들Holy things"[10]

10) 성소는 헬라어로 "타 하기아(ta hagia)"인데, 문자적 의미는 '거룩한 것들'이다. (역자 주)

을 뜻합니다. 예수님께서는 "거룩한 것들" 안에서 섬기고 계십니다. 그 "거룩한 것들"이란 우리의 예배와 기도를 말합니다. 우리는 마땅히 섬겨야 하는 대로 하나님을 경배하는 법을 알지 못하지만, 예수님께서는 우리가 때때로 드리는 미숙한 간구와 경배를 받아서 아버지께 아름답게 만드십니다. 이 "거룩한 것들"은 예수님께서 아버지께 드리기에 합당하도록 만드시는 "영적인 제사Spiritual Sacrifices"입니다. 예수 이름으로 드려질 때, 모든 기도와 모든 경배가 아버지께 받아들여집니다.

베드로전서 2:5은 "너희도 산 돌 같이 신령한 집으로 세워지고 예수 그리스도로 말미암아 하나님이 기쁘게 받으실 신령한 제사를 드릴 거룩한 제사장이 될지니라"라고 말씀합니다.

히브리서가 우리에게 제시한 대로, 그리스도의 대제사장 사역을 공부하십시오. 예수님은 자비로우시며 신실하신 대제사장이십니다(히 2:17-18). 예수님은 우리의 연약함을 동정할 수 있는 대제사장이십니다.

예수님은 영원한 대제사장이십니다(히 6:19).

중재자이신 예수님

그리스도께서 아버지 우편에 앉으셨을 때 공의의 요구를 만족시키셨으며 하나님과 인간 사이의 중재자Mediator가 되셨습니다.

"하나님은 한 분이시요 또 하나님과 사람 사이에 중보자mediator도 한 분이시니 곧 사람이신 그리스도 예수라"(딤전 2:5)

예수님은 두 가지 이유 때문에 인간의 중재자이십니다. 그분은 그분의 정체성what He is 때문에 인간의 중재자이십니다. 또한 그분은 그분이 행하신 일what He has done 때문에 인간의 중재자이십니다.

첫째, 예수님은 그분의 정체성으로 인해 인간의 중재자이십니다. 그분은 하나님과 인간의 연합이십니다.

요한복음 1:14을 읽어보십시오. 예수님은 "…하나님과 함께 계셨고…하나님이셨다가…육신이 되신" 말씀이십니다(요 1:1, 14).

예수님은 하나님과 동등하게 존재하셨지만, 인간의 모양으로 지음 받은 분이십니다(빌 2:8-9).

예수님은 하나님과 인간 사이에 있는 큰 간격에 다리를 놓으셨습니다. 예수님은 하나님과 동등하신 동시에 인간과도 동등하십니다. 예수님은 하나님 앞에서 인간을 대표할 수 있습니다.

그러나 이것이 하나님과 인간 사이를 중재할 수 있는 충분한 근거는 아니었습니다. 인간은 하나님 앞에 영원한 범죄자였습니다. 인간은 하나님과 분리되었고(엡 2:12), 사탄의 심판 아래 있었습니다(요 16:11).

이는 우리를 두 번째 사실로 이끕니다. 예수님은 그분이 행하신 일 때문에 인간의 중재자이십니다.

"이제는 그의 육체의 죽음으로 말미암아 화목하게 하사 너희를 거룩하고 흠 없고 책망할 것이 없는 자로 그 앞에 세우고자 하셨으니"(골 1:22)

"그가 그리스도로 말미암아 우리를 자기와 화목하게 하시고"(고후 5:18) 먼저 하나님과 인간 사이에 화해가 이루어지 않았다면, 하나님과 인간 사이에 어떤 중재자도 있을 수가 없었습니다. 인간은 영적 죽음의 상태에서 불의하였습니다. 인간이 그런 영적 죽음의 상태에 있는 동안에는 하나님께 다가갈 수 없었습니다. 어떤 중재자도 인간을 위해서 하나님께 다가갈 수 없을 것입니다.

그리스도께서는 십자가의 죽으심을 통해서 우리를 하나님과 화해시켰습니다. 그래서 그리스도께서는 이제 하나님 앞에 인간을 거룩하고 흠 없게 드립니다. 따라서 인간은 인간의 중재자이신 그리스도를 통해서 하나님께 다가가는 권리가 있습니다.

인간의 타락으로부터 예수님께서 하나님의 우편에 앉으실 때까지, 어떤 인간도 하나님께서 정하신 제사장을 통한 피 흘리는 제사나 천사의 방문이나 꿈이 아니고서는 하나님께 다가가지 못했습니다.

예수님께서는 대제사장으로서 자신의 피를 드림으로 우리의 속량을 완전케 하셨고, 공의의 요구를 만족시키셨기에, 하나님께서 인간에게 영원한 생명을 합법적으로 주고, 인간을 의롭게 하고, 인간에게 아들의 신분을 주실 수 있게 했습니다.

이제 구원받지 못한 모든 인간은 하나님께 다가갈 수 있는 권리가 있습니다.

중보자이신 예수님

대제사장이신 예수님은 자신의 피를 가지고 지성소로 들어가셔서, 자연인에게 요구되었던 공의의 요구를 만족시켰습니다. 중재자이신 예수님은 구원받지 못한 사람을 하나님께 소개하십니다.

요한복음 14:6에 따르면, 예수님은 하나님께 이르는 유일한 길the way이시므로, 누구도 예수님을 통하지 않고서는 하나님께 다가갈 수 없습니다. 인간은 그리스도의 화해사역을 받아들이는 순간, 하나님의 자녀가 됩니다. 그러면 그리스도께서는 그 사람을 위한 중보사역을 시작하십니다.

예수님은 죄인을 위해서는 중재자Mediator이시지만, 그리스도인을 위해서는 중보자Intercessor이십니다.

우리에게 가장 먼저 이런 질문이 떠오릅니다. "왜 하나님의 자녀가 자신을 위해 중보해줄 누군가를 필요로 할까?"

우리는 그 대답을 로마서 12:2에서 찾을 수 있습니다.

새로운 탄생을 통해 우리의 영이 하나님의 생명을 받습니다. 그런 다음 필요한 것은 우리의 마음mind이 새로워지는 일입니다. 우리는 거듭나기 전에는 사탄을 따라 살았습니다(엡 2:1-3). 사탄이 우리의 마음을 지배했습니다.

우리의 영이 하나님의 생명을 받은 지금, 우리의 마음이 새롭게 되어야, 우리는 하나님의 자녀로서 우리의 특권과 권리를 알게 될 것입니다. 에베소서 4:22-24은 우리에게 마음이 새롭게 되어야 함을 보여줍니다. 새로운 탄생은 순간적이지만, 우리의 마음을 새롭게 하는 것은 점진적인 과정입니다. 우리 마음의 성장은 우리가 말씀을 공부하고 묵상하는 것에 의해 결정됩니다.

마음이 새로워지는 과정 동안 우리는 그리스도의 중보가 필요합니다. 우리는 하나님의 뜻에 대한 무지로 인해, 하나님을 기쁘시지 않게 하는 말을 자주 하고 행함으로써 아버지와의 교제를 어렵게 합니다.

또 한편으로, 우리는 우리에게 가해진 악한 박해로 인해 그리스도의 중보가 필요합니다.

"의를 위하여 박해를 받은 자는 복이 있나니"(마 5:10) 이것은 사람들의 박해가 아니라, 귀신들의 박해입니다.

마태복음 5:11-12은 우리가 사람들에게서 받는 박해를 가리킵니다.

귀신들은 의로 인해서 우리를 박해합니다. 귀신들은 하나님께서 우리를 의롭다고 선언하셨기 때문에 우리를 미워하며 두려워합니다.

우리가 우리의 권세에 대해 완전히 배우지 않았기 때문에, 귀신들이 우리를 여러 번 넘어지게 합니다.

이것과 상관없이 그리스도는 지금도 살아 계셔서 우리를 위해 기도하시기 때문에 우리를 최대한으로 건지실 수 있습니다.

누구도 하나님의 자녀를 비난할 수 없습니다. 하나님께서는 그분의 자녀를 의롭다고 선언하셨습니다. 하나님의 자녀를 정죄할 자가 없습니다. 예수님께서는 살아 계셔서 하나님의 자녀를 위해 중보하십니다(롬 8:33-34).

변호자이신 예수님

우리는 우리의 중재자이신 그리스도를 통해서 아버지께 왔습니다. 우리는 그리스도께서 우리를 대신하신 중보의 감미로운 영향력을 느꼈습니다. 이제 우리는 아버지 앞에서 우리의 변호자Advocate이신 그리스도를 알기 원합니다.

오늘날 깨어진 교제 가운데 살고 있는 수많은 그리스도인들이, 예수님께서 그들의 변호자이신 것을 알았더라면 그리스도 안에서 얼마나 큰 승리의 삶을 살 수 있었을까요?

아직 새롭게 되지 않은 우리의 마음과 사탄의 박해 때문에 우리는 때로 죄를 짓고 우리의 교제를 깨뜨립니다.

아버지와의 교제를 깨는 하나님의 모든 자녀는 정죄를 받습니다. 그에게 변호자가 없었다면 그는 불행한 처지에 놓였을 것입니다.

말씀은 우리가 죄를 지을 때 아버지와 함께하시는 한 변호자가 있음을 우리에게 보여줍니다.

“나의 자녀들아 내가 이것을 너희에게 씀은 너희로 죄를 범하지 않게 하려 함이라 만일 누가 죄를 범하여도 아버지 앞에서 우리에게 대언자an advocate가 있으니 곧 의로우신 예수 그리스도시라”(요일 2:1)

요한일서 1:3-9은 아버지와 우리의 교제를 유지하는 방법입니다. 우리가 죄를 지어서 우리의 교제가 깨어진다면, 우리는 우리의 죄를 자백함으로써 그 교제를 다시 새롭게 할 수 있습니다.

변호자로서 예수님의 사역은 그분이 하나님 곁에서 하시는 일입니다. 그러나 예수님은 우리가 우리의 죄를 고백하지 않으면 우리의 변호자로서의 역할을 하실 수 없습니다. 우리가 우리의 죄를 고백하는 순간, 예수님께서는 아버지 앞에서 우리의 사건case을 담당하십니다.

말씀은 우리가 우리의 죄를 고백할 때 하나님께서는 의로우시고 신실하셔서 우리를 우리의 죄에서 용서하시고 우리의 모든 불의에서 깨끗케 하신다고 선언합니다(요일 1:9). 그리스도께서 우리의 죄를 담당하셨기 때문에(사 53:6), 하나님께서는 우리의 죄를 용서하실 수 있을 뿐 아니라, 그 일을 하심에 있어 완전히 의로우실 수 있습니다.

하나님께서는 신실하셔서, 우리가 죄를 고백하는 순간 죄가 있었던 적이 없던 것처럼 죄를 제거할 준비를 하십니다.

그리스도인들은 예수님을 그들의 변호자로 아는 것이 절대로 필요합니다. 교제에서 벗어난 많은 그리스도인들은 회복을 받아들이지 않고, 여러 번 그들의 죄를 고백했습니다. 자신의 죄를 고백했을 때 그들은 용서를 붙잡지 않은 것입니다. 죄를 고백하는 순간, 그들은 아버지께서 용서하신다고 선언하시는 말씀 위에 행동하지 않은 것입니다.

어떤 그리스도인도 용서를 구하지 않은 채 하나님과의 깨어진 교제 가운데 머물러 있어서는 안 됩니다. 아버지께서는 용서하신 일은 다 잊어버리십니다. 하나님의 자녀는 절대로 자신의 죄를 다시 생각함으로써 하나님을 모욕하지 말아야 합니다.

보증이신 예수님

예수님은 우리의 개인적인 보증이십니다. 이것이 예수님께서 아버지 우편에서 하시는 모든 사역 가운데 가장 중요합니다.

율법의 대제사장은 옛 언약의 보증이었습니다. 대제사장이 실패했을 경우, 그것은 하나님과 이스라엘 사이의 관계를 단절시켰습니다. 속죄의 피가 효력을 상실했습니다.

새 언약 아래서, 예수님은 새 언약의 대제사장이요, 새 언약의 보증이십니다.

"이와 같이 예수는 더 좋은 언약의 보증이 되셨느니라"(히 7:22)

아버지 앞에 우리의 위치는 절대적으로 안전합니다. 우리는 평생 하나님 우편에서 우리를 위해 계신 인간이 있음을 압니다.

예수님은 아버지 앞에서 우리를 대표하고 계십니다. 예수님은 항상 우리를 대표하는 자리에 계십니다. 우리는 아버지 앞에 우리를 대표하시는 분이 있습니다. 우리의 위치는 안전합니다.

● 25과의 내용 확인 문제

1. 예수님의 사역에 대한 세 가지 관점은 무엇입니까?

2. 어떻게 해서 옛 언약의 대제사장이 새 언약의 대제사장이신 예수님의 모형이었는지를 말해보십시오.

3. 아버지께서 그리스도의 피를 받아들이셨다는 사실을 알려주는 것은 무엇입니까?

4. 그리스도께서 인간의 중재자이신 두 가지 이유(근거)를 제시하십시오.

5. 왜 하나님의 자녀는 중보자가 필요합니까?

6. 마태복음 5:10-12에서 언급된 두 종류의 박해는 무엇입니까?

7. 언제 그리스도께서는 우리의 변호자 역할을 하십니까?

8. 왜 모든 그리스도인이 예수님을 자신의 변호자로 아는 일이 필요합니까?

9. 새 언약의 보증으로서 예수님은 당신에게 무슨 의미입니까?

10. 그리스도의 현재 사역의 다섯 측면을 열거하고, 각각에 해당되는 성경 구절을 제시하십시오.

26과

치유

HEALING

치유는 많은 논쟁거리가 되었던 주제입니다. 오늘날 그리스도인들 사이에는 치유에 관한 최소한 세 가지 다른 태도가 있습니다.

한 부류는 치유가 오늘날 우리를 위한 것이 아니라고 가르칩니다. 그들은 치유는 기적이고, 기적은 현시대가 아니라 오직 사도시대Apostolic Age;초대교회에만 속한 것이라는 이론에 근거하여 주장합니다.

또 다른 부류는 오늘날 하나님께서 특별한 기도나 특별한 믿음의 행위에 대한 응답으로 치유하시며, 치유는 하나님의 뜻에 달린 것이라고 가르칩니다.

세 번째 부류는 몸의 치유가 하나님의 모든 자녀의 합법적인 권리이며, 하나님의 자녀는 그의 영이 죄의 제거remission of sin를 받는 것과 똑같은 근거에서 그의 육신의 몸도 치유를 받는다고 가르칩니다.

이제 이 세 가르침을 말씀에 비추어 검토해봅시다.

첫 번째 태도는 기적의 정의에 따라 오류임이 쉽게 밝혀집니다. 웹스터 Webster 사전에 따르면, 기적은 물질세계 또는 물리 영역에서 분명히 자연법칙을 벗어나거나 초월하는 행위 또는 사건입니다. 기적은 실제로 하나님이 자연법칙의 세계 또는 인간의 활동영역에 개입하시는 것입니다. 기적은 하나님이 나타나시는 것입니다.

하나님께서 인간과 직접적인 접촉을 하실 때마다, 기적이 일어납니다. 기도의 크고 작고는 상관없이 기도에 대한 모든 응답과 모든 새로운 탄생이 기적입니다.

하나님께서 인간의 영과 직접 접촉하셔서, 그분의 본성을 인간의 영에 전이하는 새로운 탄생보다, 그분이 인간의 육신의 몸과 직접 접촉하셔서 치유하는 행위가 더 큰 기적은 아닙니다.

인간이 하나님께 자기 영혼을 구원해달라고 요청하는 것은 치유보다 더 큰 기적을 하나님께 구하는 것이며, 또 아무리 요청하는 바가 사소한 것일지라도 이에 응답하시기를 그분께 구할 경우 치유만큼이나 큰 기적을 구하는 것입니다.

기적이 사도시대에만 속한 것이라고 말하는 것은 결국 하나님께서는 사도시대부터 오늘까지 그분이 창조한 세상에서 한낱 방관자 또는 하찮은 존재의 자리를 차지해야 한다고 말하는 것입니다.

우리는 이 가르침이 전적으로 틀렸다는 사실을 쉽게 알 수 있습니다. 이제 하나님의 말씀이 나머지 두 신념에 대해 무어라 선언하는지를 찾아봅시다. 만약 두 번째 태도가 바른 가르침이라면, 세 번째 태도는 잘못된 가르침입니다.

하나님께서 특별한 믿음의 행위에 대한 응답으로만 치유하시며, 또 그분이 원하실 때만 치유하신다면, 치유는 합법적으로 하나님의 자녀에게 속한 것이 아니며 속량에도 포함되지 않습니다.

다른 한편, 치유가 그리스도 안에 있는 인간의 속량에 속한 것이라면, 치유는 하나님의 모든 자녀에게 속한 것입니다. 그래서 치유를 얻기 위해 특별한 믿음의 행위가 필요하지 않습니다. 치유가 하나님의 뜻인지에 대해선 의문의 여지가 없습니다. 치유가 속량에 속한 것이라면, 치유는 하나님의 뜻입니다. 우리는 이제 하나님의 말씀이 이에 대해 무어라 말씀하셨는지를 숙고할 것입니다.

병과 질환의 기원

우리는 치유를 이해할 수 있기 전에 먼저 병과 질환과 죽음의 기원을 알아야 합니다. 우리는 아담의 대 반역죄의 결과로 영적 죽음이 인간의 영으로 들어오게 된 것을 보았습니다. 인류 안에서 군림했던 이 영적 죽음이 인간을 지배한 죄와 질병과 육체의 죽음이 자라난 토양이었습니다. 인간의 육신의 몸에 있는 병과 질환과 죽음은 영에 있는 영적 죽음이 표현되는 것에 불과합니다. 인간이 영적으로 죽지 않았다면, 질병과 죽음은 인간의 육신의 몸에 관여하지 못했을 것입니다. 사탄이 이 세상의 신이 되어 지배한 결과, 공기가 병균의 서식지가 되었고, 그때로부터 현재까지 육안으로는 볼 수 없을 정도로 아주 작은 병원균이 인간의 가장 큰 적 가운데 하나가 되었습니다.

이 세상에 악이 존재한다는 사실은 누구도 부인할 수 없습니다. 악의 존재로 인해 많은 정직한 사람들은 사랑의 하나님에 대한 믿음을 거부했습니다. 그들은 사탄이 이 세상의 임금과 신으로서 인간을 지배한 결과가 악이라는 사실을 깨닫지 못했습니다.

악의 지배에 너무도 깊은 인상을 받은 나머지, 우주의 중심 원리가 악이라는 결론을 내린 철학자들도 있습니다. 그들의 결론은 틀렸습니다. 악의 원천은 창조주가 아니라, 강탈자인 사탄입니다.

악의 두 부분은 고통과 죄입니다. 고통은 몇 가지 하위 부분이 있을 수도 있지만, 인간이 경험하고 아는 고통의 주된 실상은 질병이 일으키는 고통입니다.

결론적으로, 죄와 질병은 영적 죽음으로부터 태어난 쌍둥이입니다. 죄와 질병 둘 다 사탄의 일입니다. 죄는 영의 질병입니다. 그리고 알다시피, 병은 몸의 질병입니다.

질병에 대한 하나님의 태도

하나님께서는 죄를 그분의 피조물인 인간의 생명에서 사탄이 하는 일로 보시듯이, 질병 역시 그렇게 보십니다.

그리스도께서 오셔서 아버지 하나님을 계시하셨고, 인간에 대한 아버지 하나님의 태도를 알려주셨습니다. 그리스도의 삶을 주의 깊게 따를 때 우리는 병에 대한 하나님의 태도를 배울 수 있습니다.

그리스도가 아버지의 뜻이었다

처음부터 마지막까지 그리스도의 사역은 이중 사역이었습니다. 그리스도께서는 사람들의 혼에는 평화를, 사람들의 몸에는 치유를 가져오셨습니다. 치유가 그리스도의 사역 가운데 주요 부분을 차지했습니다. 그리스도께서는 사역 내내 사탄에게 눌린 모든 사람을 구원하셨습니다. 이 구원 deliverance에는 몸의 치유도 포함되었습니다. 질병이 사탄으로부터 온 것이 아니라면, 질병이 인간을 향한 하나님의 원래의 계획에 한 자리를 차지했어야 합니다.

마태복음 8:16-17과 마가복음 1:32-34을 읽어보십시오.

만약 그러했다면, 예수님의 사역은 아버지의 뜻과는 반대였을 것입니다. 예수님은 인간에게 계시된 아버지의 뜻이셨기에, 인간의 몸에 대한 질병의 능력을 깨뜨려서 인간을 고통과 고난으로부터 자유롭게 하는 것이 아버지의 뜻이었음을 계시하셨습니다. 그리스도의 사역은 영적인 것만이 아니라 사람의 본질 가운데 육체에도 치유와 축복을 선포하였습니다.

질병에 대한 그리스도의 태도가 분명히 드러난 몇 가지 실례가 있습니다. 그중 하나는 누가복음 13:10-17입니다. 안식일에 한 여인이 18년 동안 시달린 질병으로부터 놓임을 받은 후, 회당의 관리자들이 그리스도를 비난했습니다.

그러자 예수 그리스도께서는 "그러면 열여덟 해 동안 사탄에게 매인 바 된 이 아브라함의 딸을 안식일에 이 매임에서 푸는 것이 합당하지 아니하냐?"(눅 13:16)라고 대답하셨습니다.

예수님은 그녀의 육신의 몸을 묶은 질병의 원인이 사탄이었다고 분명히 진술하신 것입니다.

또 다른 예는 마가복음 2:1-21에서 발견됩니다. 중풍병자를 그리스도께로 데려왔습니다. 그리스도께서는 중풍병자에게 "작은 자야 네 죄 사함을 받았느니라"(막 2:5)라고 말씀하셨습니다.

율법학자들이 그리스도께서 하신 진술에 의문을 제기하자, 그리스도께서는 그들에게 이와 같이 대답하셨습니다. "중풍병자에게 네 죄 사함을 받았느니라 하는 말과 일어나 네 상을 가지고 걸어가라 하는 말 중에서 어느 것이 쉽겠느냐?"(막 2:9)

그분께서는 사실 이렇게 말씀하신 것입니다. "인간의 영에 있는 영적 죽음의 결과인 죄를 용서하는 것과 영적 죽음의 똑같은 결과인 인간의 몸에 생긴 질병을 치유하는 것 중 어느 것이 더 쉽냐? 무슨 차이가 있느냐?" 그리스도께서는 두 경우 모두에서 인간을 묶고 있는 사탄의 속박을 다루고 계셨던 것입니다. 질병에 대한 그리스도의 태도와 그리스도의 사역에서 치유가 차지하는 자리를 더 온전히 알려면, 다음을 읽어보십시오.

속량 안에 있는 치유

요한일서 3:8은 그리스도께서 마귀의 일들을 멸하기 위해서 나타나셨다고 우리에게 말씀합니다. 그리스도께서는 사탄이 아담의 대 반역죄의 결과로 인해 인간의 영적 아비가 되었을 때 인간에게 행한 일을 멸하시러 오셨습니다. 그리스도께서는 사탄을 인간과의 관계와 인간에 대한 그의 권능에서 무효화하러 오셨습니다.

히브리서 2:14을 읽어보십시오. 그리스도께서는 자신을 인성과 동일시하심으로써 아담의 죄의 결과로부터 인간을 완전히 속량하러 오셨습니다. 로마서 5:12-21을 주의 깊게 공부하십시오.

인간이 영적 죽음으로부터 완전히 속량되려면 죄뿐 아니라 질병으로부터도 속량되어야 합니다. 하나님께서는 이를 인식하셨기에, 인간의 몸의 치유를 예비하셨음을 그분의 말씀으로 우리에게 분명히 알려주셨습니다.

이사야 53:4-6을 읽어보십시오. 하나님께서는 선지자들을 통해서 커튼을 들어 올리시고 우리로 그분께서 죄와 병을 다루시는 모습을 보게 하십니다.

이사야 53:3을 직역하면 다음과 같습니다. "그는 사람들에게 멸시받고 거부되었으며, 고통의 사람이요 병에 익숙한 사람이라. He was despised, and rejected of men; a man of pain, and acquainted with sickness."

"그는 실로 우리의 질고를 지고 우리의 슬픔을 당하였거늘 우리는 생각하기를 그는 징벌을 받아 하나님께 맞으며 고난을 당한다 하였노라"(사 53:4)

하나님께서는 그리스도를 우리의 질병으로 치셨습니다. 그리스도께서는 우리의 고통으로 고난을 당하셨습니다.

"그가 찔림은 우리의 허물 때문이요 그가 상함은 우리의 죄악 때문이라 그가 징계를 받으므로 우리는 평화를 누리고 그가 채찍에 맞으므로 우리는 나음을 받았도다"(사 53:5)

"여호와께서 그에게 상함을 받게 하시기를 원하사 질고를 당하게 하셨은즉 그의 영혼을 속건(속죄)제물로 드리기에 이르면…"(사 53:10)

이사야 53:3-4에서 "질고griefs와 슬픔sorrows"이라는 옛날 번역은 옳은 번역이 아닙니다.

직역에서는 그것을 전부 "질병disease과 병sickness"으로 옮깁니다.

하나님께서는 예수님께 우리의 죄악뿐 아니라 우리의 질병도 얹으셨습니다.

예수님께서는 우리의 질병으로 인해 병드셨습니다. 예수님께서는 우리의 죄로 인해 죄가 되셨습니다. 아버지의 마음과 예수님의 마음에서 볼 때, 그리고 말씀에 따르면, 주님께서 우리의 질병과 죄를 담당하셨습니다.

주님께서 질병과 죄를 담당하셨다면, 우리가 죄와 질병을 담당하는 것은 잘못된 것입니다.

감각지식은 이를 거부하려 했지만, 하나님께서 우리의 죄와 질병을 예수님께 얹으셨다는 사실은 변함없는 진리로 남아있습니다.

예수님은 인간이 의롭다고 선언되기 전에는 일어나실 수 없었습니다(롬 4:25).

예수님께서 죽은 자들로부터 일어나셨을 때, 죄의 몸 곧 영적 죽음은 파괴되었습니다(롬 6:6). 죄는 권능을 잃었습니다. 이는 질병도 마찬가지였습니다.

이사야 53:10을 히브리어 원문으로 읽으면 다음과 같습니다. "그러나 여호와께서는 그를 상하게 하는 것을 기뻐하셨다. 여호와께서는 그를 병들게 하셨다. Yet Jehovah hath delighted to bruise Him; He hath made Him sick." 하나님께서는 예수님을 우리의 죄로 인해 죄가 되게 하셨습니다. 하나님께서는 예수님을 우리의 병으로 인해 병들게 하셨습니다. 하나님께서는 한 가지 이유로, 곧 그것이 인간의 치유를 의미했기 때문에 그렇게 하기를 기뻐하셨습니다.

그리스도께서는 우리를 죄와 죄의 권능과 심판으로부터 자유롭게 되도록 우리의 죄와 죗값을 담당하셨습니다.

동일한 근거 위에서 그리스도께서는 우리의 질병과 고통도 담당하셨습니다. 그리스도께서는 우리가 자유롭게 되도록 질병과 고통을 가져가셨습니다. 그러므로 우리가 그것들을 담당해서는 안 됩니다.

하나님께서는 그리스도를 우리의 죄를 담당하는 분과 우리의 질병을 담당하는 분이 되게 하셨습니다. 즉 죄를 알지도 못하신 그분을 죄가 되게 하셨고, 병을 알지도 못하신 분을 병이 되게 하셨습니다.

그리스도의 사역 가운데 아버지 하나님께서는 인간의 육체를 치유하시는 것이 그분의 뜻임을 계시하셨습니다. 이제 속량을 통해 아버지 하나님께서는 그리스도를 통해서 질병과 병의 권능을 깨뜨리십니다.

영적 죽음의 영역에서 권세를 가진 사탄은 무기력하게 되었습니다(히 2:14).

그 승리 가운데, 사탄의 일인 질병과 병 역시 무기력하게 되었습니다. 그리스도께서 상하심으로써 우리는 질병의 법으로부터 치유됩니다.

오늘날의 치유

그리스도께서 이 땅에서 하신 사역은 이중 사역이었는데, 사람의 영과 몸에 영향을 끼치는 것이었습니다. 그리스도의 죽으심은 우리의 죄와 질병을 담당하는 이중적인 것이었습니다. 오늘도 그리스도는 동일하시므로, 영과 몸을 위한 이중 축복의 사역 역시 이 땅에서 그분이 하신 사역으로부터 현재에 이르기까지 계속되어왔습니다.

그리스도께서는 인간이 생명을 얻도록 인간의 영적 죽음을 담당하셨고, 그분의 말씀 안에 인간의 구원을 예비하셨습니다. 그리스도께서는 인간의 질병을 담당하셨으며, 그분의 말씀 안에 인간의 치유를 예비하셨습니다.

마가복음 16장을 보면, 그리스도께서 제자들에게 대 사명the Great Commission을 내려주셨습니다. 그리스도께서는 아버지와 함께 계셔서 아버지의 우편에서 아버지의 일을 맡고자 제자들을 떠나려는 찰나였습니다. 제자들이 그분을 대신할 것입니다. 그분의 대표자들이 그분의 사역을 계속할 것이고, 그분이 여기에 계셨다면 하셨을 일을 할 것입니다.

그러므로 그리스도께서는 그분이 죽으셨던 이유인 세상을 향한 제자들의 사명에서 이중 사역이 지속될 것을 밝히십니다.

첫째, 사명은 인간의 영적인 필요를 채워주는 것입니다. "믿고 세례를 받는 사람은 구원을 얻을 것이요…"(막 16:16) 하나님의 모든 자녀는 스스로에게 이 사명을 적용하여, 그리스도에 대한 믿음이 구원의 필수요소이며, 불신앙은 구원받지 못하게 한다고 가르칩니다. 그런데, 사명의 둘째 부분인 마가복음 16:17은 "믿는 자들에게는 이런 표적이 따르리니…"라고 말씀합니다. 마가복음 16:17의 "믿는다believe"에 해당되는 헬라어와 마가복음 16:16의 "믿는다beliveth"에 해당되는 헬라어 모두 단수냐 복수냐의 차이를 제외하고는 똑같습니다. 그리스도께서 하신 사명의 앞부분 말씀과 뒷부분 말씀을 분리시킬 권리가 누구에게 있습니까?

그리스도께서는 첫 부분 말씀은 모든 인간에게 해당된 것이지만, 끝 부분 말씀은 사도시대의 그리스도인들에게만 해당된 것이라고 그 어디에서 의미하셨습니까? 두 약속 모두 "믿는 것believing"이라는 한줄기에 달려있습니다. 믿는 행위가 사람을 하나님의 가족으로 데려갑니다. 뒤따르는 놀라운 약속의 덩어리는 믿는 자 또는 문자적으로 "믿는 이들the believing ones"에게 속한 것입니다.

인간은 첫 번째 약속을 붙들어왔습니다. 그 약속을 사용하는 법을 알았기 때문입니다. 그러나 다른 약속은 던져버렸습니다. 그 약속을 사용하는 법을 알지 못했기 때문입니다.

그리스도께서는 인간이 질병을 짊어지지 않도록 질병을 담당하셨습니다. 그래서 인간의 치유를 위한 예비하심이 여기에 있습니다. "…내 이름으로…병든 사람에게 손을 얹은즉 나으리라 하시더라"(막 16:17-18)

성령의 인도 아래 제자들의 사역은 그리스도의 사역과 마찬가지로 이중 축복이 있었습니다. 그들은 완전한 속량을 전했습니다. 즉 영을 위해서는 새로운 탄생을, 그리고 몸을 위해서는 치유를 전했습니다. 그리스도의 개인 사역으로부터 시작된 축복의 두 흐름인 거듭남regeneration의 흐름과 치유의 흐름은 그리스도인들이 그분의 말씀대로 담대하게 행동한 곳이면 어디나 그때로부터 사도시대를 거쳐 현재에 이르기까지 지속되고 있습니다.

그리스도의 속량 안에서 우리에게 주어진 치유에 대한 권리는 예수 이름의 권세 안에 부여된 것이었습니다. 예수님은 사도시대에서 그분의 말씀을 확증하셨듯이, 오늘날도 이 말씀을 확증하기 위해 지켜보고 계십니다(막 16:20).

● 26과의 내용 확인 문제

1. 치유에 대한 현재의 세 가지 태도를 열거해보십시오.

2. 첫 번째 태도가 틀린 이유를 설명해보십시오.

3. 세 번째 태도가 옳은 것이라면, 두 번째 태도가 틀린 이유를 제시해보십시오.

4. 질병의 기원을 분명하게 설명해보십시오.

5. 그리스도의 삶과 사역이 어떻게 질병에 대한 아버지의 태도를 계시합니까?

6. 병이 영적 죽음의 통치로부터 왔다는 사실을 밝혀주는 몇 가지 사례를 그리스도의 사역 가운데 제시하고 설명해보십시오.

7. 사탄으로부터의 완전한 속량에 치유가 포함되어야 하는 이유는 무엇입니까?

8. 왜 우리에게는 치유에 대한 합법적인 권리가 있습니까?

9. 그리스도께서는 그분의 치유사역을 지속시키기 위해 무엇을 예비하셨습니까?

27과

그리스도의 주되심 1

THE LORDSHIP OF CHRIST 1

인간에게 주신 이 계시에서 가장 실제적이고 중요한 진리 가운데 하나는 예수 그리스도께서 만물의 주님이시라는 사실입니다. 오늘날 이 우주에서 예수 그리스도께서는 주님의 위치position를 차지하십니다. 주님이신 그분의 사역이 매우 중요하기 때문에, 우리는 그리스도의 현재 사역을 다루었던 25과에서는 그 부분을 공부하지 않았습니다. 예수님이 주님이시라는 사실을 아는 것이 그리스도인의 승리하는 삶에 반드시 필요합니다. 그러므로 우리는 그 부분을 공부하는 데 27과와 28과를 온전히 할애할 것입니다.

신약에서 700번 이상이나 "주님Lord"이라는 칭호가 그리스도께 부여됩니다.

그리스도께서는 아담이 몰수당한 창조세계에 대한 주됨lordship을 다시 획득하셨습니다. 그리스도께서는 죄와 질병과 죽음과 자연의 힘을 다스리시는 주님이십니다.

그리스도께서는 우주에서 가장 높은 위치를 차지하십니다.

그러나 모든 것 중 가장 위대하고 복된 진리는 그리스도께서 인간의 개인적인 주님이시라는 사실입니다. 이전 과들에서 우리는 의와 영원한 생명 등에 대한 인간의 권리를 보았습니다. 이번 27과에서 우리는 모든 인간이 그리스도의 주되심의 유익에 대한 합법적인 권리가 있음을 볼 것입니다.

우리는 이 주제를 네 부분으로 나누어서 공부할 것입니다. 첫 번째 부분은 주인 사탄Satan, lord입니다. 두 번째 부분은 정복자이신 그리스도Christ, the Conqueror입니다. 세 번째 부분은 주님이 되신 그리스도입니다. 그리고 네 번째 부분은 인간의 개인적인 주님이 되신 그리스도입니다.

이상의 개요를 통해서 우리는 간략하게 속량을 이야기합니다.

사탄의 주됨

말씀의 사실도 그렇지만 삶의 사실 역시 사탄이 자연인의 주라는 것을 우리에게 계시하고 증언합니다.

그리스도께서는 사탄을 이 세상의 임금이라고 부르셨을 때 그 점을 인식하고 있음을 보여주셨습니다.

"…이 세상의 임금이 오겠음이라 그러나 그는 내게 관계할 것이 없으니"(요 14:30)

바울이 받았던 계시에서 사탄은 이 세상의 신이라 불립니다.

"그 중에 이 세상의 신이 믿지 아니하는 자들의 마음을 혼미하게 하여 그리스도의 영광의 복음의 광채가 비치지 못하게 함이니 그리스도는 하나님의 형상이니라"(고후 4:4)

사탄과 그의 무리들은 이 세상의 영적인 통치자들이라 불립니다.

"우리의 씨름은 혈과 육을 상대하는 것이 아니요 통치자들과 권세들과 이 어둠의 세상 주관자들과 하늘에 있는 악의 영들을 상대함이라"(엡 6:12)

자연인은 그들의 규칙에 따라 걷고 있습니다.

"그 때에 너희는 그 가운데서 행하여 이 세상 풍조를 따르고 공중의 권세 잡은 자를 따랐으니 곧 지금 불순종의 아들들 가운데서 역사하는 영이라"(엡 2:2)

그러나 처음에는 사탄이 인류나 창조세계에 대한 이 권세를 차지하지 못했습니다. 인간이 원래의 주the original lord였습니다. 하나님께서 인간에게 창조세계를 다스릴 통치권을 주시어, 인간을 그분 다음가는 통치자로 삼으셨습니다.

"하나님이 이르시되 우리의 형상을 따라 우리의 모양대로 우리가 사람을 만들고 그들로 바다의 물고기와 하늘의 새와 가축과 온 땅과 땅에 기는 모든 것을 다스리게 하자 하시고…"(창 1:26-31)

인간은 격하되고 지배받는 상태에서도 그 안에 하나님 다음가는 통치자로서 본래 지위의 흔적을 담고 있습니다. 인간은 과학의 영역에서 이루어진 발견, 지식의 분류작업, 자연의 힘에 대해 이해하고 이용해서 창조주의 마음과 교류할 수 있는 그의 마음의 능력을 보여주었습니다.

과거에 한때 창조세계를 통치했던 인간은, 동물과 식물의 생산물을 증대시키고 개선하는 일을 통해 하나님 다음가는 통치자로서의 능력을 아직도 보여줍니다.

인간은 많은 인공호수를 만들었습니다. 사막을 정원으로 바꾸었습니다. 그는 모든 창조세계의 소리와 형태와 색깔이 조화를 이루는 것에 전율했으며, 그래서 이를 성가극oratorio과 대리석상과 화폭과 정원으로 재생하였습니다. 그는 왕위에 앉은 자연의 왕이었습니다. 땅(지구)은 인간을 위해 창조되었습니다. 즉 땅은 인간을 위한 보금자리였습니다.

하나님의 심령에는 오직 하나뿐인 영원한 존재인 인간이 모든 우주보다 더 큰 의미가 있습니다.

그러나 인간은 사탄의 음성에 복종하여, 대 반역죄를 저질렀으며, 그의 종이 되었습니다. 사탄은 이 세상을 지배하고 싶어 했습니다. 사탄은 인간이 차지했던 위치를 탐했습니다. 사탄은 인간의 지배자가 됨으로써 그 지위를 획득했습니다. 사탄은 그의 본성을 인간에게 전이하여 이전에 하나님께서 인간에게 차지하셨던 위치, 곧 인간의 아비가 됨으로써 인간의 지배자가 되었습니다(창 2:15-17, 3:1-24).

우리가 일찍이 공부했듯이, 영적 죽음이 들어와서 인류를 통치하여 사탄이 주lord로 다스리게 되었습니다.

다시금 로마서 5:12, 14-15, 17과 히브리서 2:14의 구절들을 신중하게 공부하십시오. "…죽음의 세력the authority of death…"

사탄의 지배는 최고의 고통과 비참을 인간의 심령에 가져왔습니다.

인간에게는 하나님이 만드신 작품에 대한 통치권이 주어졌습니다. 인간은 그 엄청난 통치권을 사탄의 손에 넘겨주었습니다. 인간은 주됨lordship에서 노예로 전락했습니다. 동물과 식물의 왕국마저 사탄의 주됨 아래 신음했습니다(롬 8:20-24).

그러나 하나님께서는 인간을 사탄의 통치 아래 영원히 고통당하는 소망 없는 상태로 내버려두지 않으셨습니다. 아담이 저지른 대 반역죄 앞에서 하나님께서는 인류에 대한 사탄의 주됨을 합법적으로 깨뜨릴 분을 약속하셨습니다.

창세기 3:15-18을 읽어보십시오. (우리는 이 예언의 온전한 의미를 이미 공부했습니다.)

정복자이신 그리스도

하나님께서는 아담이 한 것을 그냥 무효화하실 수 없으셨습니다. 따라서 인간은 구원자가 오실 때까지 기다려야만 했습니다.

그리스도께서는 인류에 대한 사탄의 주됨을 깨뜨리셨습니다. 그분은 죽음의 영역에서 오랫동안 권세를 잡고 있던 자를 완전히 무기력하게 만드셨습니다(히 2:14).

여기에 우리가 주목하고 싶은 것이 있습니다. 그리스도께서는 자신을 위해서 사탄을 무기력하게 만들지 않으셨습니다. 영원토록 아버지와 동등하게 사셨던 하나님의 아들은 사탄을 인류의 주가 되게 했던 아담의 대반역죄의 영향을 받지 않으셨습니다(빌 2:2-8).

그리스도께서는 인간이 되셨을 때도 사탄의 지배로부터 자유로우셨습니다. 그리스도께서는 자연생식으로 태어나지 않으셨기 때문입니다. 그리스도께서는 하나님이면서 성육신하신 분이셨기에, 그분의 신성으로 인해 항상 사탄과 세상통치자들보다 더 크신 분이셨습니다.

그리스도께서는 요한복음 14:30에서 "…이 세상의 임금이 오겠음이라 그러나 그는 내게 관계할 것(또는 어떤 부분)이 없으니"라고 말씀하셨습니다.

그리스도의 성육신이 사탄과 그분을 관계시키는 부분은 전혀 없었습니다. 그리스도의 인성humanity이 그분을 이 세상의 신에게 복종시키는 부분은 전혀 없었습니다. 그리스도는 아담이 대 반역죄를 짓기 전에 가졌던 종류의 인성을 똑같이 가지셨습니다.

따라서 이 땅에서의 그리스도의 생명(삶)은 사탄의 주됨으로부터 자유롭게 된 인간 생명의 본보기입니다. 사탄은 그리스도께 복종했으며, 또 질병과 병은 그리스도의 종들이었고, 모든 자연의 힘들도 그리스도의 명령에 복종했습니다.

그러므로 우리는 그리스도께서 자신을 위해서 사탄을 정복하신 것이 아님을 알 수 있습니다. 그리스도께서는 인간을 위해서 사탄을 정복하셨습니다. 비록 인간이 그렇지 않았을지라도, 그리스도께서는 사탄의 지배로부터 자유로우셔서 인간의 생명에 대한 질병의 능력을 깨뜨리고 귀신을 쫓으실 수 있었습니다.

그러나 인간은 사탄의 권세 안에 있었습니다. 인간은 사탄의 주됨으로부터 자유롭게 되어야 했습니다. 인간은 이기심과 질시와 죄의 통치와 질병과 하나님에 대한 반역이 나오는 그의 본성으로부터 구출될 필요가 있었습니다.

인간에 대한 사탄의 주됨은 인간에 의해서 깨뜨려져야 합니다. 그러므로 그리스도께서는 십자가에서 자신을 사탄의 본성인 영적 죽음과 동일시하셨고, 따라서 우리와 연합하신 분으로서 그분은 인류를 대신하여 사탄을 정복하셨습니다.

"하나님이 죄를 알지도 못하신 이를 우리를 대신하여 죄로 삼으신 것은 우리로 하여금 그 안에서 하나님의 의가 되게 하려 하심이라"(고후 5:21)

우리는 그 싸움의 정확한 진상을 모릅니다. 다만 우리는 그리스도께서 우리를 대신하여 인간으로서 죽은 자들로부터 일어나셨을 때 자신이 정복한 정사들과 권세들을 떨쳐내셨다는 사실만 알 뿐입니다.

"통치자들과 권세들을 무력화하여 드러내어 구경거리로 삼으시고 십자가로 그들을 이기셨느니라"(골 2:15)

우리는 사탄이 아담의 주가 될 수 있게 하고, 인류의 주가 될 수 있게 했던 아담의 반역의 정확한 진상을 모르지만, 아담이 에덴동산에서 하나님과 대면했을 때, 그의 본성은 이미 바뀌었고, 그의 생명에 새로운 주인 사탄이 군림하고 있었다는 사실을 알고 있습니다.

우리는 어떻게 해서 그리 되었는지 정확히 알지 못하지만 한 사람이 사탄을 인류의 주로 등극시켜주었음을 알고 있습니다.

"이르되 이 모든 권위와 그 영광을 내가 네게 주리라 이것은 내게 넘겨준 것이므로 내가 원하는 자에게 주노라"(눅 4:6)

우리는 비록 어떻게 해서 그리 되었는지 정확히 알지 못하지만, 한 사람 곧 예수님께서 죽으심과 부활을 통해서 인간이 주로 등극시킨 사탄을 폐위시켰음을 알고 있습니다.

그리고 그리스도께서 자신의 피를 가지고 지성소로 들어가셨을 때, 하나님께서는 사탄의 권세와 통치로부터 인류의 완전한 속량이 이루어진 것으로 인정하셨습니다.

"염소와 송아지의 피로 하지 아니하고 오직 자기의 피로 영원한 속죄(속량)를 이루사 단번에 성소에 들어가셨느니라"(히 9:12)

첫 사람은 하나님의 임재로부터 쫓겨났습니다. 사탄이 첫 사람의 주가 되어서, 그와 동일시된 인류도 거부되었기 때문입니다(창 3:22-24).

그 후, 한때 죄를 지어서 하나님께 버림을 받았던 인간이 지성소에 들어가서 기쁘게 받아들여진 때가 도래했습니다. 인간에 대한 사탄의 지배가 무효화되었기 때문입니다.

"이 뜻을 따라 예수 그리스도의 몸을 단번에 드리심으로 말미암아 우리가 거룩함을 얻었노라"(히 10:10)

인간은 그리스도의 드리심으로 거룩하게 되었습니다. 거룩하게 하다 to sanctify라는 말은 "따로 떼어놓다, 분리하다"라는 뜻입니다. 인간은 사탄의 지배로부터 자유롭게 되었을 뿐 아니라, 그리스도께서 죄가 되시기 전 만큼이나 사탄의 권세와 분리되기도 했습니다.

영적 죽음의 결과였던 죄가 제거되었습니다.

"이것들을 사하셨은즉 다시 죄를 위하여 제사 드릴 것이 없느니라"(히 10:18)

그리고 인간은 하나님 앞에서 완전하다고perfect 선언되었습니다.

"그가 거룩하게 된 자들을 한 번의 제사로 영원히 온전하게perfect 하셨느니라"(히 10:14)

그리스도께서 지성소에 있는 하나님의 우편에 받아들여져 앉으셨을 때, 온 인류도 받아들여졌습니다(엡 2:5-6).

그리스도는 정복자이십니다. 그분께서 인간에 대한 사탄의 주됨을 깨뜨리셨기 때문입니다.

"자녀들은 혈과 육에 속하였으매 그도 또한 같은 모양으로 혈과 육을 함께 지니심은 죽음을 통하여 죽음의 세력을 잡은 자 곧 마귀를 멸하시며"(히 2:14)

주님으로 등극하신 그리스도

예수님께서 인간으로서 사탄에게 거두신 이 승리로 인해서, 하나님께서는 그분을 주님으로 등극시키셨습니다. 그리스도께서 죽은 자들로부터 일어나신 것은 모든 통치와 권세와 능력과 주권 위로 일어나신 것이었습니다(엡 1:12-22).

여기서 "통치rules", "권세authorities", "주권dominions"은 사탄에게 속한 세력들을 말합니다.

그리스도께서는 전부터 항상 사탄보다 더 크셨기 때문에, 자신을 위해서가 아니라 인간을 위해 일어나셨습니다.

그리스도의 승리는 인간의 삶에 대한 사탄의 통치와 권세와 능력과 주권으로부터 완전한 자유였습니다.

인간이 한때 가졌던 통치권은 또 다시 박탈당하지 않도록 인간에게 직접 주어지지 않았습니다.

그러므로 잃어버린 통치권이 그리스도께 주어졌는데, 그분은 지금 인간을 위해 그것을 붙들고 계십니다. 하나님께서는 그리스도를 "주님Lord"이 되게 하셨습니다.

"그런즉 이스라엘 온 집은 확실히 알지니 너희가 십자가에 못 박은 이 예수를 하나님이 주와 그리스도가 되게 하셨느니라 하니라"(행 2:36)

천사가 "그가 여기 계시지 않고 그가 말씀 하시던 대로 살아나셨느니라 와서 그가 누우셨던 곳을 보라"(마 28:6)라고 말했습니다.

사람의 아들인 그리스도께서는 죽은 자들로부터 일어나셔서, 사탄의 주됨을 깨뜨리셨습니다.

“그의 힘의 위력으로 역사하심을 따라 믿는 우리에게 베푸신 능력의 지극히 크심이 어떠한 것을 너희로 알게 하시기를 구하노라 그의 능력이 그리스도 안에서 역사하사 죽은 자들 가운데서 다시 살리시고 하늘에서 자기의 오른편에 앉히사 모든 통치와 권세와 능력과 주권과 이 세상뿐 아니라 오는 세상에 일컫는 모든 이름 위에 뛰어나게 하시고”(엡 1:19-21)

하나님께서는 그리스도께 모든 이름 위에 뛰어난 한 이름을 주시고, 또 그 이름 안에 정복하는 그분의 권세를 부여하시면서 그리스도를 주님으로 등극시키십니다.

“이러므로 하나님이 그를 지극히 높여 모든 이름 위에 뛰어난 이름을 주사 하늘에 있는 자들과 땅에 있는 자들과 땅 아래에 있는 자들로 모든 무릎을 예수의 이름에 꿇게 하시고 모든 입으로 예수 그리스도를 주라 시인하여 하나님 아버지께 영광을 돌리게 하셨느니라”(빌 2:9-11)

예수 그리스도께서 주님으로서 계시는 것은 전부 우리를 위한 것입니다. 예수 그리스도의 주되심의 권세가 그분의 이름 안에 부여되었기 때문입니다. 그런데 우리가 23과에서 보았듯이 그 이름은 우리의 것입니다. 예수 그리스도는 우리를 위해 주님이 되셨습니다.

“또 만물을 그의 발 아래에 복종하게 하시고 그를 만물 위에 교회의 머리로 삼으셨느니라 교회는 그의 몸이니 만물 안에서 만물을 충만하게 하시는 이의 충만함이니라”(엡 1:22-23)

우리는 28과에서 “우리의 개인적인 주님이신 그리스도”를 공부할 것입니다.

우리는 그분의 주되심이 우리에게 개인적으로 무슨 의미가 있는지를 알게 될 것입니다.

● 27과의 내용 확인 문제

1. 사탄이 자연인의 주가 됨을 보여주는 세 개의 성경구절을 제시하십시오.

2. 어떻게 해서 사탄은 인간을 다스리는 권세를 획득했습니까?

3. 인간은 어떤 식으로 하나님 다음가는 통치자였던 본래 위치의 흔적을 여전히 드러내고 있습니까?

4. 그리스도께서 자신을 위해서 사탄을 정복하실 필요가 없으셨던 이유를 분명히 제시하십시오.

5. 사탄이 그리스도에 대한 통치권을 가져본 적이 없다는 사실을 제시하는 성경구절은 무엇입니까?

6. 히브리서 2:14을 설명해보십시오.

7. 골로새서 2:15은 무엇을 계시합니까?

8. 그리스도께서 지성소로 들어가셨을 때, 하나님께서 그리스도의 피를 받으셨다는 사실에는 무슨 의미가 있습니까?

9. 빌립보서 2:9-11을 설명해보십시오.

10. 당신은 이번 과에서 각각의 성경구절을 주의 깊고 신중하게 공부하셨습니까?

28과

그리스도의 주되심 2

THE LORDSHIP OF CHRIST 2

우리는 계속해서 그리스도의 주되심을 공부하고 있습니다. 우리는 27과에서 하나님께서 예수님을 "주님"이 되게 하셨음을 공부했습니다. "그런즉 이스라엘 온 집은 확실히 알지니 너희가 십자가에 못 박은 이 예수를 하나님이 주와 그리스도가 되게 하셨느니라 하니라"(행 2:36)

예수 그리스도께서는 하나님의 어린 양으로 죽으셨습니다. 예수 그리스도께서는 약하심으로 십자가에 못 박히셨습니다. "그리스도께서 약하심으로 십자가에 못 박히셨으나 하나님의 능력으로 살아 계시니 우리도 그 안에서 약하나 너희에게 대하여 하나님의 능력으로 그와 함께 살리라"(고후 13:4) 이렇듯, 예수 그리스도께서 일어나셨을 때는 주님으로 일어나셨습니다.

예수 그리스도께서는 죽으실 때 도살장에 끌려가는 어린 양이셨습니다. 그분은 학대받고 심판받아 끌려갔습니다. 하지만 그분은 죽은 자들로부터 강력한 승리자로 일어나셨습니다. 그분은 인간에게 주로 군림하고 있던 사탄을 패배시켰습니다. 그분은 사탄을 저주받은 어둠의 영역에 있던 그의 무리들과 부하들 앞에서 정복하셨습니다. 그리고 예수 그리스도께서는 그곳, 그 끔찍한 곳에서 절대적 승리자와 지배자로 섰습니다. 오늘날 예수 그리스도는 세 세계, 곧 하늘과 땅과 지옥 앞에 인간의 옛 파괴자에 대해 논쟁의 여지없이 승리하신 분으로 서 계십니다(히 2:14).

그분이 그런 승리를 거두자마자 제자들에게 "하늘과 땅의 모든 권세를 내게 주셨으니"(마 28:18)라고 말씀하셨다는 사실은 놀라운 것입니까?

아닙니다! 그분은 주님으로 일어나셨기에, 오늘날 하늘과 땅과 지옥에는 예수 이름의 권세에 복종하지 않는 그 어떤 권세도 없습니다(빌 2:9-10).

예수 그리스도의 주되심이 필요한 까닭

인간에게 그리스도의 개인적인 주되심이 필요하다는 사실은 사실상 오늘날 잃어버린 진리입니다. 구원받지 못한 사람은 대개 죄의 용서가 필요하다는 가르침만 받습니다. 사실, 구원받지 않은 사람은 새 주님new Lord, 새 주인이 필요합니다.

자연인은 죄의 속박과 하나님에 대한 반역 가운데 삽니다. 사탄이 그의 삶의 주이기 때문입니다.

아담의 범죄는 사탄을 주인으로 섬기도록 자기의 주권을 팔아버린 것입니다. 사탄은 영적 죽음의 영역에 있는 주입니다. 히브리서 2:14은 "죽음의 세력을 잡은 자 곧 마귀"라고 말씀합니다.

인류는 아담의 대 반역죄에서 아담과 동일시되었습니다(롬 5:12). 그 결과로 인류는 그들의 삶에 대한 사탄의 개인적인 주됨 아래로 들어갔습니다.

인간은 사탄이 삶의 주이기 때문에, 영적 죽음의 영역에서 삽니다. 인간의 모든 영적, 정신적, 신체적, 물질적 욕구는 그의 삶을 지배하는 사탄의 주됨을 중심으로 이루어집니다.

모든 인간의 고통은 그를 지배하는 사탄의 주됨의 결과입니다. 인간의 고통의 원인은 다른 사람의 잔인함과 이기심, 자신의 죄악, 병, 환경일 수도 있지만, 결국엔 사탄의 통치까지 거슬러 올라갈 수 있습니다.

그러므로 인간의 곤궁의 중심에는 새 주님에 대한 필요가 있습니다. 사탄은 가혹한 십장입니다. 사탄은 지옥에서 혼과 몸을 멸망시키는 자입니다(마 10:28). 인간에게는 사랑의 주님, 사랑의 주인이 필요합니다.

27과의 목적은 합법적인 근거를 따라 하나님의 아들이 사탄을 인간을 다스리는 주와 이 세상의 신이라는 지위에서 폐위시키셨음을 알려주는 것이었습니다. "자녀들은 혈과 육에 속하였으매 그도 또한 같은 모양으로 혈과 육을 함께 지니심은 죽음을 통하여 죽음의 세력을 잡은 자 곧 마귀를 멸하시며 또 죽기를 무서워하므로 한평생 매여 종 노릇 하는 모든 자들을 놓아 주려 하심이니"(히 2:14-15)

"죽음의 세력을 잡은 자 곧 마귀를 멸하시며"(히 2:14)라는 구절의 헬라어 원문을 다르게 번역하면, "죽음의 통치권을 잡은 자를 마비시켰으며 paralyzed him who held the dominion of death"입니다. 이 성경구절은 인간을 지배하던 잔혹한 주가 무기력하게 되었다는 사실을 분명히 밝히고 있습니다. 구원받지 못하고 영적 죽음의 속박 가운데 살고 있는 모든 인간은 그리스도의 사랑이 그들의 삶을 다스릴 주님이 될 합법적인 권리를 가지고 있습니다.

그리스도의 주되심은 새 본성, 새 가족, 새 아버지를 의미합니다. 그리스도께서는 인간에게 필요한 새 주님을 채워주기 위해서 죽으시고 다시 일어나셨습니다. “이를 위하여 그리스도께서 죽었다가 다시 살아나셨으니 곧 죽은 자와 산 자의 주가 되려 하심이라”(롬 14:9)

우리는 아주 기쁜 메시지, 너무도 기쁜 소식, 곧 인간을 위한 이 새 주님의 메시지를 구원받지 못한 세상에 가져가야 합니다.

“유대인이나 헬라인이나 차별이 없음이라 한 분이신 주께서 모든 사람의 주가 되사 그를 부르는 모든 사람에게 부요하시도다”(롬 10:12) 인간의 모든 필요는 그리스도 예수 안에 있는 영광 가운데 그분의 부요하심에 따라 채워질 수 있습니다. 로마서 10:13은 이어서 “누구든지 주의 이름을 부르는 자는 구원을 받으리라”라고 말씀합니다. 인간이 새 주님을 부름으로 말미암아, 그의 삶을 다스리던 옛 주인 곧 사탄의 능력과 권세는 분쇄될 것입니다. 그러나 로마서 10:14은 말씀합니다. “그런즉 그들이 믿지 아니하는 이를 어찌 부르리요 듣지도 못한 이를 어찌 믿으리요 전파하는 자가 없이 어찌 들으리요?” 그러므로 그리스도의 주되심을 알리는 일에 충성합시다.

그리스도의 주되심을 고백하는 것이 구원에 이르는 유일한 길이다

인간의 필요는 그의 삶을 다스리는 그리스도의 주되심에 의해서만 충족될 수 있기 때문에, 그분의 주되심을 고백하는 것이 구원에 이르는 유일한 길입니다.

속량이 은혜의 전부입니다. 속량은 하나님의 일이지, 인간의 일이 아닙니다. “너희는 그 은혜에 의하여 믿음으로 말미암아 구원을 받았으니 이것은 너희에게서 난 것이 아니요 하나님의 선물이라 행위에서 난 것이

아니니 이는 누구든지 자랑하지 못하게 함이라"(엡 2:8-9)

인간이 해야 할 부분은 그리스도의 주되심을 고백하는 것입니다. 이것이 최고의 회개입니다. 회개는 과거에 지은 죄에 대해 눈물을 짜거나 울부짖는 것이 아닙니다. 그의 삶에 사탄이 주가 됨으로 말미암아 죄가 통치하게 되었더라도, 인간은 자신이 살아온 삶의 방식을 부끄러워 할 수도 있을 것입니다.

그러나 회개는 이보다 더 깊습니다. 회개는 사탄의 통치로부터, 즉 사탄을 따르는 것으로부터 그리스도의 주되심으로 돌이키는 것입니다. 회개는 그리스도의 주되심을 공개적으로 고백하는 것입니다. 회개는 사람들과 귀신들 앞에서 당신이 새 주님을 따를 것이며 그분을 당신의 삶으로 받아들이겠다고 고백하는 것입니다.

인간이 예수님을 주님으로 초청하는 순간, 인간의 삶에 대한 사탄의 권세는 무효화되며, 인간은 사탄의 속박으로부터 구출됩니다. 그리스도 안에 있는 자신의 위치를 아는 인간에게 사탄은, 마치 존재하지 않는 듯 아무것도 아닌 것이 됩니다(히 2:14).

인간은 그리스도의 주되심을 고백할 때, 사탄의 권세에서 그리스도의 권세로 구출됩니다. "그가 우리를 흑암의 권세에서 건져내사 그의 사랑의 아들의 나라로 옮기셨으니"(골 1:13)

인간이 그리스도의 주되심을 고백할 때, 인간의 삶에 다음의 일이 일어납니다. 즉 그는 어둠의 권세로부터 우리 주 예수 그리스도의 왕국으로 옮겨집니다.

그 의미는 영적 죽음이 인간의 영으로부터 뿌리째 뽑힌다는 뜻입니다. 사탄의 속박은 끝이 납니다. 인간은 그리스도를 받아들이는 순간 하나님의 본성을 받습니다(요 1:12). 그는 하나님의 아들이 됩니다. 이제 그는 사랑의 통치자입니다. 그는 하나님의 가족과 그리스도의 왕국에 있습니다.

이제 우리는 그리스도의 주되심을 고백하는 것이 구원에 이르는 유일한 길인 까닭을 알 수 있습니다. 수천 명의 사람이 이것만 알았어도, 고통의 세월로부터 구원을 받았을 것입니다. 그리스도의 주되심을 고백하는 것은 아주 간단합니다. 그저 "나는 예수 그리스도를 나의 주님으로 모셔들입니다. 나는 지금 예수 그리스도를 내 삶으로 초청합니다."라고 고백하면 됩니다.

예수 그리스도께서는 로마서 10:9-10을 통해 이를 우리에게 알려주십니다. "네가 만일 네 입으로 예수를 주로 시인하며 또 하나님께서 그를 죽은 자 가운데서 살리신 것을 네 마음에 믿으면 구원을 받으리라 사람이 마음으로 믿어 의에 이르고 입으로 시인하여 구원에 이르느니라"

"입으로 시인하여 구원에 이르느니라" 하나님께서는 그분의 말씀을 지키시고, 그 말씀을 이루십니다. 인간이 그리스도의 주되심을 고백함으로써 하나님의 말씀대로 행동할 때, 하나님께서는 그분 자신의 생명과 본성을 그에게 전이하십니다. 인간이 그리스도의 주되심을 고백하는 것이 새로운 탄생에 이르는 유일한 길, 즉 구원에 이르는 유일한 길입니다.

그리스도의 주되심의 유익들

인간의 모든 영적인 욕구의 중심에 인간의 삶을 지배하는 사탄의 주됨이 있듯이, 모든 영적인 축복의 중심에는 인간의 삶을 다스리는 그리스도의 개인적인 주되심이 있습니다.

"찬송하리로다 하나님 곧 우리 주 예수 그리스도의 아버지께서 그리스도 안에서 하늘에 속한 모든 신령한 복을 우리에게 주시되"(엡 1:3)

예수님을 주님으로 받아들인 사람은 모든 영적인 복으로 복 받습니다.

진짜 인간은 영입니다. 인류의 모든 비참한 상태는 인간의 영에 있는 영적 죽음의 결과였습니다. 모든 영적인 복을 받는다는 의미는 신성과의 연합, 곧 신성의 영역인 전능의 영역으로 되돌아간다는 뜻입니다. 이는 인간의 모든 필요가 – 정신적인 필요든지, 신체적인 필요든지, 물질적인 필요든지 상관없이 – 결국 채워진다는 뜻입니다.

인간의 삶에 대한 그리스도의 주되심은 죄와 질병이 더 이상 문제가 되지 않는다는 뜻입니다. 그리스도의 주되심의 의미를 깨달은 사람에게는 죄와 질병이 더 이상 문제가 되지 않습니다.

그리스도의 주되심은 죄의 지배로부터의 자유를 의미합니다. 하나님께서 우리에게 주신 이 계시는 죄 문제, 죄의 기원, 인간에 대한 죄의 통치, 그리고 죄의 멸망을 아주 분명히 깨닫게 해줍니다.

말씀은 죄가 한 사람을 통하여 세상에 들어왔다고 가르칩니다(롬 5:12). 로마서 7장은 영적으로 죽은 인간이 죄의 속박으로부터의 자유를 갈구하며 부르짖는 소망 없는 울부짖음을 보여줍니다. 이는 바울이 거듭나기 전의 경험입니다. 바울은 그의 마음mind이 율법에 의해 각성되었지만, 그 안에 거하는 죄로 인해 율법을 지키는 것이 전적으로 불가능했습니다(롬 7:7-24).

바울은 그가 육적carnal이어서 죄 아래 팔렸다고, 즉 죄의 노예가 되었다고 증언합니다(롬 7:14).

그런 다음, 한 사람이 죄를 제거하려는 목적으로 등장했습니다. "그리고 너희는 죄를 제거하기 위해서 나타나신 그분 안에 전혀 죄가 없으시다는 것을 안다. And you know that He appeared in order to take away sins, and in Him there is no sin."(요일 3:5, 웨이머스역)

그분 자신은 죄가 없으셨습니다. 그분은 죄를 전혀 알지 못하셨습니다(고후 5:21). 그분은 죄의 고통이나 죄의 지배를 결코 알지 못하셨습니다. 그분은 바울이 겪은 체험을 결코 알지 못하셨습니다. 그러나 이분 곧 예수 그리스도께서 죄가 되셨습니다. "하나님이…우리를 대신하여 죄로 삼으신 것은"(고후 5:21)

그런 다음 그분은 죄에 대해 죽으셨습니다. "죽음은 더 이상 그분에 대해 어떤 권능도 없다. 그분은 죽음으로 말미암아 죄와의 관계에서 단번에 죽으셨기 때문이다. Death no longer has any power over Him. For by the death which He died He became once for all dead in relation to sin."(롬 6:10, 웨이머스역) 그분은 죄를 제거하셨습니다. "그리하면 그가 세상을 창조한 때부터 자주 고난을 받았어야 할 것이로되 이제 자기를 단번에 제물로 드려 죄를 없이 하시려고 세상 끝에 나타나셨느니라"(히 9:26)

그분은 죄가 있은 적이 없듯이 죄를 제거하셨고, 그러므로 오늘날 그분 안에는 어떤 죄도 없습니다(요일 3:5).

요한일서 3:6은 계속해서 "그 안에 거하는 자마다 범죄하지 아니하나니…"라고 말씀합니다.

그리스도의 주되심이란 그분과의 전적인 하나 됨을 뜻합니다. 이는 그것을 설명하기 위해 성령님께서 포도나무와 가지의 하나 됨을 사용하실 만큼 아주 친밀한 연합이라는 의미입니다.

죄는 그리스도께 어떤 권능도 없습니다. 그리스도는 우리의 주님이십니다. 죄는 그리스도께 어떤 권능도 없듯이 우리에게도 그러합니다. 그리스도의 주되심을 완전히 인식한다recognize는 것은 죄가 당신에게 아무 권능이 없다는 사실을 인식한다는 말입니다.

죄를 짓게 하려는 유혹은 적대자의 허세일 뿐입니다. 죄를 그렇게 다루십시오. 그리스도께서는 죄 또는 그분의 삶에 대한 죄의 권능에 대해선 관심이 없으셨습니다. 그리스도께서는 "이 세상의 임금이 오겠음이라 그러나 그는 내게 관계할 것이 없으니"(요 14:30)라고 말씀하셨습니다.

"하나님의 아들이 마귀의 일들을 멸하려는 목적으로 나타나셨다. The Son of God appeared for the purpose of undoing the works of the devil." (요일 3:8, 웨이머스역)

그리스도께서는 인간의 심령 안에 있는 사탄의 일을 멸하셨습니다. 이는 죄가 새로운 피조물에 대해 그 권능을 완전히 잃어버렸다는 뜻입니다. 죄는 사탄에 그 기원을 두고 있기 때문입니다.

"죄를 짓는 자는 마귀에게 속하나니 마귀는 처음부터 범죄함이라 하나님의 아들이 나타나신 것은 마귀의 일을 멸하려 하심이라"(요일 3:8)

죄가 사탄에 그 기원을 두고 있는데 사탄이 아무것도 아닌 것이 되었다면, 우리는 사탄의 일이 파괴되어 새로운 피조물에게 어떤 권능도 없다는 사실을 쉽게 깨달을 수 있습니다.

그렇다면 이러한 질문을 제기할 수 있을 것입니다. 새로운 피조물에게 죄는 무엇일까요?

죄란 우리가 아버지와의 교제만이 아니라 주님과의 교제 가운데도 걸어가지 못하게 하는 모든 것입니다.

요한일서 1:5-10은 우리가 빛 가운데 걸어가지 못하게 방해하는 것이 죄임을 우리에게 밝혀줍니다. 빛 가운데 걷는다는 의미는 "그분의 말씀의 빛 가운데 걷는다"라는 뜻입니다.

"주의 말씀은 내 발에 등이요 내 길에 빛이니이다"(시 119:105) 우리의 빛인 말씀은 우리에게 그리스도 안에 있는 우리의 위치, 우리의 특권과 책임을 계시합니다. 말씀은 그리스도 안에 있는 우리의 승리의 자리를 계시합니다.

그분의 말씀의 빛 가운데 걷는다는 말은 우리의 특권과 책임 가운데 걷는다는 의미입니다. 그러므로 죄는 우리가 우리의 위치를 차지하지 못하게 하는 모든 것입니다. 죄란 새로운 피조물이 그리스도께서 우리의 힘이 되셨다는 사실에도 불구하고 실패와 약함 가운데 걷게 만드는 전부입니다. 우리를 그리스도 안에서 안식하고 평온함을 누리지 못하게 만드는 불신이 죄입니다. "믿음을 따라 하지 아니하는 것은 다 죄이기" 때문입니다(롬 14:23).

우리는 죄가 그 어떤 형태로 나타나든지 상관없이 새로운 피조물에게는 어떤 권능도 없다는 사실을 보았습니다. 그리스도의 몸은 적대자의 간계로부터 벗어났다는 이 사실을 깨달아야 합니다.

"평강의 주께서 친히 때마다 일마다 너희에게 평강을 주시고 주께서 너희 모든 사람과 함께 하시기를 원하노라"(살후 3:16) 그리스도께서는 당신에게 화평을 주실 수 있는 유일한 분이십니다.

● 28과의 내용 확인 문제

1. 자연인을 지배하는 사탄의 주됨을 묘사해보십시오.

2. 인간에게는 어떤 종류의 새로운 주되심이 필요했습니까?

3. 모든 인간에게 그리스도의 주되심에 대한 합법적인 권리가 있는 이유를 제시하십시오.

4. 그리스도의 주되심을 고백하는 것이 구원에 이르는 유일한 길인 까닭을 설명해보십시오.

5. 바울은 로마서 7장에서 우리에게 어떤 개인적 체험을 제시합니까?

6. 죄가 새로운 피조물에게 더 이상 문제가 되지 않는 이유를 분명하게 설명해보십시오.

7. 질병이 새로운 피조물에게 어떤 권능도 없는 이유를 제시하십시오.

8. 왜 그리스도의 주되심이 부족으로부터의 자유를 뜻합니까?

9. 데살로니가후서 3:16을 설명해보십시오.

10. 이번 과에서 당신은 모든 성경구절을 주의 깊게 살펴보고 공부했습니까?

29과

새로운 피조물의 법

THE LAW OF THE NEW CREATION

우리는 27과와 28과에서 새로운 피조물의 머리이신 그리스도의 주되심을 다루었습니다.

"그는 몸인 교회의 머리시라 그가 근본이시요 죽은 자들 가운데서 먼저 나신 이시니 이는 친히 만물의 으뜸이 되려 하심이요"(골 1:28)

우리는 죄와 질병과 사탄과 환경을 다스리시며 우리의 머리이신 그리스도의 주되심이라는 의미가 우리도 그분만큼이나 죄와 질병과 사탄과 환경으로부터 자유하다는 뜻임을 알았습니다.

그리스도의 주되심은 새로운 피조물에게는 죄와 질병이 더 이상 문제나 주제가 되지 않는다는 뜻입니다. 죄에 대해서는 더 이상 분투할 필요도 없고, 적대자와 더 이상 싸울 필요도 없습니다. 하나님의 말씀대로 행동하는 것만이 필요할 뿐입니다.

우리는 교회사를 공부할 때 위대한 영적 지도자들이 속량에 대한 이해가 얼마나 적었는지를 발견합니다. 1000년의 암흑기 동안, 그리스도 안에 있는 속량이 행위와는 상관없다는 계시가 교회에서 상실되었습니다. 그 암흑기가 종교개혁부터 현재에 이르기까지 영향을 끼쳤으므로, 교회는 완전한 속량을 알기 힘들었습니다.

우리는 과거 유명한 그리스도인들의 체험을 쓴 책을 읽을 때 죄와 약함의 문제가 그들의 삶에 얼마나 중요한 주제였는지, 그리고 속량에 대한 이해가 얼마나 적었는지를 알 수 있습니다.

이 속량의 계시에 대한 메시지는 하나님께서 죄의 문제가 해결된 것임을 우리에게 분명하게 알려주고 계신다는 사실입니다. 히브리서는 이 사실에 대한 하나님의 주석입니다. 하나님께서는 그리스도가 단번에 죄를 제거하셨기에, 죄를 위해 드릴 속죄제사가 더 이상 필요치 않다는 사실을 우리에게 알려주십니다. 하나님께서는 그리스도 안에서 이루신 그분의 일에 만족하십니다.

다음의 성경구절을 신중하게 읽고 공부하십시오. 히브리서 9:12, 26; 10:10, 14, 18

교회는 하나님께서 그분의 말씀으로 죄의 문제를 해결하셔서, 더 이상 죄를 위해 제사 드릴 필요가 없을 뿐 아니라, 더 이상 죄의 문제를 다룰 필요가 없다고 선언하신 사실을 대하면서도 죄의 문제와 고군분투해왔습니다.

하나님께서는 새로운 피조물이 죄의식으로부터도 자유롭게 된 것을 우리에게 알려주십니다. 히브리서 10:1-3이 "율법은 장차 올 좋은 일의 그림자일 뿐이요 참 형상이 아니므로 해마다 늘 드리는 같은 제사로는 나아오는 자들을 언제나 온전하게 할 수 없느니라 그렇지 아니하면 섬기는 자들이 단번에 정결하게 되어 다시 죄를 깨닫는 일이 없으리니 어찌 제사 드리는 일을 그치지 아니하였으리요 그러나 이 제사들에는 해마다 죄를 기억하게 하는 것이 있나니"라고 말씀한다는 것에 주목하십시오.

말씀이 옛 언약의 제사가 제물을 드리는 자를 온전하게 하지 못했다고 선언한다는 사실에 주목하십시오.

하나님께서는 옛 언약의 제사가 제물을 드리는 자를 온전하게 했다면 죄의식으로부터도 자유롭게 했을 것이라고 우리에게 말씀하십니다.

그러므로 하나님께서는 만족하지 않으셔서(히 10:5, 14을 읽어보십시오), 율법과 제사가 할 수 없던 것을 하도록 그분의 아들을 보내셨습니다. 다시 말해, 제물을 드린 자들을 온전하게 하셨습니다. 하나님께서는 히브리서 10:14에서 "그가 거룩하게 된 자들을 한 번의 제사로 영원히 온전하게 하셨느니라"라고 선언하십니다. 그분은 영원하고 완전한 속량에 의해 새로운 피조물을 온전하게 하셨습니다.

"염소와 송아지의 피로 하지 아니하고 오직 자기의 피로 영원한 속죄를 이루사 단번에 성소에 들어가셨느니라"(히 9:12)

그분은 죄의식으로부터도 새로운 피조물을 자유롭게 하셨습니다.

사탄은 교회가 사랑의 의식을 가져야 했을 때 죄 의식을 갖게 했습니다.

죄 문제에 마음을 쏟은 교회는 사실상 중요한 주제를 놓쳐버렸습니다. 마음mind이 죄 의식의 지배를 받은 교회는 그리스도의 마음을 갖지 못했습니다.

사랑이라는 주제

새로운 피조물에게는 단 하나의 주제만 있을 뿐입니다. 그것은 "사랑

안에서 걷는 것"입니다. 새로운 피조물을 지배하는 단 하나의 법만 있는데, 그것은 사랑의 법입니다. 또한 단 하나의 계명만 주어졌는데, 그것은 사랑의 계명입니다. "새 계명을 너희에게 주노니 서로 사랑하라 내가 너희를 사랑한 것 같이 너희도 서로 사랑하라 너희가 서로 사랑하면 이로써 모든 사람이 너희가 내 제자인 줄 알리라"(요 13:34-35)

빌립보서 2:5-8은 새로운 피조물이 직면하는 단 하나의 문제를 우리에게 제시합니다. "너희 안에 이 마음을 품으라 곧 그리스도 예수의 마음이니 그는 근본 하나님의 본체시나 하나님과 동등됨을 취할 것으로 여기지 아니하시고 오히려 자기를 비워 종의 형체를 가지사 사람들과 같이 되셨고 사람의 모양으로 나타나사 자기를 낮추시고 죽기까지 복종하셨으니 곧 십자가에 죽으심이라"

이 대목에서 하나님께서는 그리스도가 가지신 마음과 똑같은 마음mind을 새로운 피조물이 소유하기를 기대하신다는 것을 우리에게 알려주십니다. 이는 완전한 속량을 계시합니다. 전능하신 하나님께서는 "나는 너희를 완전히 죄와 약함과 질병과 환경과 적대자의 모든 일들에서 속량하였기에, 너희가 나의 아들이 가진 마음과 똑같은 마음을 소유하기를 기대하노라. 사람은 자기 심령에 생각한 대로다."라고 말씀하고 계신 것입니다.

하나님께서는 "나는 너희가 내 아들이 생각하는 것처럼 생각하기를 원하노라. 나는 너희가 내 아들을 닮기를 원하노라. 나는 너희가 내 아들이 너희 자리에서 살았을 것처럼 살며, 행동했을 것처럼 행동하며, 존재했을 것처럼 존재하기를 원하노라."라고 말씀하고 계신 것입니다. "너희 안에 이 마음을 품으라 곧 그리스도 예수의 마음이니"(빌 2:5) 이것이 바로 새로운 피조물이 직면하는 주제입니다. 그리스도의 마음은 사랑의 태도love attitude

였습니다. 우리는 그리스도의 삶에 대한 계시를 통해 사랑이 무엇인지를 압니다.

"그가 우리를 위하여 목숨을 버리셨으니 우리가 이로써 사랑을 알고 우리도 형제들을 위하여 목숨을 버리는 것이 마땅하니라"(요일 3:16)

그리스도께서는 하나님의 형체로 계셨습니다. 하나님이신 전부가 바로 그분이셨습니다. 그리스도께서는 하나님의 본체의 정확한 형상이셨습니다. 히브리서 1:3을 읽어보십시오. 그리스도는 하나님께서 생각하신 대로 생각하셨습니다. 그리스도는 하나님께서 사신 대로 사셨습니다. 그리스도는 하나님께서 사랑하신 대로 사랑하셨습니다. 그리스도는 하나님의 형체로 존재하셨습니다.

그리스도께서는 전적으로 하나님과 하나이셨기에 빌립에게 "나를 본 자는 아버지를 보았거늘"이라고 말씀하셨습니다(요 14:9).

사실 그리스도께서는 "빌립아, 네가 나와 함께 했던 삼 년 동안, 너는 아버지, 다시 말해 아버지의 본성의 정확한 실체를 본거란다. 나의 행동에서 너는 아버지의 행동을 보았고, 내 말에서 아버지의 말씀을 들었으며, 내 안에서 아버지를 보았던 것이다. 왜냐하면 나와 아버지는 하나이기 때문이다."라고 말씀하고 계신 것입니다.

그리스도께서는 하나님의 형체로 존재하셨습니다. "하나님"이라는 용어가 의미하는 전부가 그리스도이셨습니다. 그리스도께서는 하나님과 절대적으로 동등하게 사셨습니다. 우리의 마음은 "하나님"이라는 말의 의미를 파악할 수 없습니다. 왜냐하면 우리의 마음은 그분의 마음과 손의 작품이지만, "하늘이 하나님의 영광을 선포하고 궁창이 그의 손으로 하신 일을 나타내기"(시 19:1) 때문입니다.

우리는 우리 주변의 우주를 공부하면서, 우주가 하나님의 솜씨라는 사실을 깨닫습니다. 우주의 거대함은 우리의 이해를 넘어섭니다. 우리는 약 160경 킬로미터나 떨어져있는 별들의 거리를 가늠할 수 없습니다. 우리는 이 작품을 만드신 창조주가 더 위대하신 것을 압니다. 우리는 별들의 세계를 지배하는 지적인 질서가 눈으로 볼 수 없는 원자의 영역에도 동일하게 나타나는 것을 압니다. 우리는 창조주께서 지적인 창조의 질서만큼이나 지적이신 것을 압니다.

우주에는 생각하고, 느끼고, 사랑하고, 고통을 겪으며, 선택하고, 결정하는 인격적인 존재들이 있습니다. 우리는 인격적인 존재들을 창조하신 창조주께서도 인격적인 분이심을 압니다.

"하나님"이라는 말이 우리에게 그런 의미입니다. 하나님이란 말이 의미하는 전부가 하나님이십니다. 그분은 사랑의 하나님이시며, 사랑은 하나님으로 하여금 다음과 같은 일을 하게 합니다. 하나님은 스스로 그분의 영광을 비우셨습니다. 하나님과 동등하셨던 분께서 종의 형체를 취하셨습니다. 그분은 인간의 모습과 모양으로 나타나셨습니다. 그분은 하나님의 형체를 인간의 형체와 교환하셨습니다.

창조주이신 그분이 자신의 작품의 형체를 취하셨습니다. 창조주이신 그분은 자신의 창조물에서 살고 걸을 정도로 자신을 비우시고 제한하셨습니다. 이 한계가 없고 또 측량할 수 없는 광대한 우주를 창조하신 그분께서는 이 작은 행성인 우리의 지구에 자신의 거처를 두셨습니다.

그런 다음, 그분은 자신을 낮추시고 죽기까지, 다시 말해 십자가의 죽음에까지 순종하셨습니다. 그때 하나님만큼 거룩하신 그분, 곧 하나님만큼 죄가 절대 건드릴 수 없었던 그분께서 죄가 되셨습니다.

고린도후서 5:21을 읽어보십시오. 그리스도께서 죄가 되심으로 인해 발생한 이 신성한 고난은 유일무이한 것입니다. 이것과 비슷한 것은 없습니다. 우리가 알고 있는 그 어떤 것으로도 이 신성한 고난을 측량할 수 없습니다. 모든 인간에게 이르렀던 너무도 끔찍한 죄의 본성 곧 아담의 죄가 하나님 그분의 심령을 꿰뚫습니다.

사랑에 대한 그리스도의 믿음

우리는 왜 그분이 이렇게 하셨는지, 즉 그분의 이 어머어마한 희생이 왜 그리도 위대한지 묻습니다. 그 대답은 하나님의 아들이 사랑을 믿었다는 것입니다. 하나님은 사랑이십니다. 여기에 하나님의 사랑이 나타납니다.

"우리가 아직 연약할 때에 기약대로 그리스도께서 경건하지 않은 자를 위하여 죽으셨도다 의인을 위하여 죽는 자가 쉽지 않고 선인을 위하여 용감히 죽는 자가 혹 있거니와 우리가 아직 죄인 되었을 때에 그리스도께서 우리를 위하여 죽으심으로 하나님께서 우리에 대한 자기의 사랑을 확증하셨느니라"(롬 5:6-8)

"그리스도께서도 자기를 기쁘게 하지 아니하셨나니 기록된 바 주를 비방하는 자들의 비방이 내게 미쳤나이다 함과 같으니라"(롬 15:3)

하나님을 모욕한 인간의 수치가 그분(그리스도)께 얹어졌습니다. 하나님께 죄를 지었던 인간의 죄들이 그분께 얹어졌습니다. 인간에 대한 심판이 그분께 얹어졌습니다. 인간의 질병과 약함이 그분께 얹어졌습니다.

여기에 그분의 사랑이 나타납니다. 하나님의 아들은 아담의 대 반역죄를 통해 세상으로 들어와서 인류를 지배했던 죄의 문제와 맞닥뜨리셨습니다.

그분은 자신의 희생으로 죄를 제거할 수 있음을 아셨습니다. 그분은 인간을 대신하여 고난당할 수 있음을 아셨습니다. 그분은 인간을 대신해서 사탄을 무기력하게 할 수 있음을 아셨습니다. 그분은 사랑을 믿으셨기에, 사랑의 명령에 순종하셨습니다. 그분은 사랑의 보상을 아셨습니다. 그분은 사랑이 승리했을 때 자신 앞에 놓일 기쁨을 아셨습니다. 그분은 사랑이 거둘 추수를 아셨습니다. 그분은 사랑이 정복할 것임을 아셨습니다.

새로운 피조물의 문제

새로운 피조물이 직면하는 문제 곧 주제가 바로 그리스도께서 직면하셨던 문제입니다.

그리스도 안에서 새로운 피조물이 된 사람은 영적으로 죽은 사람의 필요에 직면합니다. 그는 그리스도처럼 영적으로 죽은 사람을 위해 죽지는 않지만, 그의 위치는 그리스도와 본질적으로 같은 위치입니다. 인류에게 줄 속량의 메시지가 새로운 피조물에게 주어집니다.

"모든 것이 하나님께로서 났으며 그가 그리스도로 말미암아 우리를 자기와 화목하게 하시고 또 우리에게 화목하게 하는 직분을 주셨으니 곧 하나님께서 그리스도 안에 계시사 세상을 자기와 화목하게 하시며 그들의 죄를 그들에게 돌리지 아니하시고 화목하게 하는 말씀을 우리에게 부탁하셨느니라"라는 고린도후서 5:18-19을 주의 깊게 공부하십시오.

그리스도의 일은 하나님과 인간 사이에 화해를 마련하는 것이었습니다. 골로새서 1:20은 말씀합니다. "그의 십자가의 피로 화평을 이루사 만물 곧 땅에 있는 것들이나 하늘에 있는 것들이 그로 말미암아 자기와 화목하게 되기를 기뻐하심이라"

또한 22절은 "이제는 그의 육체의 죽음으로 말미암아 화목하게 하사 너희를 거룩하고 흠 없고 책망할 것이 없는 자로 그 앞에 세우고자 하셨으니"라고 말씀합니다.

에베소서 2:11-22 말씀 역시 하나님과 인간 사이에 그분이 이루신 화해를 보여줍니다. 하나님께서는 그리스도 안에서 세상을 자신과 화해하셨으며, 그리스도 안의 새 사람인 우리에게 화해의 메시지를 맡기셨습니다.

그리스도께서는 사랑을 믿으셨고, 그분의 몫을 다하셨습니다. 겉보기에 속량은 실패했습니다. 너무도 적은 사람들에게 화해의 메시지가 전해졌습니다. 그러나 하나님께서는 실패하지 않으셨습니다. 그리스도께서는 실패하지 않으셨습니다. 다만 그리스도의 몸(교회)이 속량의 메시지를 인류에게 주는 데 실패했던 것입니다. 그리스도의 몸이 그리스도와 똑같은 마음을 가졌더라면, 세상의 역사는 달라졌을 것입니다.

바울은 새로운 피조물이 직면하는 진짜 주제를 알았습니다. 바울은 그 주제를 고린도후서 5:13-14에서 우리에게 제시합니다. "우리가 만일 미쳤어도 하나님을 위한 것이요 정신이 온전하여도 너희를 위한 것이니 그리스도의 사랑이 우리를 강권하시는도다 우리가 생각하건대 한 사람이 모든 사람을 대신하여 죽었은즉 모든 사람이 죽은 것이라"

바울은 제정신이 아닐 정도로 사랑을 믿었습니다. 바울의 대답은 이것이었습니다. "그리스도의 사랑이 내 심령을 사로잡았다. 나는 그리스도의 죽으심이 모든 인간의 죽음이었음을 깨달았다." 그리스도로 하여금 인간을 위해 죽을 수 있게 한 그 사랑이 바울의 심령을 강권하여 바울로

하여금 그들을 위해 살아가게 했던 것입니다.

사랑의 태도는 이것입니다. "나는 그들을 위해 죽을 만큼 그들을 사랑한다."

사랑은 우리를, 사람들에게 주님과의 화해를 가져다주기 위해 그들을 위해 죽을 정도로 사람들을 얻어오기를 열망하는 그런 주님의 대사로 만들어줄 것입니다. 바울은 사랑의 비전을 붙잡았습니다. 바울의 수고로 대로마제국의 상당부분이 복음화되었습니다. 바울은 사랑을 믿었습니다. 그래서 그는 그의 메시지가 유대인에게는 거리끼는 것이요, 헬라인에게는 어리석은 것이며, 로마인에게는 조롱거리가 될 것임을 완전히 알고서 이방세계로 들어갔습니다.

하지만 바울은 그리스도 안에 있는 화해의 메시지만이 인간의 필요를 충족시켜줄 것임을 알았습니다.

사랑의 증언은 다음과 같습니다. "내가 너희 영혼을 위하여 크게 기뻐하므로 재물을 사용하고 또 내 자신까지도 내어 주리니 너희를 더욱 사랑할수록 나는 사랑을 덜 받겠느냐"(고후 12:15)

하나님께서는 "나는 네가 내 아들처럼 사랑하기를 원한다. 너는 그럴 수 있다. 왜냐하면 우리는 하나이기 때문이다. 나의 본성이 너의 본성이다. 나의 사랑이 너의 사랑이다."라고 말씀하고 계십니다. 하나님께서는 우리가 우리 속에 있는 그분의 사랑의 주되심에 양보하도록 요청하고 계십니다. "소망이 우리를 부끄럽게 하지 아니함은 우리에게 주신 성령으로 말미암아 하나님의 사랑이 우리 마음에 부은 바 됨이니"(롬 5:5)

에베소서 3:16-19 말씀은 우리 것입니다. "그의 영광의 풍성함을 따라 그의 성령으로 말미암아 너희 속사람을 능력으로 강건하게 하시오며 믿음으로 말미암아 그리스도께서 너희 마음에 계시게 하시옵고 너희가 사랑 가운데서 뿌리가 박히고 터가 굳어져서 능히 모든 성도와 함께 지식에 넘치는 그리스도의 사랑을 알고 그 너비와 길이와 높이와 깊이가 어떠함을 깨달아 하나님의 모든 충만하신 것으로 너희에게 충만하게 하시기를 구하노라"

하나님께서는 우리가 그분처럼 사랑할 수 있도록 우리를 그분의 충만하심으로 채우십니다. 사랑의 태도는 로마서 15:1-3에서 나타납니다. "믿음이 강한 우리는 마땅히 믿음이 약한 자의 약점을 담당하고 자기를 기쁘게 하지 아니할 것이라 우리 각 사람이 이웃을 기쁘게 하되 선을 이루고 덕을 세우도록 할지니라 그리스도께서도 자기를 기쁘게 하지 아니하셨나니 기록된 바 주를 비방하는 자들의 비방이 내게 미쳤나이다 함과 같으니라"

사랑은 약한 자의 약함을 자기의 약함처럼 감당합니다. 그리스도께서는 그분 자신을 기쁘게 하지 않으셨고, 다른 사람들의 죄와 질병과 심판을 짊어지셨습니다. 사랑은 비난하거나 정죄하지 않습니다. 사랑은 오히려 그리스도 안에 있는 새로운 피조물로 하여금, 그리스도께서 우리를 위해 죄가 되셨듯이, 죄의 지배당한 자들을 위해 기도하도록 해줄 것입니다. 사랑은 우리로 하여금 병자의 질병을 담당하고 그들의 고통을 짊어지셨던 분처럼 그들을 위해 기도하게 해줄 것입니다. 사랑한다는 것은 곧 그리스도의 마음을 갖는다는 것입니다. 그리스도의 자리를 차지하는 그리스도 안에 있는 새 사람은 인류에게 갚아야 하는 사랑의 빚이 있습니다. "피차 사랑의 빚 외에는 아무에게든지 아무 빚도 지지 말라 남을 사랑하는 자는 율법을 다 이루었느니라"(롬 13:8) 이것이 새로운 피조물이 직면한 주제, 곧 우리가 인류에게 지고 있는 사랑의 빚입니다.

● 29과의 내용 확인 문제

1. 왜 교회가 완전한 속량을 알지 못했습니까?

2. 하나님께서 죄 문제가 해결된 것으로 여기신다는 사실을 보여주는 몇 개의 성경구절을 제시한 다음, 설명해보십시오.

3. 새로운 피조물이 직면한 진짜 주제를 교회가 놓친 이유는 무엇입니까?

4. 빌립보서 2:5-6을 설명해보십시오.

5. 그리스도의 몸에 맡겨진 일은 무엇입니까?

6. 고린도후서 5:14에 나온 바울의 고백의 의미는 무엇입니까?

7. 잃어버린 자들, 병든 자들에 대한 사랑의 태도는 무엇입니까?

8. 하나님께서는 어떻게 우리가 그리스도처럼 사랑할 수 있게 하십니까?

9. 로마서 13:8을 설명해보십시오.

30과

사랑의 법
THE LOVE LAW

우리는 29과에서 새로운 피조물이 직면하는 주요 주제가 사랑임을 보았습니다. 이제 우리는 그 이유를 보게 될 것입니다.

하나님은 사랑이십니다. 요한일서 4:8을 보십시오. 인간을 새로운 피조물이 되게 하는 새로운 탄생은 하나님의 본성을 받는 것입니다. 즉 사랑의 본성을 받아들이는 것입니다. 그러므로 성령님은 우리에게 다음을 알려주십니다.

"사랑하는 자들아 우리가 서로 사랑하자 사랑은 하나님께 속한 것이니 사랑하는 자마다 하나님으로부터 나서 하나님을 알고 사랑하지 아니하는 자는 하나님을 알지 못하나니 이는 하나님은 사랑이심이라 하나님의 사랑이 우리에게 이렇게 나타난 바 되었으니 하나님이 자기의 독생자를 세상에 보내심은 그로 말미암아 우리를 살리려 하심이라"(요일 4:7-9)

새로운 탄생(피조물)의 테스트는 사랑의 테스트Love Test입니다.

"우리는 형제를 사랑함으로 사망에서 옮겨 생명으로 들어간 줄을 알거니와 사랑하지 아니하는 자는 사망에 머물러 있느니라"(요일 3:14)

이는 진리가 구석구석 스며있는 진술입니다. 사도 요한은 누군가 사랑한다면 그는 하나님께로부터 태어나서 하나님을 알지만, 그가 사랑하지 않는다면 그는 그의 종교 고백과는 상관없이 하나님과 분리된 영적 죽음에 거하고 있다고 우리에게 말합니다.

여기에서 사용된 '사랑'을 표현하는 헬라어를 이해하지 못한다면, 이 구절을 이해하기 힘들 것입니다. 우리는 거듭난 적이 없던 사람에게 속한 사랑에 익숙하기 때문입니다. 여기에서 쓰인 '사랑'이라는 용어는 "아가페Agape"입니다. 예수님께서 다음의 말씀에서 새로운 피조물을 지배해야 하는 새로운 법을 표현하시고자 이 용어를 만들어내셨던 것 같습니다. "새 계명을 너희에게 주노니 서로 사랑하라 내가 너희를 사랑한 것 같이 너희도 서로 사랑하라 너희가 서로 사랑하면 이로써 모든 사람이 너희가 내 제자인 줄 알리라"(요 13:34-35)

예수님께서는 무언가를 표현하기를 원하셨는데, 이는 당시의 헬라어 용법으로는 쓸 수 없는 것이었습니다. 예수님께서는 세상에 새로운 것, 즉 타락 이후에 상실되었던 것을 가져오셨습니다.

그것은 바로 인간 심령의 이기심으로 대체되었던 하나님의 사랑이었습니다. 여기서 사용된 것은 "아가페"라는 명사형이 아니라, 동사형이었습니다.

인간은 자신을 새 가족으로 데려가서 새 아버지를 주는 새로운 본성을 받아야 했습니다. 인간은 새 사람, 곧 새로운 피조물이 되어야 했습니다. 그러므로 이 새 왕국과 가족에 적합한 언어가 있음에 틀림없습니다.

그들은 어둠의 왕국에서 하나님의 사랑의 아들의 왕국으로 옮겨졌습니다. 그러므로 이 새로운 영역에서 그들은 적합한 언어를 가져야 합니다. 그들에게는 적합한 법이 있어야 합니다. 그래서 예수님께서는 "새 계명을 너희에게 주노니…너희가 서로 사랑Agape하면 이로써 모든 사람이 너희가 내 제자인 줄 알리라"(요 14:34-35)라고 말씀하십니다.

새로운 사랑은 그들이 사랑의 하나님의 자녀들이 되었다는 사실을 깨닫게 해줄 것입니다.

제자들은 오순절 날이 이르기까지 이 새로운 말씀의 의미를 이해하지 못했습니다.

우리는 로마서 5:5에서 새로운 사랑에 대해 흘끗 봅니다. "소망이 우리를 부끄럽게 하지 아니함은 우리에게 주신 성령으로 말미암아 하나님의 사랑이 우리 마음에 부은 바 됨이니"

부어진 이것이 무엇입니까? 그것은 하나님의 사랑입니다. 그것은 우리 속에 있는 하나님의 본성이 나타난 것입니다.

복숭아나무에 있는 식물의 생명은 먼저는 잎으로, 그 다음은 꽃송이로, 그 후에 감미롭게 익은 열매로 드러납니다.

마찬가지로, 하나님의 본성인 영원한 생명은 하나님의 자녀의 본성과 행동과 말에서 드러날 것입니다.

사람이 위로부터 태어날 때, 아버지의 본성이 그의 영 안으로 들어갑니다. 그 본성은 사랑으로 드러나게 됩니다. 그 사랑은, 비록 동일한 기능을 통해 작용할지라도 우리의 옛 사람의 사랑과는 근본적으로 다른 하나님의 사랑입니다.

교회가 오순절 날에 탄생하였을 때, 자발적으로 재산을 드리고 다른 낯선 행동들을 하는 유대인들의 현상은 이 땅에 임한 새로운 종류의 사랑이 처음 표현된 것이었습니다.

"믿는 무리가 한 마음(심령)과 한 뜻이 되어 모든 물건을 서로 통용하고 자기 재물을 조금이라도 자기 것이라 하는 이가 하나도 없더라 사도들이 큰 권능으로 주 예수의 부활을 증언하니 무리가 큰 은혜를 받아 그 중에 가난한 사람이 없으니 이는 밭과 집 있는 자는 팔아 그 판 것의 값을 가져다가 사도들의 발 앞에 두매 그들이 각 사람의 필요를 따라 나누어 줌이라"(행 4:32-35)

이것이 새로운 피조물의 삶에서 드러나는 "아가페"였습니다.

오순절의 능력은 "사랑"이었습니다.

우리는 이제 하나님의 본성으로부터 솟아나는 이 사랑을 자연인의 사랑과 대조할 것입니다.

"아가페"와 "필레오"

예수님 당시에 '사랑'을 나타내기 위해 흔히 사용된 헬라어는 "필레오 Phileo"였는데, 그 의미는 자식에 대한 어머니의 사랑, 아내에 대한 남편의 사랑과 같은 "인간적인 사랑human love"을 뜻합니다.

필레오는 인간이 이제껏 알아 온 것 중 가장 높은 종류의 사랑이었습니다. "필레오"보다 더 높은 종류의 사랑을 나타내는 단어가 없었습니다. 이 보편적인 인간의 사랑은 인간에게 가장 복된 자산이기도 하지만, 가장 위험한 것이기도 했습니다. 이 "필레오" 사랑은 이혼법정의 여신입니다. "필레오"는 인간 고통의 여사제요, 우리 눈물과 근심과 심령의 고뇌의 대부분을 낳은 부모입니다.

"필레오"는 질투로 변하며, 아주 사소한 구실로 인해 살인으로 돌변합니다. "필레오"는 순전히 이기심입니다. "필레오"는 자기 충족만을 먹고 살아갑니다.

예수님께서는 새로운 종류의 사랑, 곧 자신의 것을 추구하지 않는 사랑을 가져오십니다. 이런 종류의 사랑이 하나님의 핵심적 본성을 나타내는 진정한 종교입니다.

인간적인 사랑은 인간의 해석입니다. 그러나 새로운 종류의 사랑은 하나님의 해석입니다.

옛 사랑은 거듭나지 않은 자연적인 심령에서 솟아납니다. 그러나 새로운 사랑은 거듭나서 재창조된 심령으로부터 솟아납니다. 후자는 새 사람 안에 계신 하나님이 나타나신 것이요, 전자는 자연인에 속한 것입니다. "필레오"는 자아를 중심으로 움직입니다. 그러나 "아가페"에는 새로운 중심이 있습니다. 그 중심은 그분의 자녀들의 삶을 통해 역사하시는 하나님이십니다.

오늘날 신성한 본성에 참여한 자들 외에는 "아가페"가 나타날 수 없습니다. 모조 "아가페"와 같은 것은 없습니다. "아가페"는 복사될 수 없습니다. "아가페"는 기독교의 표지입니다. "아가페"는 육신으로 나타나신 하나님입니다. "아가페"는 인간을 통해 고동치는 하나님의 심장입니다.

"아가페"는 하나님 가족의 법일 뿐 아니라 그 가족의 생명과 기쁨이기도 합니다.

"아가페"는 기독교를 이 땅의 모든 종교보다 더 아름답게 만듭니다. "아가페"는 성도의 삶을 모든 인류 가운데 가장 달콤하고 향기로운 삶으로 만듭니다.

박해 가운데에서도 "아가페"는 이렇게 기도합니다. "아버지, 저들을 용서해주세요. 저들은 자기가 무엇을 하는지 알지 못하나이다."

"아가페"는 용서의 향기를 풍깁니다. "아가페"는 겸손으로 옷 입은 용기입니다. "아가페"는 부드러움으로 옷 입은 힘입니다. "아가페"는 강한 자들이 약한 자들의 짐을 지고, 부자가 가난한 자의 청구서를 지불하게 해줍니다. 배운 자들이 무지한 자들의 동료가 되게 합니다.

"아가페"는 사람들 가운데 나타나신 그리스도입니다.

"아가페"의 분석

"아가페"를 규정하기는 쉽지 않습니다.

그러나 성령님은 사도 바울을 통하여 아가페의 구성 요소를 보여주셨습니다.

고린도전서 13장은 하늘에서 온 말씀입니다. 이는 인간의 마음mind이 전혀 개입되지 않은 말씀입니다. 고린도전서 13장은 인간을 통해 역사하는 하나님의 생명을 하나님께서 친히 묘사하신 것입니다.

"내가 사람의 방언과 천사의 말을 할지라도 사랑Agape이 없으면 소리 나는 구리와 울리는 꽹과리가 되고"(고전 13:1)

언어는 가장 고귀한 선물 중 하나입니다. 내가 지상의 모든 언어를 이해한다 할지라도, 내가 잊혀진 민족들이 세운 기념비에 새겨진 상형문자들을 해독할 수 있을지라도, 내가 천사의 언어를 이해할 수 있을지라도, "아가페"가 없다면, 나는 울리는 놋이나 시끄러운 꽹과리처럼 됩니다.

아가페가 없는 기독교는 허탄한 말의 옷이 벗겨진 채 벌거벗은 채로 남게 됩니다. 이는 교회가 텅 비고, 주일학교가 젊은이들을 붙잡지 못하고 실패하며, 기독교가 사업과 사회생활에서 실패하는 이유를 알려줍니다.

사람들은 그저 울리는 놋과 시끄러운 꽹과리가 되었을 뿐입니다. 이것이 바로 현대의 종교잡지들이 기고자들에게 구걸하는 이유입니다. 울리는 놋, 시끄러운 꽹과리, 공허한 말, 말, 말, 말, 끊임없는 말, 단지 말뿐이요, 공허한 말뿐입니다.

"내가 예언하는 능력이 있어 모든 비밀과 모든 지식을 알고 또 산을 옮길 만한 모든 믿음이 있을지라도 사랑Agape이 없으면 내가 아무것도 아니요" (고전 13:2)

여기에 인간의 또 다른 보편적인 갈망이 있습니다. 그것은 세상의 커다란 문제들에 대한 해결책, 즉 국가 간의 알력, 자본가와 노동자 간의 투쟁의 결과 및 사회문제의 해결책을 알 수 있고 미래의 사건들을 미리 말할 수 있는 능력인 예언의 은사입니다. 누군가에게 미래를 예언할 수 있는 능력이 있다면, 세상의 어떤 건물도 그의 말을 듣고자 몰려드는 사람들을 전부 수용하지 못할 것입니다. 또한 그는 어떤 작가에게도 지불되지 않는 엄청난 액수를 요구하여 받을 수 있을 것입니다.

그러나 하나님께서 말씀하십니다. "그가 이 놀라운 은사를 소유할지라도 '아가페'를 소유하지 않는다면", 비록 그의 말이 부드럽고 눈물을 글썽이며 흘린다 할지라도, "그는 아무것도 아닙니다."

"…모든 비밀과 모든 지식을 알고 있을지라도…"(고전 13:2)

이제 그는 우리 모두의 심령을 만지고 있습니다. 우리는 얼마나 지식을 갈망해왔는지요. 우리는 휘장을 들어 올려 뒤편을 보며, 거기에서 우리를 둘러싼 자연의 신비들에 대한 계시를 읽기를 얼마나 열망해왔는지요.

우리는 산을 옮기는 이 믿음을 얻으려고 얼마나 고군분투했는지요. 하지만 우리의 공상은 일격에 산산조각나며, 우리 야망의 큰 뿌리도 잘려 나갑니다.

우리는 모든 지식과 신비를 이해하고 산을 옮길만한 믿음이 있다면 인류에 대단한 축복이 될 수 있다고 여깁니다.

그러나 하나님께서는 우리가 아무것도 아닐 수도 있다고 말씀합니다.

"내가 내게 있는 모든 것으로 구제하고 또 내 몸을 불사르게 내줄지라도…"(고전 13:3)

즉 누군가 이 시대의 가난한 자들을 먹이고, 모든 도시와 마을마다 도서관과 병원을 지어주며, 또 자신을 닳아 없앨 정도로 박애주의적인 노력을 하더라도, "아가페"가 없다면 그에게 아무 유익이 없다는 뜻입니다.

그는 인생을 낭비했습니다. 그것은 밑 빠진 독에 물 붓기입니다.

이것 없이는 인간의 모든 노력과 배움과 성취가 실패가 되어버리고 마는 이것은 도대체 무엇입니까?

오, 예수님께서 이 땅에 가져오신 것은 새로운 사랑, 곧 하나님의 심령에 대한 계시입니다.

이는 하나의 계시이긴 하지만, 그 이상입니다. 그것은 우리의 심령에 부어져서, 우리의 말과 행동을 통해 나타나는 하나님의 생명입니다. 그것은 우리의 영으로부터 나와서 곤궁한 세상에 축복을 주며 위로하는 분위기로 드러나는 고동치는 하나님의 심장입니다.

그것은 인간의 상한 심령에 대한 하나님의 대답입니다.

바울은 우리에게 "'아가페'는 오래 참고 온유하며"(고전 13:4)라고 말합니다.

'필레오' 는 참을 수는 있지만, 부담이 가해지면 쓴 뿌리로 바뀝니다.

" '아가페' 는 시기하지 아니하며"(고전 13:4)

'필레오' 는 항상 질투와 시기로 자신을 드러냈습니다.

" '아가페' 는 자랑하지 아니하며 교만하지 아니하며"(고전 13:4)

'필레오' 는 항상 자신을 자랑했습니다. 필레오가 움직이는 중심은 자아입니다. 당신이 '필레오' 로부터 이기심을 제거한다면 '필레오' 는 비틀거리며 쓰러질 것입니다. 이기심이 필레오의 힘이기 때문입니다.

" '아가페' 는 무례히 행하지 아니하며"(고전 13:5)

'필레오' 는 이혼법정에서 불평을 늘어놓습니다. '필레오' 는 난폭한 질투로 바뀌어 애정의 대상을 냉혹하게 때려눕히곤 합니다.

" '아가페' 는 자기의 유익을 구하지 아니하며"(고전 13:5)

'필레오' 는 태어나서 죽을 때까지 자신의 유익을 얻고 붙잡기 위해서 고군분투합니다. '필레오' 는 불행하고 비참합니다. '필레오' 는 부정직하고 믿을 수 없는 것이 됩니다. 필레오의 표어는 "사랑과 전쟁에 있어서는 모든 것이 정당화된다."입니다. 즉 이는 "다른 사람에게 당하기 전에 선수쳐라."를 믿습니다. '필레오' 는 잔인한 독재자이지만, 이것이 바로 옛 인류가 타락 후 예수님께서 오시기 전까지 가졌던 최고입니다.

" '아가페' 는 악한 것을 생각하지 아니하며"(고전 13:5)

'필레오' 는 항상 추문에 대해 이야기하고 즐깁니다.

" '아가페' 는 불의를 기뻐하지 아니하며 진리와 함께 기뻐하고"(고전 13:6)

'필레오' 는 이를 이해할 수 없습니다. '필레오' 는 미워하는 자에게 돌이켜서 아주 사소한 자극에도 복수하며, 항상 그 원수가 넘어진 것을 기뻐합니다. 진리가 '필레오' 를 기쁘게 해주지 않으면, '필레오' 는 그 진리를 즐거워할 수 없습니다.

"'아가페'는 성내지 아니하며"(고전 13:5)

'필레오'는 예민하기 때문에 다루기 힘듭니다. '필레오'는 쉽게 화내며 매우 예민하기에, 무시당해서는 안 된다고 우리에게 말합니다. 그러나 예민함sensitiveness이란 항상 마귀에게 속한 것이었고, 지금도 그렇습니다.

"'아가페'는 모든 것을 참으며 모든 것을 믿으며 모든 것을 바라며 모든 것을 견디느니라"(고전 13:7)

'아가페'는 절대로 파산하지 않습니다. '필레오'는 방탕한 삶으로 젊은 날에 재산을 낭비하며, 장성하기 전에 실패의 바위에 부딪힐 위험에 처해 있습니다.

'아가페'는 무엇입니까?

요한은 하나님께서 '아가페'이시라고 우리에게 말합니다.

다른 말로 하면, 예수님께서 세상에 가져오신 이 새로운 사랑은 위대한 창조주 하나님의 본성인데, 그분께서는 그 본성이 인간의 본성이 되어서 동물의 왕국을 다스릴 수 있게 하고자 하셨습니다.

그러나 타락과 함께 영적 죽음이 그 자리를 차지했고, 이 끔찍한 마귀의 본성으로부터 미움과 복수심과 불신이 나옵니다. 안식 없는 영이 모든 자연을 장악합니다.

오늘날 인간과 짐승은 이 낯설고 비정상적인 힘의 지배를 받고 있습니다. 하지만 인간의 심령과 짐승의 마음은, 더 이상 약육강식이 이루어지지 않고 가난한 자들이 부자에 의해 더 이상 착취당하지 않으며 하나님께서 만물을 다스리게 될 '아가페'를 향해 흐느끼고 있습니다.

'아가페'는 하나님의 가족, 곧 새로운 피조물의 새 법입니다.

● 30과의 내용 확인 문제

1. 왜 새로운 탄생(피조물)의 테스트가 사랑의 테스트입니까?

2. '필레오' 와 '아가페' 를 정의해보십시오.

3. 제자들이 언제 '아가페' 의 의미를 알았습니까?

4. 고린도전서 13장을 설명하면서 적어보십시오.

31과

성령님 1

THE HOLY SPIRIT 1

옛 언약에서 하나님은 이스라엘을 향해 자신을 오직 한 분 하나님으로 나타내셨습니다. 이것은 다신교의 바다에 둘러싸여 있던 당시의 인간에게는 충격적인 계시였습니다.

그런 다음 많은 세월이 지난 후, 하나님께서는 그분의 아들의 모습으로 이 땅에 오셨을 때 '한 분 안에 있는 세 분' 으로 나타나셨습니다.

우리가 그리스도의 삶을 공부하면, 한 분이신 세 분을 인식하게 됩니다.

예수님께서 공생애를 시작하면서 침례를 받으셨을 때, 아버지의 음성이 하늘에서부터 들렸습니다. "이는 내 사랑하는 아들이요" 그리고 성령님께서 비둘기의 형태로 예수님 위에 가시적으로 임하셨습니다(마 3:16-17). 여기에서 하나님의 삼중 계시가 인간의 신체감각의 수준으로 인간에게 주어진 것입니다.

그리스도께서는 그분의 가르침과 설교와 사적인 대화에서 그분 자신과 그분의 아버지를 두 개의 구별된 존재로 말씀하셨을 뿐 아니라, 동등한 존재로도 선포하셨습니다.

요한복음 10:30은 "나와 아버지는 하나이니라"라고 말씀합니다. 뿐만 아니라, 예수님께서는 "나를 본 자는 아버지를 보았거늘"(요 14:9)이라고도 말씀하셨습니다.

계시된 삼위일체 하나님

예수님의 가르침에서 신성의 세 번째 분이 하나님으로 소개되었습니다. 그리스도께서는 십자가에 달리시기 전날 밤에 다락방에서 제자들과 마지막으로 나누었던 가장 길게 기록된 대화 가운데 "보혜사 곧 아버지께서 내 이름으로 보내실 성령 그가 너희에게 모든 것을 가르치고 내가 너희에게 말한 모든 것을 생각나게 하리라"(요 14:26)라고 말씀하셨습니다.

그리스도께서 제자들과 나눈 마지막 대화의 대부분은 그분의 자리를 대신하기 위해 오시는 성령님에 관해서였습니다. 이 메시지는 요한복음 14장과 16장에 기록되어 있습니다.

성경에서 이른바 아버지와 아들과 성령으로 불리는 세 분에 대한 모든 묘사는 분명하고 절대적으로 어떠한 분이 더 크거나 더 작거나 하지 않은 동일한 삼위일체 하나님 세 분을 나타냅니다.

이것이 바로 우드Wood가 『우주의 비밀Secrets of the Universe』에서 절대적 셋a absolute Threeness과 절대적 하나an absolute Oneness라고 명명한 것입니다.

절대적 셋에서 각각은 다른 둘과 구별됩니다. 셋 중 누구도 나머지 둘 가운데 하나가 될 수 없습니다. 그리고 셋 중 둘은 세 번째 없이는 존재할 수 없습니다.

하나님께서는 절대적 셋으로 나타나십니다. 그러나 하나님께서는 절대적 하나이시기도 합니다. 셋은 절대적으로 하나입니다. 각각은 하나님으로 나타납니다. 그 말은 각자가 하나님의 일부라는 뜻이 아니라, 각자가 온전한 하나님이라는 의미입니다. 각자는 온전한 하나님Whole of God이십니다. 인격은 나뉠 수 없습니다. 하나님은 나눠지 않습니다.

하나님은 하나 안의 셋이십니다. 또한 셋 각자는 하나님이시며, 각자는 온전한 하나님이십니다.

셋은 아버지와 아들과 성령으로 나타납니다. 즉, 하나님께서 존재하시는 존재양식이 셋이라는 말입니다. 이는 우선 하나님이 행동하시는 세 방식을 말하는 것이 아니라, 그분이 존재하시는 세 존재양식을 가리킵니다.

말씀은 아버지가 첫 번째이시고, 아들이 두 번째요, 성령님이 세 번째이심을 우리에게 분명히 밝혀줍니다. 그렇다고 한 분이 신성Deity에서 첫 번째라는 뜻이 아닙니다. 세 분 모두 하나님이시기 때문입니다. 다시 말해, 한 분이 더 위대하다는 뜻이 아닙니다. 세 분 모두 무한하신 분이기 때문입니다. 또한, 한 분이 시간상으로 먼저라는 뜻이 아닙니다. 세 분 모두 영원하시기 때문입니다. 그 의미는 오직 논리적 순서에서만 아버지가 첫 번째, 아들이 두 번째, 성령님이 세 번째라는 뜻입니다.

성경은 아버지를 근원으로 나타냅니다. 영원한 아들은 아버지로부터 태어나고, 그리고 영원한 성령은 아들을 통하여 아버지로부터 나옵니다.

"보혜사 곧 아버지께서 내 이름으로 보내실 성령"(요 14:26)

하나님께서는 아들을 통해 일하십니다. 아들 안에서 그리고 아들을 통해 하나님은 창조하십니다.

"만물이 그에게서 창조되되 하늘과 땅에서 보이는 것들과 보이지 않는 것들과 혹은 왕권들이나 주권들이나 통치자들이나 권세들이나 만물이 다 그로 말미암고 그를 위하여 창조되었고"(골 1:16)

이제 그리스도는 성령을 통하여 사람들 가운데 일하신다

아버지와 마찬가지로 성령님도 보이지 않는 분이십니다. 그분이 주로 하시는 일은 아들을 계시하는 것이며, 그리고 아들 안에서 아버지를 계시하시는 것입니다. 그러므로 성령님의 사역은 눈에 보이지 않지만 인간에게 그리고 인간을 통해서 하나님Godhead의 충만함을 계시하는 것입니다.

우리는 성령의 경륜시대에 살고 있습니다. 아버지와 아들을 우리에게 실재가 되게 하신 장본인이 바로 성령님이십니다.

따라서 우리에게는 성령님을 아는 지식이 꼭 필요합니다. 우리는 성령님의 본성과 우리 안에서 그리고 우리를 통해 일하시는 그분의 사역을 알고 싶습니다.

성령님에 대한 분명한 연구의 필요성

오늘날 우리는 성령님의 성품과 사역에 대해 분명한 연구가 필요합니다. 그리스도께서 이 땅에서 사셨던 삶에 보인 관심과 비교해볼 때, 성령님의 현재 사역에 대한 관심은 너무 적습니다.

A. J. 고든Gordon은 『성령의 사역The Ministry of the Holy Spirit』이라는 책에서 "삼위일체의 두 번째 분(예수 그리스도)을 숙고하기 위해 채택된 방법을 삼위일체의 세 번째 분을 설명하는 데도 똑같이 채택하지 않을 이유가 무엇인가?"라고 묻습니다.

고든은 그 책에서 그 방법을 따르고 있습니다. 따라서 우리도 성령님에 대한 연구에서 이 방법을 사용하고 싶습니다.

성육신에서 시작해서 감람산의 승천으로 끝나는 그리스도의 삶에 관한 많은 이야기들이 기록되었습니다.

구원자는 성육신 이전에도 살아계셨고, 또 아버지께로 승천하신 이후로도 그분의 사역을 계속하셨습니다. 하지만 그분의 가시적인 삶과 비가시적인 삶을 구분하는 것은 우리에게 어떤 분명한 인상을 심어줍니다.

그러므로 우리가 성령님의 성품과 사역을 공부할 때, 그분께서 현재 이 땅에서 하시는 사역 및 그분의 전후 사역을 분리하는 것이 상당히 도움이 됩니다.

그 사역(전후 사역)은 오순절 날에 시작되어서 그리스도의 재림 때까지 계속될 것입니다.

그리스도께서는 인간으로 땅에 오셨을 때 성취해야 할 사역이 있으셨고, 그 사역을 성취하시자 아버지께로 되돌아가셨습니다. 그리스도의 사역은 시간제한이 있었습니다. 그러므로 성령님께서도 정해진 시간에 세상으로 들어오셔서, 성취해야 할 특정의 명확한 사명이 있습니다.

이 사역은 지금 우리 안에서 그리고 우리를 통해 수행되고 있으며, 완성될 때까지 계속될 것입니다. 그때 성령님은 정해진 시간에 하늘로 다시 올라가실 것입니다.

성령님의 사역의 실재

성령님이 세상으로 들어오신 것과 이 땅에 정해진 그분의 사역은 그리스도의 성육신과 그분의 지상 사역만큼이나 실재적이며 분명합니다.

그리스도가 인간의 신체감각에 계시되었던 것과 달리 성령님은 인간의 신체감각에 계시되지 않기 때문에 지금까지 그분은 우리에게 모호하고 신비로운 존재셨습니다.

그리스도의 사역은 인간의 자리를 합법적으로 차지하기 위해서 인간이 될 필요가 있었습니다. 따라서 그리스도께서는 인간의 신체감각에 계시되었습니다.

사도 요한은 "태초부터 있는 생명의 말씀에 관하여는 우리가 들은 바요 눈으로 본 바요 자세히 보고 우리의 손으로 만진 바라 이 생명이 나타내신 바 된지라 이 영원한 생명을 우리가 보았고 증언하여 너희에게 전하노니 이는 아버지와 함께 계시다가 우리에게 나타내신 바 된 이시니라"(요일 1:1-2)라고 말했습니다.

한 인간으로서 그리스도께서는 사람이 보고 만질 수 있던 분이셨습니다. 따라서 우리에게는 그리스도의 사역이 신체감각을 통해 접촉될 수 없는 성령님의 성품과 사역보다 더 실감났습니다. 우리는 정신적으로 그리스도에 대한 그림을 그려볼 수 있지만, 성령님에 대해서는 정신적으로 그림을 그릴 수 없습니다.

성령님이 이 땅에서 하시는 사역의 목적은 그리스도께서 이 땅에서 하신 사역의 목적과 똑같지 않습니다.

그리스도께서는 인간의 대속물로서 아담의 대 반역의 죗값을 치르기 위해서 오셨습니다. 그렇기 때문에 그리스도와 인간의 동일시가 필요했습니다.

따라서 그리스도께서는 우리와 같은 몸을 입은 한 인간으로서 우리에게 계시되었습니다. 그러나 그리스도께서 이 땅에서 하신 사역은 지역의 제한을 받았습니다. 그리스도께서는 이 땅에서 한 번에 한 장소에만 존재하실 수 있었습니다.

이제 그리스도의 위치는 하나님과 인간 사이의 중재자라는 위치입니다.

성령님께서는 그리스도께서 오셨을 때와는 달리 인간의 몸을 입고 오실 수 없었습니다. 성령님의 사역은 그런 방식으로 성취될 수 없었습니다. 성령님의 사역은 한 지역에 국한될 수 없었습니다. 성령님은 하나님의 본성을 인간의 영에 전이하려고 오셨습니다.

성령님은 인간의 몸을 입고 오시지 않았지만, 그리스도 안에서 새로운 피조물이 된 자들의 몸에 거하려고 오셨습니다.

하지만 성령님의 오심은 그리스도께서 성육신하여 오신 것만큼이나 확실하고 분명했습니다.

신성의 세 번째 분이신 성령님은 실제로 이 땅에 계시고, 그리스도의 몸 안에서, 그리고 그리스도의 몸을 통해 역사하십니다.

주님이 예언하신 성령님의 오심

선지자들과 천사들은 그리스도께서 이 땅에 오심(초림)을 예언했습니다.

그리스도께서는 제자들과 나누신 마지막 대화에서 성령님께서 세상에 강림하실 것을 친히 예언하셨습니다. 그리스도께서는 자신과 동등co-equal

하시기에 자신의 자리를 차지하실 분이 오실 것을 예언하셨습니다.

요한복음 14:16-20, 15:26-27, 16:1-16, 사도행전 1:4-5을 읽어보십시오.

이 성경구절들을 읽지만 말고, 주의 깊게 공부하고 묵상해보십시오.

성령님께서는 오순절 날이 되기 전까지는 이 신성한 임무에 착수하지 않으셨습니다. 성령님께서는 창조에서 하나님의 실행요원이셨습니다.

물리적 세계를 창조할 때 성령님께서는, 죽어 있고 형체가 없는 물질에 생명과 형체와 발달 능력을 전달하셨습니다.

"땅이 혼돈하고 공허하며 흑암이 깊음 위에 있고 하나님의 영은 수면 위에 운행하시니라"(창 1:2)

성령님께서는 옛 언약의 선지자들을 깨닫게 하시고 영감을 주셨습니다.

"이 구원에 대하여는 너희에게 임할 은혜를 예언하던 선지자들이 연구하고 부지런히 살펴서 자기 속에 계신 그리스도의 영이 그 받으실 고난과 후에 받으실 영광을 미리 증언하여 누구를 또는 어떠한 때를 지시하시는지 상고하니라 이 섬긴 바가 자기를 위한 것이 아니요 너희를 위한 것임이 계시로 알게 되었으니 이것은 하늘로부터 보내신 성령을 힘입어 복음을 전하는 자들로 이제 너희에게 알린 것이요 천사들도 살펴보기를 원하는 것이니라"(벧전 1:10-12)

"예언은 언제든지 사람의 뜻으로 낸 것이 아니요 오직 성령의 감동하심을 받은 사람들이 하나님께 받아 말한 것임이라"(벧후 1:21)

성령님께서는 그리스도께서 침례 받을 때 비둘기의 형태로 그리스도 위에 내려오셨고(막 1:10), 그리스도의 지상 사역을 위해 그리스도께 기름 부으셨습니다.

누가복음 4:1은 “예수께서 성령의 충만함을 입어 요단 강에서 돌아오사 광야에서 사십 일 동안 성령에게 이끌리시며”라고 말씀하며, 또 누가복음 4:14은 “예수께서 성령의 능력으로 갈릴리에 돌아가시니 그 소문이 사방에 퍼졌고”라고 말씀합니다.

구약에 아직 성령님을 주시지 않았던 까닭

이때는 아직 성령님을 주시지 않았습니다. 성령님께서는 이 땅에서 하시는 그분의 실질적 사역으로 아직 오지 않으셨습니다. “이는 그를 믿는 자들이 받을 성령을 가리켜 말씀하신 것이라 (예수께서 아직 영광을 받지 않으셨으므로 성령이 아직 그들에게 계시지 아니하시더라)”라는 요한복음 7:39을 주의 깊게 유의하십시오.

우리는 그때 예수님께서 영광을 받지 않으셨기 때문에 아직 성령님을 주시지 않았음에 주목합니다.

그리스도께서 영광을 받으시기 전까지 성령님께서는 오실 수 없었습니다. 그리스도께서는 인간의 범죄 때문에 죽으셔야 했고, 인간이 의롭다고 선언을 받으셨을 때 일어나셔서(롬 5:24), 그분 자신의 피를 가지고 지성소로 들어가신 후, 인간을 위해 영원한 속량을 획득하셔야 했습니다(히 9:12).

그리스도께서는 인간이 생명을 얻도록 오셨습니다.

그리스도의 죽으심과 부활의 목적은 사탄의 지배로부터 인간을 자유롭게 하는 것이며(히 2:14), 인간이 하나님의 생명을 받을 수 있게 하는 것이었습니다(요 1:12).

성령님은 새로운 탄생에서 인간의 영에 하나님의 본성을 전이한 후

(요 3:3-8), 이 새로운 피조물(고후 5:17)을 하나님의 충만으로 채우기 위해서 오셨습니다(엡 3:19).

인간은 아버지께서 그리스도의 피를 받으시기 전까지는 하나님의 본성을 받을 수 없었습니다. 그리스도께서는 지성소로 들어가셨을 때 하나님의 우편에 앉으셨습니다(히 10:12, 9:11-12).

그리스도께서는 죄를 제거하셨습니다(히 9:26). 아버지께서 그리스도의 피를 받아들이셨다는 것은 사탄의 권세로부터 인간의 속량이 완성되었음을 의미했습니다. 인간은 이제 하나님의 본성을 받을 수 있는 합법적인 권리를 가지게 되었습니다. 그리스도의 피는 인간의 속량의 인증이었습니다.

그리스도께서는 하나님과 사람 사이의 중재자가 되셨습니다(딤전 2:5). 사탄의 자녀인 인간은 이제 그의 중재자를 통해서 하나님께 나아가 그분의 생명을 받을 수 있는 권리가 있습니다.

그래서 이제 성령님을 주실 수 있게 된 것입니다. 예수님께서는 영광을 받으셨습니다. 인간의 속량은 완성되었습니다.

어떤 인간도 오순절 날이 이르기 전에는 거듭나지 못했습니다. 제자들은 하나님의 아들이 되지 못했습니다. 그들은 그리스도에 의해 "친구"로 불렸습니다(요 15:15).

그들은 옛 언약 아래 있었습니다. 그들은 그리스도의 죽으심과 부활을 이해하지 못했습니다. 그들은 그리스도께서 부활하신 후 지상의 왕국을 건설하실 것을 기대하고 있었습니다(행 1:6).

오순절이 이르기 전까지 성령님은 인간에게 이 진리를 계시하고 하나님의 본성을 전이해주기 위해 오지 않으셨습니다.

제자들이 거듭나지 않았다는 사실을 분명히 보여주는 성경구절들은 사도행전 11:17입니다. 헬라어 원문은 "우리가 처음 믿었을 때 When we first believed"라고 말씀합니다.

이는 제자들이 오순절 날이 되기 전에는 오늘날 우리가 거듭나기 위해 믿는 방식으로 그리스도를 결코 믿지 않았다는 사실에 대해 그들 스스로가 한 증언입니다.

● 31과의 내용 확인 문제

1. 인간의 신체감각에 계시된 삼위일체는 신약에서 어떤 사건입니까?

2. "절대적 하나"와 "절대적 셋"이라는 용어의 의미를 설명해보십시오.

3. 제한된 시간과 관련해서 그리스도께서 이 땅에서 하신 사역과 성령님께서 이 땅에서 하시는 사역을 비교해보십시오.

4. 왜 성령님께서 이 땅에서 하시는 사역은 그리스도께서 이 땅에서 하신 사역에 비해 우리에게 더 모호하고 신비합니까?

5. 그리스도와 달리 성령님께서 인간의 몸을 입고 오실 수 없었던 이유는 무엇입니까?

6. 우리는 어느 성경구절에서 성령님의 강림에 대한 예언을 발견합니까?

7. 오순절 날에 이르기 전에 성령님의 일은 무엇이었습니까?

8. 그리스도가 영광을 받으시기 전까지 성령님께서 오실 수 없던 이유는 무엇이었습니까?

9. 예수님의 제자들이 오순절 날이 되기 전에 거듭날 수 없었던 이유는 무엇이었습니까?

32과

성령님 2

THE HOLY SPIRIT 2

성령 침례는 무엇인가?

교회 전체가 예수님의 제자들이 오순절 날이 되기 전까지는 거듭나지 않았다는 사실을 명확하게 깨닫지 못했습니다. 이것이 성령 침례the Baptism of/with the Holy Spirit에 대한 잘못된 가르침을 낳았습니다.

이제 성경이 성령으로 침례 받는 것에 대해 가르치는 전체 내용을 신중하게 공부해봅시다.

이것은 침례 요한에 의해 처음으로 언급되었습니다.

침례 요한은 "나는 너희로 회개하게 하기 위하여 물로 세례(침례)를 베풀거니와 내 뒤에 오시는 이는 나보다 능력이 많으시니 나는 그의 신을 들기도 감당하지 못하겠노라 그는 성령과 불로 너희에게 세례를 베푸실 것이요"(마 3:11)라고 말했습니다.

침례 요한이 한 이 진술은 마가복음 1:8과 누가복음 3:16에도 기록되어 있습니다.

그리스도께서는 부활하신 후에 침례 요한이 한 이 약속을 언급하셨습니다. "요한은 물로 세례(침례)를 베풀었으나 너희는 몇 날이 못 되어 성령으로 세례(침례)를 받으리라 하셨느니라"(행 1:5)

그 후, 베드로는 사도행전 11:16에서 "침례를 베풀다baptize"라는 용어를 사용합니다. 그때 베드로는 성령님께서 오순절 날에 유대인들에게 임하셨던 것과 정확히 똑같은 방식으로 이방인들에게도 임하셨다는 사실을 말하고 있었습니다.

"침례를 베풀다"라는 용어는 번역되지 않은 헬라어로, 그 의미는 "~에 잠기다immerse"라는 뜻입니다. 침례 요한은 그들을 물에만 잠기게 했지만, 이제는 성령 안으로의 잠김an immersion in the Holy Spirit이 일어나게 되었습니다.

그런데 바울은 고린도전서 12:13에서 성령 침례에 대해 말합니다. "우리가 유대인이나 헬라인이나 종이나 자유인이나 다 한 성령으로 세례(침례)를 받아 한 몸이 되었고…"(고전 12:13)

"누구든지 그리스도와 합하기 위하여 세례(침례)를 받은 자는 그리스도로 옷 입었느니라"(갈 3:27)

이 구절들은 성경 가운데 성령으로 "침례를 베풀다to baptize" 또는 "침례를 받다to be baptized"라는 용어가 쓰인 유일한 곳입니다.

이제 그 용어(성령 침례)의 성경적 의미를 알아보기 위해서 주의 깊게 그 구절들을 검토해봅시다.

침례 요한은 "그는 성령으로 너희에게 세례(침례)를 베푸실 것이요"(마 3:11)라고 말했습니다.

그리스도께서는 하나님의 본성을 인간에게 가져다주려고 오셨습니다(요 10:10). "영접하는 자 곧 그 이름을 믿는 자들에게는 하나님의 자녀가 되는 권세를 주셨으니 이는 혈통으로나 육정으로나 사람의 뜻으로 나지 아니하고 오직 하나님께로부터 난 자들이니라"(요 1:12-13)

침례 요한이 말하는 이것이 바로 새로운 탄생일까요?

이제, 이 성경구절을 주의 깊게 살펴봅시다.

침례 요한은 자기의 사역과 그리스도의 사역을 비교하고 있습니다. 침례 요한이 가져오는 침례는 물리적인 침례입니다. 물 침례는 진짜 사람인 영을 만지지 못합니다. 물 침례는 예수님께서 인간의 영에서 행하시는 일의 모형일 뿐입니다.

물 침례는 무엇의 모형입니까?

성경에서 물 침례는 어떤 영적 의미가 있습니까?

물 침례는 새로운 탄생의 모형입니다. 이 사실은 로마서 6:1-4에서 우리에게 계시됩니다. 바울은 새로운 탄생을 한 사람들의 삶에 일어났던 것을 설명하기 위해서 물 침례를 사용하고 있습니다.

"무릇 그리스도 예수와 합하여 세례(침례)를 받은 우리는 그의 죽으심과 합하여 세례(침례)를 받은 줄을 알지 못하느냐 그러므로 우리가 그의 죽으심과 합하여 세례(침례)를 받음으로 그와 함께 장사되었나니 이는 아버지의 영광으로 말미암아 그리스도를 죽은 자 가운데서 살리심과 같이 우리로 또한 새 생명 가운데서 행하게 하려 함이라"(롬 6:3-4)

물속에서 그리스도와 함께 장사된 것은 그분의 죽으심 가운데 그분과 함께 우리가 장사된 것의 모형입니다. 이로 인해 옛 사람이 십자가에 못 박히고 벗겨졌습니다.

물로부터 일어나는 것은 우리가 생명의 새로움 가운데 행할 수 있도록 영적 죽음에서 영원한 생명으로 그리스도와 함께 부활한 것의 모형입니다.

이것이 새로운 탄생에서 일어나는 일입니다. 영적 죽음이 영에서 뿌리째 뽑히고, 하나님의 본성인 영원한 생명이 인간에게 전이됩니다. 그러면 인간은 그 생명의 새로움 가운데 걷게 됩니다.

우리는 거듭난 후, 영에서 일어난 일의 증거로서 물 침례를 받습니다.

그러므로 침례 요한은 "나의 침례는 외적이고 물리적인 침례이다. 그것은 그분이 인간의 영에 하실 일의 모형일 뿐이다. 나는 물리적인 몸에 물로 침례를 주지만, 그분은 영을 성령님으로 잠기게 하실 것이다. 그리고 그 잠김으로부터 새로운 탄생이 일어날 것이며, 그러면 인간은 새로운 생명을 시작하게 될 것이다."라고 말하고 있는 것입니다.

그리스도께서 제자들에게 예루살렘에 머물라고 말씀하신(행 1:5) 이유는 그분이 영적으로 죽은 인간에게 가져다주실 이 새로운 탄생 때문이었습니다.

우리는 앞 과에서, 그리스도께서 영광을 받으시기 전까지는 성령님을 주실 수 없었다는 사실, 즉 성령님이 인간을 하나님의 자녀 삼으러 오실 수 없었다는 사실을 배웠습니다.

이제 고린도전서 12:13이 새로운 탄생을 가리키는지 그렇지 않은지를 살펴봅시다.

"우리가 유대인이나 헬라인이나 종이나 자유인이나 다 한 성령으로 세례(침례)를 받아 한 몸이 되었고…"(고전 12:13)

인간은 언제 그리스도의 몸의 지체가 됩니까? 거듭날 때입니다.

또한 우리는 "침례baptism"라는 용어가 새로운 탄생을 가리킨다는 사실을 깨닫습니다. 그리스도의 몸 안으로의 침례the baptism into the Body of Christ는 곧 그리스도의 몸 안으로의 탄생the birth into the Body of Christ 입니다.

"누구든지 그리스도와 합하기 위하여 세례(침례)를 받은 자는 그리스도로 옷 입었느니라"(갈 3:27)

이것은 새로운 탄생을 말하는 것입니다. "…누구든지 그리스도의 영이 없으면 그리스도의 사람이 아니라"(롬 8:9)

앞서 언급했듯이, 지금까지는 성령 침례를 두 번째 경험이라고 가르쳐 왔습니다. 왜냐하면 그리스도 이전에는 누구도 죽음에서 생명으로 태어날 수 없었다는 사실을 교회 전체가 깨닫지 못했기 때문입니다.

하나님께서 그분의 생명을 인간에게 전이하실 수 있기 위해서는, 그전에 먼저 인간을 사탄의 권세로부터 합법적으로 속량하셔야 했습니다.

그리스도께서는 죽은 자들로부터 첫 번째로 태어나신 분이셨습니다(골 1:18). 그리스도께서는 많은 형제들 가운데 첫 번째로 태어나신 분이셨습니다(롬 8:29).

그러므로 그들은 성령 침례를 두 번째 경험으로 여겼지만, 사실 성령 침례는 첫 번째 경험이었습니다.

이제 오순절 날에 무슨 일이 일어났는지를 살펴봅시다.

오순절 날에 무슨 일이 일어났는가?

제자들이 다락방에 모였습니다. "오순절 날이 이미 이르매 그들이 다

같이 한 곳에 모였더니 홀연히 하늘로부터 급하고 강한 바람 같은 소리가 있어 그들이 앉은 온 집에 가득하며"(행 2:1-2)

성령님께서는 특별한 사역을 위해서 세상에 들어오셨습니다. 그리스도께서 베들레헴에서 아기로 태어나신 것만큼이나 성령님께서 오신 것은 분명한 사건이었습니다.

성령님께서는 제자들이 앉아있던 방을 가득 채웠습니다. 무슨 일이 일어났을까요?

그 방은 성령님으로 가득 채워졌습니다. 그래서 제자들은 성령으로 잠기게 되었습니다. 즉 침례를 받았습니다.

성령 침례는 어떤 의미에서는 물 침례와는 반대입니다.

물 침례는 물속으로 들어가는 것입니다.

성령 침례는 성령님께서 "내려오시는 것coming down upon"입니다.

하지만, 그 결과는 동일합니다. 즉 잠기는 것immersion입니다.

오순절과 관련해서 사용된 몇 가지 어구가 있습니다. "내려오심coming down", "부으시다pour out", "임하심fallen upon", "임하셨다fell upon", "부어주셨다pour forth", "그들에게 임하셨다fell on them", "내려오셨다came upon"

그 결과 성령 안으로 잠기게 되었고, 그로 인해 새로운 탄생이 일어났습니다.

그리스도의 몸은 기념할 만한 그날에 태어났습니다.

구유가 하나님의 아들의 요람이었듯이, 다락방 역시 신비로운 그리스도의 몸의 요람이 되었습니다.

그날에 120명이 그리스도 안에서 새로운 피조물이 되었습니다.

그런 다음 그들은 성령으로 충만하게 되었습니다. 이것이 두 번째 경험이었습니다. 성령으로 충만해지는 것to be filled with the Holy Spirit, 다시 말해 성령님이 내주하신 것to be indwelt by the Holy Spirit입니다.

성령 침례를 받는 것 즉 성령 안에 잠기는 것과, 성령으로 충만해지는 것 사이에는 큰 차이가 있습니다.

우리는 다음과 같이 그 차이를 설명할 수 있을 것입니다. 물로 가득 채워진 탱크가 있는데 어떤 사람이 그 물속에 잠긴다면, 그는 물속에 있는 것이지만, 물은 그 사람에 안에 있는 것이 아닙니다.

다락방에 있던 사람들이 성령에 의해서 죽음에서 영원한 생명으로 태어난 후에 똑같은 성령으로 충만해졌습니다.

"그들이 다 성령의 충만함을 받고 성령이 말하게 하심을 따라 다른 언어들로 말하기를 시작하니라"(행 2:4)

그들은 거듭나기 전까지는 성령으로 충만해질 수 없었습니다.

그리스도께서는 세상(또는 영적으로 죽은 인간)이 성령을 받을 수 없다고 말씀하셨습니다. "그는 진리의 영이라 세상은 능히 그를 받지 못하나니 이는 그를 보지도 못하고 알지도 못함이라…"(요 14:17)

성령님께서는 거듭난 자들의 몸만을 자신의 거처로 삼으실 수 있습니다.

우리의 결론은 이것입니다. "성령 침례"라는 용어는 문자적으로도 성경적으로도 새로운 탄생을 가리키며, 두 번째 경험은 우리의 몸에 성령님이 내주하시어 우리 몸이 그분의 성전이 될 수 있도록 성령을 받거나 또는 성령으로 충만해지는 것입니다.

"너희는 너희가 하나님의 성전인 것과 하나님의 성령이 너희 안에 계시는 것을 알지 못하느냐"(고전 3:16)

초대교회는 두 번째 경험 또는 성령 충만해짐을 언급할 때는 "(성령) 침례"라는 용어를 사용하지 않은 것이 확실합니다.

왜냐하면 오순절 날 이후에 그 용어가 단 한 번만 사용되었기 때문입니다. 지금 많은 집단이 사용하는 것과는 달리 초대교회가 그 용어를 사용하지 않았다는 사실은 베드로의 말에서 명백하게 드러납니다. 베드로는 이방인들이 처음으로 복음을 받았을 때의 일을 언급할 때, 자신들(베드로를 비롯한 제자 120명)이 그리스도를 처음으로 믿었을 때 일어난 것과 똑같은 일이 일어났다고 말하면서, 그리스도께서 성령으로 침례를 주실 것이라는 침례 요한의 말을 떠올렸기 때문입니다.

성령님께서 유대인들에게 임하셔서 그들을 그리스도 안에 있는 새로운 피조물이 되게 하시고 그들을 성령으로 충만케 하셨던 것처럼, 이방인들이 처음으로 그리스도를 받아들였을 때 성령님께서는 이방인들에게도 임하셨습니다.

여기에서 우리는 유대인들이 오순절 날이 되기까지 머물러서 기다려야 했지만, 이방인들은 기다릴 필요가 없었다는 사실에 주목합니다. 성령님은 이미 와 계셨고, 베드로가 이방인들에게 말씀을 전할 때 "그들 위에 임하셨기" 때문입니다.

어떻게 성령을 받는가?

성경은 성령 받는 것이 새로운 탄생 이후에 별도로 일어난 사건임을 분명히 가르칩니다.

베드로는 "너희가 회개하여 각각 예수 그리스도의 이름으로 세례를 받고 죄 사함을 받으라 그리하면 성령의 선물을 받으리니"(행 2:38)라고 말했습니다.

죄 사함remission of sins은 새로운 탄생을 가리키며, 그런 다음 성령의 선물을 받는 일이 이루어집니다.

그리스도께서는 "너희가 악할지라도 좋은 것을 자식에게 줄 줄 알거든 하물며 너희 하늘 아버지께서 구하는 자에게 성령을 주시지 않겠느냐"(눅 11:13)라고 말씀하셨습니다. 하늘 아버지께서는 그분께 구하는 그분의 자녀들에게 성령을 주십니다.

사마리아 도성이 빌립의 전도를 통해서 그리스도를 받아들인 후에, 사도 요한과 베드로가 내려가서 그들에게 안수하여 성령을 받게 했습니다(행 8:14-16).

성령은 믿음으로 받는 것입니다.

"내가 너희에게서 다만 이것을 알려 하노니 너희가 성령을 받은 것이 율법의 행위로냐 혹은 듣고 믿음으로냐"(갈 3:2)

"이는 그리스도 예수 안에서 아브라함의 복이 이방인에게 미치게 하고 또 우리로 하여금 믿음으로 말미암아 성령의 약속을 받게 하려 함이라"(갈 3:14)

성령이 안으로 들어오셨다는 증거는 무엇입니까? 증거는 오로지 하나님의 말씀뿐입니다. 많은 이들이 그 증거가 방언으로 말하는 것이라고 가르치지만, 이는 하나님의 말씀의 지지를 받지 못합니다.

사도행전은 교리서가 아니라 역사서입니다. 사도행전은 몇몇 경우 35년 동안 특정한 사람들이 성령으로 충만해졌을 때 방언으로 말했음을 언급합니다.

사도행전 2:4에 나온 오순절 날이 그랬습니다.

또한 사도행전 19:6에서 어떤 제자들이 에베소에서 그리스도를 받아들였을 때 그랬습니다.

성경 어디에도 방언을 성령님께서 우리를 가득 채우셨다는 증거로 간주해야 한다고 가르치지 않습니다.

성경의 다른 몇 군데는 방언으로 말하는 것을 언급합니다.

바울은 고린도교회가 방언을 오용한 것을 책망하기 위해 편지를 쓰면서 고린도전서 14장에서 방언을 언급합니다.

고린도전서 12:30은 모든 사람이 방언을 말하지는 않는다는 사실을 분명히 보여줍니다. 그리고 고린도전서 14:22은 방언이 믿는 자를 위한 표적이 아니라 불신자를 위한 표적임을 보여줍니다.

성경은 방언이 성령의 내주하심the indwelling of the Holy Spirit에 대한 증거라고 가르치지 않을뿐더러, 방언을 성령의 내주하심에 대한 증거로 삼는 것은 새로운 피조물을 다루시는 하나님의 법칙과도 어긋날 수 있습니다.

방언으로 말하는 것은 물리적인 나타남입니다. 그것은 인간의 감각에 주는 증거입니다. 하나님은 어디에서도 감각의 증거에 우선권을 부여하거나 우리가 감각의 증거를 신뢰하도록 허락하신 적이 없습니다. 하나님은 믿음의 하나님이십니다. 하나님께서 인간과 새로운 피조물을 다루시는 법칙은 믿음의 법입니다.

우리는 믿음을 통해 거듭납니다(엡 2:8).

우리는 믿음으로 삽니다(롬 1:17).

우리는 기도 가운데 받는 모든 것을 믿음으로 받습니다.

하나님께서는 성령님이 들어오시는 것incoming에 대해 우리를 다루시는 법칙을 바꾸지 않으셨습니다. 갈라디아서 3:2에서 하나님께서는 우리에게 믿음으로 성령을 받는다고 말씀하시기 때문입니다. 믿음이 물리적 증거 없이 말씀대로 행동하는 것이 아니라면 도대체 무엇이란 말입니까? 인간은 "말씀이 그렇다고 선언하기 때문에 내가 영원한 생명을 가지고 있다."라고 말할 때 거듭납니다.

인간은 "말씀이 '그가 채찍에 맞음으로 너희는 나음을 얻었나니' (벧전 2:24)라고 선언하기 때문에 나는 나은 것이다."라고 말할 때 낫습니다.

재정적인 필요가 있을 경우, 우리는 "말씀이 '나의 하나님이 그리스도 예수를 통하여 영광 가운데서 그의 풍요함을 따라 너희의 모든 필요를 채워 주실 것이라.' (빌 4:19)라고 선언하기 때문에 필요는 채워진다."라고 말할 때 응답을 받습니다.

그러므로 우리가 "나는 아버지께 성령을 구하였고, 또 아버지께서는 아버지께 구하는 자들에게 성령을 주신다고 약속하셨기 때문에, 나는 성령을 받는다."라고 말할 때 성령을 받습니다.

32과의 내용 확인 문제

1. 우리는 어떤 성경구절에서 성령의 침례를 언급한 것을 발견합니까?

2. "침례를 베풀다"라는 용어는 헬라어로 무슨 의미입니까?

3. 물 침례가 새로운 탄생의 모형인 이유를 말해보십시오.

4. 침례 요한이 그리스도께서 사람에게 성령으로 침례를 베푸실 것이라고 말했던 의미는 무엇입니까?

5. 고린도전서 12:13을 설명해보십시오.

6. 성령으로 충만해진 다락방에 있던 사람들에게 무슨 일이 일어났습니까?

7. 어떤 성경구절들이 성령을 받는 것과 새로운 탄생은 별개의 사건이고, 또 성령을 받는 것은 새로운 탄생 이후에 일어난다는 사실을 알려줍니까?

8. 사람이 어떻게 성령을 받습니까?

9. 하나님께서 성령을 받는 데에 물리적 증거를 두지 않는 이유를 말해보십시오.

10. 당신은 성령을 받았습니까?

33과

성령님 3

THE HOLY SPIRIT 3

우리는 32과에서 신성의 세 번째 분이신 성령님께서 정해진 특정의 임무를 완수하기 위해서 오순절 날 이 세상에 들어오셨음을 보았습니다.

성령님께서는 비록 인간의 신체감각으로는 접촉할 수 없을지라도, 그리스도께서 이 땅에서 사역하셨던 만큼이나 오늘날 세상에 실재하십니다.

우리는 성령님께서 오순절 날 이전에 오실 수 없었던 이유를 알았고, 또한 그날 다락방에서 무슨 일이 일어났는지를 보았습니다.

성령님에 대한 공부의 마지막 결론 부분인 이번 과에서 우리는 오늘날 성령님의 사역을 좀 더 자세하게 공부할 것입니다.

세상을 섬기는 성령님의 사역

그리스도께서는 제자들에게 또 다른 위로자가 오셔서 그분을 대신하실 것이라고 가르치셨습니다. 성령님이 그리스도를 대신하신다면, 우리는 성령님께서 그리스도가 이 땅에 계셨다면 하셨을 일을 그대로 하고 계심을 깨닫습니다.

그리스도께서 승천하시기 전에 그러하셨던 것처럼 지금 인간의 몸을 입고 이 땅에 계셨다면, 그분께서는 아마 그분의 죽으심과 부활을 통하여 우리를 위해 행하신 일을 계시하시는 사역을 하셨을 것입니다.

인간이 의롭게 되도록 그분이 인간을 대신하여 죄가 되셨다는 사실을 모든 인간에게 알려주며, 그 대속적 희생을 거부하는 비극을 모든 인간으로 하여금 직시하게 하는 일이 그리스도의 목표가 되었을 것입니다.

그러므로 오늘날 성령님께서는 하나님의 아들의 일을 인간의 심령에 실재가 되도록 하십니다. 성령님의 가르침과 교통하심은 그분 자신의 것이 아닙니다. 그것은 그리스도께 속한 것입니다(요 16:13-14).

요한복음 16:7-11에서 그리스도께서는 성령님이 그리스도가 하신 일을 세상에서 실재가 되게 하시는 삼중 방법을 우리에게 알려주셨습니다.

그리스도께서 아버지께로 가시고 성령님이 그분의 자리를 차지하시는 것이 방책이었습니다. 왜냐하면 인간의 몸을 통해서 인간을 섬기는 그리스도의 사역은 지역적으로 한정되었을 것이기 때문입니다.

그러나 성령님은 온 세상에 미칠 수 있습니다.

우리는 성령님께서 구원받지 못한 자를 어떻게 다루시는지를 깨닫고, 그분이 우리를 통해서 자유롭게 역사하실 수 있게 해드려야 합니다.

구원받지 못한 자들에게 그리스도의 일을 제시하는 성령님의 방법을 공부한다면, 우리가 하는 대부분의 복음전도 설교가 얼마나 잘못되었는지를 깨닫게 될 것입니다.

요한복음 16:8-11을 읽어보십시오. 성령님이 심판에 대해 세상을 책망하신다는 사실에 주목하십시오. 이 세상의 임금이 심판받았기 때문입니다. 사탄에 대한 심판이 인간과 무슨 관계가 있습니까? 인간이 사탄의 자녀가 되었고, 사탄의 영원한 처소가 인간의 영원한 처소가 되었기 때문에 전부 관계가 있습니다.

성령님께서는 인간에게 그가 지금뿐 아니라 영원히 사탄의 자녀임을 알려주신 후, 의에 대해서 그를 책망하십니다. 그리스도께서 아버지께로 가셨기 때문입니다.

성령님께서는 인간에게 하나님 앞에 한 중재자, 곧 인간을 위해 영원한 속량을 마련하신 후 그를 대신하여 그분 자신의 피를 가지고 하늘로 들어가신 분이 있다는 사실을 알려주십니다.

성령님께서는 인간에게 그가 하나님의 의가 될 수 있고, 또 하나님의 자녀가 될 수 있는 합법적인 권리를 소유하고 있다는 사실을 알려주십니다.

그런 다음, 성령님께서는 사탄의 권세로부터 속량을 얻을 수 있는 유일한 길이신 그리스도를 거부한 죄, 다시 말해 인간이 하나님의 자녀가 될 수 있음을 배운 후에도 사탄의 자녀로 남아있기로 선택하는 죄에 대해 인간을 책망하십니다.

우리의 설교가 성령님의 방법과 얼마나 일치하지 않았던가! 우리는 인간에게 그가 사탄의 자녀임을 알려주지 않았을 뿐 아니라, 그에게 하나님의 의와 본성을 얻을 수 있는 합법적인 권리도 알려주지 않았습니다.

우리는 그가 저지른 죄로 인해 정죄하면서 그에게 설교했습니다. 하나님께서는 그가 한 일로 그를 정죄하지 않으시고, 그가 어떤 존재인가에 따라 그를 정죄하십니다. 즉 단 하나의 죄, 곧 그리스도를 거부하고 사탄의 자녀로 남아있기로 선택하는 죄에 대해서만 그를 책망하십니다.

성령님은 말씀을 통해서 일하십니다. 말씀이 성령님의 검입니다(엡 6:17).

성령님께서 구원받지 못한 사람에게 그리스도가 필요하다는 사실을 알려주시는 것은 인간을 향한 하나님의 계시인 말씀을 통해서입니다. 우리는 성령님께서 사용하시는 도구입니다. 우리는 우리에게 맡겨진 화목하게 하는 말씀(고후 5:18-19)이 있기 때문입니다.

우리가 말씀을 바르게 나누어서 구원받지 못한 사람이 지적으로 이해할 수 있도록 그 말씀을 제시하는 법을 모른다면, 성령님의 사역을 불구로 만드는 것입니다.

성령님께서는 누군가에게 그리스도가 필요하다는 사실에 대해 책망하신 후에, 그가 그리스도를 믿을 경우, 그에게 하나님의 본성을 전이하십니다(요 1:12).

그리스도께서는 "내가 온 것은 양으로 생명을 얻게 하고 더 풍성히 얻게 하려는 것이라"(요 10:10)라고 말씀하셨습니다.

그리스도를 받아들인 자는 하나님의 이 본성을 받아들이며, 실제로 하나님의 자녀가 됩니다. 복되고 신실하신 성령님께서는 이 생명을 전달하시는 중재자이십니다.

그리스도께서는 "…사람이 물과 성령으로 나지 아니하면 하나님의 나라에 들어갈 수 없느니라 육으로 난 것은 육이요 영으로 난 것은 영이니 내가 네게 거듭나야 하겠다 하는 말을 놀랍게 여기지 말라 바람이 임의로 불매 네가 그 소리는 들어도 어디서 와서 어디로 가는지 알지 못하나니 성령으로 난 사람도 다 그러하니라"(요 3:5-8)라고 말씀하셨습니다.

새로운 탄생은 감추어진 행동이지만, 모든 기적 중 가장 위대한 기적입니다.

성령님께서는 그리스도를 믿는 자를 덮으셔서overshadow 그에게 하나님의 생명을 전이하시고, 그러면 그는 그리스도 안에서 새로운 피조물이 됩니다(고후 5:17).

"이는 혈통으로나 육정으로나 사람의 뜻으로 나지 아니하고 오직 하나님께로부터 난 자들이니라"(요 1:13)

어떤 자연인에게 그리스도가 필요하다는 사실에 대해 책망하신 다음, 그가 그리스도를 영접할 때 그의 영에 하나님의 본성을 전이하시는 분이 바로 성령님이십니다.

그런 다음, 그리스도 안에서 새로운 피조물이 된 자가 성령님을 초청할 경우, 그분은 그 안에 내주하십니다. 그렇게 하나님의 자녀의 몸이 그분의 성전이 됩니다.

성령님이 이 땅에 계시는 동안, 그리스도의 몸이 그분의 처소이자 거주지입니다.

그리스도께서 이 땅에 계신 동안 그분의 물리적 몸이 하나님의 성전이었듯이, 성령님이 이 땅에서 사역하시는 동안에는 그리스도의 몸인 교회가 바로 그분이 거하시는 그분의 성전입니다.

이 비교에 주목해봅시다. 요한복음 1:14의 직역은 다음과 같습니다. "말씀이 육신이 되어서 우리 가운데 '장막을 치셨다'."

"장막을 치셨다tabernacled"는 말은 성경에서 하나님께서 인간 가운데 거하시는 장소를 나타내고자 사용된 용어입니다. 하나님께서 거하시는 장소는 성전입니다.

그렇다면 하나님께서 그리스도 안에 장막을 치셨을 때, 그리스도의 몸은 하나님의 성전이 되었습니다. 그리스도께서는 유대인들에게 말씀하시면서 자신의 몸을 성전이라 하셨습니다. 그리스도께서는 그들이 하나님의 성전인 그분의 몸을 파괴한다면, 하나님께서 그 성전을 다시 세우실 것이라고 말씀하셨습니다(요 2:18-22).

하나님께서 사람들 가운데 장막을 치셨을 때, 쉐키나Shekinah의 영광은 자비석[11] 위에 머물렀습니다.

그러므로 하나님께서 그리스도 안에서 사람들 가운데 장막을 치셨을 때도, 사람들은 하나님의 영광을 보았습니다. "말씀이 육신이 되어 우리 가운데 거하시매 우리가 그의 영광을 보니 아버지의 독생자의 영광이요 은혜와 진리가 충만하더라"(요 1:14)

하나님께서 그리스도 안에 있는 우리 가운데 장막을 치신 것은, 완벽하고 죄 없는 인성과의 연합으로 하나님께서 들어오시는 것이었습니다. 그리스도는 영적 죽음에 참여하지도 않으셨고 또 그 영향력을 받지 않으셨기 때문입니다.

그러므로 이제 성령님께서 그리스도의 몸 안에 장막을 치시는 것은 영적 죽음과 사탄의 권세로부터 완전히 구출된 새로운 피조물과의 연합으로 하나님께서 들어오시는 것입니다.

새 사람은 "의와 거룩함과 진리"(엡 4:24)로 창조되어서 하나님의 성전이 될 준비를 갖춘 것입니다.

---

11) 지성소에 있는 언약궤 덮개 위를 자비석 또는 시은좌(은혜를 베푸는 자리)라고 한다. (역자 주)

“그의 안에서 건물마다 서로 연결하여 주 안에서 성전이 되어 가고 너희도 성령 안에서 하나님이 거하실 처소가 되기 위하여 그리스도 예수 안에서 함께 지어져 가느니라”(엡 2:21-22)

“너희 몸은 너희가 하나님께로부터 받은 바 너희 가운데 계신 성령의 전인 줄을 알지 못하느냐 너희는 너희 자신의 것이 아니라”(고전 6:19)

하나님께서는 교회의 머리이신 그리스도와 함께 교회에 성육신하게 되었습니다.

하나님께서 그리스도 안에 내주하시기 때문에 그리스도께서는 “나를 본 자는 아버지를 보았거늘”(요 14:9)이라고 말씀하셨던 것입니다.

사실상 처음으로 하나님께서 인간에게 계시되었습니다. 누구도 하나님을 본 적이 없었지만, 하나님께서는 그리스도 안에서 자신을 인간에게 알리셨습니다.

그리스도께서는 세상을 떠나 아버지의 우편에 그분의 자리를 차지하셔서 더 이상 인간과 개인적 접촉을 하지 못하시게 되자, 인간을 향한 하나님의 계시가 계속될 수 있도록 성령님을 보내셔서 그리스도의 신비로운 몸인 교회에 성육신하게 하셨습니다.

아버지의 갈망은 그리스도의 몸이 성령님을 통하여 하나님의 충만함으로 채워지는 것입니다.

“하나님의 모든 충만하신 것으로 너희에게 충만하게 하시기를 구하노라”(엡 3:19)

에베소서 5:18을 읽어보십시오. 사실 우리는 성령님을 세상에 나타내도록 그분으로 충만해지라는 명령을 받은 것입니다.

오늘날 그리스도께서는 그분의 몸을 통하지 않고서는 세상과 접촉할 길이 없습니다. 그리스도께서는 그분의 몸과 따로 떨어져서 일하실 수 없습니다.

우리의 삶이 성령님께서 우리를 통해 자유롭게 일하실 수 있도록 그분으로 충만해지지 않는다면, 우리는 하나님Deity의 손을 묶는 것입니다.

지금 이 시기는 성령의 경륜시대입니다. 아버지와 아들은 성령님을 통하여 일하고 계시며, 성령님은 그리스도의 몸 안에서 그리고 그리스도의 몸을 통해서 일하십니다. 그리스도의 몸에 성령님께서 내주하지 않으신다면, 그리스도께서는 세상에 진정으로 나타나실 수 없습니다.

이런 생각과 연관해서 요한일서 4:12에는 우리를 위한 중요한 교훈이 있습니다. "어느 때나 하나님을 본 사람이 없으되 만일 우리가 서로 사랑하면 하나님이 우리 안에 거하시고 그의 사랑이 우리 안에 온전히 이루어지느니라"(요일 4:12)

하나님께서 성령님을 통해서 우리 안에 거하신다면, 하나님의 사랑은 우리 안에서 온전해집니다.

"온전한perfect"이라는 용어는 "완전한complete"이라는 뜻입니다. 이는 하나님께서 우리 안에 거하시면 그분의 사랑이 우리의 삶을 통해서 완전해질(완성될) 수 있다는 생각입니다.

즉 하나님의 생명이 우리를 통해 표현되지 않는 한 완성될 수 없다는 뜻입니다. 하나님의 생명이 우리의 삶을 통해서 역사하지 않을 경우, 무언가가 결여되어 있다는 것입니다.

이 말은 참입니다. 하나님의 은혜는 그리스도 안에 있는 사람을 향해 풍성히 넘쳤습니다. "우리가 다 그의 충만한 데서 받으니 은혜 위에 은혜러라"(요 1:16)

은혜는 역사하는 사랑입니다. 하나님의 사랑은 인간을 위해 완전한 속량을 가져다주었습니다. 그리스도께서는 그분의 은혜로 말미암아 모든 인간을 위해 죽음을 맛보셨습니다. 그리스도께서는 모든 인류의 질병과 고통을 담당하셨습니다.

그러나 인간에게 그리스도 안에 있는 속량을 가져다줄 화해의 말씀은 그리스도의 몸을 통해서만 받을 수 있습니다. 하나님께서는 그리스도를 통해서 모든 인류를 자신과 화해케 하셨고, 그리스도의 몸에 화해의 메시지를 주셨습니다(고후 5:18-21).

그리스도의 몸이 세상에서 그분의 자리를 차지하고 계시는 성령님의 지시를 받지 않고 성령님을 통하지 않는다면, 하나님의 사랑은 표현될 수 없습니다.

누구도 하나님을 본 적이 없었지만, 하나님께서 그리스도 안에 내주하셨듯이 그리스도의 몸에 내주하실 수 있다면, 그분의 사랑은 표현되어 인간에게 다가갈 수 있습니다.

우리에게 주신 하나님의 메시지는 이것입니다. "내가 그들 가운데 거하며 두루 행하여 나는 그들의 하나님이 되고 그들은 나의 백성이 되리라"(고후 6:16) 우리가 하나님께 내어드린다면, 세상은 오늘날 그분의 영광을 보며, 하나님께서 그리스도 안에서 사람들 가운데 "장막을 치셨을 때" 그들이 그분의 사랑의 역사를 보았던 것처럼, 오늘 그 역사를 볼 수 있을 것입니다.

그리스도의 계시자이신 성령님

성령님께서는 오순절 날에 그분의 사역을 새로운 이름 아래 시작하셨습니다. 그리스도께서는 성령님을 "보혜사(파라클레토스Paracletos)"라고 부르셨습니다. 이는 "누군가를 돕도록 부르다to call to one's aid"라는 동사에서 파생된 헬라어입니다.

그리스도의 죽음을 통해 그들의 심령에 찾아왔던 슬픔은 그분의 부활로 인해 기쁨으로 바뀌었습니다.

그러나 긴 이별, 즉 그리스도께서 아버지의 우편에 그분의 자리를 차지하고자 떠나시는 일이 생겼습니다.

삼위일체의 세 번째 분은 그들을 돕도록 부름 받은 분이십니다. 그분은 그들의 주님의 빈자리를 차지하려고 오셨습니다.

그들의 심령에 엄청난 큰 기대가 일었음에 틀림없습니다. 그들은 하나님의 아들이 이 땅에 오심으로 인해 전율했습니다. 이제 주님과 동일한 수준에서 또 다른 분이 그들과 함께 영원히 사시려고 오신 것입니다.

"내가 아버지께 구하겠으니 그가 또 다른 보혜사를 너희에게 주사 영원토록 너희와 함께 있게 하리니"(요 14:16)

그리스도께서는 성령님 안에서 그들에게 오신 것입니다.

"내가 너희를 고아와 같이 버려두지 아니하고 너희에게로 오리라"(요 14:18)

보혜사는 그리스도께 속한 것을 취하여서 인간에게 계시하실 수 있습니다. "그러나 진리의 성령이 오시면 그가 너희를 모든 진리 가운데로 인도하시리니 그가 스스로 말하지 않고 오직 들은 것을 말하며 장래 일을 너희에게 알리시리라 그가 내 영광을 나타내리니 내 것을 가지고 너희에게 알리시겠음이라"(요 16:13-14)

여기에서 우리는 성령님께서 계시하시는 것이 이 땅에 계셨던 그리스도가 아니라는 사실에 주목합니다. 성령님께서 계시하시는 그리스도는 아버지의 우편에 계셔서 영광을 받으신 그리스도이십니다.

성령님께서는 죽음과 무덤과 지옥을 정복하시고 다른 모든 이름 위에 뛰어난 이름을 받으신 그리스도를 계시하십니다.

성령님께서는 우리에게 인간의 감각으로는 드러날 수 없었던 그리스도의 모든 사역을 계시하셨습니다. 바울에게 그리스도의 대속적 희생, 그리스도께서 지옥에서 사탄을 정복하신 것, 그리스도께서 자신의 피를 가지고 지성소로 들어가셔서 인간을 위해 영원한 속량을 획득하신 것, 그리고 그리스도께서 아버지의 우편에서 하시는 현재 사역이라는 전율을 일으키는 계시를 주신 분이 바로 성령님이십니다.

성령님은 하나님의 은혜의 풍성함(엡 1:7)과 하나님의 영광의 풍성함(엡 3:16)을 우리에게 계시하셨습니다.

성령님의 사역의 다른 측면을 우리에게 계시해주는 많은 성경구절들이 있습니다.

우리는 우리의 모범이신 그리스도의 사역을 관찰할 때, 그분의 사역이 성령 안에서 이루어졌음을 발견합니다. 마태복음 12:28, 히브리서 9:14, 사도행전 1:2, 이사야 11:2을 읽어보십시오.

우리는 이 땅에 있는 교회가 성령님의 능력으로 나왔음을 발견합니다.

사도행전 4:8, 31; 6:5; 13:2, 4, 9, 52; 15:8, 28; 16:6-7을 읽어보십시오.

● 33과의 내용 확인 문제

1. 세상을 향한 성령님의 사역은 무엇입니까?

2. 구원받지 못한 사람에게 그리스도의 일을 나타내는 성령님의 삼중 방법은 무엇입니까?

3. 새로운 탄생에서 활동하신 하나님의 요원은 삼위일체 가운데 어떤 분이십니까?

4. 성령님의 도구는 무엇입니까?

5. 오늘날 성령님이 거하시는 곳은 어디입니까?

6. 하나님의 모든 자녀들이 성령님으로 충만해져야 하는 이유는 무엇입니까?

7. 요한일서 4:12을 설명해보십시오.

8. 그리스도께서 성령님을 "보혜사"라 부르신 이유는 무엇입니까?

9. 성령님께서는 인간에게 그리스도의 사역 가운데 어떤 사역을 계시하십니까?

10. 그리스도의 사역이 성령님의 능력 안에 있었음을 보여주는 성경구절들을 제시하십시오.

34과

그리스도의 재림 1

THE SECOND COMING OF CHRIST 1

우리는 32과와 33과에서 성령님의 사역에 관해 공부했습니다. 우리는 성령님께서 특정한 임무를 완수하시기 위하여 정해진 시간에 오셨다가, 이 땅에서 그분의 사역을 완수하셨을 때 그리스도처럼 아버지께 돌아가실 것임을 보았습니다.

데살로니가후서 2:7은 이 세상에서 성령님의 존재가 옮겨지도록 정해진 때가 있음을 계시합니다.

"불법의 비밀이 이미 활동하였으나 지금은 그것을 막는 자가 있어 그 중에서 옮겨질 때까지 하리라"(살후 2:7) 사탄의 일을 억제시키고 있는 분은 성령님이시지만, 그분이 옮겨질 때가 있습니다.

그분이 아버지께로 돌아감 또는 승천에 대해 우리가 주목해야 할 몇 가지 사실이 있습니다.

우리는 이 경륜시대 동안 성령님께서 하시는 사역에 대한 연구를 통해,

그분이 세상에 들어오셨을 때 그리스도의 신비로운 몸인 교회에 성육신하게 되었음을 보았습니다.

그때 이후로 그리스도의 몸은 성령님이 거하시는 처소가 되었습니다. "너희도 성령 안에서 하나님이 거하실 처소가 되기 위하여 그리스도 예수 안에서 함께 지어져 가느니라"(엡 2:22)

우리는 다음의 사실에 주목하고 싶습니다. 성령님께서는 언젠가 세상을 떠나시겠지만 그렇다고 그리스도의 몸을 떠나는 것이 아니라 그 안에 머물러 계실 것입니다.

이로 인해 휴거Rapture가 일어날 것입니다. 교회는 교회의 머리요, 친히 그 몸의 구원자이신 그리스도와 영광스럽게 연합하기 위해서 성령 안에서 들려질 것입니다.

성령님께서는 그리스도의 몸을 다듬어오고 계셨으며, 그 몸을 "점이나 주름진 것이 없는 영광스러운 교회"(엡 5:27)로서 하나님께 드리실 것입니다.

이 주제에 대해 A. J. 고든은 다음과 같이 썼습니다.

"교회의 옮겨짐은 교회 안에 거하시는 성령님에 의해 이루어진 효과(결과)이다. 성경은 '예수를 죽은 자 가운데서 살리신 이의 영이 너희 안에 거하시면 그리스도 예수를 죽은 자 가운데서 살리신 이가 너희 안에 거하시는 그의 영으로 말미암아 너희 죽을 몸도 살리시리라' (롬 8:11)라고 말씀하신다. 성령님께서 그리스도의 몸을 영화롭게 하시는 것은 밖에서부터 그리스도의 몸에 작용한 것이 아니라 내부로부터 그리스도의 몸에 에너지를 공급함으로 말미암은 것이다. 한마디로 말해, 오순절 날에 육체가 없는 몸을 형성하려고 내려오신 위로자(성령님)께서는 휴거할 때 그 몸 안에서 하늘로 돌아가실 것이다."

그리스도의 재림의 확실성

이 일은 우리 주님께서 재림하실 때 일어날 것입니다. 우리는 이 연구과정을 마치기 전에 우리 주님의 재림에 대한 성경구절들을 공부하고 싶습니다.

그리스도께서는 예언으로, 비유로, 가르침으로 다시 오실 것을 계시하셨습니다. 신약에서 300구절 이상이 이 놀라운 사실을 다룹니다.

하나님의 예언은 실패하지 않고, 반드시 성취됩니다. 그리스도의 초림에 대한 모든 예언은 분명히 성취되었습니다. 그러므로 그리스도의 재림에 대한 모든 약속도 성취될 것입니다.

한 처녀가 잉태하여 이름을 임마누엘이라고 하는 한 아들을 낳았을 때, 우리는 이사야의 예언이 성취된 것을 봅니다(사 7:14).

그리스도께서 베들레헴에서 태어났을 때, 미가 5:2은 성취되었습니다. 하지만 "온 세상"은 그 일이 일어나도록 "기록되어enrolled" 있어야 합니다.

시편 22편에 나온 20가지 예언은 그리스도께서 십자가에서 죽으셨을 때 성취되었습니다.

이사야 53장은 그리스도께서 우리를 대신하여 죄가 되셨을 때 성취되었습니다.

성령님께서는 그리스도께서 오시기 수백 년 전에 구약의 선지자들에게 이 사건들을 계시하셨습니다.

"이 구원에 대하여는 너희에게 임할 은혜를 예언하던 선지자들이 연구하고 부지런히 살펴서 자기 속에 계신 그리스도의 영이 그 받으실 고난과

후에 받으실 영광을 미리 증언하여 누구를 또는 어떠한 때를 지시하시는지 상고하니라"(벧전 1:10-11)

그리스도의 초림에 대한 모든 예언들이 정확히 성취된 것을 보면서, 그리스도의 재림을 배우는 것이 우리의 성경공부에 얼마나 자극이 되는지요.

주님의 재림에 대한 예언들을 공부하면, 주님의 재림에는 두 가지 국면이 있음을 알게 됩니다.

(1) 교회가 그리스도와 만나기 위해서 공중으로 들려 올려지는 휴거

(2) "모든 눈이 그리스도를 볼" 때, 그분의 능력과 영광이 드러나는 가운데 교회와 함께 그리스도께서 이 땅으로 오신다는 계시. 그때에 그리스도께서는 천 년 동안 이 땅에 그분의 왕국을 세우실 것입니다.

휴거에 무슨 일이 일어나는가?

성령님께서는 사도 바울을 통해, 그리스도께서 재림하실 때 일어날 일에 대한 놀라운 그림을 우리에게 주십니다. 그리스도의 오심은, 그리스도의 몸의 모든 지체들이 주님과 함께 있든지[12] 아니면 살아서 그분의 재림을 기다리든지 상관없이 그들에게 영향을 미칠 것입니다.

"우리가 주의 말씀으로 너희에게 이것을 말하노니 주께서 강림하실 때까지 우리 살아남아 있는 자도 자는 자보다 결코 앞서지 못하리라 주께서 호령과 천사장의 소리와 하나님의 나팔 소리로 친히 하늘로부터 강림하

12) 주 안에 잠든 자들. (역자 주)

시리니 그리스도 안에서 죽은 자들이 먼저 일어나고 그 후에 우리 살아남은 자들도 그들과 함께 구름 속으로 끌어 올려 공중에서 주를 영접하게 하시리니 그리하여 우리가 항상 주와 함께 있으리라"(살전 4:15-17)

하늘로 승천하셔서, 우리를 위해 중재자와 중보자와 변호자와 주님의 자리를 차지하신 우리 주님은 "호령과…친히 하늘로부터 강림"하실 것입니다.

그때까지 아직 살아있는 모든 믿는 자들이 그 호령을 들을 것입니다. 불신자들이 여기에 참여할 몫은 전혀 없습니다. 그리고 그 호령은 그리스도 안에서 죽은 자들의 몸이 부활하는 신호가 될 것입니다.

그리스도와 함께 있는 자들의 몸이 먼저 일어날 것입니다. 그들은 그때까지 아직 살아있는 모든 믿는 자들과 함께 공중에서 주님을 만나기 위해 들려 올려질 것(헬라어로 "구름에 싸여in clouds")입니다.

여기에서 우리는 휴거할 때 일어나게 될 일이 그리스도 안에서 죽은 자들의 몸의 부활임에 주목하고 싶습니다. 영은 일어나지 않을 것입니다.

몸을 떠난 성도들의 영은 이미 하늘에서 그리스도와 함께 있습니다.

그리스도 예수를 믿는 자들의 영은 결코 죽을 수 없으며, 따라서 부활이 필요하지 않습니다. 그리스도 안에서 죽은 자들은 무덤에 있지 않고, 그리스도와 함께 살아있습니다.

데살로니가전서 4:14은 휴거할 때 그리스도 안에서 죽은 자들이 영광스러운 그들의 불멸의 몸을 받기 위해 그리스도와 함께 올 것임을 알려줍니다.

"구름clouds"이라는 용어는 반드시 공중에 있는 구름을 의미하지 않습니다. 이는 아마도 구름 같이 많은 믿는 자들이 공중에서 주님을 만나기 위해서 모든 민족으로부터 일어나게 될 것을 의미하는 것 같습니다. 우리는 히브리서 12:1에서 언급된 "구름 같이 둘러싼 허다한 증인들"이라는 용어를 발견합니다.

"들려 올려짐caught up"이라는 말의 헬라어 의미에 주목하십시오. "이는 누구도 저항할 수 없고 또 누구도 저항하고 싶지 않을 만큼 강력하고 결정적인 행위를 가리킨다. 즉 '강제로 취하는 것a taking by force' 을 뜻한다."

그 용어는 그리스도께서 침노하는 자가 폭력으로 하늘의 왕국을 차지한다고 말씀하신 마태복음 11:12에서 사용되고, 병사들이 강제로 바울을 붙잡으라는 명령을 받았다고 말씀하신 사도행전 23:10에서도 사용됩니다.

얼마나 기쁨이 넘치는 강제가 될 것입니까! "아직 본 적이 없지만, 우리가 사랑하는 우리의 복되신 주님과 구원자를 만나기 위해 들려 올려지리니"

변화가 우리 몸 안에서 일어날 것입니다.

바울은 "…혈과 육은 하나님 나라를 이어 받을 수 없고…마지막 나팔에 순식간에 홀연히 다 변화되리니…"(고전 15:50-52)라고 말합니다.

"그러나 우리의 시민권은 하늘에 있는지라 거기로부터 구원하는 자 곧 주 예수 그리스도를 기다리노니 그는 만물을 자기에게 복종하게 하실 수 있는 자의 역사로 우리의 낮은 몸을 자기 영광의 몸의 형체와 같이 변하게 하시리라"(빌 3:20-21) 우리는 실제로 우리 주님과 같은 영광스럽게 된 불멸의 몸을 받게 될 것입니다.

성령님께서는 사도 요한을 통해서 우리에게 "…그가 나타나시면 우리가 그와 같을 줄을 아는 것은 그의 참모습 그대로 볼 것이기 때문이니"(요일 3:2)라고 알려 주십니다. 우리는 사탄의 권세로부터 그리스도의 권세로 옮겨졌습니다.

우리는 영으로는 이미 그리스도의 형상과 일치하게 되었습니다(롬 8:29).

우리는 이제 우리의 몸의 속량, 곧 우리 주님의 몸과 같이 영광스럽게 된 몸을 받는 것을 기다리고 있습니다.

바울은 이 소망을 디도서 2:13에서 다음과 같이 언급합니다. "복스러운 소망과 우리의 크신 하나님 구주 예수 그리스도의 영광이 나타나심을 기다리게 하셨으니"

그리스도께서는 누가복음 17:30-35에서 그분의 오심(재림)에 대해 말씀하십니다. "인자가 나타나는 날에도 이러하리라 그 날에 만일 사람이 지붕 위에 있고 그의 세간이 그 집 안에 있으면 그것을 가지러 내려가지 말 것이요 밭에 있는 자도 그와 같이 뒤로 돌이키지 말 것이니라 롯의 처를 기억하라 무릇 자기 목숨을 보전하고자 하는 자는 잃을 것이요 잃는 자는 살리리라 내가 너희에게 이르노니 그 밤에 둘이 한 자리에 누워 있으매 하나는 데려감을 얻고 하나는 버려둠을 당할 것이요 두 여자가 함께 맷돌을 갈고 있으매 하나는 데려감을 얻고 하나는 버려둠을 당할 것이니라"

마태복음 24:40도 "그 때에 두 사람이 밭에 있으매 한 사람은 데려가고 한 사람은 버려둠을 당할 것이요"라고 말씀합니다. 여기에 그리스도의 몸과 세상의 영원한 분리가 계시되고 있습니다.

어린 양의 혼인잔치

그리스도와 그분의 몸의 만남은 큰 기쁨의 시간이 될 것입니다. 그리스도께서는 그분의 몸의 지체들을 환영하실 것입니다. 보상이 주어질 것입니다. 보상은 천 년 기간을 위한 다양한 직무의 책정으로 이루어집니다. 우리는 명확히 알지 못합니다.

“이는 우리가 다 반드시 그리스도의 심판대 앞에 나타나게 되어 각각 선악간에 그 몸으로 행한 것을 따라 받으려 함이라”(고후 5:10)

“네가 어찌하여 네 형제를 비판하느냐 어찌하여 네 형제를 업신여기느냐 우리가 다 하나님의 심판대 앞에 서리라”(롬 14:10)

이 만남을 어린 양의 혼인잔치라고 불립니다.

“우리가 즐거워하고 크게 기뻐하며 그에게 영광을 돌리세 어린 양의 혼인 기약이 이르렀고 그의 아내가 자신을 준비하였으므로 그에게 빛나고 깨끗한 세마포 옷을 입도록 허락하셨으니 이 세마포 옷은 성도들의 옳은 행실[13]이로다 하더라”(계 19:7-8)

“천사가 내게 말하기를 기록하라 어린 양의 혼인 잔치에 청함을 받은 자들은 복이 있도다 하고 또 내게 말하되 이것은 하나님의 참되신 말씀이라 하기로”(계 19:9)

이것은 몇 년 기간 동안에 지속될 것입니다. 영적으로 죽은 자들은 이 땅에서 계속 살아 갈 것입니다. 그 사이에, 우리 주님께서 예언하신 대환란이 이 땅에서 일어날 것입니다.

적그리스도의 출현

땅으로 던져졌던 사탄이 대환란을 주도할 것입니다. 다음의 성경구절들이 대환란을 언급하고 있습니다. 이사야 26:16-21, 27:1.

우리는 이 주제에 대해 서신서가 침묵하는 것에 주목합니다. 서신서 중

13) 킹 제임스 성경은 ‘의’로 번역하고 있다. (역자 주)

어떤 것도 대환란에 대해 언급하지 않습니다. 그 이유는 대환란이 그리스도의 몸에 아무 영향도 끼치지 않을 것이기 때문입니다.

마태복음 24:21-30에서 우리 주님이 하신 말씀을 보면, 세상이 지금껏 알아 온 것 중 가장 큰 환란이 일어날 것인데, 특별히 그리스도께서 영광 가운데 오시기 직전에 유대인들에게 닥칠 것이 분명한 것 같습니다.

이 시기 동안에 적그리스도Antichrist가 출현할 것입니다.

"적그리스도"라는 말은 요한 사도만이 사용한 용어입니다. 하지만 다른 성경구절들도 분명히 적그리스도를 언급합니다.

바울은 적그리스도를 "불법한 자the lawless one", "죄의 사람the man of sin", "멸망의 아들the son of perdition"이라고 말합니다(살후 2장).

다니엘은 적그리스도를 모든 신들 위에 자신을 높이는 왕이라고 언급합니다(단 11장).

"그 왕은 자기 마음대로 행하며 스스로 높여 모든 신보다 크다 하며 비상한 말로 신들의 신을 대적하며 형통하기를 분노하심이 그칠 때까지 하리니 이는 그 작정된 일을 반드시 이룰 것임이라"(단 11:36)

이처럼 적그리스도는 그리스도와 유사한 것 같습니다.

"Anti(적)"라는 접두사는 "~대적하는against"와 "~대신하는instead of"이라는 의미가 있습니다. 즉 적그리스도는 이 두 개념을 모두 담고 있다는 말입니다

웨스트코트Westcott는 적그리스도의 의미가 그리스도의 대적이란 뜻 이상을 품고 있으며, 동일한 성격 아래 그리스도를 반대하는 자를 뜻한다고 말합니다.

대환란 기간 동안, 단 한 명의 믿는 자도 이 땅에 남아 있지 않을 것입니니

다. 모든 사람은 사탄의 자녀일 것입니다. 세상은 사탄의 자녀의 것이 될 것입니다. 그때 사탄은 인격의 형태로 나타날 것입니다. 적그리스도는 사탄의 성육신일 것이며 많은 방식에서 그리스도를 모방할 것입니다.

우리는 사탄으로 하여금 추락하여 그의 본성을 바꾸게 했던 욕망이 지극히 높으신 분처럼 되려는 욕망이었음을 기억해야 합니다.

"네가 네 마음에 이르기를 내가 하늘에 올라 하나님의 뭇 별 위에 내 자리를 높이리라 내가 북극 집회의 산 위에 앉으리라 가장 높은 구름에 올라가 지극히 높은 이와 같아지리라 하는도다"(사 14:13-14)

사탄은 아담과 하와가 하나님처럼 될 것이라고 약속했습니다(창 3:5). 사탄은 인간의 삶에서 하나님의 자리를 차지하고 싶어 합니다.

사탄은 심지어 그리스도의 경배를 보장하려고도 했습니다. 그리하여 이 방종의 시기에 사탄은 성전에 앉을 것이고, 자신을 하나님으로 세울 것입니다.

유대인들이 7일 동안(이것은 7년을 가리킬 것입니다) 제사와 예물을 허락할 적그리스도와 협정을 맺을 것입니다.

"그가 장차 많은 사람들과 더불어 한 이레 동안의 언약을 굳게 맺고 그가 그 이레의 절반에 제사와 예물을 금지할 것이며 또 포악하여 가증한 것이 날개를 의지하여 설 것이며 또 이미 정한 종말까지 진노가 황폐하게 하는 자에게 쏟아지리라 하였느니라 하니라"(단 9:27)

그러나 적그리스도는 그 중간에 이 협정을 깨뜨리고 자신을 경배하라고 요구할 것입니다.

그런 다음에 야곱의 환란의 때가 올 것입니다. 짐승(적그리스도)을 경배하기를 거부하는 모든 자들은 죽임을 당할 것입니다. 누구도 그의 손이나 이마에 짐승의 표가 없이는 사거나 팔 수 없을 것입니다.

사탄이 적그리스도로 나타나서 다른 모든 신들 위에 자신을 높이며, 사람들에게 자기를 경배하도록 강요하게 될 때, 사탄의 가장 큰 승리가 이루어질 것입니다.

그러나 사탄의 승리는 짧을 것입니다. 그런 다음 사탄은 그리스도에 의해 정복당할 것입니다. 적그리스도에 대해 알려주는 성경구절들은 다음과 같습니다. 요한계시록 13장, 다니엘 7:8-20, 21-25; 8:23-24; 11:36-37.

우리는 35과에서 이에 대한 공부를 계속할 것입니다.

● 34과의 내용 확인 문제

1. 어떤 성경구절들이 성령님께서 세상을 떠나도록 정해진 시간이 존재한다고 말씀합니까?

2. 성령님이 떠나실 때 그리스도의 몸도 떠나는 이유는 무엇입니까?

3. 우리 주님의 재림의 확실함에 대해 이야기해보십시오.

4. 그리스도의 재림의 두 국면은 무엇입니까?

5. 그리스도께서 재림하실 때까지 아직 살아있는 믿는 자들에게는 무슨 일이 일어납니까?

6. 그리스도 안에서 잠든 자들에게 무슨 일이 일어납니까?

7. 공중에서 그리스도와 그분의 신부가 만날 때 무슨 일이 일어납니까?

8. 무엇이 이 땅에서 대환란을 일으키게 됩니까?

9. 서신서가 대환란에 대해 침묵하는 까닭은 무엇입니까?

10. 적그리스도에게서 인간의 모습을 띤 사탄의 야망은 무엇입니까?

35과

그리스도의 재림 2

THE SECOND COMING OF CHRIST 2

우리는 성육신하신 분의 오심과 그분 안에서 이루어진 속량과 그분의 피로 맺은 새 언약에 대해 공부한 이후로, 하나님의 옛 언약의 백성인 유대인들을 다루지 않았습니다.

그러나 우리가 대환란에 접근할 때, 유대인들이 그림에 재등장합니다. 대환란은 야곱의 고난의 때요, 유대인들이 겪은 것 중 가장 심한 환란입니다. 유대인들이 대환란에서 담당하는 부분을 공부하기에 앞서, 유대인의 역사, 곧 유대인에 대한 하나님의 예언의 성취를 짧게 개관하는 것이 좋겠습니다.

우리는 하나님께서 아브라함과 또 그의 후손들과 맺은 언약을 공부할 때 언약의 백성들은 이 땅에서 하나님의 증인이 되어야 했음을 보았습니다. 하나님과 유대인의 언약관계가 깨어진 교제일지라도, 유대인은 여전히 증인입니다. 유대인의 역사는 그들에 대한 하나님의 예언의 성취입니다.

유대인에 관한 하나님의 예언

그 성취시기가 아직 미래인 예언을 다루기에 앞서, 이미 성취된 예언을 검토해봅시다.

하나님께서는 모세를 통해서, 유대인들이 전 세계로 흩어질 것이고 그들이 흩어져 가는 곳마다 박해를 받게 될 것이라고 예언하셨습니다.

"내가 너희를 여러 민족 중에 흩을 것이요 내가 칼을 빼어 너희를 따르게 하리니 너희의 땅이 황무하며 너희의 성읍이 황폐하리라"(레 26:33) 이 예언은 성취되었습니다. 유대인만큼 이 땅에서 그렇게 넓게 흩어진 민족이 없기 때문입니다.

역사는 유대인들이 가는 곳마다 추방과 체포와 재산몰수와 고문과 학살에 직면했음을 보여줍니다.

위의 예언 가운데 일부-유대인들이 흩어지고 박해받게 될 것이라는 예언-는 성취될 수도 있겠다는 생각이 들지만, 전혀 성취될 수 없는 것처럼 보이는 예언도 있습니다.

유대인들은 흩어지고 박해받은 결과, 다른 민족들에 의해 흡수되어 그들의 정체성을 상실하는 것이 오히려 더 자연스러웠을 것입니다.

그러나 민수기 23:9은 성취되었습니다. "내가 바위 위에서 그들을 보며 작은 산에서 그들을 바라보니 이 백성은 홀로 살 것이라 그를 여러 민족 중의 하나로 여기지 않으리로다" 유대인들은 가는 곳마다 아주 소수의 예외적인 경우를 제외하고는 인정을 받았습니다.

하나님께서는 유대인들이 넓게 흩어지고 박해를 받을 것이지만 절대로 소멸되지 않으며, 유대인들을 박해한 민족들을 친히 복수하실 것이라고도 선언하셨습니다.

“그러므로 너를 먹는 모든 자는 잡아먹힐 것이며 네 모든 대적은 사로 잡혀 갈 것이고 너에게서 탈취해 간 자는 탈취를 당할 것이며 너에게서 노략질한 모든 자는 노략물이 되리라”(렘 30:16)

유대인들을 박해했던 바빌론, 그리스, 로마라는 대제국들은 사라졌지만, 유대인들은 가는 곳마다 삶의 모든 영역에서 번영하고 주도적 위치를 차지하고 있습니다.

어떤 작가는 다음과 같이 말했습니다. “온갖 종류의 고문과 죽음의 고통, 그리고 더 끔찍한 생명의 고통을 무릅쓴 유대인들은 가장 무시무시한 박해들을 견뎌냈다. 그러나 사람이 사는 모든 세계를 장악했던 강력한 민족들은 사라졌다. 흩어져서 예속당하고 괴롭힘을 당하던 한 줌밖에 안 된 사람들은 1800년 동안 조직적이고 전 세계적인 박해 후에도 번성하고 있으며, 세상이 태동될 때부터 그들에게 주어진 율법과 관습을 지키며, 수 세기가 바뀌는 중에도 그들의 독특한 민족성을 보존하고 있다.”

유대인에 관한 예언의 현시대의 성취

지금 성취되고 있는 예언은 유대인이 그들의 땅으로 돌아올 것이라는 말씀입니다.

“여호와께서 살아 계심을 두고 맹세하리라 내가 그들을 그들의 조상들에게 준 그들의 땅으로 인도하여 들이리라”(렘 16:15)

“내가 그들을 그들의 땅에 심으리니 그들이 내가 준 땅에서 다시 뽑히지 아니하리라 네 하나님 여호와의 말씀이니라”(암 9:15)

1차 세계대전이 끝난 후 많은 수의 유대인들이 팔레스타인으로 돌아왔습니다.

투르크족Turks으로부터 성지를 탈환한 지 11일 후에 갑자기 전쟁이 끝났습니다. 팔레스타인 지역이 투르크족으로부터 탈환됨으로 인해 유대인들이 돌아올 수 있었습니다.

유대인에 관한 미래의 예언

예언은 유대인들이 팔레스타인으로 돌아온 후에 성전이 재건될 것이라고도 선언합니다.

"이후에 내가 돌아와서 다윗의 무너진 장막을 다시 지으며 또 그 허물어진 것을 다시 지어 일으키리니 이는 그 남은 사람들과 내 이름으로 일컬음을 받는 모든 이방인들로 주를 찾게 하려 함이라 하셨으니"(행 15:16-17)

34과에서 우리는 이 기간 동안 적그리스도가 출현할 것을 공부했습니다(이때는 휴거가 이미 일어났을 것입니다).

그런 다음, 야곱의 고난의 때가 올 것입니다. 세상의 민족들은 그리스도인들이 사라진 것을 기뻐하겠지만, 유대인의 번영으로 인해 그들을 향해 쓴 감정을 갖게 될 것입니다. 세상의 민족들은 그들의 군대를 소집하여 예루살렘을 포위할 것입니다.

그들이 그 도성(예루살렘)을 포위하여, 유대인들에게 아무런 소망이 없다고 여겨지는 순간, 그리스도께서 재림하실 것입니다. 이것이 바로 아마겟돈 전쟁the Battle of Armageddon이라는 싸움일 것입니다.

그리스도께서 그분의 성도들과 함께 유대인들을 구출하려고 올 때, 그리스도와 세상 민족들 사이에는 피 흘리는 싸움이 일어나지 않을 것이라는 사실에 주목하기 원합니다. 성도들은 그 싸움에 참여하지 않을 것입니다.

데살로니가후서 2:8은 우리에게 주 예수님께서 그분의 입의 숨으로 "불법한 자" 곧 "멸망의 아들"(살후 2:3)을 제거하실 것이라고 말씀합니다. 그 의미는 그리스도께서 이 땅에 이르기 전에 그분의 입으로 원수들을 제거하실 것이라는 뜻입니다.

원수들이 예루살렘을 점령한 후, 그리스도의 임재가 그들을 패배시킬 것입니다. 승리를 얻으시는 그때, 그분께서는 발로 감람산 위에 서게 될 것입니다.

스가랴 14:2-4은 민족들이 예루살렘과 전쟁하는 순간에 그리스도께서 재림하실 것임을 우리에게 알려줍니다.

"내가 이방 나라들을 모아 예루살렘과 싸우게 하리니 성읍이 함락되며 가옥이 약탈되며…성읍 백성이 절반이나 사로잡혀 가려니와 남은 백성은 성읍에서 끊어지지 아니하리라 그 때에 여호와께서 나가사 그 이방 나라들을 치시되…그 날에 그의 발이 예루살렘 앞 곧 동쪽 감람산에 서실 것이요…"(슥 14:2-4)

그리스도의 등장

예수 그리스도께서 이때 나타나시는 것은 그리스도의 재림 중 두 번째 국면입니다. 어린 양의 혼인잔치가 이미 일어났을 것이고, 교회는 예수 그리스도와 함께 다시 땅으로 돌아왔을 것입니다.

이때가 모든 눈이 예수 그리스도를 보게 될 때요, 유대인들이 예수 그리스도를 그들의 메시아로 인정하여, 예전에 그분을 거부한 것을 놓고 애통하게 될 때입니다.

그런 다음 스가랴 12:10이 성취될 것입니다. "내가 다윗의 집과 예루살렘 주민에게 은총과 간구하는 심령을 부어 주리니 그들이 그 찌른 바 그를 바라보고 그를 위하여 애통하기를 독자를 위하여 애통하듯 하며 그를 위하여 통곡하기를 장자를 위하여 통곡하듯 하리로다"

이사야 25:9 말씀도 성취될 것입니다. "그 날에 말하기를 이는 우리의 하나님이시라 우리가 그를 기다렸으니 그가 우리를 구원하시리로다 이는 여호와시라 우리가 그를 기다렸으니 우리는 그의 구원을 기뻐하며 즐거워하리라 할 것이며"

유대인들은 그들이 그리스도를 거부했던 것에 대해 애통해하겠지만, 길지는 않을 것입니다. 이 땅의 원수들과 영적인 어둠으로부터 그들이 구원받는 것이 그들의 심령에 큰 기쁨을 가져다줄 것입니다. 하나님께서는 많은 성경구절에서 그분의 백성의 기쁨에 대해 미리 말씀하셨습니다.

"일어나라 빛을 발하라 이는 네 빛이 이르렀고 여호와의 영광이 네 위에 임하였음이니라"(사 60:1)

"다시는 네 해가 지지 아니하며 네 달이 물러가지 아니할 것은 여호와가 네 영원한 빛이 되고 네 슬픔의 날이 끝날 것임이라"(사 60:20)

"네 백성이 다 의롭게 되어 영원히 땅을 차지하리니 그들은 내가 심은 가지요 내가 손으로 만든 것으로서 나의 영광을 나타낼 것인즉"(사 60:21)

그런 다음, 그리스도께서는 이 땅에 그분의 왕국을 세우실 것입니다.

천 년

하나님께서는 구약의 백성에게 그분의 아들에 관한 이중 계시를 주셨습니다. 첫째는 죄를 제거하기 위해서 하나님의 아들이 하나님의 어린 양으로서 먼저 오시는 것(초림)에 대한 예언이었습니다. 둘째는 하나님의 아들이 이 땅에 왕국을 세우기 위해서 왕으로 오시는 것(재림)에 대한 예언이었습니다.

유대인들은 하나님께서 그리스도의 초림에 대해 말씀하신 부분을 간과하고, 오직 그리스도께서 왕으로 등장하여 통치하는 것만 보았습니다.

이것이 그들이 그리스도를 하나님의 아들로 인정하지 않고 영접하지 않았던 이유입니다. 그리스도의 초림은 성취되었습니다. 따라서 우리만이 아니라 유대인들도 그리스도께서 영광을 받고 나타나시는 것을 고대하고 있습니다.

성경은 그리스도께서 이 땅에서 통치하실 천 년의 시기에 대해 때때로 반복해서 말씀합니다. 사탄의 통치가 일시적으로 중단될 것입니다.

34과에서 우리는 성령님께서 이 땅에서 옮겨지시는 것이 자연스럽게 대환란으로 이어질 것이라는 사실을 보았습니다. 그때 사탄은 이 세상에서 어떤 제제도 받지 않는 신이 될 것입니다.

다른 한편, 천 년간 사탄이 묶이고 이 땅에 접근이 차단됨으로 인해 사탄의 통치가 끝이 나고, 영광스러운 평화의 시기가 뒤를 이을 것입니다.

사탄은 죄와 질병과 고통과 비참의 창시자입니다. 그래서 사탄이 이 땅에서 사라질 때, 이런 것 역시 사라질 것입니다.

천 년의 기간millenium을 묘사하는 많은 성경구절들이 있습니다. 우리는 그 몇 가지를 제시할 것입니다.

더 이상 전쟁이 없을 것입니다. "…무리가 그 칼을 쳐서 보습을 만들고 창을 쳐서 낫을 만들 것이며 이 나라와 저 나라가 다시는 칼을 들고 서로 치지 아니하며 다시는 전쟁을 연습하지 아니하고…"(미 4:2-4)

더 이상 질병이 없을 것입니다. "그 거주민은 내가 병들었노라 하지 아니할 것이라 거기에 사는 백성이 사죄함을 받으리라"(사 33:24)

"그 때에 맹인의 눈이 밝을 것이며 못 듣는 사람의 귀가 열릴 것이며 그 때에 저는 자는 사슴 같이 뛸 것이며 말 못하는 자의 혀는 노래하리니 이는 광야에서 물이 솟겠고 사막에서 시내가 흐를 것임이라 뜨거운 사막이 변하여 못이 될 것이며 메마른 땅이 변하여 원천이 될 것이며 승냥이의 눕던 곳에 풀과 갈대와 부들이 날 것이며 거기에 대로가 있어 그 길을 거룩한 길이라 일컫는 바 되리니 깨끗하지 못한 자는 지나가지 못하겠고 오직 구속함을 입은 자들을 위하여 있게 될 것이라 우매한 행인은 그 길로 다니지 못할 것이며…여호와의 속량함을 받은 자들이 돌아오되 노래하며 시온에 이르러 그들의 머리 위에 영영한 희락을 띠고 기쁨과 즐거움을 얻으리니 슬픔과 탄식이 사라지리로다"(사 35:5-10)

"이는 물이 바다를 덮음 같이 여호와의 영광을 인정하는 것이 세상에 가득함이니라"(합 2:14)

"내가 예루살렘을 즐거워하며 나의 백성을 기뻐하리니 우는 소리와 부르짖는 소리가 그 가운데에서 다시는 들리지 아니할 것이며"(사 65:19)

천 년 동안 한 민족으로서 유대인들은 그리스도를 따를 것이며 세상의 선교사들이 될 것입니다. "그들의 넘어짐이 세상의 풍성함이 되며 그들의 실패가 이방인의 풍성함이 되거든 하물며 그들의 충만함이리요"(롬 11:12)

세상에서 예배의 중심지가 예루살렘이 될 것입니다. 그래서 이사야 2:3이 성취될 것입니다. "많은 백성이 가며 이르기를 오라 우리가 여호와의 산에 오르며 야곱의 하나님의 전에 이르자 그가 그의 길을 우리에게 가르치실 것이라 우리가 그 길로 행하리라 하리니 이는 율법이 시온에서부터 나올 것이요 여호와의 말씀이 예루살렘에서부터 나올 것임이니라" 모든 사람들은 그리스도의 주되심이 인류에게 의미한 바를 목격하며 깨달을 수 있게 될 것입니다.

그러나 이 평화의 통치는 사탄이 감옥에서 풀려날 때 끝날 것입니다. 사탄은 비록 그리스도께 복종하고 있었을지라도 실제로 그 심령은 그리스도의 통치에 조화를 이루지 않는 모든 자들을 전쟁으로 모을 것입니다.

"천 년이 차매 사탄이 그 옥에서 놓여, 나와서 땅의 사방 백성 곧 곡과 마곡을 미혹하고 모아 싸움을 붙이리니 그 수가 바다의 모래 같으리라" (계 20:7-8)

다시 예루살렘이 공격을 받겠지만, 하나님께서 하늘로부터 내리는 불로 개입하실 것이며, 사탄은 불못에 던져져서, 더 이상 이 땅 또는 새 하늘과 새 땅에 접근하지 못하게 될 것입니다. 이 일에 대한 기록은 요한계시록 20:9-10에 나타납니다.

"그들이 지면에 널리 퍼져 성도들의 진과 사랑하시는 성을 두르매 하늘에서 불이 내려와 그들을 태워버리고 또 그들을 미혹하는 마귀가 불과 유황 못에 던져지니 거기는 그 짐승과 거짓 선지자도 있어 세세토록 밤낮 괴로움을 받으리라"

그런 다음, 영원이 도래할 것입니다. 둘째 부활, 곧 믿지 않고 죽은 자들의 부활과 큰 백보좌 심판이 있을 것입니다.

"또 내가 크고 흰 보좌와 그 위에 앉으신 이를 보니 땅과 하늘이 그 앞에서 피하여 간 데 없더라 또 내가 보니 죽은 자들이 큰 자나 작은 자나 그 보좌 앞에 서 있는데 책들이 펴 있고 또 다른 책이 펴졌으니 곧 생명책이라 죽은 자들이 자기 행위를 따라 책들에 기록된 대로 심판을 받으니 바다가 그 가운데에서 죽은 자들을 내주고 또 사망과 음부도 그 가운데에서 죽은 자들을 내주매 각 사람이 자기의 행위대로 심판을 받고 사망과 음부도 불못에 던져지니 이것은 둘째 사망 곧 불못이라 누구든지 생명책에 기록되지 못한 자는 불못에 던져지더라"(계 20:11-15)

새 하늘과 새 땅

이런 일이 일어난 후에, 새 하늘과 새 땅이 이루어질 것이며, 처음의 하늘과 처음의 땅은 사라질 것이고, 바다도 더 이상 존재하지 않을 것입니다.

"또 내가 새 하늘과 새 땅을 보니 처음 하늘과 처음 땅이 없어졌고 바다도 다시 있지 않더라"(계 21:1) 요한계시록 21:1-8을 읽어보십시오.

그런 다음, 교회는 완전히 그 광대한 유업으로 들어갈 것입니다. 바울은 에베소서를 통해, 위대한 아버지 하나님께서 장차 올 시대에서 그분의 크신 사랑 가운데 과거의 영원 동안에 우리를 위해 쌓아두신 부와 부요를 우리에게 주실 것이라고 말합니다.

오, 하나님의 가족에 속한 부와 부요와 기쁨에 관한 영광스러운 진리여!

온 시대를 관통해서 우리는 서로를 알며, 서로 이야기하고, 하늘의 지고한 복을 영원토록 누릴 것입니다.

새 하늘과 새 땅의 소망은 복되도다.

● 35과의 내용 확인 문제

1. 어떻게 오늘날 유대인들이 아직 하나님의 증인입니까?

2. 유대인들에 관해 이미 성취되었던 예언적인 성경구절 세 개를 제시하십시오.

3. 유대인들에 관한 예언 중에 지금 성취되고 있는 것은 무엇입니까?

4. 그리스도께서 나타나실 때 무슨 일이 일어납니까?

5. 유대인들이 그리스도를 받아들일 것을 언급하는 성경구절 네 개를 제시하십시오.

6. 천년왕국 기간 동안에 어떤 죄나 고통도 없게 되는 이유가 무엇입니까?

7. 사탄이 풀려나면서 모으게 될 군대에 누가 있습니까?

8. 어떻게 하나님께서 예루살렘을 구원하시게 됩니까?

9. 둘째 부활에서 무슨 일이 일어나게 됩니까?

10. 당신이 새 하늘과 새 땅에서 할 수 있는 일을 말해보십시오.

36과

두 종류의 지식

TWO KINDS OF KNOWLEDGE

지금 우리는 연구과정의 결론 부분에 도달하고 있습니다. 이 연구과정은 그리스도 안에 있는 속량에 관한 연구였습니다. 구약에 대한 연구는 속량을 준비하시는 하나님의 관점에서 이루어졌습니다. 그리고 신약의 연구는 그리스도 안에서 새로운 피조물 가운데 완성된 속량에 관한 연구였습니다.

새로운 피조물의 특권뿐 아니라 합법적으로 우리의 것인 예수 이름에 부여된 권세도 공부했을 때, 우리의 심령은 전율했습니다.

이제 이 연구과정을 마치면서, 우리는 배운 것을 일상생활에서 행동으로 옮기는 문제에 직면합니다. 쓸 수 없는 지식은 아무 소용이 없습니다.

우리는 주변 세상에 대한 지식을 따라 행동하는 것처럼, 이 연구과정에서 배웠던 속량과 새로운 피조물에 대한 지식을 따라 행동할 수 있을까요? 이 속량의 진정성은 말씀의 진정성에 달려있습니다.

세상에서 성경이 하나님으로부터 인간에게로 온 계시라는 인정을 받지 못하는 이유가 무엇일까요? 학문세계가 성경을 신빙성이 있는 것으로 여기지 않는 이유가 무엇일까요?

그것은 두 종류의 지식, 곧 두 부류로 구분된 지식이 있기 때문입니다. 즉, 자연인의 지식the knowledge of natural man과 계시로부터 오는 지식the knowledge coming from Revelation이 그것입니다.

자연인의 지식

세상이 가지고 있는 지식인 자연인의 지식을 검토해봅시다. 그런데 우리가 이 지식을 검토하면, 스스로 다음의 세 가지 질문을 하게 될 것입니다. 1) 그 지식의 원천은 무엇인가? 2) 그 지식의 한계는 무엇인가? 3) 그 지식은 삶의 문제에 대한 대답으로서 어느 범위까지 만족을 주는가?

인간의 지식의 원천

첫 번째 질문은 인간의 지식의 원천에 관한 것입니다. 인간의 지식의 원천은 인간의 몸과 인간을 둘러싼 물질세계입니다. 인간이 실재에 대해 아는 전부, 곧 도서관과 교과서를 가득 채운 대단한 지식들은 물리적 세계와의 접촉을 통하여 축적되었습니다. 이 접촉은 인간의 감각의 인지작용에 기초합니다.

우리는 이 점을 자세히 설명할 것입니다. 인간이 세상과 하는 모든 접촉은 오감을 통해서 이루어집니다. 오감은 중추신경계에 속한 것으로, 시각, 청각, 촉각, 미각, 후각이 있습니다. 인간은 오감을 통해 획득한 것 이외에는 실재에 대해 전혀 알지 못합니다. 인간이 보고, 듣고, 만지고, 맛보고, 냄새 맡을 수 없다면 알 수 있는 것에 굉장한 제한이 있을 것입니다.

나는 여기에서 이 사실을 증언하는 어느 생리학 책에 나온 정의를 제시하려 합니다. "그러나 인간유기체에 대한 어떤 철학적 관점일지라도 중추신경계에 지성소라는 위치를 부여할 것이다. 중추신경계 없이 우리는 어떤 감각도, 시각도, 청각도, 움직임도 없는 번식하는 원형질 덩어리에 지나지 않을 것이다. 신체에서 다른 모든 부분은 식물적이다. 즉 식물 같다는 뜻이다. 식물은 움직이지도 느낄 수도 없다. 식물의 생명과정은 직접적인 환경에서 가장 원초적인 화학물리적 변화에 대한 반응으로 이루어진다. 중추 신경계는 우리가 다른 세계와 지금껏 가졌던 모든 접촉을 우리에게 제공한다."

우리는 이 정의로부터 인간이 오감을 통하지 않고는 세계와 하늘과 풀과 바다와 다른 인간에 대해 전혀 알 수 없다는 사실을 볼 수 있습니다.

한 예로, 헬렌 켈러를 생각해 봅시다. 그녀는 촉각과 미각과 후각, 세 가지 감각만 소유했습니다. 그녀는 촉각이 매우 발달되어 그것을 통해서, 그리고 오감을 소유한 사람들의 지시대로 세상과 삶에 대한 넓은 지식을 획득했습니다.

그러나 오감 중 단 하나도 갖지 않고 태어난 사람이 있다면, 그는 사물에 대해 전혀 배울 수 없었을 것입니다. 그는 외부세계에 대해 전혀 배울 수 없을 것입니다. 여기에서 우리는 마음mind이 오감을 통해 들어온 감각재료에 얼마나 의존하고 있는지를 알 수 있습니다.

인간은 실재를 탐구하는 데 자신의 감각을 돕도록 현미경과 분광기와 망원경을 개발했습니다. 하지만 이 도구들은 인간이 물리적 세계와 접촉할 때 그의 감각을 도와주었을 뿐입니다. 인간은 그 도구들을 통해 눈으로 볼 수 없는 우주와 생명체를 연구할 수 있었습니다. 인간은 현미경과 초현미경을 통해 가장 미세한 생명체도 연구할 수 있었습니다. 인간은 박테리아에 대한 지식, 곧 이전에는 접촉할 수 없었던 영역들에 대한 지식을 획득할 수 있게 되었습니다.

인간은 망원경의 도움으로 우주에 대한 지식에 이를 수 있었습니다. 인간은 맨눈으로 고작 2,000에서 4,000개의 별만 볼 수 있을 뿐입니다. 그러나 망원경의 도움으로 수십만 개의 별을 볼 수 있으며, 사진감광판으로는 수백만 개의 별을 볼 수 있습니다. 또한 인간은 분광기를 사용하여 별의 구성요소를 알고 연구할 수 있었습니다.

우리의 감각으로는 인지할 수 없는 많은 물리적 힘들이 있지만, 인간은 이런 힘들을 감지하여 기록할 수 있는 장치를 개발했습니다.

우리가 사는 우주에 대한 지식을 획득하도록 도와주는 다른 발명품도 언급할 수 있을 것입니다. 인간은 큰 진보를 이루었습니다. 인간은 자연의 법칙과 과정에 익숙하게 되었습니다. 인간은 그 힘을 인간의 명령에 복종시켜 사용했습니다. 인간은 신체감각으로 획득한 거대한 지식축적으로부터, 오랜 세월 동안의 연구와 조사로 오늘날의 위대한 문명을 건설했습니다.

그러나 거듭 말하지만, 이 지식의 원천은 물리적 우주에 대한 인간 감각의 인지작용에 기초하며, 이 감각들은 몸에 속한다는 사실입니다. 그 감각들은 물질만 접촉할 수 있기에, 인간의 모든 접촉은 물질 영역에만 한정되었던 것입니다.

인간의 지식의 한계들

우리의 두 번째 질문은 "자연인의 지식의 한계는 무엇인가?" 입니다. 앞선 질문이 지식의 한계를 명백하게 밝혀줍니다.

우리는 실재에 대한 참된 그림을 주는 데 있어 우리의 감각의 한계들을 다음과 같이 설명할 수 있습니다. 시각을 소유한 적도 없고, 또 시각을 소유한 사람들과 접촉한 적도 없는 소경은 네 가지 감각만을 통해서 자기 주변 세계에 대한 참된 그림을 가지고 있다고 생각할 것입니다. 그는 색이 무엇이고 빛이 무엇인지 전혀 알 수 없을 것입니다. 왜냐하면 그는 그것을 인지할 수 있거나 그 특성을 이해하게 해주는 어떤 감각도 가지고 있지 않기 때문입니다.

청각을 소유한 적도 없고, 또 청각을 소유한 사람과 접촉한 적도 없던 사람은 네 가지 감각만을 통해서 우주를 알았다고 생각할 것입니다. 그는 우주가 음악으로 가득 차 있다는 것을 결코 상상하지 못할 것입니다.

그러므로 오감을 지닌 사람도 자신 주변 세계의 실재에 대한 참된 그림을 소유하지 않을 수 있습니다. 우리는 오감이 인간을 물질에 대한 지식에만 제한시킨다는 사실을 알고 있습니다. 인간이 그의 감각을 도와 우주에 대한 참된 그림을 얻도록 만든 모든 발명품은 물리적인 발명품이기에, 물리적인 것에 대한 지식만 도와줄 뿐입니다.

무신론과 유물론이 존재하는 이유

유물론과 무신론이 발전한 이유는 이런 사실 때문입니다. 인간은 우주에는 물질과 그 속성만이 존재한다고 말해왔습니다. 인간은 몸이 분해된 후에는 그 어떤 영적인 특징도 존재하지 않기 때문에 몸 이상으로 살아남은 것은 없다고 말해왔습니다. 우리는 인간 편에서 이루어지는 생명에 대한 그러한 태도가 자연적인 태도임을 볼 수 있습니다. 왜냐하면 인간은 자신을 전적으로 제한시키는 오감으로는 물리적 세계만 접촉할 수 있기 때문입니다.

영적인 것이 존재하지 않는다고 말하는 오감에 속한 사람의 논리는 색깔이 존재한다는 사실을 믿으려 하지 않는 소경만큼이나 논리적일 것입니다.

"우주에는 물질만 존재한다"라는 말의 타당성은 물 밖에는 아무것도 없다고 말하는 물고기의 수준일 것입니다.

우리의 질문 중에 두 가지가 대답되었습니다. 인간의 지식의 원천은 그의 몸의 중추신경계이며, 그 지식의 한계(범위)는 오로지 물리적 우주와 물질뿐입니다.

합리적 사고와 감각의 인지작용

우리는 인간의 지식의 원천에 대해 말하면서 잘못된 인상을 주고 싶지 않습니다. 사고는 감각의 인지작용으로부터 발생하지 않습니다. 인간은 감각의 인지작용에 기초하지 않는 사고thinking와 추론reasoning과 반성reflecting과 기억memorizing의 능력을 지니고 있습니다. 하지만 인간의 정신능력과 추론기능은 결론을 끌어내야 하는 감각질료만을 지닐 뿐입니다.

동물에게는 감각의 인지작용은 있지만, 합리적 사고가 없습니다. 합리적 사고는 감각의 인지작용에서 발생하지 않지만, 다음의 우리의 진술은 참입니다. 인간은 오감을 통해 마음에 떠오르지 않는 한 어떤 것도 알지 못합니다.

이제 우리는 세 번째 질문에 이릅니다. "인간이 오감의 매개를 통해서 획득한 지식은 실재에 대한 그의 굶주림을 어느 정도까지 채워줄 것인가? 이 지식은 인간이 직면한 가장 중요한 문제에 대한 대답으로 어느 정도까지 만족스러운가?"

볼테르Voltaire가 말했듯이, 인간은 별들의 거리를 측량할 수 있었지만, 자신을 알지는 못했습니다. 인간에 관한 대부분의 문제는 대답을 얻지 못한 채로 남아있습니다. 인간은 자신의 존재 이유를 발견할 수 없었습니다. 인간은 자신의 존재 이유를 알 때까지는 삶의 목적이나 의미를 알 수 없습니다.

하나님에 대한 인간의 굶주림

인간은 자신의 오감을 통해 창조세계를 연구할 때, 지적인 창조주를 믿지 않을 수 없게 하는 설계와 지성의 표지를 보면서도 그분을 발견할 수는 없습니다. 하나님에 대한 이런 탐구는 인간 삶에서 가장 큰 문제였습니다. 랭던 데이비스Langdon Davies는 인간의 가장 큰 굶주림과 갈증이 하나님에 대한 굶주림이라고 씁니다. 그는 모든 과학적 탐구 배후에 있는 동기가 하나님을 향한 인간의 굶주림이었다고 확신합니다. 인간은 창조세계를 탐색했습니다. 인간은 창조주를 발견하려는 노력의 일환으로 자연에 대한 기술지식을 획득하려 했습니다.

코튼Cotton은 『과학은 하나님을 발견했는가Has Science Discovered God?』라는 책을 썼습니다. 이 책은 오늘날 과학자들이 하나님을 의식하는 자들God-conscious이 되고 있다는 사실을 보여주는 현대 과학에 대한 입장을 담은 평론집입니다. 그는 과학의 탐구는 실재에 대한 탐구였으며, 실상은 하나님을 향한 탐구였다고 말했습니다.

과학의 처음 경향은 우주에 대한 기계론적 설명을 제공하는 것이요 하나님을 배제하는 것이었지만, 과학이 점차 발전하여 창조의 경이에 대한 지식에 이르게 되었을 때 우주라는 거대한 기계의 설계는 설계자가 있을 수밖에 없다는 사실을 깨달았습니다. 저자는 아마도 머지않아 과학이 하나님을 발견하게 될 것이라고 여겼습니다. 하지만 과학은 절대로 하나님을 발견할 수 없습니다. 왜냐하면 하나님은 영이시기에 망원경과 현미경과 분광기의 도움을 아무리 받더라도 오감으로는 그분을 찾거나 발견할 수 없기 때문입니다.

코튼은 과학이 인류에게 기여할 수 있는 가장 큰 유익이 하나님을 발견하는 일과 인간이 죽음 이후에도 살아남는다는 사실을 발견하는 일이라고 말했습니다.

그러나 과학은 결코 이 일을 할 수 없을 것입니다. 물리적 도구로는 인간 속에 있는 영의 위치를 알 수 없으며, 영이 육신의 몸을 떠난 후에는 그 영을 접촉할 수 없을 것입니다. 그러므로 우리는 과학이 비록 문명과 우주에 대한 광대한 지식과 땅에 대한 지식과 인간 신체에 대한 지식을 제공했을지라도, 인간이 직면했던 가장 중요한 두 가지 실제적 문제를 건드리지 않은 채로 항상 남겨둘 수밖에 없음을 봅니다. 그러므로 자연인의 지식은 이 정도로 끝냅시다.

과학이 우리를 데려갈 수 있는 가장 먼 지점은 지적인 창조주를 인정하는 것입니다. 그리고 그 지점에서 그 창조주를 아는 일에 문제가 발생합니다. 어떤 신이 인간으로 하여금 그분을 아는 것을 태고부터 가장 큰 갈망이 되도록 창조해놓고, 그분을 결코 찾을 수 없는 육신의 어둠 속에서 더듬더듬 그분을 찾도록 인간을 방치하는 것이 타당한 일이겠습니까?

우리는 이 연구과정의 처음 몇 과를 통해 인간이 하나님으로부터 분리된 현재 상태의 원인이 반역이었음을 알았습니다. 인간은 육신의 몸과 오감으로는 결코 하나님을 접촉할 수 없으며, 하나님께서도 인간이 이런 식으로 그분을 알도록 의도하지 않으셨습니다. 진짜 인간은 하나님을 알고 그분과 교제할 수 있는 능력을 지니도록 그분의 형상대로 창조된 영입니다.

하나님의 손으로 창조되어 출현한 인간은 그분을 알았습니다. 그리스도께서는 하나님께 예배드리는 자는 영으로 그분을 경배한다고 계시하셨습니다. 인간에게 육신의 몸은 이 물리적 우주 가운데 있는 영을 위한 집으로 주어졌을 뿐입니다. 육신의 몸은 인간이 이 땅에 사는데 직합하며, 따라서 그 몸을 통해서 인간은 물리적 세계만 접촉했을 뿐입니다. 인간이 하나님을 알고 교제한 것은 인간의 영을 통해서였습니다.

보고, 듣고, 만지고, 맛보고, 냄새 맡는 감각들은 인간에게 집인 물리적 세계를 알게 해주었습니다. 오감은 인간에게 하나님을 계시하는 목적으로 주어진 것이 아니었습니다.

반역의 결과로 인해 영적으로 죽었을 때, 인간은 하나님과 분리되었으며, 또 그분을 알 수 있는 능력으로부터 완전히 벗어나게 되었습니다. 그때 이후로 영적으로 죽고 오로지 몸의 감각만 남은 인간은 그 몸이 속하는 우주의 경이를 배워왔지만, 창조주를 배운 적은 결코 없습니다.

우리는 이런 사실을 통해 인간이 하나님을 알고자 한다면, 새로운 지식, 곧 감각의 인지작용을 통해서는 올 수 없는 지식, 다시 말해 세계에 대한 연구를 통해서는 획득할 수 없는 지식이 인간에게 주어져야 한다는 사실을 깨달을 수 있습니다.

창조주께서는 인간의 필요를 아셨기에, 그분 자신에 대한 계시를 인간에게 주셨습니다. 그분은 영적으로 죽은 인간이 이 계시를 접촉하여, 창조주에 대한 지식인 성경으로 나아갈 수 있도록 계시를 인간의 감각수준으로 가져오셨습니다.

● 36과의 내용 확인 문제

1. 우리가 배워온 대로 행동하는 법을 배워야 하는 이유는 무엇입니까?

2. 자연인의 지식의 원천은 무엇입니까?

3. 인간이 생산한 모든 발명품들이 물질 영역 이상으로 인간을 높일 수 없는 이유는 무엇입니까?

4. 인간의 감각지식의 한계들을 말해보십시오.

5. 유물론과 무신론이 발전해 온 이유는 무엇입니까?

6. 감각지식이 삶의 문제에 대한 대답으로서 충분치 않은 이유는 무엇입니까?

7. 인간의 가장 큰 굶주림은 무엇입니까?

8. 과학이 절대로 하나님을 발견할 수 없는 이유는 무엇입니까?

9. 자연인의 어떤 상태가 하나님을 알지 못하게 합니까?

10. 인간의 필요를 채울 수 있는 유일한 길은 무엇입니까?

37과

인간의 계시의 필요

MAN' S NEED OF A REVELATION

우리는 36과에서 인간이 신체감각을 통해서 획득한 지식을 공부했습니다. 우리는 그 지식의 한계와 하나님에게서 오는 계시의 필요성을 보았습니다.

그래서 우리에게는 실제로 두 종류의 지식, 즉 자연인의 지식과 하나님에게서 온 지식이 있습니다. 우리는 이제 이 계시를 학문세계가 인정하지 못한 이유를 알 수 있습니다. 대학교 교과서에서는 이 계시가 제자리를 차지하지 못합니다. 왜냐하면 그 계시는 인간이 물질과 신체 접촉을 통해 획득한 지식의 영역에 속하지 않기 때문입니다.

우리는 서로 접촉할 때도 감각지식에 제한을 받기 때문에 인간의 영의 생각을 알 수 없습니다. 그러나 인간은 말이라는 매개를 통해서 영의 생각을 우리에게 알릴 수 있습니다(고전 2:10-13).

마찬가지로, 감각지식에 제한받은 우리는 영이신 하나님을 알 수 없지만, 하나님께서는 그분 자신에 대한 지식을 인간의 말을 통해 우리에게 주셨습니다. 성령님은 영적인 진리를 영적인 말과 결합하셨습니다.

계시의 진정성

그러나 처음에 제기되었던 문제는 아직 대답되지 않았습니다. 그 문제는 이것이었습니다. "우리는 우리가 주변 세계에 대한 지식대로 행동하는 것만큼, 그리스도 안에서 완전한 속량을 말씀하는 성경대로 행동할 수 있는가? 감각지식을 따라 행동하는 것만큼, 이 계시를 따라서도 행동할 수 있는가?"

많은 사람들이 이렇게 말합니다. "당신은 성경이 하나님에게서 온 계시임을 입증할 수 없습니다. 당신은 나에게 성경대로 행동하라고 요구하고, 특히 우선 성경을 진리로 여기라고 합니다. 하지만 나는 내가 입증할 수 없는 것은 아무것도 믿을 수 없습니다."

입증할 수 없는 것은 어떤 것도 믿지 못한다는 것은 철저한 과학이 아닙니다. 가정에 근거하지 않는 영역이란 없습니다.

이 계시에 적용된 동일한 의심과 비판이 자연인의 지식에도 적용될 수 있습니다. 우리는 우리의 지식이 정확하다는 것을 입증할 수 없었습니다. 외부세계에 대한 우리의 지식의 기초에는 우리의 감각과 기억이 우리를 속이지 않는다는 가정이 있습니다.

우리는 우리의 감각이 진리를 말해주고 있다고 결코 입증할 수 없었을지라도, 그 사실(감각)을 한순간도 의문시하지 않습니다.

R. A. 암스트롱Armstrong은 "하나님이 계신 것을 의심하는 자들에게는

엄밀히 말해 도무지 어떤 외부 세상이 있는지, 어떤 식탁이나 의자가 있는지, 큰 도시와 푸른 풀밭이 있는지, 넓은 바다와 거대한 산이 있는지, 별이나 달이나 태양이 있는지 의심해야 하는 유사한 이유가 존재한다. 두 가지 경우에 의심은 단순히 우리 자신의 자연적 기능이 우리에게 진리를 말해주는 도구인지 아닌지, 즉 우리 자신의 분명한 경험이 실재적이고 사실적인 것으로 신뢰할 수 있는지 아닌지에 대한 의심일 뿐이다."라고 말했습니다.

우리는 우리의 감각이 우리에게 실재에 대한 참된 그림을 제공하며, 외부세계에 대한 우리의 모든 경험이 단순히 우리의 중추신경계의 작용과 반작용 이상의 것임을 입증할 수 없었더라도, 그런 식으로 작동하기to do so works 때문에, 외부 세계를 확신합니다.

R. A. 암스트롱은 다시금 "(외부세계에 대한 우리의 신념, 곧 기억의 진실성 등을 가리키면서) 이 신념들은 작동하되, 결코 우리를 혼란 속에 두지 않으며, 결코 고장 나지 않는다는 사실에서 정당화된다. 한 시간 안에도 무수하게 다양한 방식으로 일상사들이 나타날 때, 이 신념들은 별 충격이나 모순 없이 그 모든 일에 적용된다. 만약 한순간이라도 우리가 그 신념에서 벗어난다면 심각한 혼란에 빠질 것이다. 이것이 우리가 가질 수 있는 최고의 증거이다."라고 말합니다.

우리는 하나님에게서 얻는 이 계시에도 똑같은 테스트를 해볼 수 있습니다. 하나님의 계시는 작동하는가? 우리는 외부세계에 대한 우리의 지식을 따라 행동하는 만큼 하나님의 계시의 진실성을 따라 행동하는가? 말씀은 절대로 고장이 나지 않는가? 우리는 하나님께서 말씀하신 것을 진리로 받아들일 때 절대 혼란을 겪지 않는가?

삶의 모든 경험에서 우리는 하나님께서 그리스도 안에서 우리를 위해 이루셨다고 말씀하시는 것대로 행동할 수 있습니까?

우리가 하나님께서 말씀하신 것대로 행동한다면, 즉 우리가 전능자께서 그분의 말씀을 이루려고 나타나시는 것을 발견한다면, 우리가 그것을 하나님에게서 온 계시라고 가정하는 일은 정당화됩니다.

이 계시는 하나님에게서 온 것이 아니라면 전적으로 불가능했을 것이라 선언합니다. 그 진정성을 고려하는 것조차 어리석었을 것입니다. 이 계시는 사람이 하나님께서 그리스도를 죽은 자들로부터 살리신 것을 그의 심령으로 믿고, 그리스도를 주님으로 받아들인다고 그의 입으로 고백한다면 그가 구원을 받을 것이라고, 다시 말해 새로운 피조물이 될 것이라고 선언합니다(롬 10:9-10).

우리는 이 말씀대로 행동하자마자 즉시로 삶이 변한 수천의 사람들을 보았습니다. 그들의 삶에 드리웠던 죄의 힘이 깨졌습니다. 그들은 오랫동안 그들을 묶어왔던 습관으로부터 벗어났습니다. 예전의 갈망은 사라지고, 그들이 사랑해왔던 것을 이제는 미워하며, 그들이 미워해왔던 것을 이제는 사랑합니다.

말씀은 우리가 예수의 이름으로 병든 사람에게 안수하면, 그들이 회복될 것이라고 선언합니다. 예수님께서는 이 말씀을 하셨을 때 그분의 명성을 거셨습니다. 예수의 이름이 권세를 소유하지 못하게 되면 그분의 신성은 거부될 것이기 때문입니다.

우리는 수천 명의 삶에서 이 성경구절이 성취된 것을 보았습니다. 불치병의 권능이 예수의 이름의 권세로 드린 단순한 기도에 의해 깨졌습니다. 매일, 매주, 그런 기적들이 일어나고 있습니다.

지난주에 우리는 며칠 만에 암에서 나았다는 간증을 받았습니다.

이에 대해 할 수 있는 유일한 설명은, 성경이 인간에게 주신 하나님의 계시라는 것입니다.

믿음의 걸음

두 종류의 지식이 있다는 사실은 믿음의 걸음의 밑바탕이 되는 기본 진리 중 하나입니다.

많은 경우 믿음의 걸음은 어려운 것처럼 보였습니다. 우리는 하나님께서 우리가 무언가를 받기 위한 요구 조건으로 왜 믿음을 두셨는지 궁금해 했습니다. 그것은 종종 이상해 보였습니다. 축복을 얻을 수 없게 만들었습니다. 마치 우리가 축복에 닿을 수 없게 하는 것 같습니다.

우리가 두 종류의 지식이 있다는 사실을 분명하게 이해하고, 두 종류의 지식을 구분하는 법을 배운다면, 믿음의 걸음은 우리에게 자연스러운 걸음이 됩니다.

우리는 이것을 로마서 8장을 통해 설명할 수 있습니다. 이러한 관점에서 보지 않으면, 로마서 8:1-8은 이해하기 어렵습니다. 우리는 여기에서 두 가지 걸음, 즉 육신(감각)으로 걷는 것the walk by the flesh과 영 안에서 걷는 것the walk in the spirit을 대조합니다.

로마서 8:9은 "육신flesh"이라는 용어가 거듭나지 않은 자에게 적용된 것임을 우리에게 계시합니다. 왜냐하면 바울이 "만일 너희 속에 하나님의 영이 거하시면 너희가 육신에 있지 아니하고 영에 있나니 누구든지 그리스도의 영이 없으면 그리스도의 사람이 아니라"라고 쓰고 있기 때문입니다.

오랫동안 나는 성령께서 "육신"이라는 용어를 사용하신 것을 이해할 수 없었지만, 이제 두 종류의 지식의 관점에서 그것을 이해할 수 있습니다. 거듭나지 않았던 사람은 순전히 신체감각의 영역에서 살고 있습니다.

우리는 이를 36과에서 훨씬 자세히 다루었습니다. 우리는 인간이 세계와 접촉하는 모든 것이 중추신경계를 통해서 이루어지는 것을 보았습니다. 사람은 물리적인 세계 안에서 삽니다. 즉, 인간은 감각의 증거에 의해서 감각을 만족시키는 기술을 배양합니다. 인간이 물리적 영역에서 살기 때문에 문명은 그 수준 이상으로 인간을 상승시키지 못할 것입니다. 문명이 발생할 때마다 도덕의 타락이 뒤따랐습니다. 그러나 이런 일은 인간에게 자연스러운 영역, 또는 정상적인 영역이 아닙니다.

우리는 인간이 하나님의 형상대로 창조된 영적인 존재임을 기억합니다. 인간은 영이신 하나님과 동행하도록 창조되었습니다. 인간은 하나님의 영역인 전능하심의 영역에 속합니다. 그 영역은 믿음의 영역입니다. 그 영역은 "없는 것을 있는 것으로 부르시는 이"(롬 4:17)의 영역입니다. 그 영역에서 말은 묘한 능력을 담고 있습니다. 왜냐하면 말은 전능함으로 가득하기 때문입니다.

인간은 영적으로 죽었을 때 하나님과 분리되었습니다. 인간은 더 이상 영 안에 살지 못했습니다. 인간은 하나님의 능력으로부터 벗어나게 되었습니다.

그러면서 인간은 육신, 곧 물리적인 것의 영역에서 걷기 시작했습니다. 우리는 로마서 8장에서 이 걸음에 대해 언급합니다. 인간은 전능하심의 영역에서 인간의 능력의 영역으로 떨어졌습니다. 말은 그 능력을 잃어버렸습니다. 인간은 실제로는 몸의 능력인 그 자신의 능력에 의존했고, 생존을 위한 분투와 자연의 힘과의 투쟁에서 신체의 힘에 의존했습니다. 인간은 자신이 살고 있는 세상에 대해 알아야 하는 전부를 오감에 의존했습니다.

우리는 이를 통해 육신 또는 감각으로 걷는 것이 영적으로 죽은 사람의 걸음을 표현하고 있다는 사실을 알 수 있습니다.

그러나 거듭난 우리는 바른 영역, 즉 정상적인 영역으로 되돌아갔습니다. 하나님의 생명을 우리의 영에 전이하여 영적으로 살아난 우리는 하나님의 영역에서 다시 걸을 수 있습니다. 그 영역은 영의 영역인 전능하심의 영역입니다. 인간의 영은 하나님과 하나이기 때문입니다. 또한 그 영역은 전능하심으로 가득한 말로, 없는 것을 있는 것처럼 불러내어 존재하게 하는 믿음의 영역입니다.

이것이 우리가 로마서 8장에서 대조한 두 가지 걸음입니다. 그 비교에 주목해봅시다.

"…육신의 생각은 하나님과 원수가 되나니…"(롬 8:5-7) 그 생각mind은 하나님과 영적인 삶과 믿음의 삶을 배제하고 오직 오감의 증거로만 사는 생각입니다.

그 결국은 죽음입니다(롬 8:6). 그 마음은 죽을 수밖에 없는 몸에 속하기에, 인간이 하나님의 생명을 받을 수 있도록 인간에게 하나님을 밝혀줄 수 없기 때문입니다.

영의 생각이란 하나님의 생명을 받고 인간의 정상 영역으로 돌아간 자의 생각입니다.

영의 생각은 신체감각의 증거가 아니라 말씀으로 사는 생각입니다.

새 사람의 생명

오감을 통해 얻는 지식을 믿지 말라고 말하는 것이 아닙니다. 이는 우리가 하나님과 접촉하려고 하면, 더 이상 인간의 능력에 의존할 수 없다는 뜻입니다. 왜냐하면 이제 우리의 몸 안에 하나님의 능력이 거하기 때문입니다.

우리는 새로운 피조물에 속하며, 옛 사람에게 속한 죄와 약함과 부족과 질병으로부터 자유롭습니다.

하나님께서는 인간을 사탄의 지배로부터 해방시키려고 그리스도 안에서 인간의 속량을 이루셨습니다.

하나님께서는 값없이 우리에게 주셨던 것들을 우리로 알게 하시려고 이 계시를 주셨습니다. "우리가 세상의 영을 받지 아니하고 오직 하나님으로부터 온 영을 받았으니 이는 우리로 하여금 하나님께서 우리에게 은혜로 주신 것들을 알게 하려 하심이라 우리가 이것을 말하거니와 사람의 지혜가 가르친 말로 아니하고 오직 성령께서 가르치신 것으로 하니 영적인 일은 영적인 것으로 분별하느니라"(고전 2:12-13)

거듭난 사람은 이 말씀으로 살아갑니다. 그리스도께서는 "사람이 떡으로만 살 것이 아니요 하나님의 입으로부터 나오는 모든 말씀으로 살 것이라 하였느니라"(마 4:4)라고 말씀하셨습니다.

그리스도께서는 "떡"이라는 용어를 통해서 물리적인 것을 언급하신 것입니다. 새 사람은 감각의 증거나 약함과 패배의 영역에 제한받지 않습니다.

새 사람은 하나님과 하나 됨 안에서, 그리고 하나님께서 그에게 말씀 안에서 계시해주신 권능으로 살아갑니다.

이것이 믿음의 삶을 이룹니다. 믿음이란 하나님께서 말씀하셨던 것대로 두려움 없이 행동하는 것입니다.

"대저 하나님의 모든 말씀은 능하지power 못하심이 없느니라"(눅 1:37) 하나님께서 선포하신 모든 말씀은 그분 자신의 일부입니다. 그 말씀은 그분의 전능하심으로 충만합니다. '권능power'이라는 말은 '능력ability'을 의미합니다. 말씀은 필요한 모든 자들에게 생명과 치유와 축복을 가져다 줄 수 있는 능력 면에서 결코 부족함이 없습니다.

"내 입에서 나가는 말도 이와 같이 헛되이 내게로 되돌아오지 아니하고 나의 기뻐하는 뜻을 이루며 내가 보낸 일에 형통하리라"(사 55:11)

하나님에게서 나오는 어떤 말씀도 그분께서 보내신 일을 실패 없이 반드시 성취합니다. 그 말씀은 그분께로 그냥 되돌아가지 않을 것입니다. 누구도 "말씀은 실패했습니다. 나는 그 말씀대로 행동할 수 없었습니다." 라고 말하면서 하나님의 말씀을 그분께 가져올 수 없을 것입니다.

새롭게 된 마음

인간이 거듭난 후, 그에게 필요한 첫 번째 일은 그의 마음mind을 새롭게 하는 것입니다. 마음을 새롭게 할 때, 거듭난 인간은 더 이상 옛 생명을 따라 살지 않게 됩니다.

"너희는 이 세대를 본받지 말고 오직 마음을 새롭게 함으로 변화를 받아 하나님의 선하시고 기뻐하시고 온전하신 뜻이 무엇인지 분별하도록 하라"(롬 12:2)

마음을 새롭게 하는 것은 새로운 피조물의 삶에 필수적입니다.

"오직 너희의 심령the spirit of your mind이 새롭게 되어 하나님을 따라 의와 진리의 거룩함으로 지으심을 받은 새 사람을 입으라"(엡 4:23-24)

인간이 충만한 특권 가운데 살 수 있기 전에, 먼저 그의 마음이 새롭게 되어야 합니다.

새롭게 된 마음은 하나님의 말씀으로 살아가는 법을 배운 마음입니다.

옛 피조물(옛 사람)의 마음은 감각의 증거로 살지만, 새로운 피조물(새 사람)의 마음은 말씀으로 살아갑니다.

그 점을 설명해봅시다. 교제 가운데 걷고 있는 그리스도인에게 채워져야 할 재정적 필요가 있습니다. 그에게는 돈이 없습니다. 돈을 얻을만한 마땅한 수단도 없습니다. 그가 하나님의 자녀가 아니라면 어떤 소망도 없었을 것입니다. 그는 자신의 능력에만 의존했을 것입니다.

그러나 말씀은 "나의 하나님이 그리스도 예수 안에서 영광 가운데 그 풍성한 대로 너희 모든 쓸 것을 채우시리라"(빌 4:19)라고 선언합니다. 하나님의 완전무결하심이 그 말씀 배후에 있습니다.

비록 하늘과 땅이 사라진다 해도, 그 말씀은 실패할 수 없습니다. 이 그리스도인의 마음이 새로워졌다면, 그는 현실세계에서 돈을 소유한 만큼이나 말씀 안에서 기뻐할 것입니다. 왜냐하면 그는 하나님께서 그 말씀을 이루실 것을 알기 때문입니다. 하나님의 말씀은 그에게 감각의 증거만큼이나 의미가 있습니다.

질병의 경우, 하나님의 자녀가 때로 질병에 압도당하기도 하지만, 말씀은 그분이 채찍에 맞으심으로 우리가 나았다고 선언합니다(벧전 2:24). 그 성경말씀이 치유의 가시적 증거만큼이나 그에게 기쁨이 되어야 합니다. 하나님의 능력이 그 말씀을 이루도록 그 배후에 있기 때문입니다.

결론적으로, 새로워진 마음은 오직 말씀으로만 살아가는 마음입니다.

이 연구과정에서 당신은 그리스도 안에서 당신이 어떤 존재인지를 배웠습니다. 이제 그 말씀으로 살아가십시오. 그러면 하나님의 능력이 당신의 것이 될 것입니다.

● 37과의 내용 확인 문제

다음을 이야기해보십시오.

(a) 계시에 대한 인간의 필요

(b) 하나님께서 그 필요를 채우신 방법

(c) 우리가 말씀으로 살아야 하는 필요

- 충분하고도 넘치는 하나님 엘 샤다이 | 값 2,500원
- 금식에 관한 상식 | 값 2,500원
- 하나님의 말씀 : 모든 것을 고치는 치료제 | 값 3,000원
- 가족을 섬기는 법 | 값 3,000원
- 조에 | 값 4,000원
- 당신이 알아야 하는 신유에 관한 일곱 가지 원리 | 값 5,000원
- 여성에 관한 질문들 | 값 5,000원
- 인간의 세 가지 본성 | 값 5,500원
- 몸의 치유와 속죄 | 값 6,000원
- 크게 성장하는 믿음 | 값 6,000원
- 하나님 가족의 특권 | 값 6,500원
- 기도의 기술 | 값 7,000원
- 나는 환상을 믿습니다 | 값 7,000원
- 병을 고치는 하나님의 말씀 | 값 7,000원
- 영적 성장 | 값 7,000원
- 신선한 기름부음 | 값 7,000원
- 믿음이 흔들리고 패배한 것 같을 때 승리를 얻는 법 | 값 7,000원
- 믿음의 선한 싸움을 싸우는 법 | 값 9,000원
- 하나님의 계획과 목적과 추구 | 값 8,000원
- 예수 열린 문 | 값 8,000원
- 믿음의 계단 | 값 8,500원
- 당신을 향한 하나님의 계획 | 값 8,500원
- 역사하는 기도 | 값 9,000원
- 기름부음의 이해 | 값 9,000원
- 내주하시는 성령 임하시는 성령 | 값 11,000원
- 재정적인 번영에 대한 성경적 열쇠들 | 값 9,000원
- 어떻게 하나님의 영으로 인도받을 수 있는가? | 값 13,000원
- 마이더스 터치 | 값 10,000원
- 치유의 기름부음 | 값 10,000원
- 그리스도의 선물 | 값 16,000원
- 방언 | 값 12,000원
- 믿는 자의 권세(생애기념판) | 값 13,000원
- 믿음의 양식 | 값 13,000원
- 승리하는 교회 | 값 15,000원

E. W. 케년

- 십자가에서 보좌까지 무슨 일이 일어났는가? | 값 16,000원
- 두 가지 의 | 값 7,000원
- 놀라우신 그 이름 예수 | 값 9,000원
- 하나님 아버지와 그분의 가족 | 값 12,000원
- 나의 신분증 | 값 4,000원
- 두 가지 생명 | 값 11,000원
- 새로운 종류의 사랑 | 값 6,000원
- 그분의 임재 안에서 | 값 13,000원
- 속량의 관점에서 본 성경 | 값 20,000원
- 두 가지 지식 | 값 4,500원
- 피의 언약 | 값 4,500원
- 숨은 사람 | 값 16,000원
- 두 가지 믿음 | 값 9,000원

■ 스미스 위글스워스

- 스미스 위글스워스의 천국 | 값 11,000원
- 스미스 위글스워스의 매일묵상 | 값 20,000원
- 위글스워스는 이렇게 했다 | 피터 J. 매든 지음 · 값 9,000원
- 스미스 위글스워스의 능력의 비밀 | 피터 J. 매든 지음 · 값 7,000원

■ T. L. 오스본

- 행동하는 신자들 | 값 4,500원
- 기적 – 하나님 사랑의 증거 | 값 4,500원
- 새롭게 시작하는 기적 인생 | 값 8,000원
- 좋은 인생 | 값 13,000원
- 성경적인 치유 | 값 10,000원
- 능력으로 역사하는 메시지 | 값 16,000원
- 100개의 신유 진리 | 값 1,000원
- 24 기도 원리 7 기도 우선순위 | 값 1,000원
- 하나님의 큰 그림 | 값 5,500원
- 긍정적 욕망의 힘 | 값 10,000원

■ 잔 오스틴

- 믿음의 말씀 고백기도집
- 하나님의 사랑의 흐름
- 견고한 진 무너뜨리기
- 초자연적인 흐름을 따르는 법
- 당신의 운명을 바꿀 수 있습니다
- 어떻게 하나님의 능력을 풀어놓을 수 있는가?

■ 크리스 오야킬로메

- 방언기도학교 31일 | 값 2,500원
- 여기서 머물지 말라 | 값 2,500원
- 이제 당신이 거듭났으니 | 값 1,500원
- 당신의 인생을 재창조하라 | 값 2,000원
- 이 마차에 함께 타라 | 값 5,000원
- 그리스도 안에 있는 당신의 권리 | 값 2,500원
- 당신의 치유를 유지하기 | 값 500원
- 성령님과 당신 | 값 2,500원
- 방언의 능력 | 값 1,000원
- 성령님이 당신 안에서 행하실 일곱 가지 | 값 3,500원
- 성령님이 당신을 위해 행하실 일곱 가지 | 값 3,000원
- 기적을 받고 유지하는 법 | 값 2,500원
- 하나님께서 당신을 방문하실 때 | 값 3,500원
- 올바른 방식으로 기도하기 | 값 2,500원
- 당신의 믿음을 역사하게 하는 법 | 값 5,000원
- 끝없이 샘솟는 기쁨 | 값 1,500원
- 기름과 겉옷 | 값 4,000원
- 약속의 땅 | 값 8,000원
- 하나님의 일곱 영 | 값 5,000원
- 예언 | 값 4,000원
- 시온의 문 | 값 4,000원
- 하늘에서 온 치유 | 값 10,000원

- 효과적으로 기도하는 법 | 값 6,500원
- 어떤 질병도 없이 | 값 6,000원
- 주제별 말씀의 실재 | 값 15,000원
- 마음의 능력 | 값 8,000원

앤드류 워맥

- 당신은 이미 가졌습니다 | 값 14,000원
- 은혜와 믿음의 균형 안에 사는 삶 | 값 14,000원
- 하나님은 당신이 건강하기 원하십니다 | 값 12,000원
- 영 · 혼 · 몸 | 값 10,000원
- 전쟁은 끝났습니다 | 값 11,000원
- 믿는 자의 권세 | 값 12,000원
- 새로운 당신과 성령님 | 값 6,500원
- 노력 없이 오는 변화 | 값 10,000원
- 하나님의 충만함 안에 거하는 열쇠 | 값 9,000원
- 더 좋은 기도 방법 한 가지 | 값 9,000원
- 재정의 청지기 직분 | 값 10,500원

기타 「믿음의 말씀」 설교자들

- 성령의 삶 능력의 삶 | 데이브 로버슨 지음 · 값 20,000원
- 복을 취하는 법 | R.R. 쏘아레스 지음 · 값 5,500원
- 주는 자에게 복이 되는 선물 | R.R. 쏘아레스 지음 · 값 6,000원
- 믿음으로 사는 삶 | 코넬리아 나줌 지음 · 값 6,000원
- 붉은 줄의 기적 | 리차드 부커 지음 · 값 10,000원
- 당신이 말한 대로 얻게 됩니다 | 돈 고셋 지음 · 값 10,000원
- 예수-치유의 길 건강의 능력 | 윌포드 H. 리트 지음 · 값 11,000원
- 믿음과 고백 | 챨스 캡스 지음 · 값 12,000원
- 임재 중심 교회 | 테리 테이클/린 폰더 지음 · 값 11,000원
- 성령충만한 그리스도인의 지침서 | 데릭 프린스 지음 · 값 30,000원
- 열정과 끈기 | 조엘 코미스키 지음 · 값 8,000원
- 제자 만들기 | 랄프 무어 지음 · 값 11,000원
- 어떻게 교회를 배가하는가 | 랄프 무어 지음 · 값 15,000원
- 초자연적으로 타고난 | 채드 곤잘레스 지음 · 값 12,000원
- 운명 | T. D. 제이크스 지음 · 값 16,000원
- 모든 사람을 위한 치유 | 커리 R. 블레이크 · 값 9,000원

김진호 · 최순애

- 왕과 제사장 | 김진호 지음 · 값 6,500원
- 새로운 피조물의 실재 | 김진호 지음 · 값 9,000원
- 믿음의 반석 | 최순애 지음 · 값 22,000원
- 새 언약의 기도 | 최순애 지음 · 값 8,000원
- 새로운 피조물 고백기도집 | 최순애 지음 · 값 4,500원
- 성령 인도 | 최순애 지음 · 값 7,000원
- 복음의 신조 | 최순애 지음 · 값 9,000원
- 존중하는 삶 | 최순애 지음 · 값 8,000원
- 성경의 세 가지 접근 | 최순애 지음 · 값 3,000원
- 말씀 묵상과 고백 | 최순애 지음 · 값 3,000원
- 그리스도의 교리 | 김진호 지음 · 값 10,000원
- 영혼 구원 | 김진호 지음 · 값 8,000원